许亮 著

《吕氏春秋》『以生为本』思想研究

儒道释博士论文丛书

巴蜀书社

《儒道释博士论文丛书》缘起

国家"985 工程"四川大学宗教、哲学与

社会研究创新基地首席科学家

《儒道释博士论文丛书》

编委会主编 **卿希泰**

儒道释是中华民族传统文化的三大支柱，源远流长，内容丰富，影响深远，它对中华民族的共同心理、共同感情和强大凝聚力的形成与发展，均起了极其重要的作用，是我们几千年来战胜一切困难、经过无数险阻、始终立于不败之地的精神武器，在今天仍然显示着它的强大生命力，并在新的世纪里，焕发出更加灿烂的光彩。

自从 1978 年中国共产党第十一届三中全会确立改革开放路线以来，我国对儒道释传统文化的研究工作，也有了很大的发展，在全国各地设立了许多博士点，使年轻的研究人才的培养工作走上了有计划有组织地进行的轨道，一批又一批的博士毕业生正在茁壮成长，他们是我国传统文化研究方面的一支强大的新生

力量，是有关各学科未来的学术带头人。他们的博士学位论文有一部分在出版之后，已在国内外的同行学者中受到了关注，产生了很好的影响。但因种种原因，学术著作的出版甚难，尤其是中青年学者的学术著作出版更难。因此还有相当多的博士学位论文难以及时发表。不及时解决这一难题，不仅对中青年学者的成长不利，且对弘扬中华优秀传统文化，促进学术交流也不利。我们有志于解决此一难题久矣，始终均以各种原因未能如愿。直到1999年，经与香港圆玄学院商议，喜得该院慨然允诺捐资赞助出版《儒道释博士论文丛书》，当年即出版了第一批共5本博士学位论文。此后的10余年间，在圆玄学院的鼎力支持及丛书编委会同仁的共同努力下，一批又一批优秀的博士学位论文通过这个平台展现在世人面前，到2013年，已出版了15批共130部；这些论著的作者，有很多已经成长为教授、博士生导师。2014年，圆玄学院因自身经济方面的原因，停止资助本丛书，我们深感遗憾，同时也对该院过往的付出与支持致以敬意和感谢！

令人欣慰的是，当陈耀庭教授得知本丛书陷入困境的消息后，即与上海城隍庙商议，上海城隍庙决定慷慨施以援手。2015年，慈氏文教基金有限公司董事长王联章先生也发心资助本丛书。学术薪火代代相传，施善之士前赴后继。在党中央弘扬中华民族优秀传统文化的英明决策指引下，本丛书必然会越办越好，产生它的深远影响。

本丛书面向全国（包括港澳台地区）征稿。凡是以研究儒、道、释为内容的博士学位论文，皆属本丛书的出版范围，均可向本丛书的编委会提出出版申请。

本丛书的编委会是由各有关专家组成，负责审定申请者的博士学位论文的入选工作。我们掌握的入选条件是：（1）对有关学科带前沿性的重大问题做出创造性研究的；（2）在前人研究的基础上有新的重大突破、得出新的科学结论从而推动了本学科向前发展的；（3）开拓了新的研究领域、对学科建设具有较大贡献的。凡具备其中的任何一条，均可入选。但我们对入选论文还有一个最基本的共同要求，这就是文章观点的取得和论证，都须有科学的依据，应在充分占有第一手原始资料的基础上进行，并详细注明这些资料的来源和出处，做到持之有故、言之成理，避免夸夸其谈、华而不实。我们提出这个最基本的共同要求，其目的乃是期望通过本丛书的出版工作，在年轻学者中倡导一种实事求是地、一步一个脚印地进行学术研究的严谨学风。

由于编委会学识水平有限和经验与人力的不足，难免会有这样或那样的失误，恳切希望能够得到全国各有关博士点和博士导师以及博士研究生们的大力支持和帮助，对我们的工作提出批评和建议，加强联系和合作，给我们推荐和投寄好的书稿，让我们一道为搞好《儒道释博士论文丛书》的出版工作、为繁荣祖国的学术文化事业而共同努力。

2015 年 10 月 1 日于四川大学宗教、哲学
与社会研究创新基地，道教与宗教文化研究所

编委会按：2017 年，慈氏文教基金有限公司因自身原因中止资助，其资助金额由北京东岳庙管委会慷慨承担，谨此致谢。

目　录

序

《吕氏春秋》的学术价值一直被低估了。历史上，对《吕氏春秋》做深入研究者并不多。近现代以来，各种学术史、思想史、哲学史著作，往往亦对其一带而过。

《吕氏春秋》全书分为十二纪、八览、六论。十二纪分春、夏、秋、冬四季，每一季又分孟、仲、季三纪，每纪有文章5篇，另有《序意》1篇，共61篇。八览每览有文章8篇，其中《有始览》缺文1篇，共63篇。六论每论有论文6篇，共36篇，全书共有文章160篇。《史记·吕不韦列传》说："吕不韦乃使其客人人著所闻，集论以为八览、六论、十二纪，二十余万言。"《汉书·艺文志》说："《吕氏春秋》二十六篇。秦相吕不韦辑智略士作。"《史记》说吕不韦有门客三千人，门客未必皆为文人，但参与此书写作的人一定为数甚多。

《吕氏春秋》虽系集体编纂而成，但却有着严格的体例。十二纪按四季、十二月份排列，每一纪有纪首月令1篇，论文4篇。纪首记述当月的季节、气数、天象、物候、政令，根据时令的不同，将不同的主题分列于不同的季节。春主生，由万物生发联系到人的养生，所以，春季所属的论文大都与养生有关；夏主长，由万物生长联系到人的教养，所以，夏季所属论文大都与教养化育有关；秋季物候肃杀，由物候联系到人事，所属论文大都与对外用兵、对内用刑有关；冬季草木枯萎，虫豸蛰居，由此联系到死葬之义，并由岁寒松青联系到人的忠贞、廉洁，又有关于士人节操的论述。

八览每览首篇点明主题，其下各篇围绕这一主题展开。《有始览》论述天地有始，万象有因，由此而有《应同》《去尤》《务本》等篇；《孝行览》论述做人务本，本在于孝行，由此而有《本味》《首时》《慎人》等篇；《慎大览》讲大国、强国须谨慎从事，由此而有《下贤》《贵因》《察今》等篇；《先识览》认为有道之士必有先见之明，由此而有《观世》《知接》《察微》等篇；《审分览》论述为君之道重在正名审分，任贤使能，由此而有《君守》《知度》《不二》等篇；《审应览》认为君主出声应容，应当审慎，由此而有《重言》《精谕》《应言》等篇；《离俗览》论人主索求避世高洁之士为王者师，由此而有《高义》《上德》《用民》等篇；《恃君览》论治国不可无君，由此而有《知分》《召类》《行论》等篇。

六论分为《开春论》《慎行论》《贵直论》《不苟论》《似顺论》《士容论》，所属论文也都围绕篇首主题。

《吕氏春秋》各篇的顺序，据《史记》记载，以"八览、六论、十二纪"为序，而据高诱注本《吕氏春秋》及序，则是十二纪在前，次八览、六论。司马迁称《吕氏春秋》为《吕览》，古人著书，序言往往位于书末，今本《吕氏春秋·序意》一篇正好在十二纪之后，由此可见，《吕氏春秋》本来是以八览、六论、十二纪为序的。

　　《吕氏春秋》由于系集体编纂而成，其思想并不以某一家为宗，而具有兼采众家之长的性质，因此《汉书》将其称之为"杂家"，谓杂家"兼儒、墨，合名、法"，以为杂家只是将各家思想汇合起来。然《吕氏春秋》之兼采众家之说并不是随意的汇聚，而是取众家之所长，并且这种取长是一种完全自觉的行为。在《吕氏春秋》看来："天下无粹白之狐，而有粹白之裘，取之众白也。夫取于众，此三皇五帝之所以大立功名也。"(《吕氏春秋·用众》) 正因为此，《吕氏春秋》对先秦诸子百家采取兼容并包的态度，特别是对于儒家、道家、墨家采取了融通、折中的立场，而尽量避免不同学派之间观点的直接对立。这种情况，不仅反映了《吕氏春秋》的根本立场，也体现了晚周①后期各家思想学说由对立、冲突，亦即庄子所谓的"以是其所非而非其所是，欲是其所非而非其所是"(《庄子·齐物论》)，而走向融通、协调的历史事实。《吕氏春秋》虽然具有兼采众家之长的特点，但其基本思想还是强调法天贵因。在法天贵因的思想原则下，《吕氏春秋》广泛吸收各家思想之所长，而使其成为一个系统。《吕氏春秋》与各家的区别不是杂与纯的不同，而是其鲜明的国家意识，是其鲜明的大一统意识。在《吕氏春秋》看来，取众家之所长，才能成就国家之伟业，"此三皇五帝之所以大立功名也"。另一方面，《吕氏春秋》一书收录了三代以来，甚至

---

　　① "先秦"一说源于民国时期的学者。此说法并不严谨。黄帝时代是先秦，孔子时代也是先秦，这中间相差 2000 多年。我现在倾向于将春秋战国时期称之为"晚周"。"晚周"包括东周后期的分裂割据时代到秦统一中国之前，时间上从公元前681 年齐桓公第一次会盟诸侯，到公元前 221 年秦始皇统一中国。

三代之前很多珍贵的思想资料，包括神农、黄帝、尧、舜、周公、孔子、子贡、曾子、子思，以及老子、列子、庄子、文子、子华子、杨朱、墨子、惠施、慎到、陈骈、孙膑、公孙龙等人的事迹与言论，保存了很多非常有价值的思想文献。这些思想文献在汉初仍保持较完整，《汉书·艺文志》还有记录，但是经南北朝动乱之后，很多文献失传。在此情况下，《吕氏春秋》的文献价值就显得尤为重要。

许亮博士研习中国哲学多年，对《吕氏春秋》有特别深入的研究。他的博士论文对《吕氏春秋》"以生为本"的理论做了全面深入系统的研究，认为《吕氏春秋》"以生为本"思想主要来源于杨朱的"贵己为我""重生轻物""全性保真"思想、子华子的"全生""贵生"思想、詹何的"重生""养生"思想、魏牟的"乐生"思想。这些思想蕴含着"本生论""贵生论""重生论""养生论"的内在逻辑结构，是从本体论、价值论、人生论、方法论四个角度研究保全和养护生命的问题。

"本生论"是《吕氏春秋》"以生为本"思想的逻辑起点和立论基础，是从哲学本体论的意义上思考宇宙间的生命现象，是在本原、本根、本体的意义上看待生命，认为生命与外物之间是一种本末主从关系，生命是本，外物是末，生命是一切事物的根基和基础。"贵生论"是"本生论"的逻辑展开，是从价值论的角度研究和看待人的生命。贵生之义在于认识到生命的价值，努力实现"全生"和"持身"，使人的欲望适度，避免外物对生命的伤害。与"贵生"相关联的"贵己"是珍视自己之生命，即把自己的生命看得比其他任何一切都更为珍贵。"重生论"是从人生论的角度研究和看待"生"，是人对待生命秉持的基本人生态度，是在正确认识生命的本体与本质、价值与意义的基础上尊重和重视生命，轻视功名、利禄，以至于天下等外在之物。"养生论"是从方法论的角度研究"生"，把"本生论""贵生论""重生论"落实到"术"的层面，探讨保养生命的具体理论和操作方法。"养生论"的要旨是"止欲"，"圣人修节以止欲，养生以全生"。由修节以止欲，由止欲以养生，由养生以全生。全生乃《吕氏春秋》追求的最高、最完满的生命境界。

经过许亮博士认真而深入的研究分析，《吕氏春秋》"以生为本"思想，主题集中、条理明晰、逻辑性强、自成体系，构成一个包括"本生论""贵生论""重生论""养生论"这一"四生论"逻辑结构在内的思想理论体系。这一思想理论体系既与老子、庄子有关联，又与其具有很大的差异性。人们过去研究道家，最注重研究老庄的思想。近些年来，随着长沙马王堆帛书等的出土，学者们对黄老道家也进行了大量的研究。然而，通过对《吕氏春秋》"以生为本"思想的研究，许亮认为这一思想不属于老庄道家和黄老道家，而是自成体系。老子之后，庄子偏重于心性之学，可称之为心性道家；稷下道家等黄老学偏重政治之学，可称之为政治道家；杨朱学派偏重于"以生为本"，可称之为生命道家。《吕氏春秋》"以生为本"思想反映的正是杨朱学派生命道家的思想。这一理论具有重要的创新性。虽然不能十分肯定《吕氏春秋》"以生为本"就是杨朱的思想，但说其是杨朱学派的思想，基本上没有问题。过去，人们常常认为研究杨朱思想应以《孟子》为基本文献，以为杨朱思想的根本一如孟子之所言："杨氏为我"（《孟子·滕文公下》），"杨子取为我，拔一毛而利天下，不为也"（《孟子·尽心上》）。孟子以"为我"为杨朱思想之基本特征，明显具有夸大的性质。《孟子》一书从未引用杨朱只言片语，只是从自身立场对杨朱加以论评。《庄子》《韩非子》《吕氏春秋》都对杨朱有更详细的论说，但却不以孟子之所谓"为我"来概括，韩非认为杨朱乃"轻物重生之士"（《韩非子·显学》），这一概括其实更为准确。"以生为本"强调"本生""贵生""重生""养生"，体现的正是"轻物重生"。所以说，"以生为本"体现的是杨朱学派的思想，是没有问题的。

许亮的博士论文，视野开阔，论述深入，分析透彻，结论恰当，文献周全而丰富。全书 1300 多个注解，显示了作者严谨的学术态度和扎实的学术功底，是一篇非常出色的学位论文。

是为序。

罗安宪

2023 年 8 月 28 日于中国人民大学

绪　论

一　选题意义

本书选取战国末期由秦国丞相吕不韦主编的学术巨著《吕氏春秋》作为研究文本，主要研究其中的"以生为本"思想。《吕氏春秋》成书于秦始皇六年，即公元前241年[①]。全书分为"十二纪""八览""六论"三大部分，共有文章160篇。

《吕氏春秋》摒弃先秦不同学说、派别之间相互争锋和贬黜的态度，对先秦诸子百家之学说持融通折中的立场，采取兼容并包的方针，对儒、墨、道、名、法、阴阳、兵、农等先秦诸子的学术思想做了系统的汇集和总结，收录了黄帝、老子、孔子、墨子、杨朱、子华子、詹何、惠施、慎到、田骈、孙膑、公孙龙等

[①]　关于《吕氏春秋》的成书时间，《吕氏春秋·序意》说："维秦八年，岁在涒滩。"由此，高诱认为《吕氏春秋》当成书于秦始皇八年，即公元前239年。而《尔雅·释天》曰："太岁在申曰涒滩。"秦始皇八年是壬戌年，秦始皇六年是庚申年，上推八年，是秦庄襄王灭东周之年。可见，"维秦八年"是由秦灭周算起，此年应是秦始皇六年，即公元前241年。由此推论，《吕氏春秋》一书当成书于公元前241年。

人的思想和言论，保存了很多有价值的先秦时代的文献。同时，它对先秦诸子进行融合批判和归纳创新并形成了自己独具特色的理论体系，与《庄子·天下》《荀子·非十二子》、司马谈《论六家要旨》具有同样的功绩①。

《吕氏春秋》中的道家思想内容非常丰富，包括大一统的宇宙系统论，效法天地、贵公去私的君道无为论，贵生知命的人生论等。其中，"以生为本"思想是其一大特色，全书约占八分之一的篇章都在论述这一思想②。《吕氏春秋》中"以生为本"思想主要包括"本生""贵生""重生""养生""全生"以及"贵己""重己""先己"等内容，这一思想主题鲜明、条理明晰、逻辑性强，构成一个包括"本生论""贵生论""重生论""养生论"为内在逻辑结构的独特理论体系。这一内在逻辑结构是《吕氏春秋》本身所隐含的，而非本书作者的臆造。经过仔细分析，我们就可以发现《吕氏春秋》中的"本生论"是从本体论、本根论的意义上讲"生"，"贵生论"是从价值论的意义上讲"生"，"重生论"是从人生论的意义上阐述人对待生命的基本态度，"养生论"是从方法论即术的层面来谈论保全和养护生命的具体方法。

---

① 张立文说："《吕氏春秋》的意图是综合、统摄各家学说，发挥各家的作用，使其为达到一个目标而尽力竭能。换言之，即是一道术，一治道，为大一统服务。如果说《庄子·天下》《荀子·非十二子》《韩非·显学》对诸子取既非（否定）又是（肯定）的方法，那么，《吕氏春秋》对诸子之学融突而和合之，着眼于肯定的层面，即吸收其珍贵的思想资源。"（参见张立文：《中国哲学思潮发展史》，北京：人民出版社，2014年，第351、363页）

② 《吕氏春秋》的作者认为，春季的属性是生，所以他们把与人的生命、养生相关的15篇文献都编辑安排在《吕氏春秋》十二纪"前三纪"即"孟春纪""仲春纪""季春纪"之中。此外，在《吕氏春秋》"八览""六论"的某些篇章中也包含着与"生"有关的思想。

　　《吕氏春秋》"以生为本"思想，与老子、庄子、黄老道家等先秦道家都有密切的联系，但是又具有自己鲜明的特色①，是非常值得深入研究的思想。

　　《吕氏春秋》"以生为本"思想，主张以人的生命为本，把个体感性生命的存在看作是人生的最高价值。在认识生命本质的基础上，它强调对人的生命、性命的重视，强调在圣人处理治身与治国、内圣与外王的内外关系时，要把保全人的生命作为根本，强调圣人养生、全生的意义在于通过"节性""适欲""制官""去害"等途径知晓生命之本、通达性命之情，从而把握人之生命本真，健康、自由、快乐地生存于世间。同时，它还主张个人通过对全性之道、重生之义的把握和对贵生之术、养生之方的实践，来达到长生尽数、天全神和、精通天地、神覆宇宙的生命境界。达到这一生命境界的人，就是"圣人""真人"和"全德之人"。《吕氏春秋》认为，只有这样的理想人物才可以实现"身为而家为，家为而国为，国为而天下为"的修身治国目标②。

　　综上，研究《吕氏春秋》"以生为本"思想，不仅可以丰富

---

　　① 《吕氏春秋》"以生为本"思想既与老子、庄子、黄老道家有关联，但是又具有很大的差异性：老庄尤其是庄子偏重心性层面，黄老道家偏重政治层面，而《吕氏春秋》中持"以生为本"思想的道家人物却偏重生命层面，他们对人的性命和身体尤其重视，并以此为基础强调养生和全生的意义在于把握人的真生命，健康、自由、快乐地活着。同时，他们还认为，"以生为本"不仅是圣人修身之根本原则，而且是其治国理政之基础所在。

　　② 《吕氏春秋·执一》："楚王问为国于詹子，詹子对曰：'何闻为身，不闻为国。'詹子岂以国可无为哉？以为为国之本在于为身，身为而家为，家为而国为，国为而天下为。故曰以身为家，以家为国，以国为天下。此四者异位同本。故圣人之事，广之则极宇宙，穷日月，约之则无出乎身者也。"［参见（战国）吕不韦撰，（东汉）高诱注，俞林波校订：《元刊吕氏春秋校订》，南京：凤凰出版社，2016年，第270页］

我们对先秦道家生命哲学思想的理解，而且可以廓清先秦道家的思想全貌。这对于中国哲学史、中国思想史、道家哲学、道教哲学研究都具有非常重要的意义。

二　已有研究成果概述

《吕氏春秋》自问世以来，最早对其进行研究的是西汉著名史学家司马迁，司马迁在《史记·吕不韦传》《史记·太史公自序》中对《吕氏春秋》的成书过程和内容结构进行了介绍，并给予高度评价。东汉班固作《汉书·艺文志》，按照刘歆《七略》的学术分类，把《吕氏春秋》列入《诸子略》中的"杂家"，题为"秦相吕不韦辑智略士作"[①]。东汉高诱是对《吕氏春秋》作注的第一人，他高度评价《吕氏春秋》说："此书所尚，以道德为标的，以无为为纲纪，以忠义为品式，以公方为检格，与孟轲、孙卿、淮南、杨雄相表里也……寻绎案省，大出诸子之右。"[②] 唐代司马贞在《史记索隐》中对《吕氏春秋》"八览""六论""十二纪"的内涵进行了解释[③]。唐代马总撰写的《意林》（卷二）收录了《吕氏春秋》相关原文共计 49 段[④]。宋代黄震在《黄氏日抄》中说："《吕氏春秋》者，秦相吕不韦耻以贵显而不及荀卿子之徒著书布天下，使其宾客共著《八览》

---

① （汉）班固撰：《汉书》，北京：中华书局，2007 年，第 337 页。
② （战国）吕不韦撰，（东汉）高诱注，俞林波校订：《元刊吕氏春秋校订》，第 5 页。
③ 陈奇猷：《吕氏春秋新校释》，上海：上海古籍出版社，2002 年，第 1848 页。
④ 王天海、王韧撰：《意林校释》，北京：中华书局，2014 年，第 227—248 页。

《六论》《十二纪》，窃名《春秋》。"① 宋代高似孙著《子略》指出《吕氏春秋》对《淮南子》的深远影响，他说："观《吕氏春秋》，则淮南王书（即《淮南子》）殆出于此者乎?"② 元代陈澔在《礼记集说》中指出吕不韦大集群儒编撰《吕氏春秋》的目的是"将欲为一代兴王之典礼也"③。清《四库全书总目提要》指出"是书（即《吕氏春秋》）较诸子之言独为醇正，大抵以儒为主，而参以道家、墨家"，并认为该书"（十二）纪者犹内篇，而（八）览与（六）论者为外篇、杂篇"④。清代毕沅校正《吕氏春秋》并在该书序言中说："其书（即《吕氏春秋》）沉博绝丽，汇儒墨之旨，合名法之源，古今帝王天地名物之故，后人所以探索而靡尽与!"⑤

　　近现代学者中最早关注《吕氏春秋》的是胡适，他于1930年作了一篇重要的读书笔记叫作《读〈吕氏春秋〉》，认为："《吕氏春秋》虽是宾客合纂的书，然其中颇有特别注重的中心思想。"⑥ 许维遹经过四年半时间精心结撰的《吕氏春秋集释》于1935年出版，是近现代学者注释《吕氏春秋》的扛鼎之作⑦。郭沫若于1943年写成的《吕不韦与秦王政的批判》，全面探讨了《吕氏春秋》创作的时代背景，重点分析了该书的主编吕不韦与秦王嬴政思想观点的对立⑧。杨宽在《战国史》（1955年出

① 陈奇猷：《吕氏春秋新校释》，第1850页。
② 同上，第1851页。
③ 同上，第1854页。
④ 同上，第1857页。
⑤ 同上，第1868页。
⑥ 胡适：《胡适文集》（第4册），北京：北京大学出版社，2013年，第178页。
⑦ 许维遹撰，梁运华整理：《吕氏春秋集释》，北京：中华书局，2017年，第1页。
⑧ 郭沫若：《十批判书》，北京：人民出版社，2012年，第301—358页。

版）第九章"秦的统一"的第三节"秦始皇在统一过程中的作用"中介绍了"吕不韦和《吕氏春秋》"①。侯外庐、赵纪彬、杜国庠著《中国思想通史》（第一卷）（1957 年出版）在下篇"战国百家争鸣的学术"中单列一节论述了"杂家言之作始者吕不韦和《吕氏春秋》"②。徐复观在 1963 年出版的《中国人性论史·先秦篇》第十三章"道家支派及其末流的心性思想"的第四节中专门论述了"《吕氏春秋》的本生贵生"思想③。

20 世纪七八十年代以来，学术界对《吕氏春秋》的关注逐渐多了起来。迄今为止，发表相关研究论文 400 余篇，出版注释和研究性著作 20 余部。其中，比较著名的是陈奇猷历经十余年撰写而成的《吕氏春秋校释》，该书于 1984 年出版，是当代学者注释《吕氏春秋》最为完备的力作④。国内关于《吕氏春秋》的其他译注还有张双棣等注译《吕氏春秋译注》、陆玖译注《吕氏春秋》、刘生良评注《吕氏春秋》、俞林波校订《元刊吕氏春秋校订》、朱永嘉等著《新译吕氏春秋》等。此外，各种版本的中国思想史、中国政治史、中国哲学史等通史或断代史中论及

---

① 杨宽：《战国史》，上海：上海人民出版社，1955 年，第386—388 页。

② 侯外庐、赵纪彬、杜国庠：《中国思想通史》（第一卷），北京：人民出版社，1957 年，第656—663 页。

③ 徐复观：《中国人性论史·先秦篇》，北京：九州出版社，2013 年，第403—406 页。

④ 陈奇猷：《吕氏春秋校释》，上海：学林出版社，1984 年。该书的修订版，名为《吕氏春秋新校释》，于 2002 年由上海古籍出版社出版。

《吕氏春秋》的也有60余部①。这充分说明《吕氏春秋》的思想价值和学术价值正越来越得到学者们的重视。

在学术通史和断代史方面，张立文主编，周桂钿、李祥俊著《中国学术通史》（秦汉卷）探讨了《吕氏春秋》中"贵生知命"思想，认为这种从个人本位出发的人生哲学近似于道家学说②。蔡仁厚在其所著《中国哲学史》第二卷第一章第一节"汉初思想之先导——阴阳家与吕氏春秋"中论述了《吕氏春秋》的哲学思想③。徐复观在《两汉思想史》（卷二）第一章中从十一个方面综合论述了"《吕氏春秋》及其对汉代学术与政治的影响"④。周桂钿在《秦汉思想史》第一章"秦汉思想的序曲——《吕氏春秋》"中论述了《吕氏春秋》哲学思想、政治思想和人生思想⑤。刘玲娣、熊铁基在《秦汉道家与道教》第四章"道家的新发展——秦汉新道家"第一节中论述了《吕氏春秋》的著书宗旨、道论、无为与贵因论、政治观、身国同治观等思想⑥。萧公权在《中国政治思想史》第十章第三节论述了《吕氏春秋》

---

① 学术界对《吕氏春秋》多是从历史学、文学、政治学的角度来进行研究的，但是，从哲学尤其是中国哲学的角度研究《吕氏春秋》的论著还比较少。所以，牟钟鉴感慨说："《吕氏春秋》是一部价值很高的著作。可惜它在我们当今思想史和哲学史著作中所占的比重，少得实在可怜。"（参见牟钟鉴：《〈吕氏春秋〉与〈淮南子〉思想研究》，北京：人民出版社，2013年，第100页）

② 张立文主编，周桂钿、李祥俊著：《中国学术通史》（秦汉卷），北京：人民出版社，2004年，第9—26页。

③ 蔡仁厚：《中国哲学史》（上），台北：台湾学生书局，2009年，第332—335页。

④ 徐复观：《两汉思想史》（二），北京：九州出版社，2013年，第1—72页。

⑤ 周桂钿：《秦汉思想史》，石家庄：河北人民出版社，2000年，第16—39页。

⑥ 刘玲娣、熊铁基：《秦汉道家与道教》，西安：三秦出版社，2012年，第106—121页。

中的政治思想①。刘泽华在《中国政治思想通史·先秦卷》第十四章专门论述了"《吕氏春秋》兼收并蓄的政治思想"②。

在学术专著方面，王范之的《吕氏春秋研究》重点考察了《吕氏春秋》的思想来源和思想构成③；牟钟鉴的《〈吕氏春秋〉与〈淮南子〉思想研究》全面研究了《吕氏春秋》的宇宙观、社会历史观、人生论、军事理论、音乐理论等思想学说④；刘元彦的《杂家帝王学——〈吕氏春秋〉》重点论述了《吕氏春秋》的精气说、天道观、五德终始论、治国论、义兵说等思想，并通过分析《吕氏春秋》与道家、儒家及其他各家的关系得出《吕氏春秋》是杂家代表作的结论⑤；洪家义的《吕不韦评传》认为《吕氏春秋》是一部以道家的自然主义为指导思想的政论书⑥。我国台湾地区研究《吕氏春秋》的专著相对较多，其中，田凤台的《吕氏春秋探微》研究了《吕氏春秋》的撰著过程、版本校勘、思想渊源、思想剖析、影响评价等，是一部全面研究《吕氏春秋》思想学说的专著⑦；吴福相的《吕氏春秋八览研究》则重点研究了八览的篇目篇次、人生哲学、政治思想及其与先秦诸子的关系⑧；此外，台湾地区研究《吕氏春秋》的专著还有贺凌虚的《〈吕氏春秋〉政治理论》、黄大受的《〈吕氏春

---

① 萧公权：《中国政治思想史》，北京：商务印书馆，2010 年，第328—336 页。
② 刘泽华：《中国政治思想通史·先秦卷》，北京：中国人民大学出版社，2014年，第492—508 页。
③ 王范之：《吕氏春秋研究》，呼和浩特：内蒙古大学出版社，1993 年。
④ 牟钟鉴：《〈吕氏春秋〉与〈淮南子〉思想研究》，第1—151 页。
⑤ 刘元彦：《杂家帝王学——〈吕氏春秋〉》，北京：生活·读书·新知三联书店，1992 年。
⑥ 洪家义：《吕不韦评传》，南京：南京大学出版社，2011 年。
⑦ 田凤台：《吕氏春秋探微》，台北：台湾学生书局，1986 年。
⑧ 吴福相：《吕氏春秋八览研究》，台北：文史哲出版社，1984 年。

秋〉政治思想论》、傅武光的《〈吕氏春秋〉与诸子之关系》等。

在学术论文方面，与《吕氏春秋》相关的议题主要集中在以下四个方面：

一是对《吕氏春秋》成书时间、背景及过程的探讨，如赵年荪《关于〈吕氏春秋〉成书年代之我见》①、陈奇猷《吕氏春秋成书的年代与书名的确立》②、李家骧《〈吕氏春秋〉成书年代新考》③ 等。

二是对《吕氏春秋》为哪一家思想的探讨。关于这一问题，学术界主要有六种观点：第一种观点，杂家说。自从《汉书·艺文志》把《吕氏春秋》列入"杂家"④ 以来，该观点一直占据着主流。历代研究者和学者中许多人都持这一种观点，如清代毕沅在《吕氏春秋新校正序》中说："其著一书，专觊世名，又不成于一人，不能名一家者，实始于（吕）不韦……其书（即《吕氏春秋》）沉博绝丽，汇儒墨之旨，合名法之源，古今帝王天地名物之故，后人所以探索而靡尽与！"⑤ 当代学者刘元彦也认为："《吕氏春秋》……摄取各家思想，已经融合而成新的一家——杂家。"⑥ 第二种观点，道家说。东汉高诱在《吕氏春秋

---

① 赵年荪：《关于〈吕氏春秋〉成书年代之我见》，《苏州大学学报（哲学社会科学版）》1987年第3期。

② 陈奇猷：《吕氏春秋成书的年代与书名的确立》，《复旦学报（社会科学版）》1979年第5期。

③ 李家骧：《〈吕氏春秋〉成书年代新考》，《湘潭大学学报（哲学社会科学版）》1995年第2期。

④ （汉）班固撰：《汉书》，第337页。

⑤ 陈奇猷：《吕氏春秋新校释》，第1868页。

⑥ 刘元彦：《杂家帝王学——〈吕氏春秋〉》，第222页。

序》中说:"此书所尚,以道德为标的,以无为为纲纪"①,"道德""无为"都是道家的核心概念,由此可知高诱是把《吕氏春秋》的主导思想界定为道家。当代学者熊铁基指出:"《吕氏春秋》不是所谓'杂家'之始,而是'新道家'(黄老学派)的最早代表作。"② 陈鼓应认为:"《吕氏春秋》集先秦道家之大成,是秦道家的代表作。"③ 牟钟鉴认为:"在《吕氏春秋》的理论体系中,经过改造了的老、庄之学是骨干,儒、墨、兵、法等诸家思想是躯体。……老庄哲学为《吕氏春秋》提供的是理论原则,阴阳、儒、墨提供的多是具体内容。"④ 陆玉林认为:"战国末年,黄老之学已经有压倒百家之势。……《吕氏春秋》也是以黄老为主综合百家。"⑤ 劳干认为:"吕不韦是真想用道家理论治国的人,《吕氏春秋》是一部道家治国的创始蓝图。"⑥ 第三种观点,儒家说。清《四库全书总目提要》认为:"是书(即《吕氏春秋》)较诸子之言独为醇正,大抵以儒为主,而参以道家、墨家,故多引六籍之文与孔子、曾子之言。"⑦ 当代学者金春峰在《论〈吕氏春秋〉的儒家思想倾向》中指出:"《吕氏春秋》是杂家,但主导思想是儒家。……《吕氏春秋》就其主要

① (战国)吕不韦撰,(东汉)高诱注,俞林波校订:《元刊吕氏春秋校订》,第5页。

② 熊铁基:《从〈吕氏春秋〉到〈淮南子〉——论秦汉之际的新道家》,《文史哲》1981年第2期。

③ 陈鼓应:《〈吕氏春秋〉看秦道家的思想特点》,《中国哲学史》2011年第1期。

④ 牟钟鉴:《〈吕氏春秋〉与〈淮南子〉思想研究》,第32页。

⑤ 张立文主编,陆玉林著:《中国学术通史》(先秦卷),北京:人民出版社,2004年,第350—351页。

⑥ 劳干:《秦的统一与其覆亡》,《"中央研究院"历史语言研究所集刊》,1977年6月。

⑦ 陈奇猷:《吕氏春秋新校释》,第1857页。

倾向而言，其哲学和社会政治思想是荀子和《易传》思想的继承、运用与发挥。"① 第四种观点，墨家说。清人卢文弨认为："《吕氏春秋》一书，大约宗墨氏之学，而缘饰以儒术，其《重己》《重生》《节丧》《安死》《尊师》《下贤》，皆墨道也，然君子犹有取焉。"② 第五种观点，阴阳家说。陈奇猷认为："《吕氏春秋》虽说是杂家……细读全书，很自然地会注意到，阴阳家的学说是全书的重点……吕不韦的主导思想是阴阳家之学。"③ 第六种观点，新官学说。周桂钿、李祥俊认为："试图把它（即《吕氏春秋》）归入先秦诸子某一家学说中去的做法却是徒劳的，因为《吕氏春秋》是综合各家形成的新官学，它和先秦诸子的流派之学是不同的学术形态。"④

　　三是对《吕氏春秋》中某一方面思想的论述。第一，哲学思想，如李家骧的论文《〈吕氏春秋〉中天道观与天命论》阐述了《吕氏春秋》蕴含的朴素唯物论和辩证法思想⑤；陈宏敬的论文《〈吕氏春秋〉的自然哲学》从宇宙论、天人论两大方面论述了《吕氏春秋》的自然哲学思想及其具有的承前启后的意义⑥。第二，贵生与养生思想，如胡适在《读〈吕氏春秋〉》中论述了《吕氏春秋》的贵生主义⑦；刘殿爵在《〈吕氏春秋〉的贵生思想》一文中提出："贵生"是为人君说法，是把杨朱"为我"思

---

① 金春峰：《论〈吕氏春秋〉的儒家思想倾向》，《哲学研究》1982 年第 12 期。
② 陈奇猷：《吕氏春秋新校释》，第 1865 页。
③ 同上，第 1886 页。
④ 张立文主编，周桂钿、李祥俊著：《中国学术通史》（秦汉卷），第 12 页。
⑤ 李家骧：《〈吕氏春秋〉中天道观与天命论》，《台州学院学报》2002 年第 4 期。
⑥ 陈宏敬：《〈吕氏春秋〉的自然哲学》，《中国哲学史》2001 年第 1 期。
⑦ 胡适：《胡适文集》（第 4 册），第 178—183 页。

想和荀子的性论结合起来，变成了一种合理化的享乐主义①；周贞余在《〈吕氏春秋〉对〈管子〉四篇之继承与开展》中指出，《吕氏春秋》"继承了《管子》四篇的养生思想，并将养生之道推之以论治国之理，开展出自己的一套思想体系"②。第三，政治思想，如李宗桂和陈宏敬的论文《〈吕氏春秋〉的政治哲学》认为"《吕氏春秋》的政治哲学表现为立君道护治道的利欲论、着眼政治操守和智慧的君臣论、接近德主刑辅模式的德刑论"③；崔存明在《试论〈吕氏春秋〉的君道思想》中从天人关系、人人关系两个方面论述了《吕氏春秋》的君道思想④。第四，音乐思想，如蔡仲德在《论〈吕氏春秋〉的音乐美学思想》中从音乐的本源、音乐的度量、音乐的审美、音乐与政治的关系四个方面分析了《吕氏春秋》中的音乐美学思想，并认为"这一思想的合理内核在于尊崇自然，尊崇理性，追求人与自然的统一、艺术与自然的统一"⑤。第五，教育思想，如张一中在《〈吕氏春秋〉的教育思想》中从重视教育的作用、提倡尊敬教师、讲究"善教"与"善学"三个方面论述了《吕氏春秋》中的教育思想，并认为这一思想"主要是吸取了儒家的教育主张"⑥。第六，

---

① 刘殿爵：《〈吕氏春秋〉的贵生思想》，《中国文哲研究集刊》，1992年。

② 周贞余：《〈吕氏春秋〉对〈管子〉四篇之继承与开展》，《宗教哲学》（季刊）第65—66期，2013年12月。

③ 李宗桂、陈宏敬：《〈吕氏春秋〉的政治哲学》，《福建论坛（人文社科版）》2001年第3期。

④ 崔存明：《试论〈吕氏春秋〉的君道思想》，《中国社会科学院研究生院学报》2005年第5期。

⑤ 蔡仲德：《论〈吕氏春秋〉的音乐美学思想》，《星海音乐学院学报》1991年Z1期。

⑥ 张一中：《〈吕氏春秋〉的教育思想》，《湖南师范大学社会科学学报》1987年第6期。

文学思想，如刘怀荣在《论〈吕氏春秋〉的文学思想》中指出"《吕氏春秋》在文学思想上不但具有系统完整的形式框架，而且明确提出了'以适为美'的中和思想和'以言符意'的实用原则"①。第七，农学思想，如樊志民《〈吕氏春秋〉与秦国农学哲理化趋势研究》中指出："吕书农学哲理化趋势，是秦农业与社会发展之结果，从根本上适应了秦统一后中国农业整体发展的时代要求。"② 第八，军事思想，如田照军在《〈吕氏春秋〉军事思想略论》中从对待战争的态度、战争与政治的关系、用兵指导思想、治军思想四个方面分析了《吕氏春秋》蕴含的军事思想及其历史价值③。

四是对《吕氏春秋》的历史地位和作用的探讨。如田凤台在《吕氏春秋探微》第八章"吕氏春秋之影响"中分析了《吕氏春秋》在学术方面和政治方面的双重影响④；丁原明在《论〈吕氏春秋〉及其历史作用》中从三个方面分析了"《吕氏春秋》在联结先秦到秦汉的哲学、政治思想发展过程中，起了不可磨灭的历史作用"⑤。

三　当前研究中的不足

学术界对《吕氏春秋》的文献考据、训诂注解、思想解读

---

① 刘怀荣：《论〈吕氏春秋〉的文学思想》，《山西师大学报（社会科学版）》1995 年第 3 期。

② 樊志民：《〈吕氏春秋〉与秦国农学哲理化趋势研究》，《中国农史》1996 年第 2 期。

③ 田照军：《〈吕氏春秋〉军事思想略论》，《军事历史研究》2011 年第 3 期。

④ 田凤台：《吕氏春秋探微》，第 419—446 页。

⑤ 丁原明：《论〈吕氏春秋〉及其历史作用》，《文史哲》1982 年第 4 期。

取得了很大的进展，但也存在一些不足：

第一，当前对《吕氏春秋》的研究，远不如对其他先秦诸子如孔子、孟子、老子、庄子、荀子、墨子、韩非子等研究深入和透彻，也没有形成学术热潮。

第二，当前研究多注重对《吕氏春秋》中某家思想、某一方面思想、某一具体问题的研究，缺乏整体性研究和宏观研究，未能把《吕氏春秋》放在先秦诸子百家思想由争鸣、对立走向融合的学术大背景下开展研究。

第三，当前的许多研究都是就思想论思想、就文本谈文本，没有注重从思想的区域性、思想与政治实践和文化政策的相关性、不同学派思想之间的融突和合的角度来研究《吕氏春秋》及其与先秦诸子的关系。

第四，当前的许多研究者和学者虽然认识到了《吕氏春秋》的史料价值和文献价值，但是对《吕氏春秋》中哲学思想的研究还不够深入和全面。例如，《吕氏春秋》中保留了大量的先秦诸子及其后学的思想，这些思想对于研究著作已佚的先秦诸子的学术思想具有非常重要的意义，如对杨朱、田骈、慎到、宋钘、尹文等人思想的研究。目前，这方面的研究还很少，还很不够深入。

第五，当前学术界缺乏对《吕氏春秋》"以生为本"思想的系统研究。虽然有一些学者在研究《吕氏春秋》时谈到了《吕氏春秋》的"贵生""重生""养生"思想①，但是还没有深入挖掘

---

① 参见胡适：《读〈吕氏春秋〉》中的"《吕氏春秋》的贵生主义"一节的相关论述，以及孔令梅的博士论文《儒道融合视域下的〈吕氏春秋〉之道研究》中的第五章"《吕氏春秋》的养生之道"、俞林波的博士论文《〈吕氏春秋〉学术思想体系研究》的第二章第三节"《吕氏春秋》的重生论"等。

《吕氏春秋》中"以生为本"思想的内在逻辑，没有系统地研究《吕氏春秋》"以生为本"思想的哲学基础、思想来源及其对后世道家、道教养生理论和中国哲学史、中国思想史的深远影响。

四　研究方法和研究思路

本书作者采用的研究方法及具体的研究思路如下：

第一，史料分析的方法。首先，本书作者细致研读和深入分析《吕氏春秋》文本，通过文字训诂、文献解读、文本研究来发掘其蕴含的"以生为本"思想。其次，研究和分析《史记》《汉书》等史书对该书形成背景、内容结构、主题思想的相关记载。再次，研读与本书主题相关的如《老子》《庄子》《列子》《管子》《黄帝四经》等先秦诸子文献蕴含的与"生"有关的思想及其对《吕氏春秋》"以生为本"思想的影响。

第二，比较研究的方法。首先，本书作者比较研究了"生"字在"五经"、先秦道家、先秦儒家文献中的不同含义及其蕴含思想的异同。其次，作者研究了《吕氏春秋》"以生为本"思想的理论来源，比较分析了《吕氏春秋》"四生论"即"本生论""贵生论""重生论""养生论"中每一论的思想与老子、庄子、列子等先秦诸子的异同，从而论证出《吕氏春秋》"以生为本"思想的理论来源和思想归属。最后，作者重点比较了"本生"与"本身"、"贵生"与"贵己"、"贵己"与"为我"、"重生"与"重己"、"养生"与"适欲"等概念、范畴之间的异同。

第三，综合诠释的方法。在研究《吕氏春秋》"本生论""贵生论""重生论""养生论"这四章时，本书作者基本按照思想来源、主要内容、思想意义的路线进行研究。首先，基于《吕氏春秋》相关的文本如《本生》《贵生》《重己》《审为》《情欲》《尽数》等进行文本解读。其次，在文本解读的基础上对其基本思想进行研究、比较和解释，得出相关的结论。

第四，定量分析与定性分析相结合的方法。在研究《吕氏春秋》"以生为本"思想定位时，本书作者采用了此方法。首先，对《吕氏春秋》每一篇文献的思想倾向进行定性分析①。然后，再根据儒、道、墨、法、名、阴阳等先秦诸子主导的文献在《吕氏春秋》全书160篇文献中所占的比重这一定量分析的方法来断定《吕氏春秋》全书的主导思想，得出"《吕氏春秋》的主导思想是道家，同时兼容儒、法、墨、名、兵、阴阳等各家思想"的结论。

五　创新之处

本书完成的知识创新主要包括以下三个方面：

第一，提出了"《吕氏春秋》'以生为本'思想是一个包含'本生论''贵生论''重生论''养生论'的内在逻辑结构的独特理论体系"的观点，并挖掘和建构了相关的理论体系。

第二，提出了"《吕氏春秋》'以生为本'思想反映的是先

---

① 参见本书附表：《〈吕氏春秋〉各篇思想归属表》。

秦道家中杨朱学派及其后学思想”的观点，认为“先秦道家①在老子之后发生分化，主要分化为庄子派心性道家、黄老学政治道家、杨朱派生命道家三大派别”的观点。

第三，研究和比较了《吕氏春秋》中“本生”与“本身”、“贵生”与“贵己”、“贵己”与“为我”、“重生”与“重己”、“养生”与“适欲”五组范畴之间的异同，指出以往人们以《孟子》为研究杨朱思想的最基本资料并把杨朱思想概括为“为我”的观点是有片面性的，而《吕氏春秋》对杨朱思想的记载才是全面和系统的②。

---

①　班固在《汉书·艺文志》中记载道家 37 家共 993 篇文献，其中包括 4 种《老子》传本共 51 篇、《庄子》52 篇、与“黄帝”相关文献共 4 种 78 篇。蒙文通在《略论黄老学》中指出，先秦道家主要分为两派：一派是以老庄为代表人物的南方（楚）道家；一派是北方（齐）道家，北方（齐）道家主要为黄老一派，包括田骈、慎到、宋钘、尹文等。（参见蒙文通：《佛道散论》，北京：商务印书馆，2011 年，第 99—100 页）郭沫若在《稷下黄老学派的批判》中指出，稷下道家主要分为三派：宋钘、尹文派，田骈、慎到派，关尹（环渊）、老聃派。宋钘、尹文派是以调和儒、墨的态度而出现的；田骈、慎到派将道家理论向法理方面发展；关尹（环渊）、老聃派是道家的正统，庄子自认是继承了老聃、关尹的道统。（参见郭沫若：《十批判书》，北京：人民出版社，2012 年，第 119—125 页）胡孚琛、吕锡琛认为：“自老子开创道家学派以后，其弟子庚桑楚、关尹、列御寇、杨朱等人继承、发展其思想，道家学派在燕齐、荆楚、吴越、巴蜀等地区广泛地传播和演化，产生了《尹文子》《娟子》《关尹子》《列子》《庄子》《田子》《鹖冠子》《黄帝四经》《管子》《老莱子》《庄子》等一大批作品。大致说来，南方道家有关尹、列子学派和早期黄老学派，北方道家有杨朱学派、稷下黄老之学，综合道家各派的代表作是《庄子》。”［参见胡孚琛、吕锡琛：《道学通论：道家·道教·丹道》（增订版），北京：社会科学文献出版社，2004 年，第 126 页］

②　参见许亮：《孟子“杨朱为我说”辨证——基于〈吕氏春秋〉等文本的考察》，《中文学刊》2022 年第 6 期。

第一章 吕不韦其人与《吕氏春秋》其书

本章重点研究和探讨吕不韦的生平事迹与《吕氏春秋》一书的形成过程及内容结构。

第一节 吕不韦其人

本节主要探讨《吕氏春秋》的主编吕不韦生平及其思想。

一 吕不韦生平简介

本书作者结合《史记·吕不韦列传》《战国策·秦策五》等历史文献及前人研究成果，大致勾勒出了吕不韦的生平事迹。

吕不韦（约公元前292年—公元前235年），卫国濮阳（今河南濮阳滑县）人。他曾在韩国、魏国、赵国等国经商，成为战国时韩国都城阳翟（今河南禹州）的大商人，积累了千金的家财①。

经过长年"贩贱卖贵"的经营，吕不韦不仅积累了千金家财，而且培养了观察天下大势的敏锐眼光。他在赵国都城邯郸经商时认识了当时在赵国做人质的秦国公子子楚（又名异人），发现这是一个能够让他这个投机商人未来掌控天下的"奇货"②。

子楚作为秦国太子安国君不太重视的公子，被秦国派往赵国当人质，终日郁郁寡欢。子楚不受重视的原因，一是由于其亲生母亲地位低贱，二是因为他在秦国诸公子中排行居中，不为安国君的嫡长子③。

吕不韦不仅对子楚表示同情，而且以他商人高瞻远瞩的眼光，断定在子楚身上的政治投资会一本万利。于是，他去拜见子楚，并告知子楚自己将花重金游说安国君妻子华阳夫人，帮助其

---

① 《史记·吕不韦列传》："吕不韦者，阳翟大贾人也。往来贩贱卖贵，家累千金。"［（汉）司马迁撰，（宋）裴骃集解，（唐）司马贞索隐，（唐）张守节正义：《史记》（点校本二十四史修订本），北京：中华书局，2013 年，第 3025 页］

② 《史记·吕不韦列传》："吕不韦贾邯郸，见而怜之，曰：'此奇货可居。'"［（汉）司马迁撰，（宋）裴骃集解，（唐）司马贞索隐，（唐）张守节正义：《史记》（点校本二十四史修订本），第 3026 页］《战国策·秦策五》记载了吕不韦与父亲商讨自己政治投机的计划："濮阳人吕不韦贾于邯郸，见秦质子异人，归而谓父曰：'耕田之利几倍？'曰：'十倍。''珠玉之赢几倍？'曰：'百倍。''立国家之主赢几倍？'曰：'无数。'曰：'今力田疾作，不得暖衣余食；今建国立君，泽可以遗世。愿往事之。'"［（西汉）刘向集录：《战国策》（第 2 版），上海：上海古籍出版社，1998 年，第 275 页］

③ 《史记·吕不韦列传》："秦昭王四十年，太子死。其四十二年，以其次子安国君为太子。安国君有子二十余人。安国君有所甚爱姬，立以为正夫人，号曰华阳夫人。华阳夫人无子。安国君中男名子楚，子楚母曰夏姬，毋爱。子楚为秦质子于赵。秦数攻赵，赵不甚礼子楚。子楚，秦诸庶孽孙，质于诸侯，车乘进用不饶，居处困，不得意。"［（汉）司马迁撰，（宋）裴骃集解，（唐）司马贞索隐，（唐）张守节正义：《史记》（点校本二十四史修订本），第 3025—3026 页］

取得秦国嫡嗣地位，进而改变子楚未来命运的想法①。去了秦国之后，吕不韦通过华阳夫人姐姐来游说膝下无子的华阳夫人把子楚立为嫡子②，华阳夫人又深情地劝说安国君，最终使得子楚被立为安国君的适嗣③。

为了能够实现政治抱负，吕不韦不仅散尽了家财，还把自己喜欢的歌女赵姬也献给了子楚，赵姬则为子楚生下了儿子政，即后来的秦王嬴政④。

---

① 《史记·吕不韦列传》："乃往见子楚，说曰：'吾能大子之门。'……子楚心知所谓，乃引与坐，深语。吕不韦曰：'秦王老矣，安国君得为太子。窃闻安国君爱幸华阳夫人，华阳夫人无子，能立适嗣者独华阳夫人耳。今子兄弟二十余人，子又居中，不甚见幸，久质诸侯。即大王薨，安国君立为王，则子毋几得与长子及诸子旦暮在前者争为太子矣。'子楚曰：'然。为之奈何？'吕不韦曰：'子贫，客于此，非有以奉献于亲及结宾客也。不韦虽贫，请以千金为子西游，事安国君及华阳夫人，立子为适嗣。'"［（汉）司马迁撰，（宋）裴骃集解，（唐）司马贞索隐，（唐）张守节正义：《史记》（点校本二十四史修订本），第3026页］

② 关于吕不韦游说华阳夫人的详细过程，参见（汉）司马迁撰，（宋）裴骃集解，（唐）司马贞索隐，（唐）张守节正义：《史记》（点校本二十四史修订本），第3028页。《战国策·秦策五》则提供了另一个游说版本："（吕不韦）乃说秦王后弟阳泉君：'君之罪至死，君知之乎？君之门下无不居高尊位，太子门下无贵者。君之府藏珍珠宝玉，君之骏马盈外厩，美女充后庭。王之春秋高，一日山陵崩，太子用事，君危于累卵，而不寿于朝生。说有可以一切而使君富贵千万岁，其宁于太山四维，必无危亡之患矣。'阳泉君避席，请闻其说。不韦：'……子异人贤材也，弃在于赵，无母于内，引领西望，而愿一得归。王后诚请而立之，是子异人无国而有国，王后无子而有子也。'阳泉君曰：'然。'入说王后，王后乃请赵而归之。"［（西汉）刘向集录：《战国策》（第2版），第277页］

③ 《史记·吕不韦列传》："华阳夫人……涕泣曰：'妾幸得充后宫，不幸无子，愿得子楚立以为适嗣，以托妾身。'安国君许之，乃与夫人刻玉符，约以为适嗣。安国君及夫人因厚馈遗子楚，而请吕不韦傅之，子楚以此名誉益盛于诸侯。"［（汉）司马迁撰，（宋）裴骃集解，（唐）司马贞索隐，（唐）张守节正义：《史记》（点校本二十四史修订本），第3028页］

④ 《史记·吕不韦列传》："吕不韦取邯郸诸姬绝好善舞者与居，知有身。子楚从不韦饮，见而说之，因起为寿，请之。吕不韦怒，念业已破家为子楚，欲以钓奇，乃遂献其姬。姬自匿有身，至大期时，生子政。子楚遂立姬为夫人。"［（汉）司马迁撰，（宋）裴骃集解，（唐）司马贞索隐，（唐）张守节正义：《史记》（点校本二十四史修订本），第3029页］

　　此后经过一系列谋划，吕不韦协助子楚逃回秦国①，使其成功即位，自己则一跃成为秦国丞相②。嬴政即位后，吕不韦继续担任秦国相国，并被秦王嬴政尊称为"仲父"，大权独揽，成功实现其政治抱负③。

　　具有雄才伟略的吕不韦为了秦国能够统一天下，不仅注重内政外交④，而且希望通过著书立说来为统一后的秦国提供治国纲领，同时也能够使自己像战国四公子那样留名千古。于是，他召集众多门客，让他们每个人都把自己学习和听说到的思想学说一一记录下来，经过加工整理之后，集成"八览""六论""十二

---

　　① 《史记·吕不韦列传》："秦昭王五十年，使王龁围邯郸，急，赵欲杀子楚。子楚与吕不韦谋，行金六百斤予守者吏，得脱，亡赴秦军，遂以得归。"[（汉）司马迁撰，（宋）裴骃集解，（唐）司马贞索隐，（唐）张守节正义：《史记》（点校本二十四史修订本），第3029页]

　　② 《史记·吕不韦列传》："秦昭王五十六年，薨，太子安国君立为王，华阳夫人为王后，子楚为太子。……秦王立一年，薨，谥为孝文王。太子子楚代立，是为庄襄王。庄襄王所母华阳后为华阳太后，真母夏姬尊为夏太后。庄襄王元年，以吕不韦为丞相，封为文信侯，食河南雒阳十万户。"[（汉）司马迁撰，（宋）裴骃集解，（唐）司马贞索隐，（唐）张守节正义：《史记》（点校本二十四史修订本），第3029页]

　　③ 《史记·吕不韦列传》："庄襄王即位三年，薨，太子政立为王，尊吕不韦为相国，号称'仲父'。"[（汉）司马迁撰，（宋）裴骃集解，（唐）司马贞索隐，（唐）张守节正义：《史记》（点校本二十四史修订本），第3030页]

　　④ 《战国策·秦策五》记载了文信侯吕不韦欲攻赵以广河间的事迹："文信侯欲攻赵以广河间，使刚成君蔡泽事燕三年，而燕太子质于秦。文信侯因请张唐相燕，欲与燕共伐赵，以广河间之地。张唐辞曰：'燕者必径于赵，赵人得唐者，受百里之地。'文信侯去而不快。少庶子甘罗曰：'君侯何不快甚也？'文信侯曰：'……今吾自请张卿相燕，而不肯行。'甘罗曰：'臣行之。'……甘罗见张唐曰：'卿之功，孰与武安君？'唐曰：'武安君战胜攻取，不知其数；攻城堕邑，不知其数。臣之功不如武安君也。'甘罗曰：'卿明知功之不如武安君欤？'曰：'知之。''应侯之用秦也，孰与文信侯专？'曰：'应侯不如文信侯专。'曰：'卿明知为不如文信侯专欤？'曰：'知之。'甘罗曰：'应侯欲伐赵，武安君难之，去咸阳七里，绞而杀之。今文信侯自请卿相燕，而卿不肯行，臣不知卿所死之处矣！'唐曰：'请因孺子而行！'……赵王立割五城以广河间，归燕太子。赵攻燕，得上谷三十六县，与秦什一。"[（西汉）刘向集录：《战国策》（第2版），第282—285页]

纪",共计二十多万字,并把这样一部包罗宇宙间万事万物、古往今来各种史事哲理的书称之为《吕氏春秋》。吕不韦把《吕氏春秋》公布在秦国都城咸阳的城门上,以一字千金的酬劳来招揽能够为该书挑错的天下诸侯游士及宾客,结果无人敢于揭榜和应战,这既表明作为主编的吕不韦对《吕氏春秋》编校质量的充分自信,也显示出其欲统一天下局势及思想学说的雄心①。

然而,随着秦王嬴政日益长大并开始执掌政权,以及嫪毒事件的牵连,吕不韦于秦王十年(公元前237年)十月被罢免相国之位,并被发配回河南封地②。

大约过了一年的时间,由于六国诸侯的宾客使者都"相望于道",请文信侯出山③,秦王嬴政担心吕不韦叛变,就赐书信

① 《史记·吕不韦列传》:"吕不韦乃使其客人人著所闻,集论以为八览、六论、十二纪,二十余万言。以为备天地万物古今之事,号曰《吕氏春秋》。布咸阳市门,悬千金其上,延诸侯游士宾客有能增损一字者予千金。"〔(汉)司马迁撰,(宋)裴骃集解,(唐)司马贞索隐,(唐)张守节正义:《史记》(点校本二十四史修订本),第3030—3031页〕

② 《史记·吕不韦列传》:"始皇九年,有告嫪毒实非宦者,常与太后私乱……于是秦王下吏治,具得情实,事连相国吕不韦。……王欲诛相国,为其奉先王功大,及宾客辩士为游说者众,王不忍致法。秦王十年十月,免相国吕不韦。……出文信侯就国河南。"〔(汉)司马迁撰,(宋)裴骃集解,(唐)司马贞索隐,(唐)张守节正义:《史记》(点校本二十四史修订本),第3032—3033页〕

③ 《战国策·秦策五》记载了文信侯吕不韦出走的事迹:"文信侯出走,与司空马之赵,赵以为守相。秦下甲而攻赵。司空马说赵王曰:'文信侯相秦,臣事之,为尚书,习秦事。今大王使守小官,习赵事。请为大王设秦、赵之战,而亲观其孰胜。赵孰与秦大?'……司空马曰:'臣少为秦刀笔,以官长而守小官,未尝为兵首,请为大王悉赵兵以遇。'赵王不能将。司空马曰:'臣效愚计,大王不用,是臣无以事大王,愿自请。'司空马去赵,渡平原。平原津令郭遗劳而问:'秦兵下赵,上客从赵来,赵事何如?'司空马言其为赵王计而弗用,赵必亡。平原令曰:'以上客料之,赵何时亡?'司空马曰:'赵将武安君,期年而亡;若杀武安君,不过半年。赵王之臣有韩仓者,以曲合于赵王,其交甚亲,其为人疾贤妒功臣。今国危亡,王必用其言,武安君必死。'韩仓果恶之,王使人代。……武安君死。五月赵亡。"〔(西汉)刘向集录:《战国策》(第2版),第285—289页〕

一封来羞辱吕不韦，并令他与家属迁蜀。吕不韦害怕被秦王嬴政诛杀，就饮毒酒自杀，结束了自己辉煌而又落寞的一生①。

司马迁对吕不韦的评价很高，不仅为之单独立传，尊称吕不韦为吕子，而且《史记》的编撰体例也借鉴了《吕氏春秋》。同时，司马迁也对吕不韦因为嫪毐谋反事件受牵连而被罢黜，最终不得不自杀的人生悲剧表示非常的惋惜②。

二 《吕氏春秋》主要编撰者考辨

《吕氏春秋》一书的主要编撰者是哪些人，他们属于先秦诸子中的哪些学派？《史记》《战国策》《汉书》等史书中都没有记载，这对研究《吕氏春秋》的思想来源和学派归属产生了非常不利的影响。在本节中，笔者根据相关文献记载，并结合前人的研究成果，尝试对《吕氏春秋》主要编撰者进行一番考辨，试图还原两千多年前在秦国都城咸阳文信侯府众多门客和学者编撰《吕氏春秋》的过程。

首先，笔者认为《吕氏春秋》主要编撰者多为魏、赵、韩之"三晋"人士。这是因为客居于秦相国、文信侯吕不韦门下的舍人、宾客群体主要分为两大类：一类是秦人，另一类是晋

① 《史记·吕不韦列传》："岁余，诸侯宾客使者相望于道，请文信侯。秦王恐其为变，乃赐文信侯书曰：'君何功于秦？秦封君河南，食十万户。君何亲于秦？号称仲父。其与家属徙处蜀！'吕不韦自度稍侵，恐诛，乃饮酖而死。"[（汉）司马迁撰，（宋）裴骃集解，（唐）司马贞索隐，（唐）张守节正义：《史记》（点校本二十四史修订本），第3033页]

② 《史记·吕不韦列传》："太史公曰：不韦及嫪毐贵，封号文信侯。人之告嫪毐，毐闻之。秦王验左右，未发。上之雍郊，毐恐祸起，乃与党谋矫太后玺发卒以反蕲年宫。发吏攻毐，毐败亡走，追斩之好畤，遂灭其宗。而吕不韦由此绌矣。孔子之所谓'闻'者，其吕子乎？"[（汉）司马迁撰，（宋）裴骃集解，（唐）司马贞索隐，（唐）张守节正义：《史记》（点校本二十四史修订本），第3034页]

人。这两部分群体在吕不韦死后都受到了牵连，秦人被夺爵和迁往边陲之地，晋人被逐出秦国①。所以，《吕氏春秋》主要编撰者应该不出这两部分宾客群体。

由于《吕氏春秋》编撰之时已属战国末期，魏、赵、韩三家早已分晋，晋国已经灭亡，《史记·秦始皇本纪》记载的秦相吕不韦宾客群体中的"晋人"无疑是指魏、赵、韩三国之人。秦国与河东三国魏、赵、韩相比，学术和文化都比较落后，能够真正承担起编撰《吕氏春秋》这一综合百家学说的学术巨著任务的宾客一定是先秦诸子之传人或者曾经受到先秦诸子思想影响的人士。当时魏、赵、韩三国的思想与学术文化比秦国要繁荣发达，而且也积累和汇聚了一大批杰出的先秦诸子及贤士学者。以魏国为例，魏文侯就曾礼贤下士，"师子夏，友田子方，敬段干木"（《吕氏春秋·举难》)，问政于李克②，任用吴起③，所以，

---

①　《史记·秦始皇本纪》："（秦始皇）十二年，文信侯不韦死，窃葬。其舍人临者，晋人也逐出之。秦人六百石以上夺爵，迁；五百石以下不临，迁，勿夺爵。"[（汉）司马迁撰，（宋）裴骃集解，（唐）司马贞索隐，（唐）张守节正义：《史记》（点校本二十四史修订本），第294页]

②　关于魏文侯敬重、善待并问政于田子方、段干木、李克等贤士的事迹，《吕氏春秋》其他篇章也有相关记载，如《吕氏春秋·谨听》云："魏文侯之见田子方也，皆可谓能礼士矣。"《吕氏春秋·下贤》云："魏文侯见段干木，立倦而不敢息。……故贤主之畜人也，不肯受实者其礼之。礼士莫高乎节欲，欲节则令行矣。文侯可谓好礼士矣。"《吕氏春秋·举难》云："魏文侯弟曰季成，友曰翟璜。文侯欲相之而未能决，以问李克，李克对曰：'君欲置相，则问乐腾与王孙苟端孰贤。'文侯曰：'善。'"

③　《吕氏春秋》两次提及"吴起治西河而有功"的事迹，《吕氏春秋·长见》云："吴起治西河之外，王错谮之于魏武侯，武侯使人召之。吴起至于岸门，止车而望西河，泣数行而下。……吴起抿泣而应之曰：'子不识。君知我而使我毕能，西河可以王。今君听谗人之议而不知我，西河之为秦取不久矣，魏从此削矣。'吴起果去魏入楚。有间，西河毕入秦，秦日益大。"《吕氏春秋·慎小》云："吴起治西河，欲谕其信于民，夜日置表于南门之外，令于邑中曰：'明日有人偾南门之外表者，仕长大夫。'……邑人守门争表，表加植，不得所赏。自是之后，民信吴起之赏罚。"而关于吴起的师承关系，《吕氏春秋·当染》云："子贡、子夏、曾子学于孔子，田子方学于子贡，段干木学于子夏，吴起学于曾子。"

当时魏国能够"南胜荆于连堤，东胜齐于长城，虏齐侯，献诸天子，天子赏文侯以上卿"（《吕氏春秋·下贤》）。魏国另一位君主魏惠王执政时，曾任用名家之惠施为相①，问政于儒家之孟子②、道家之杨朱③。韩国比较著名的先秦诸子则有韩非子。赵国的贤

---

① 《吕氏春秋·淫辞》云："惠子为魏惠王为法。为法已成，以示诸民人，民人皆善之。献之惠王，惠王善之，以示翟翦，翟翦曰：'善也。'"这条记载表明惠施在任相期间，曾经为魏惠王制定新的法律。《吕氏春秋·不屈》云："魏惠王谓惠子曰：'上世之有国必贤者也。今寡人实不若先生，愿得传国。'惠子辞。王又固请曰：'寡人莫有之国于此者也，而传之贤者，民之贪争之心止矣。欲先生之以此听寡人也。'惠子曰：'若王之言，则施不可不听矣。王固万乘之主也，以国与人犹尚可。今施，布衣也，可以有万乘之国而辞之，此其止贪争之心愈甚也。'"这条记载表明魏惠王不仅任惠施为相国，而且想把国家禅让给惠施，惠施不受。

② 《孟子·梁惠王上》："孟子见梁惠王。王曰：'叟不远千里而来，亦将有以利吾国乎？'孟子对曰：'王何必曰利？亦有仁义而已矣。'"

③ 《列子·杨朱》云："杨朱见梁王，言治天下如运诸掌。梁王曰：'先生有一妻一妾而不能治，三亩之园而不能芸；而言治天下如运诸掌，何也？'对曰：'君见其牧羊者乎？百羊而群，使五尺童子荷箠而随之，欲东而东，欲西而西。使尧牵一羊，舜荷箠而随之，则不能前矣。且臣闻之：吞舟之鱼，不游枝流，鸿鹄高飞，不集污池。何则？其极远也。黄钟大吕不可从烦奏之舞。何则？其音疏也。将治大者不治细，成大功者不成小，此之谓矣。'"这段话在刘向《说苑·政理》中也有相似记载："杨朱见梁王，言治天下如运诸掌然。梁王曰：'先生有一妻一妾不能治，三亩之园不能芸，言治天下如运诸手掌，何以？'杨朱曰：'臣有之。君不见夫羊乎？百羊而群，使五尺童子荷杖而随之，欲东而东，欲西而西。君且使尧牵一羊，舜荷杖而随之，则乱之始也。臣闻之，夫吞舟之鱼不游渊，鸿鹄高飞，不就污池，何则？其志极远也。黄钟大吕，不可从繁奏之舞，何则？其音疏也。将治大者不治小，成大功者不小苟，此之谓也。'"通过对比发现，刘向《说苑·政理》的记载是抄自《列子·杨朱》，理由有二：一、刘向把"君见其牧羊者乎"改为"君不见夫羊乎"，失去了原文的寓意。因为在《庄子·达生》中有"善养生者，若牧羊然"的譬喻，《列子·杨朱》讲"君见其乎牧羊者"是通过牧羊的譬喻讲君主治国要因顺自然的道理。刘向把"牧羊者"改成了"羊"，失去了"治天下要顺之"的寓意，与其他先秦典籍如《庄子》中的表述也不类，不是先秦时人之表述方式。二、刘向把"治大者不治细"改成了"治大者不治小"，而"大"与"细"相对而言的用法在先秦道家经典《老子》第六十三章有之，如："图难于其易，为大于其细。天下难事，必作于易；天下大事，必作于细。"这说明"细"与"大"相对而言，是先秦时期的用法，刘向改"细"为"小"则是汉代的用法。这些都表明《列子·杨朱》中"杨朱见梁王，言天下如运诸掌"的记载较之刘向《说苑·政理》的记载更符合先秦时期的用语习惯。这段话应该是刘向校订《列子》时就已经存在的先秦《列子》原文，而非魏晋人之伪作。

能之士主要有儒家之荀卿、名家之公孙龙等，赵国的平原君也曾召集了众多的门客。

联系吕不韦早年经商经历发现，他虽然是卫国濮阳人，但是却成为韩国都城阳翟的大富商，又曾经在赵国都城邯郸经商并结识了秦公子异人（即后来的秦庄襄王子楚），这些经历表明吕不韦一定结识了韩、赵、魏三国许多贤人与名士，这些人及其徒属在吕不韦任秦相后西游秦国、投奔吕不韦门下出谋划策，参与编撰《吕氏春秋》也是极有可能的。因此，吕氏门下负责编撰《吕氏春秋》的作者群体中应该有来自韩、赵、魏三国的西游入秦的诸子（如荀子、公孙龙、惠施、杨朱等人）的徒属和后学。

其次，笔者认为《吕氏春秋》主要编撰者中有大量来自齐国稷下学宫的学者及其后学。胡孚琛、吕锡琛认为："至秦统一六国，稷下黄老学者多转而入秦依附吕不韦门下，《吕氏春秋》汇集了他们的思想。"① 苗润田认为，由于"稷下学宫衰落之时，恰好是秦相吕不韦'招致宾客游士，欲一并天下'之日。……当吕不韦令其宾客'人人著所闻'时……稷下学士们，便很自然地运用他们从邹衍、田骈、慎到、孟子等稷下先生那里所学到的全部知识……做些适当的发挥，一并编入《吕氏春秋》之中。于是我们看到《吕氏春秋》保存了大量的稷下的诸子之说，成为一部保存稷下诸子之说最多、受稷下之学影响最大的著作"② 。《吕氏春秋》引用稷下先生及其后学的篇章主要有《分职》《处方》《圜道》《有度》《去尤》《去宥》《听言》《谨听》《顺说》《审分》《慎势》《执一》《不二》《君守》《勿躬》《知度》《士

---

① 胡孚琛、吕锡琛：《道学通论：道家·道教·丹道》（增订版），第154页。
② 苗润田：《〈吕氏春秋〉与稷下学》，《管子学刊》1991年第2期。

容》《正名》《应同》《召类》等①，这充分说明《吕氏春秋》编撰者群体中有一大部分来自齐国稷下学宫的学者及其后学。

再次，笔者认为《吕氏春秋》主要编撰者中应该有荀子门人及其后学②。民国学者刘师培指出："《吕览》一书，多成于荀卿门人之手。荀卿为《左氏春秋》之先师，故《吕览》一书，多引左氏之文。"③ 由此可以推测，编撰《吕氏春秋》的吕氏宾客中必然有荀子的门人及其后学。李斯作为荀子的学生，曾客居吕不韦门下，他应该参与了《吕氏春秋》一书的编撰④。

---

① 《吕氏春秋》中"明确标出采编田骈的'道术'论（《执一》）、'士容'论（《士容》）、'贵齐'论（《不二》），尹文的'士'说（《正名》），慎到的'势'观（《慎势》）等稷下先生之说。记录了'田骈谓齐王'（《用众》），淳于髡'为齐使于荆'（《报更》）、淳于髡'以从说魏王'（《离谓》）、'齐王欲以淳于髡傅太子'（《壅塞》），儿说之弟子为宋元王'解闭'（《君守》）等稷下学者的事迹"。《吕》书中还有一些"虽未注明但可确认为稷下诸子的文章。《去尤》《去宥》两篇是宋钘、尹文的遗著；《应同》《召类》两篇中保存了邹衍的佚文……《吕氏春秋》的'贵因'论，就其基本精神而言，则完全袭自稷下黄老学派的'因循'哲学；'用众'说……是由慎到的'因民之能为资，尽包而畜之，无能去取焉'（《慎子·民杂》）而发。《用众》篇所谓'天下无粹白之狐，而有粹白之裘，取之众白也'即由《慎子·知忠》篇的'粹白之裘，盖非一狐之皮也'而来。"（参见苗润田：《〈吕氏春秋〉与稷下学》，《管子学刊》1991年第2期）

② 《史记·吕不韦列传》："吕不韦以秦之强，羞不如，亦招致士，厚遇之，至食客三千人。是时诸侯多辩士，如荀卿之徒，著书布天下。吕不韦乃使其客人人著所闻，集论以为八览、六论、十二纪，二十余万言。"[（汉）司马迁撰，（宋）裴骃集解，（唐）司马贞索隐，（唐）张守节正义：《史记》（点校本二十四史修订本），第3030页]

③ 刘师培著，李妙根编，朱维铮校：《刘师培辛亥前文选》，上海：中西书局，2012年，第260页。

④ 苗润田："在吕不韦的宾客游士中，李斯是一个值得注意的人物。《史记·李斯传》说，李斯'从荀卿学帝王之术。学已成，度楚王不足事，而六国皆弱，无可为建功者，欲西入秦。……至秦，会庄襄王卒，李斯乃求为秦相文信侯吕不韦舍人'。按《史记·秦本纪》，庄襄王卒于公元前247年，可知李斯即于兹年入秦，为吕不韦门下客。……荀卿是著名的稷下先生，齐襄王时在稷下'最为老师''三为祭酒'，李斯随其学习，应为名副其实的稷下学士。他入秦后为吕不韦所重，自当积极参与《吕氏春秋》的编著，按吕不韦'著所闻'的要求，写出在稷下的所见所闻，以此来实现自身的价值。"（参见苗润田：《〈吕氏春秋〉与稷下学》，《管子学刊》1991年第2期）

最后，笔者认为，通过《吕氏春秋》一书对先秦诸子老子、孔子、墨子、庄子、列子、杨朱、子华子、詹何、孙膑等人著作和思想的征引来看，其主要编撰者群体中必然有以上诸子的后学。

三　吕不韦编撰《吕氏春秋》的主要目的

按照司马迁之说，吕不韦编撰《吕氏春秋》的主要目的是"与荀卿辈争名"①。这种"争名"说后来又演变出"沽名钓誉说""立言不朽说""立政讽箴说""羁客穷愁说""东方文化西移说"等观点②。

"沽名钓誉说"的主要代表为明代方孝孺，他在《逊志斋集·读吕氏春秋》中说："（吕）不韦以大贾乘势市奇货，致富贵而行不谨，其功业无足道者，特以宾客之书显其名于后世。"③

"立言不朽说"的主要代表为明代贺万祚，他在《吕氏春秋序》中说："（吕）不韦集先秦宾客著书，以志不朽。"④

"立政讽箴说"的主要代表为元代陈澔和清代卢文弨，陈澔在《礼记集说》中说："吕不韦相秦十余年，此时已有必得天下之势，故大集群儒，损益先王之礼而作此书，名曰'春秋'，将欲为一代兴王之典礼也。"⑤ 卢文弨在《抱经堂文集·书吕氏春

---

① 有的学者认为："司马迁说吕不韦编《吕氏春秋》是为了和战国四公子攀比，这是皮相之见。"［参见张立文主编，周桂钿、李祥俊著：《中国学术通史》（秦汉卷），第 11 页］
② 田凤台：《吕氏春秋探微》，第 49—52 页。
③ 陈奇猷：《吕氏春秋新校释》，第 1854 页。
④ 田凤台：《吕氏春秋探微》，第 49 页。
⑤ 陈奇猷：《吕氏春秋新校释》，第 1854 页。

秋后》中说："以秦皇之严，秦丞相之势焰，而其为书时寓规讽之旨，求其一言近于揣合而无有，此则风俗人心之古，可以明示天下后世而不作者也。"①

"羁客穷愁说"的主要代表为明代陈继儒，他在《吕氏春秋序》中说："天下一统，诸宾客渔散无所属，（吕）不韦谓可笼而致之也，给饩赐笔札，使之聚而著书，既解其旅况寄愁，又耗其雄心异志。"②

"东方学术西移说"的主要代表为钱穆，他在《秦汉史》中说："（吕）不韦乃欲将东方（指函谷关东之六国）学术文化大传统，移植西土（指秦国）……《吕氏春秋》一书，便是其成绩品也。"③

当代台湾学者田凤台对这几种观点一一进行批驳之后说："（吕）不韦虽贾人，固有政治抱负与野心。……今观其书，十二纪条行政纲领，八览六论，深究治道……其著书动机，固非此莫属也。"④另一位台湾学者劳干认为："《吕氏春秋》……是以道家思想为主，把其他思想及学术，归纳于道家原则之下，预备着秦国统一天下以后，作为治天下的方案。"⑤

此外，当代学者周桂钿、李祥俊也认可元代陈澔所说的"将欲为一代兴王之典礼"，并进一步指出："吕不韦主持编撰《吕氏春秋》这一学术史上继往开来的力作，显然不仅仅是出于

---

①　陈奇猷：《吕氏春秋新校释》，第1866页。
②　田凤台：《吕氏春秋探微》，第50页。
③　同上，第51页。
④　同上，第52页。
⑤　劳干：《秦的统一与其覆亡》，《"中央研究院"历史语言研究所集刊》1977年6月。

对学术的总结、提倡，还有其现实的政治意图"，其意图是"要服务于秦国一统天下的政治目的……建立一种统一的官方学术"，"为即将到来的大一统帝国提供治国之策"①。刘泽华认为："吕不韦企图通过编辑和公布《吕氏春秋》，改变秦国一味尊法的思想路线。这个意图……有利于秦的统一，对秦统一后的建国方略更为重要。"②

比较来看，田凤台、劳干、周桂钿、李祥俊、刘泽华等学者的分析比较合理，秦相吕不韦集众门客编撰《吕氏春秋》的主要目的应该是为秦国治国理政、统一天下提供指导思想和建国方略③。《吕氏春秋·序意》通过吕不韦与良人之问答也说明了这一目的④。在吕不韦看来，在黄帝等上古帝王生活的时代，治国之道就是"法天地"，也就是《老子》中所讲的"人法地，地法天"。而《吕氏春秋》"十二纪"的主旨就是通过记载和总结历代国家治乱存亡的经验教训，来预测和判断人事与国政的寿夭吉凶。通过"上揆之天，下验之地，中审之人"即"参天道以明人事"的方法来实现对国家和天下的有效治理。这也正如陈澔所言，吕不韦编撰《吕氏春秋》是"将欲为一代兴王之典礼"；也正如田凤台所言，吕不韦撰书之动机是欲"成一最完美之治国宝典"。身为秦国丞相、负有辅政重任的吕不韦希望向天下贤

---

① 张立文主编，周桂钿、李祥俊著：《中国学术通史》（秦汉卷），第11—12页、第23页。

② 刘泽华：《中国政治思想通史·先秦卷》，第508页。

③ 周桂钿："吕不韦组织一批思想家研究、编撰《吕氏春秋》，目的是想为统一后的统治者提供完备的指导思想。"［参见周桂钿：《秦汉思想史》（上），福州：福建教育出版社，2015年，第37页］

④ （战国）吕不韦撰，（东汉）高诱注，俞林波校订：《元刊吕氏春秋校订》，第160页。

士学习，期冀通过广招天下才士熔铸先秦诸子之说来进一步总结历史上各代、各国圣人明王治国理政的经验和规律，为秦国治国理政、统一六国、平定天下提供切实可行的指导思想。遗憾的是，吕不韦这一撰书目的最终没能实现。这是因为，与虚怀若谷、胸怀天下的吕不韦相比，秦始皇心胸狭隘、刚愎自用，极不喜欢《吕氏春秋》中的治国理论，而继续使用秦国的严刑峻法与苛政来治国，最终导致秦二世而亡的悲惨结局。试想如果秦始皇能够按照吕不韦在《吕氏春秋》中设定的指导思想来治国理政，实行"上揆之天，下验之地，中审之人"以及"德治"与"法治"相结合的治国之道，秦朝断不会短短二世而亡，而且还极有可能如后世的汉、唐王朝一样保持长久的兴盛①。

第二节 《吕氏春秋》的成书过程、主要内容及思想倾向

《吕氏春秋》是在什么样的时代背景下创作出来的？其成书过程、主要内容和思想倾向又是什么呢？这是本节探讨的重点。

一 《吕氏春秋》的成书年代及过程、主要内容及结构

关于《吕氏春秋》的成书年代，《吕氏春秋·序意》指出：

①　刘泽华："秦始皇虽然雄才大略，但为法家理论所囿，缺乏吕不韦兼收并蓄的度量，结果把事情推向了极端。他如果能够采纳《吕氏春秋》中一些见解，秦祚或许不至于那么短！……秦汉以后的封建统治者尽管名义上尊崇儒家，但在实际上走的是吕不韦的道路。"（参见刘泽华：《中国政治思想通史·先秦卷》，第508页）

"维秦八年，岁在涒滩。"① 高诱注："八年，秦始皇即位八年也"②，即公元前239年。《尔雅·释天》曰："太岁……在申曰涒滩。"③ 陈奇猷认为："依太岁纪年，'涒滩'是'申'，而秦始皇即位八年是'壬戌'，而不是'申'，所以太岁纪年与干支纪年不一致。"④ 为了解决这一问题，陈奇猷引用清人孙星衍的观点："考秦庄襄王灭周后二年癸丑岁至始皇六年，共八年，适得庚申岁，申为涒滩，吕不韦指谓是年。"⑤ 陈奇猷说："孙氏此说极正确……'秦八年'是秦庄襄王灭东周后的第八年，即秦始皇即位之六年（公元前241年）庚申岁，而吕氏之书即写成于此年。"⑥ 所以，《吕氏春秋》的成书时间当为秦始皇六年，即公元前241年。

关于《吕氏春秋》的内容和结构，司马迁在《史记·吕不韦列传》中说："吕不韦乃使其客人人著所闻，集论以为八览、六论、十二纪。"⑦ 由此可知，《吕氏春秋》主要包括三部分内容——"八览""六论""十二纪"。

何谓"十二纪"？唐代史学家司马贞在《史记索隐》中说："十二纪者，记十二月也，其书有《孟春》等纪。"⑧ "十二纪"主要是根据时令的不同，将不同主题的文章分别列于春、夏、

---

① （战国）吕不韦撰，（东汉）高诱注，俞林波校订：《元刊吕氏春秋校订》，第160页。
② 同上。
③ 胡奇光、方环海：《尔雅译注》，上海：上海古籍出版社，2004年，第236页。
④ 陈奇猷：《吕氏春秋新校释》，第1885页。
⑤ 同上。
⑥ 同上，第1885—1886页。
⑦ （汉）司马迁撰，（宋）裴骃集解，（唐）司马贞索隐，（唐）张守节正义：《史记》（点校本二十四史修订本），第3030页。
⑧ 同上，第3031页。

秋、冬四纪之中。春季主生，由万物生发联系到人的养生，所以孟春、仲春、季春三纪所属的论文大都与养生有关；夏季主长，由万物生长联系到人的教养，所以孟夏、仲夏、季夏三纪所属的论文大都与教育有关；秋季主肃杀，所以孟秋、仲秋、季秋三纪所属论文大都与刑罚和战争有关；冬季草木枯萎，万物闭藏，所以孟冬、仲冬、季冬三纪所属论文大都与安死送葬、士人节操有关。

何谓"八览"？司马贞在《史记索隐》中说："八览者，《有始》《孝行》《慎大》《先识》《审分》《审应》《离俗》《时君》也。"①"八览"中的每一览都包括8篇文章，而《有始览》缺文一篇，所以共计有63篇论文。"八览"每览首篇点明主题，其下各篇围绕此一主题展开论述，并对这一主题进行了发挥。《有始览》论述天地有始，万象有因，由此而有《应同》《去尤》《务本》等篇；《孝行览》论述做人务本，本在于孝行，由此而有《本味》《首时》《慎人》等篇；《慎大览》讲大国、强国须谨慎从事，由此而有《下贤》《贵因》《察今》等篇；《先识览》认为有道之士必有先见之明，由此而有《观世》《知接》《察微》等篇；《审分览》论述为君之道重在正名审分，任贤使能，由此而有《君守》《知度》《不二》等篇；《审应览》认为君主出声应容，应当审慎，由此而有《重言》《精谕》《应言》等篇；《离俗览》论人主索求避世高洁之士为王者师，由此而有《高义》《上德》《用民》等篇；《恃君览》论治国不可无君，由

---

①　（汉）司马迁撰，（宋）裴骃集解，（唐）司马贞索隐，（唐）张守节正义：《史记》（点校本二十四史修订本），第3031页。"时君（览）"在今本《吕氏春秋》中作"恃君（览）"。

此而有《知分》《召类》《行论》等篇。

何谓"六论"？司马贞在《史记索隐》中说："六论者，《开春》《慎行》《贵直》《不苟》《以顺》《士容》也。"① 六论每论包括 6 篇文章，共计有 36 篇论文，所属论文也都围绕篇首主题展开论证。

综上，今本《吕氏春秋》全书共有文章 160 篇，其中十二纪有 61 篇，八览有 63 篇，六论有 36 篇。司马迁在《史记·吕不韦列传》中说《吕氏春秋》"二十余万言"，即总字数在二十万字左右。高诱《吕氏春秋序》说《吕氏春秋》"合十余万言"，字数为十万多字。笔者对今本《吕氏春秋》字数进行了重新统计，总字数在十二万三千四百字左右。

今本《吕氏春秋》中各篇文章的排列顺序，可能并非原貌。这是因为，西汉司马迁所著《史记·吕不韦列传》记载的顺序是"八览、六论、十二纪"，并且《史记·太史公自序》称《吕氏春秋》为《吕览》。这表明，"八览"位于全书之首。而据东汉高诱《吕氏春秋序》所言，《吕氏春秋》则以"十二纪、八览、六论"为序。

古人著书，序言往往位于书末，今本《吕氏春秋》中的《序意》正好位于"十二纪"之后，所以《吕氏春秋》本来的次序应该是"八览、六论、十二纪"。但是，到了东汉高诱为《吕氏春秋》作注解时，见到的篇章顺序已经发生了变化。这种篇序的颠倒或者是有人故意为之，或者是流传时无意中错乱所

---

① （汉）司马迁撰，（宋）裴骃集解，（唐）司马贞索隐，（唐）张守节正义：《史记》（点校本二十四史修订本），第 3031 页。"以顺"在今本《吕氏春秋》中作"似顺"。

致，这两种情况都有可能。

《吕氏春秋》的思想并不以某一家为宗，具有兼采众家之长的特征，因此东汉班固所撰《汉书》将其称之为"杂家"。这种"杂"是根据统一的指导思想，兼采诸子百家之长而建构了一套贯通天地人、联通古今世的治理国家和天下的理论体系。这正如《吕氏春秋·用众》所说："夫取于众，此三皇、五帝之所以大立功名也。"① 因此，《吕氏春秋》对先秦诸子百家采取兼容并包的态度，特别是对于儒家、道家、墨家采取了融通、折中的立场，而尽量避免不同学派之间观点的直接对立。

东汉末年高诱最早为《吕氏春秋》作注，并对该书的主导思想和内容结构进行了归纳，他说："此书所尚，以道德为标的，以无为为纲纪，以忠义为品式，以公方为检格。"② 此评价还是比较准确和合理的，这是因为高诱是在注解完《孟子》《孝经》《淮南子》之后才开始注解《吕氏春秋》，他对《吕氏春秋》的主导思想及其与儒家、道家、墨家等之间的关系会有一个比较准确的定位。

《吕氏春秋》一书大量收录了黄帝、尧、舜、周公、孔子、曾子、子思，以及老子、庄子、列子、文子、杨朱、子华子、詹何、墨子、惠施、慎到、田骈、公孙龙等人的言论和学说，保存了很多有价值的先秦时代的思想文献，对研究中国哲学史尤其是先秦哲学史具有非常重要的意义。

---

① （战国）吕不韦撰，（东汉）高诱注，俞林波校订：《元刊吕氏春秋校订》，第59页。

② 同上，第5页。

二　《吕氏春秋》的思想倾向及学派归属

通过对《吕氏春秋》全书的深入研究和思想解读，并结合前人的研究成果①，笔者认为《吕氏春秋》的主导思想比较符合道家思想，这主要基于以下几点原因：

第一，从统计学意义上看，通过对《吕氏春秋》每一篇文献的主导思想和思想倾向进行定性分析②，笔者发现《吕氏春秋》160 篇文献中，道家思想主导的文献为 54 篇，所占比重最大，为 33.7%；阴阳家思想主导的文献为 40 篇，所占比重为 25%；儒家思想主导的文献为 28 篇，所占比重为 17.5%；兵家思想主导的文献为 18 篇，所占比例为 11.2%；法家思想主导的文献为 8 篇，所占比重为 5%；墨家思想主导的文献为 4 篇，所占比重为 2.5%；农家思想主导的文献为 4 篇，所占比重为 2.5%；名家思想主导的文献为 2 篇，所占比重为 1.3%，其他各家所占比例约为 1.3%。通过上面的定量分析可以发现，道家思想主导的文献在《吕氏春秋》一书中所占比重最大。因此，该书虽然是自觉地、有意地总结、融合先秦诸子的思想学说，具有兼采众家之长的性质，但是其主导思想和思想倾向应该是道家。

此外，《吕氏春秋·不二》列举了当时十大主流思想家及其

---

① 学术界关于《吕氏春秋》的思想倾向及学派归属的六种主要观点的具体内容，参见本书"绪论"中已有研究成果概述的相关论述。

② 笔者对《吕氏春秋》各篇主导思想及思想倾向的分析和归类，参见本书附表：《〈吕氏春秋〉各篇思想归属表》。

特点，即"老耽贵柔，孔子贵仁，墨翟贵廉，关尹贵清，子列子贵虚，陈骈贵齐，阳生贵己，孙膑贵势，王廖贵先，兒良贵后"①。这里列出的十大主流思想家，其中道家为五家②，占二分之一；兵家为三家，占十分之三；另外，儒、墨则都是只举一家。这也说明，先秦诸子中对《吕氏春秋》主编吕不韦和其他编撰者来说，道家思想的影响最大，道家学派或受道家影响的作者可能也最多。

第二，从全书的整体思想来看，《吕氏春秋》是"以道德为标的，以无为为纲纪，以忠义为品式，以公方为检格"③，这正符合战国后期、秦汉之际道家的特征，即"使人精神专一，动合无形，赡足万物。其为术也，因阴阳之大顺，采儒、墨之善，撮名、法之要，与时迁移，应物变化，立俗施事，无所不宜，指约而易操，事少而功多"④。这也就是说，道家尤其是黄老道家与阴阳、儒、墨、名、法五家相比的优点是，它以道为本，来吸收和融合儒、墨、名、法、阴阳其他五家思想之长处，形成一套治身与治国相结合、治内与治外相贯通的"内圣外王之道"⑤，

---

① （战国）吕不韦撰，（东汉）高诱注，俞林波校订：《元刊吕氏春秋校订》，第268—269页。
② 道家的五大思想家为老耽（即老子）、关尹、子列子（即列御寇）、陈骈（即田骈）、阳生（即杨朱）。
③ 这是历史上第一位为《吕氏春秋》作注的东汉人高诱在《吕氏春秋序》中对《吕氏春秋》全书整体思想的概括和归纳。"道德""无为"均为先秦道家的核心概念，"忠义"是儒家的核心概念，墨家也讲"义"，"公方"是法家的概念，所以，在高诱看来，《吕氏春秋》是以道为本，融合儒、墨、法等先秦诸子各家思想的结果。
④ （汉）司马迁撰，（宋）裴骃集解，（唐）司马贞索隐，（唐）张守节正义：《史记》（点校本二十四史修订本），第3965—3966页。
⑤ （清）郭庆藩撰，王孝鱼点校：《庄子集释》，北京：中华书局，2016年，第1073页。

从而达到"指约而易操，事少而功多"的效果。而其他先秦诸子如儒家、墨家、法家等则不具备这样的特点①。

第三，从《吕氏春秋·序意》反映出吕不韦编撰本书的主要目的来看，《吕氏春秋》的主导思想应该是战国末年、秦汉之际的新道家或黄老道家的思想。《吕氏春秋·序意》曰："盖闻古之清世，是法天地。"②顾颉刚认为，《吕氏春秋》中"'法天地'等旨趣，完全与今《老子》相合，当是战国时道家的话。……他们（即《吕氏春秋》之作者）引了这种书而明指为黄帝之言③，可见其对于材料的负责任"④。所以，从《吕氏春秋·序意》称引"黄帝之言"来看⑤，其主导思想和思想倾向应

---

① 池田知久认为："从战国晚期到西汉初期，主要是道家内部一直在追求诸思想的统一。……为什么在这个问题上，道家领先于其他学派呢？对于原因，可以做以下两种推测：一是因为当时道家学派的思想家，从总体来说，拥有很多敏锐的知识分子。二是道家思想的内部，特别是从本体论、形而上学之中，可以追求其原因和理由。换言之，道家思想最深奥的基础有如下的哲学：……'道—万物'关系的哲学。这一本体论、形而上学，是道家思想的所有领域的理论根据和基础。……相反地，其他诸子百家没有像这样的本体论、形而上学。"（参见池田知久：《儒学的国教化与道家——围绕着诸思想的调和与统一》，《黑龙江社会科学》2014年第3期）

② （战国）吕不韦撰，（东汉）高诱注，俞林波校订：《元刊吕氏春秋校订》，第160页。

③ 据《汉书·艺文志》所载，道家中有《黄帝四经》四篇、《黄帝铭》六篇、《黄帝君臣》十篇、《杂黄帝》五十八篇，这些皆是"黄帝之言"，它们应该是《吕氏春秋》作者取材和撰书的基本资料。

④ 顾颉刚：《从〈吕氏春秋〉推测〈老子〉之成书年代》，罗根泽编著：《古史辨》（四），上海：上海古籍出版社，1982年，第466页。

⑤ 《吕氏春秋》其他篇章中大量引用"黄帝之言"来诠释《序意》中黄帝诲颛顼时所言"法天地"和"揆天，验地，审人"之思想。如《吕氏春秋·圜道》："黄帝曰：'帝无常处也，有处者乃无处也。'以言不刑蹇，圜道也。……一也齐为贵，莫知其原，莫知其端，莫知其始，莫知其终，而万物以为宗。"《吕氏春秋·去私》："黄帝言曰：'声禁重，色禁重，衣禁重，香禁重，味禁重，室禁重。'尧有子十人，不与其子而授舜；舜有子九人，不与其子而授禹，至公也。"《吕氏春秋·应同》："黄帝曰：'芒芒昧昧，因天之威，与元同气。'"《吕氏春秋·审时》："黄帝曰：'四时之不正也，正五谷而已矣。'"

该是战国时黄老道家的思想。

另外，《吕氏春秋·序意》倡导的"法天地"和"揆天，验地，审人"的思想①，亦是先秦道家的重要思想。如《老子》的"人法地，地法天，天法道，道法自然"的思想②，《管子》四篇的"圣人与时变而不化，从物而不移"的思想③，《黄帝四经》的"上明于天之反，而中达君臣之半，密察于万物之所终始"的思想④和"顺天者昌，逆天者亡。毋逆天道，则不失所守"的思想⑤。《吕氏春秋》"十二纪"效法"春生，夏长，秋收，冬藏"之自然规律来排列 61 篇文章，充分体现出了道家一贯倡导的"推天道以明人事，法天地以成人事"的思想，即通过对天地、阴阳、四时运行变化规律的把握和效仿来设计和安排人类社会的制度和人事运行的法则，最终达到"行数，循理，平私"和"纪治乱存亡，知寿夭吉凶"的效果。

---

① 先秦诸子尤其是儒道两家都非常关注天人关系，提倡"推天道以明人事"的思维方式。这种思维方式不仅《吕氏春秋》有之，道家如《老子》《庄子》《管子》四篇、《黄帝四经》也有之，儒家《论语》《孟子》《荀子》也有之。这种思维方式在《周易》中体现得非常明显，如《周易·易传》提出"一阴一阳之谓道""生生之谓易""天地之大德曰生""乾知大始，坤作成物"等哲学思想。有的学者认为，《易传》的这种思维方式明显受到黄老道家的影响。（参见陈鼓应：《易传与道家思想》，北京：商务印书馆，2007 年，第 173—176 页）

② 《老子》第二十五章："有物混成，先天地生。寂兮寥兮，独立而不改，周行而不殆，可以为天地母。吾不知其名，字之曰道，强为之名曰大。……人法地，地法天，天法道，道法自然。"

③ 《管子·内业》："天主正，地主平，人主安静。春秋冬夏，天之时也。山陵川谷，地之枝也。喜怒取予，人之谋也。是故圣人与时变而不化，从物而不移。"

④ 《黄帝四经·经法·道法》："故唯执［道］者能上明于天之反，而中达君臣之半，密察于万物之所终始，而弗为主。故能至素至精，浩弥无形，然后可以为天下正。"

⑤ 《黄帝四经·十大经·姓争》："顺天者昌，逆天者亡。毋逆天道，则不失所守。天地已成，黔首乃生。姓生已定，敌者生争，不谌不定。"

第四，《吕氏春秋》提倡"君道无为，臣道有为"的思想和"循理贵因"等思想，是对老子"为无为，则无不治"的思想和黄老道家"以虚无为本，以因循为用"等思想的继承和发展。先秦时期道家的创始人老子最早提出"为无为，则无不治"①的思想。老子之后，黄老道家作为"战国至西汉时期道家流派之一"②，倡导"以虚无为本，以因循为用"③的思想。例如《管子·心术上》曰："虚无无形谓之道，化育万物谓之德。"④又曰："有道之君子，其处也，若无知；其应物也，若偶之，静因之道也。"⑤这些思想都对《吕氏春秋》产生了深远的影响。

首先，《吕氏春秋》继承了老子"为无为，则无不治"的思想和黄老道家"以虚无为本"的思想，提倡无智、无能、无为、虚静的君道无为之术。如《吕氏春秋·分职》云：

①　《老子》第三章："不尚贤，使民不争；……圣人之治：虚其心，实其腹；弱其志，强其骨。……为无为，则无不治。"这种思想，如果从双重否定的方面来讲是"为无为，则无不治"和"无为而无不为"；如果从肯定的方面来讲则是"无为而治"。"无为而治"这个词最早出自《论语》，但是却是先秦道家的核心思想，而非儒家的核心思想。西汉淮南王刘安主持编撰的《淮南子》中有大量的"无为而治"的思想，如《淮南子·诠言训》："圣人不为可非之行，不憎人之非己也；修足誉之德，不求人之誉己也。不能使祸不至，信己之不迎也；不能使福必来，信己之不攘也。……故闲居而乐，无为而治。"

②　张岱年主编：《中国哲学大辞典》，上海：上海辞书出版社，2010年，第435页。

③　司马谈在《论六家要旨》中把道家尤其是黄老道家的思想特征概括为"其术以虚无为本，以因循为用"，他说："道家无为，又曰无不为，其实易行，其辞难知。其术以虚无为本，以因循为用。无成势，无常形，故能究万物之情。为物先，不为物后，故能为万物生。有法无法，因时为业；有度无度，因物与合。故曰圣人不朽，时变是守。虚者道之常也，因者君之纲也。群臣并至，使各自明也。"[参见（汉）司马迁撰，（宋）裴骃集解，（唐）司马贞索隐，（唐）张守节正义：《史记》（点校本二十四史修订本），第3969页]

④　陈鼓应：《管子四篇诠释》，北京：中华书局，2015年，第126页。

⑤　同上，第140页。

夫君也者，处虚素服而无智，故能使众智也。智反无能，故能使众能也。能执无为，故能使众为也。无智、无能、无为，此君之所执也①。

又如《吕氏春秋·知度》云：

君服性命之情，去爱恶之心，用虚无为本，以听有用之言，谓之朝②。

《吕氏春秋》还继承了黄老道家"以因循为用"的思想，提倡"因则无敌"和"因者无敌"的"贵因"思想。如《吕氏春秋·贵因》云：

三代所宝莫如因，因则无敌。禹通三江、五湖……因水之力也。舜一徙成邑，再徙成都，三徙成国，而尧授之禅位，因人之心也。汤、武以千乘制夏、商，因民之欲也。……因者无敌③。

"因"不仅有遵循的含义，也有疏导的含义，如禹通三江、五湖；也有顺应的含义，如尧禅位于舜；也有凭借的含义，如至秦适越。世界是客观的，世间事物的生长、发育是不以人的意志为转移的，是有客观规律可循的。人作为有意识的主体，可以认识客观规律，并遵循客观规律以达成自己的目的。人类的这一活动过程，中国古人将其称之为"因"④。

---

① （战国）吕不韦撰，（东汉）高诱注，俞林波校订：《元刊吕氏春秋校订》，第396页。
② 同上，第262页。
③ 同上，第221—224页。
④ 张立文、罗安宪主编：《中国哲学史教程》，北京：中国人民大学出版社，2021年，第146页。

此外，《吕氏春秋》还将"因"的理论运用于政治，提出了"因者君术，为者臣道"的思想。如《吕氏春秋·任数》云：

> 古之王者，其所为少，其所因多。因者，君术也；为者，臣道也。为则扰矣，因则静矣①。

这种"因者君术，为者臣道"的思想，也就是"君道无为，臣道有为"的思想，其思想渊源则是老子"无为而治"的思想。

最后，《吕氏春秋》还将"贵因"的思想运用于军事，提出了"兵贵因"的思想。如《吕氏春秋·决胜》云：

> 凡兵，贵其因也。因也者，因敌之险以为己固，因敌之谋以为己事。能审因而加胜，则不可穷矣②。

由上可知，《吕氏春秋》认为用兵之道在于因时、因地、因敌，化不利因素为有利因素，将有利因素发挥到最大，将不利因素转化到最小。《吕氏春秋》这种"兵贵因"的思想，明显也受到了孙子思想的影响③。

小　结

《吕氏春秋》是秦国丞相吕不韦召集其门客集体编撰而成的思想巨著，它成书于秦始皇六年即公元前241年，包括"十二

---

① （战国）吕不韦撰，（东汉）高诱注，俞林波校订：《元刊吕氏春秋校订》，第258页。
② 同上，第108页。
③ 《孙子兵法·虚实》曰："水因地而制流，兵因敌而制胜。故兵无常势，水无常形。能因敌变化而取胜者，谓之神。"

纪""八览""六论"三大部分，共计160篇文章。

作为先秦时期最后一部大型的综合性理论著作，《吕氏春秋》具有兼采众家之长的性质，被班固列入先秦诸子之"杂家"。与其他先秦诸子相比，《吕氏春秋》的特点是它能够摒弃不同学说、派别之间相互争锋和贬黜的态度，对先秦诸子百家之学说持融通折中的立场，采取兼容并包的方针，对儒、墨、道、名、法、阴阳、兵、农等各家之言及其学术思想做了系统的汇集和总结，形成了自己独具特色的理论风格，即"以道德为标的，以无为为纲纪，以忠义为品式，以公方为检格"（高诱《吕氏春秋序》），是"综合各家形成的新官学"①，具有很高的文献价值和思想价值，与《庄子·天下》《荀子·非十二子》《论六家要旨》具有同样的历史功绩②。

《吕氏春秋》主题广泛，涉及道论、人性论、养生论、治国论、教育学、音乐学、军事学等内容，其主导思想是"法天地……上揆之天，下验之地，中审之人"（《吕氏春秋·序意》）③。这可以反映出，《吕氏春秋》的思想倾向是不同于老庄道家的黄老道家或新道家④。这主要是因为：

第一，从《吕氏春秋·序意》体现出吕不韦编撰本书的主

---

① 张立文主编，周桂钿、李祥俊著：《中国学术通史》（秦汉卷），第12页。

② 张立文："《吕氏春秋》的意图是综合、统摄各家学说，发挥各家的作用，使其都为达到一个目标而尽力竭就。换言之，即是一道术，一治道，为大一统服务。""如果说《庄子》《荀子》《韩非》对诸子取既非（否定）又是（肯定）的方法，那么，《吕氏春秋》对诸子之学融突而和合之，着眼于肯定的层面，即吸收其珍贵的思想资源。"（参见张立文：《中国哲学思潮发展史》，第351、363页）

③ （战国）吕不韦撰，（东汉）高诱注，俞林波校订：《元刊吕氏春秋校订》，第160页。

④ 熊铁基："《吕氏春秋》是'新道家'的最早代表作。"（参见熊铁基：《从〈吕氏春秋〉到〈淮南子〉——论秦汉之际的道家》，《文史哲》1981年第2期）

要目的及主导思想来看，《吕氏春秋》的主导思想是道家尤其是黄老道家。《吕氏春秋·序意》中的"'法天地'等旨趣，完全与今《老子》相合，当是战国时道家（即黄老道家）的话"①。所以，从《吕氏春秋·序意》称引"黄帝之言"来看，其主要思想是战国时黄老道家的思想。另外，《吕氏春秋·序意》倡导的"法天地"和"揆天，验地，审人"的思想②亦是先秦道家的重要思想，如《老子》的"人法地，地法天，天法道，道法自然"的思想③，《黄帝四经》的"上明于天之反，而中达君臣之半，密察于万物之所终始"的思想④和"顺天者昌，逆天者亡。毋逆天道，则不失所守"的思想⑤。

　　第二，作为将"欲为一代兴王之典礼"和"欲成一最完美之治国宝典"的《吕氏春秋》，它为秦王嬴政平治天下提供的指

---

① 顾颉刚：《从〈吕氏春秋〉推测〈老子〉之成书年代》，罗根泽编著：《古史辨》（四），第466页。

② 先秦各家尤其是儒道两家都非常关注天人关系，提倡"推天道以明人事"的思维方式。这种思维方式，不仅《吕氏春秋》有之，道家如《老子》《庄子》《管子》四篇、《黄帝四经》也有之，儒家《论语》《孟子》《荀子》也有之。这种思维方式在儒家经典《周易》中非常明显，如《周易·易传》提出"一阴一阳之谓道""生生之谓易""天地之大德曰生""乾知大始，坤作成物"等哲学思想。国内有的学者认为，《易传》的这种思维方式明显受到黄老道家的影响。（参见陈鼓应：《易传与道家思想》，第173—176页）

③ （魏）王弼注，楼宇烈校释：《老子道德经注校释》，北京：中华书局，2016年，第64页。

④ 陈鼓应：《黄帝四经今注今译：马王堆汉墓出土帛书》，北京：商务印书馆，2007年，第31页。

⑤ 同上，第263页。

导思想就是"法天地""循理贵因""君道无为，臣道有为"①
等思想。这些思想是对老子"为无为，则无不治"的思想②和黄
老道家"以虚无为本，以因循为用"思想③的继承和发展。

第三，通过对《吕氏春秋》每一篇文献的主导思想和思想
倾向进行定性分析，发现《吕氏春秋》160篇文献中，道家思想
主导文献所占比重最大，比重为33.7%，所以该书的主导思想
和思想倾向应该是道家思想。

第四，从全书的整体思想来看，《吕氏春秋》是"以道德为
标的，以无为为纲纪，以忠义为品式，以公方为检格"④，这正
符合黄老道家"以道为本，以儒、法为辅，杂取阴阳、名、墨，
具有广摄诸家之长"的特征；而其他先秦诸子如儒家、墨家、
法家等则不具备这样的特点。

---

① 《吕氏春秋》有着丰富的"贵因"思想。如：《吕氏春秋·贵因》："三代所
宝莫如因，因则无敌。禹通三江、五湖……因水之力也。舜一徙成邑，再徙成都，
三徙成国，而尧授之禅位，因人之心也。汤、武以千乘制夏、商，因民之欲也。如
秦者立而至，有车也；适越者坐而至，有舟也。秦、越，远途也，竫立安坐而至者，
因其械也。……故因则功，专则拙。"这里的"因"是指有遵循、顺应、疏导，是指
作为主体的人通过认识和遵循客观规律来达成自己行为之目的。《吕氏春秋》还将
"因"的理论运用于政治，《吕氏春秋·任数》："古之王者，其所为少，其所因多。
因者，君术也；为者，臣道也。"这种"因者君术，为者臣道"的思想，就是"君
道无为，臣道有为"的思想，其思想渊源是老子"无为而治"的思想。

② （魏）王弼注，楼宇烈校释：《老子道德经注校释》，第8页。

③ 黄老道家作为一种流行于战国中后期到西汉初期的一种道家思潮，是老子之
后道家的一大思想流派。司马谈在《论六家要旨》中把道家尤其是黄老道家的特征
概括为"其术以虚无为本，以因循为用"。黄老道家代表作《管子》四篇中有着丰
富的"以虚无为本，以因循为用"的思想，如：《管子·心术上》："虚无无形谓之
道，化育万物谓之德。"《管子·心术下》："圣人之道……与时变而不化，应物而不
移，日用之而不化。"《管子·心术上》："因也者，舍己而以物为法者也。……故道
贵因。因者，因其能者，言所用也。"

④ （战国）吕不韦撰，（东汉）高诱注，俞林波校订：《元刊吕氏春秋校订》，
第5页。

综上，《吕氏春秋》以黄老道家思想为主导，吸纳诸家思想，并进行综合创新，构建了一套包括内政外交、政治经济、法律军事等为一体的思想理论体系，为即将统一的秦国提供了一套治国理政、平治天下的指导思想和为政之道。

第二章　先秦文献中的"生"与《吕氏春秋》"以生为本"思想

本章主要研究"生"的词源、含义及其发展演变，先秦诸子文献中"生"的思想解读，《吕氏春秋》"以生为本"的思想定位①、主要内容及逻辑结构。

第一节　"生"的词源及含义发展演变

本节主要从词源学、文献学意义上研究"生"的词源、"生"的含义及其发展演变。

一　"生"字词源考

"生"字最早在甲骨文中就已经出现，写作丫（《小屯殷墟

文字甲编》）。在金文中，"生"写作 Ψ（《颂簋》①）。在小篆中，"生"写作 Ψ。从"生"的字形来看，上面为草木的形状（即艸、屮、艹），下面为土的形状（即土、土）。邹晓丽认为："'土'上加'屮'，是植物生长的意思。金文中于'Ψ'下加一个'·'，后来'·'变成一横，遂成'生'形。"② 《说文》曰："凡生之属皆从生。"③ 陈年福认为，甲骨文中的"生"主要包括六义："一、生长；二、发生；三、生育；四、活的；五、犹'来'，下；六、同'姓'，官吏。"④

《尔雅》训"生"分为四类：一是指植物的生长，二是指动物的出生，三是指人的出生，四是指万物的发生。

首先，植物之"生"。《尔雅·释训》："绎绎，生也。"意思是说，"绎绎"这个词是形容"禾苗陆续生长的样子"⑤，它有生长的含义。《尔雅》中有关植物之生的词条有二：

> 藻，从水生。（《尔雅·释草》)⑥
> 木族生为灌。（《尔雅·释木》)⑦

"藻"是一种草本植物，是指"从水中生长出来的水草"⑧。

---

① 颂簋属于西周青铜器，其最珍贵之处在于簋的内部及底部有一段记载西周王室册命官员制度的铭文，该段铭文共 15 行 150 字，另外有两重文，其中有"王乎（呼）史虢生册令（命）颂"的记载。
② 邹晓丽：《基础汉字形义释源：〈说文〉部首今读本义》（修订本），北京：中华书局，2007 年，第 190 页。
③ （汉）许慎著，班吉庆、王剑、王华宝点校：《说文解字校订本》，南京：凤凰出版社，2004 年，第 173 页。
④ 陈年福：《甲骨文词义论稿》，上海：上海古籍出版社，2007 年，第 8 页。
⑤ 胡奇光、方环海：《尔雅译注》，第 174 页。
⑥ 同上，第 312 页。
⑦ 同上，第 343 页。
⑧ 同上，第 312 页。

"灌"是一种木本植物，是指"树木聚集丛生"①。

其次，动物之"生"。《尔雅》中有关动物之生的词条主要有：

> 生哺，鷇。生噣，雏。(《尔雅·释鸟》)②
>
> 豕生三，豵；二，师；一，特。(《尔雅·释兽》)③

作为鸟类，"鷇"是指"需要母鸟哺食的幼鸟"，"雏"是指"能自行啄食的幼鸟"④。这里的"生"是指初生的幼鸟。作为兽类，豕"一胎生三子称为豵；一胎生两子称为师；一胎生一子称为特"⑤。这里的"生"是指豕的出生。

再次，人之生。《尔雅》中有关人之生的词条为：

> 父之晜弟，先生为世父，后生为叔父。男子先生为兄，后生为弟。谓女子先生为姊，后生为妹。(《尔雅·释亲》)⑥

"先生"是指先出生的即年长的人，"后生"是指后出生的即年幼的人。这句话的意思是说："父亲的兄弟，先出生的称为伯父，后出生的称为叔父。"⑦ 同辈之间，"男子先出生的称为兄，后出生的男子称为弟"⑧；男子称先于自己出生的女子为

---

① 胡奇光、方环海：《尔雅译注》，第343页。
② 同上，第374页。
③ 同上，第386页。
④ 同上。
⑤ 同上。
⑥ 同上，第194页。
⑦ 同上。
⑧ 同上。

"姊"，后于自己出生的女子为"妹"①。

最后，万物之生。《尔雅》中有关万物之生的词条为：

> 春为发生，夏为长嬴，秋为收成，冬为安宁。（《尔雅·释天》）②

这里的"发生"是指萌发生长。这句话是说："春季万物萌发生长，称为发生；夏季万物增长充盈，称为长嬴；秋季万物收获成熟，称为收成；冬季万物安息宁静，称为安宁。"③

与"生"相对的概念是"死"。"死"字在甲骨文中写作，在金文中写作，在篆文中写作。其字形右边为人（即），左边为歺（），意为残骨，左右两部分合起来象征人的肉体和精神消散之后空余一具残骨。所以，《说文》曰："死，澌也。人所离也。"④"死"是指人的死亡、人的生命的终止，正如《列子·天瑞》所说"死者，人之终也"⑤。

综上，"生"字自产生以来，其最初的含义主要有四种：一是指植物之生，二是指动物之生，三是指人之生，四是指万物之生。中国古代先哲还把"从无出有、从没有生命到出现生命"看作是天地最大的德行，即"天地之大德曰生"（《周易·系辞下》）。

---

① 胡奇光、方环海：《尔雅译注》，第194页。
② 同上，第234页。
③ 同上。
④ （汉）许慎著，班吉庆、王剑、王华宝点校：《说文解字校订本》，第113页。
⑤ 据杨伯峻考证，这句话在《太平御览》卷四六八引作"死者，命之终"，在《艺文类聚》卷四四引作"死者，生之终"。由此可知，"死"是与人的"生""命"相对而言，是指人的生命的终结、结束。（参见杨伯峻：《列子集释》，北京：中华书局，2016年，第24页）

二　"五经"中"生"的含义及其发展演变

在夏商周三代最早的文献即"五经"中，"生"字的含义获得了进一步的发展和演变，变得丰富起来。本节主要考察《易》《书》《诗》《礼》①《春秋》这五"经"以及《易传》《左传》《公羊传》《谷梁传》等"传"中"生"的含义。

（一）《周易》里"生"的含义

《周易》中蕴含着丰富的"生"的思想，是一种独特的"生命哲学"②。"生"字在《周易》中凡43见，主要有以下六层含义③：

---

①　这里的《礼》包括"三礼"，即《周礼》《仪礼》《礼记》。

②　罗安宪认为："《周易》哲学从根本上来讲可以称为生命哲学，所谓生命哲学……是将整个宇宙看成一个富有生命的、交感流变的、活脱脱的有机的整体，从而以生命的体验和对生命的理解来对待整个宇宙。整个宇宙是个大生命，作为小宇宙的人，就生活于这一大宇宙之中。中国传统养生学的基本理论就是建立在这一哲学基础上的。所以，《周易》的生命哲学是中国养生学的基础，而中国传统养生学的基本理论则是《周易》生命哲学的具体体现。"（参见罗安宪：《〈周易〉的养生理论》，彭永捷主编：《张立文学派》，保定：河北大学出版社，2014年，第457页）

③　《周易》包括《易经》和《易传》，二者产生的时代不同。目前学术界公认的观点是《易经》成书于西周，《易传》成书于春秋战国时代。如高亨认为："《周易》本经简称《易经》，凡六十四卦，每卦六爻，卦有卦名与卦辞，爻有爻题与爻辞，是西周初年作品。《周易大传》简称《易传》，乃《易经》最古的注解。……均作于战国时代，不是出于一人之手。"［参见高亨著，董治安编：《高亨著作集林》（第二卷），北京：清华大学出版社，2004年，第3页］张立文认为："'十翼'（即《易传》）出现于春秋到战国中期，作者并非出自一人之手，可能是当时的史官所作。《易传》中有些篇章可能同孔子有关，起码与孔子的后学有关。"（参见张立文：《帛书周易注译》，郑州：中州古籍出版社，2008年，第20页）通过对《周易》中"生"字的文献考察，发现它在《易经》中的含义比较狭窄，主要指有生命的人，植物，万物之生。而到了《易传》中其内涵则立刻变得丰富起来，不仅指有生命的事物之生，还指无生命的事物尤其是与"易"相关的事物如卦、爻、吉凶、悔吝等之生，并最终提出了"天地之大德曰生""生生之谓易"的哲学思想。

1. 植物之生。主要包括稊、华、木、稼等之生。如《周易·大过》云：

> 大过（䷛）：栋挠，利有攸往，亨。……九二：枯杨生稊，老夫得其女妻，无不利。……九五：枯杨生华，老妇得士夫，无咎无誉。象曰："枯杨生华"，何可久也。老妇士夫，亦可丑也①。

何谓"枯杨生稊"？王弼注："稊者，杨之秀也。以阳处阴，能过其本，而救其弱者也。上无其应，心无特吝，处过以此，无衰不济也。故能令枯杨更生稊，老夫更得少妻。拯弱兴衰，莫盛斯爻。"② 陆德明曰："稊，杨之秀也。郑作荑。荑，木更生，音夷，谓山榆之实。"③ 孔颖达说："（大过）九二（爻）以阳处阴，能过其本分，而救其衰弱。上无其应，心无特吝，处大过之时，能行此道，无有衰者不被拯济。故衰者更盛，犹若枯槁之杨，更生少壮之稊。"④ 何谓"枯杨生华"？陆德明曰："华，如字。徐音花。"⑤ 王弼注："（九五爻）处得尊位，而以阳处阳，未能拯危。处得尊位，亦未有桡，故能生华，不能生稊。……处'栋桡'之世，而为无咎无誉，何可长哉？故生华不可久，士夫

---

① （唐）孔颖达：《周易正义》，北京：中国致公出版社，2009 年，第 128—130 页。
② （魏）王弼著，楼宇烈校释：《王弼集校释》，北京：中华书局，1980 年，第 358 页。
③ （魏）王弼、（晋）韩康伯注，（唐）陆德明音义，（唐）孔颖达疏：《周易注疏》，北京：中央编译出版社，2012 年，第 172 页。
④ （唐）孔颖达：《周易正义》，第 129 页。
⑤ （魏）王弼、（晋）韩康伯注，（唐）陆德明音义，（唐）孔颖达疏：《周易注疏》，第 174 页。

诚可丑也。"① 孔颖达疏："（九五爻）处得尊位而以阳居阳，未能拯危，不如九二'枯杨生稊'。但以处在尊位，唯得'枯杨生华'而已。言其衰老，虽被拯救，其益少也。……'《象》曰："枯杨生华"，何可久'者，枯槁之杨，被拯才得生华，何可长久？寻当衰落也。"② 这说明在《周易》看来，枯槁之杨生稊是吉利的事情，而生华则是不吉利。另外，《周易》中关于植物之生的术语还有"反生"③，是指庄稼的种子戴甲而出生或地瓜、土豆、山药等农作物倒生的状态④。

2. 作为主体"我"之生。如《周易·观卦》云：

> 观（䷓）：盥而不荐，有孚颙若。……六三：观我生进退。象曰："观我生进退"，未失道也。……九五：观我生，君子无咎。象曰："观我生"，观民也。上九：观其生，君

① （魏）王弼著，楼宇烈校释：《王弼集校释》，第358—359页。

② （唐）孔颖达：《周易正义》，第130—131页。

③ 《周易·说卦传》："震为雷，为龙，为玄黄……其于稼也，为反生。其究为健，为蕃鲜。"

④ 关于"反生"，历来主要有两种解释：一是指庄稼的种子戴甲而出生，如李鼎祚《周易集解》引宋衷曰："阴在上，阳在下，故'为反生'。谓枲豆之类，戴甲而生。"［参见（清）李道平撰，王承略整理：《周易集解纂疏》，北京：中央编译出版社，2011年，第537页］孔颖达说："其于稼也为反生，取其始生戴甲而出也。"［参见（唐）孔颖达：《周易正义》，第310页］陆德明《周易音义》："麻豆之属反生，戴荜甲而出也。"［参见（魏）王弼、（晋）韩康伯注，（唐）陆德明音义，（唐）孔颖达疏：《周易注疏》，第416页］黄寿祺、张善文认为，"反生"是指作为草本植物的庄稼"顶着种子的甲壳破土萌生"。（参见黄寿祺、张善文：《周易译注》，上海：上海古籍出版社，2007年，第441页）二是指庄稼倒生，如高亨说："反生，倒生也，果实在地下，茎叶在地上，如葱、蒜、萝卜、地瓜、土豆、山药等是。震（☳）是两阴爻在上，一阳爻在下，即两柔在上，一刚在下。反生之稼，茎叶柔而在上，果实刚而在下。"（参见高亨：《周易大传今注》，济南：齐鲁书社，1998年，第467页）李零认为，"反生"是指"以根茎为果实，果实长在地下的植物"。（参见李零：《死生有命富贵在天：〈周易〉的自然哲学》，北京：生活·读书·新知三联书店，2013年，第394页）

子无咎。象曰："观其生"，志未平也①。

此处的"我"是指君，即作为统治者的君王②，而民即普通的百姓。此处的"生"，王弼释为动出，孔颖达释为动出、生长③。何谓"观我生"？孔颖达疏曰："'我生'，我身所动出。"④尚秉和认为："凡我生皆谓应与。《诗·小雅》：虽有兄弟，不如友生。《易》以阴阳相遇为朋友，故谓应与为我生。三（爻）应在上（爻），故曰观我生。"⑤张立文认为："观卦六三、九五爻辞皆曰'观我生'，上九爻辞为'观其生'。三次提到'生'，生或训为生民，即庶民；或训为百官。国君要注意考察百官的政绩，体察庶民的实情，以决定百官进退陟黜的依据，并决定事情的进行或停止。"⑥李零认为："观我生"是指"观我生民，观我国的老百姓。《诗》《书》常说'生民'。'生'字，马王堆本同，双古堆本作'产'（上博本缺）。秦人常以产代生"⑦。所以，"我生"是指君主的生民、百姓，"观我生"是指考察民众的生活状况。

_____

① （唐）孔颖达：《周易正义》，第102—103页。
② 李零认为："《观》卦讲治民。此卦六爻，每爻都讲观。前两爻（初六爻和六二爻）是一种观……都是下位之观。后四爻是另一种观。六三（爻）观民，六四（爻）观国，九五（爻）观我国，上九（爻）观他国，都是统治者的观。"（参见李零：《死生有命　富贵在天：〈周易〉的自然哲学》，第141页）
③ 王弼释观卦上九爻辞"观其生"曰："'生'，犹动出也。"［参见（魏）王弼著，楼宇烈校释：《王弼集校释》，第317页］孔颖达进一步解释说："'生，犹动出'者，或动、或出，是生长之义。故云'生犹动出'。六三、九五皆云'观我生'，上九云'观其生'，此等云'生'皆为'动出'。"［参见（唐）孔颖达：《周易正义》，第102—103页］
④ （唐）孔颖达：《周易正义》，第102页。
⑤ 尚秉和、张善文：《周易尚氏学》，北京：中华书局，2016年，第102—103页。
⑥ 张立文：《帛书周易注译》，第411页。
⑦ 李零：《死生有命　富贵在天：〈周易〉的自然哲学》，第142页。

何谓"观我生进退"？王弼注："（六三爻）居下体之极，处二卦之际，近不比尊，远不'童观'，观风者也。居此时也，可以'观我生进退'也。《象》曰：'观我生进退，未失道也。'处进退之时，以观进退之几，'未失道'也。"① 孔颖达疏："（观之）三（爻）居下体之极，是有可进之时；又居上体之下，复是可退之地。远则不为童观，近则未为观国，居在进退之处，可以自观我之动出也。故时可则进，时不可则退，观风相几，未失其道……道得名'生'者，道是开通生利万物。故《系辞》云'生生之谓易'，是道为'生'也。"② 尚秉和认为："进退者上下也，三（爻）与上（爻）相上下。谓三（爻）宜进居上，上（爻）宜退居三，各当位也，故《象》曰不失道。"③ 这里的"我生"则是指君主自己的行动处于进退之间，需要观风相几，依道而行。

3. 作为生命总体的"万物"之"生"。这里的"生"的主体是"万物"，"生"的形式则包括"资生""化生"等。如《周易·坤卦·象传》云：

> 坤（☷）：元亨，利牝马之贞。……《象》曰：至哉坤元！万物资生，乃顺承天④。

何谓"万物资生"？孔颖达疏："万物资地而生。初禀其气谓之始，成形谓之生。'乾'本气初，故云'资始'，'坤'据

---

① （魏）王弼著，楼宇烈校释：《王弼集校释》，第316页。
② （唐）孔颖达：《周易正义》，第102页。
③ 尚秉和、张善文：《周易尚氏学》，第103页。
④ 《十三经注疏》整理委员会：《十三经注疏·周易正义》，北京：北京大学出版社，1999年，第24—25页。

成形，故云'资生'。"① 高亨说："《坤》卦象地。坤元，地德
之善也。……天地如男女，天创始万物，地生长万物。"② 《周
易》中关于万物之生的形式还有"化生"③，是指天地二气相互
感应而产生了万物。

《周易》从这种天地化生万物、万物资天地而生的生命现象
中提炼出了"天地之大德曰生"④ 的生命哲学思想。《周易·系
辞下传》云：

　　　　天地之大德曰生，圣人之大宝曰位⑤。

何谓"天地之大德曰生"？韩康伯注："施生而不为，故能
常生，故曰大德也。"⑥ 孔颖达疏："以其常生万物，故云大德
也。"⑦ 李道平说："先言天地盛德，常生万物而不有其生，是为
大德也。盖乾坤合元以生万物，故'大德曰生'。"⑧ 金景芳把这

---

① 《十三经注疏》整理委员会：《十三经注疏·周易正义》，第26页。
② 高亨著，董治安编：《高亨著作集林》（第二卷），第59、83页。
③ 《周易·咸卦·彖传》："咸，亨，利贞。取女吉。……天地感而万物化生，
圣人感人心而天下和平。"何谓"天地感而万物化生"？王弼注："二气相与，乃
'化生'也。"［参见（魏）王弼著，楼宇烈校释：《王弼集校释》，第373页］孔颖
达疏："'天地感而万物化生'者，已下广明感之义也。天地二气，若不感应相与，
则万物无由得应化而生。"［参见（唐）孔颖达：《周易正义》，第140页］高亨说：
"天地以阴阳二气相感，因而万物化生。"［参见高亨著，董治安编：《高亨著作集
林》（第二卷），第310页］《周易·系辞下传》："男女构精，万物化生。"孔颖达
疏："构，合也。言男女阴阳相感，任其自然，得一之性，故合其精则万物化生也。
若男女无自然之性，而各怀差二，则万物不化生也。"［参见（唐）孔颖达：《周易
正义》，第293页］朱熹注："化生，形化者也。"［参见（宋）朱熹撰，廖名春点
校：《周易本义》，北京：中华书局，2009年，第252页］
④ 《马王堆帛书·周易》这句话写作"天地之大思曰生"。差别在于一个字，
即通行本《易传》作"德"，帛书本《易传》作"思"。
⑤ （唐）孔颖达：《周易正义》，第280—281页。
⑥ （魏）王弼著，楼宇烈校释：《王弼集校释》，第558页。
⑦ （唐）孔颖达：《周易正义》，第282页。
⑧ （清）李道平撰，王承略整理：《周易集解纂疏》，第468页。

句话译为"天地最大的功德是生长万物"①。陈鼓应、赵建伟把这句话译为"天地最大的德泽就是化生万物"②。杨庆中把这句话译为"天地最大的功能是创生"③。需要说明的是，韩康伯、孔颖达、李道平都援老入易，引用道家尤其是老子思想来解释这句话。韩康伯注中的"施生而不为"就是老子所讲的"生而不有，为而不恃，长而不宰"④，孔颖达正义中的"天地之盛德，在乎常生"就是老子所讲的"万物恃之而生而不辞"⑤，李道平纂疏中的"常生万物而不有其生"就是老子所讲的"衣养万物而不为主"⑥。所以，无论是《老子》中的"道"，还是《易传》中的"天地"都具有常生、长养、成就万物但是却不据为己有的"德"⑦。对于天地来说，这种常生万物、生生不已的功能，就是其最重要的功能即"大德"；对于万物来说，天地具有的这种生育功能和无私品格，对自己来说亦是最大的德泽。

　　4. "易"与其构成要素"卦""爻"⑧和相关工具"蓍"

---

　　① 金景芳著，吕文郁、舒大刚主编：《金景芳全集》（第三册），上海：上海古籍出版社，2015年，第1223页。

　　② 陈鼓应、赵建伟：《周易今注今译》，北京：商务印书馆，2005年，第647页。

　　③ 杨庆中：《周易解读》，北京：中国人民大学出版社，2010年，第459页。

　　④ （魏）王弼注，楼宇烈校释：《老子道德经注校释》，北京：中华书局，2016年，第24页。

　　⑤ 《老子》第三十四章："大道泛兮，其可左右。万物恃之而生而不辞，功成不名有，衣养万物而不为主，常无欲，可名于小；万物归焉而不为主，可名为大。"［参见（魏）王弼注，楼宇烈校释：《老子道德经注校释》，第85页］

　　⑥ （魏）王弼注，楼宇烈校释：《老子道德经注校释》，第85页。

　　⑦ "德"是老子哲学中一个非常重要的概念，老子多次谈及"德"或"玄德"，如《老子》第十章："生之畜之，生而不有，为而不恃，长而不宰，是谓玄德。"老子认为，"道"具有生长而不占有万物、养育而不依恃万物、导引而不主宰万物的"德"，这种"德"是一种最幽深的德，名之"玄德"。

　　⑧ 金景芳说："《易》经组成主要是蓍、卦，卦又分出爻，爻属于卦。"［参见金景芳著，吕文郁、舒大刚主编：《金景芳全集》（第三册），第1260页］

"龟"等之"生"①。如《周易·系辞上传》云：

富有之谓大业，日新之谓盛德，生生之谓易②。

何谓"生生之谓易"？韩康伯注："阴阳转易，以成化生。"③孔颖达疏："前后之生，变化改易。生必有死，易主劝戒，奖人为善，故云生不云死也。"④金景芳说："'生生之谓《易》'，就是说生之又生，不断变化，就叫'易'。……从乾、坤到屯、蒙，一直到既济、未济，都是不断发展、变化的。"⑤高亨说："《系辞》作者认为《易经》之易即变易之义，以其讲阴阳万物变易之道也。"⑥张立文认为："生生是指新事物不断诞生，以替代旧事物，革故鼎新、吐故纳新、旧学新知，这便是生

---

① 《周易》一书的性质什么？周易本"筮占之书"，其基本构成要素是六十四卦与三百八十四爻的名（名称）、象（符号）、辞（卦辞和爻辞）以及对其进行注解的《易传》。孔颖达在《周易正义》中说："夫'易'者，变化之总名，改换之殊称……变化运行，在阴阳二气，故圣人初画八卦，设刚柔两画，象二气也；布以三位，象三才也。谓之为'易'，取变化之义。……郑玄作《易赞》及《易论》云：'易一名而含三义：易简，一也；变易，二也；不易，三也。'……伏羲初画八卦，万物之象，皆在其中。卦有六爻，遂重为六十四卦也。……文王系辞（卦辞爻辞），孔子作《十翼》（《易传》），《易》历三圣。"［参见（唐）孔颖达：《周易正义》，第4—7页］朱熹在《周易本义·序》中说："《易》之为书，卦爻象象之义备，而天地万物之情见，圣人之忧天下来世其至矣。……六十四卦、三百八十四爻，皆所以顺性命之理，尽变化之道也。"［参见（宋）朱熹撰，廖名春点校：《周易本义》，第1页］
② "五经"中不仅《周易》出现了"生生"一词，而且另一部典籍《尚书》中也出现了四次"生生"。如《尚书·商书·盘庚中》："汝万民乃不生生，暨予一人猷同心，先后丕降与汝罪疾，……往哉！生生。"《尚书·商书·盘庚下》："朕不肩好货，敢恭生生。……无总于货宝，生生自庸。"孔安国、孔颖达都把"生生"解释为"进进"，即"物之生长，则必渐进，故以'生生'为进进"。（参见本节《尚书》中的生"之相关论述）
③ （魏）王弼著，楼宇烈校释：《王弼集校释》，第543页。
④ （唐）孔颖达：《周易正义》，第262页。
⑤ 金景芳著，吕文郁、舒大刚主编：《金景芳全集》（第三册），第1169页。
⑥ 高亨著，董治安编：《高亨著作集林》（第二卷），第554页。

生变易法。唯有用此法，历史才不会中断，人类才会繁殖，社会才会发展。"① 陈鼓应、赵建伟认为："'生生'与'成象''效法'都是动宾结构，即动词加宾语的结构。上'生'字为创生化育之义（即'资始'和'资生'或曰'大始'和'成物'），下'生'字指新的生命。……'生生之谓易'强调《易》道的变易流动。"② 由此可知，"生生"是指新的生命或事物不断地产生、变化、发展的动态过程，圣人把这一过程称之为"易"。

《周易》不仅讲"易"之"生生"，而且还讲其构成要素"卦""爻"和相关工具"蓍""龟"等之"生"。如《周易·说卦传》云：

> 昔者圣人之作《易》也，幽赞于神明而生蓍③，参天两地而倚数，观变于阴阳而立卦，发挥于刚柔而生爻，和顺于道德而理于义，穷理尽性以至于命④。

何谓"幽赞于神明而生蓍"？韩康伯注："幽，深也。赞，明也。蓍受命如向，不知所以然而然也。"⑤ 孔颖达疏："圣人作《易》，其作如何？以此圣知深明神明之道，而生用蓍求卦之法，故曰'幽赞于神明而生蓍也'。"⑥ 李鼎祚《周易集解》引荀爽

---

①　张立文：《学术生命与生命学术：张立文学术自述》，北京：中国人民大学出版社，2016年，第286页。

②　陈鼓应、赵建伟：《周易今注今译》，第601页。

③　《易》作为"筮占之书"，其最重要的功能是占卜、算卦；而占卜、算卦所需要的工具有很多，其中最常用的就是蓍龟，即蓍草和甲骨。（参见李零：《死生有命　富贵在天：〈周易〉的自然哲学》，第3—7页）

④　（唐）孔颖达：《周易正义》，第303页。

⑤　（魏）王弼著，楼宇烈校释：《王弼集校释》，第575页。

⑥　（唐）孔颖达：《周易正义》，第304页。

曰:"蓍者,策也。……生蓍者,谓蓍从爻中生也"①,引干宝曰:"言伏羲用明于昧冥之中,以求万物之性尔,乃得自然之神物。能通天地之精,而管御百灵者,始为天下生用蓍之法者也。"② 金景芳说:"'蓍'是一种草。有人说取于孔林,像蒿子。……在孔子看来,卜筮之所以用蓍龟,是因为龟、蓍有耆旧之义。实际上,占筮用的蓍草只是记数的工具。从这意义上说,它与策、筹、码、算没有什么不同。……'幽赞于神明而生蓍',即是说暗中赞助神明才产生了蓍。蓍本来并不神,因为暗中赞助神明,所以就神了。"因此,这里的"生"是指发明,这句话的意思是说,《易经》是以伏羲为代表的圣人通过观察宇宙天地变化之道而发明了用蓍草占筮来预测吉凶和把握规律的方法。

何谓"发挥于刚柔而生爻"?韩康伯注曰:"刚柔发散,变动相和。"③ 孔颖达疏:"既观象立卦,又就卦发动挥散,于刚柔两画而生变动之爻,故曰'发挥于刚柔而生爻'也。"④ 高亨注:"阳为刚,阴为柔,万物有刚有柔。作者发挥物之刚柔两性,因而创出刚柔两种爻以象之。"⑤ 金景芳注:"有了卦,用六爻表示卦的变动。爻称'刚柔',卦称'阴阳',实际上是一回事,都表示奇偶。"⑥ 所以,这里的"生"是指发明、创造,即英文中的 invent、create,这句话的意思是说,作《易》之圣人通过观察天地万物(包括人)的不同属性(即刚和柔)来把事物(包

---

① (清)李道平撰,王承弼整理:《周易集解纂疏》,第519页。
② 同上。
③ (魏)王弼著,楼宇烈校释:《王弼集校释》,第576页。
④ (唐)孔颖达:《周易正义》,第304页。
⑤ 高亨著、董治安编:《高亨著作集林》(第二卷),第652页。
⑥ 金景芳著,吕文郁、舒大刚主编:《金景芳全集》(第三册),第1260页。

括人）划分为两类——阳和阴，然后发明了用阳爻（一）、阴爻（——）这两种符号来表示这两类事物的方法。

5.《周易》卜筮专用术语"吉凶""悔吝"等之生①。《周易》中的卜辞分为两类，吉利之辞或好的术语主要包括元、亨、利、吉等，不吉利之辞或不好的术语主要包括凶、吝、害、难、乱等。《周易》中包含着丰富的关于这两类卜辞或术语之"生"的思想。如《周易·系辞上传》云：

> 天尊地卑，乾坤定矣。……方以类聚，物以群分，吉凶生矣②。

"吉"作为《周易》中一个非常重要的卜辞或术语，主要是指善、吉利、吉祥、运气好。"凶"作为占卜术语，是"吉"的

---

①　李零认为，《易经》有一套专用的占卜术语，即"西周卜筮的常用字"。这些字主要包括元、亨、利、贞、孚、吉、凶、悔、吝、咎、誉、厉、艰、灾、眚、疾、喜、忧等。（参见李零：《死生有命　富贵在天：〈周易〉的自然哲学》，第38—63页）朱熹把《周易》中的卜筮专用术语称为"易之辞"，他在注"吉凶者，失得之象也；悔吝者，忧虞之象也"（《易传·系辞上》）时说："'吉凶''悔吝'者，易之辞也。"［参见（宋）朱熹撰，廖名春点校：《周易本义》，第224页］

②　"吉""凶"在《易经》六十四卦卦辞及爻辞中是以单字的形式出现的，如《泰》卦辞："泰（☷）：小往大来，吉，亨。"《乾》卦（☰）用九爻辞："用九，见群龙无首，吉。"《归妹》卦辞："归妹（☳）：征凶，无攸利。"《师》卦六三爻辞："六三，师或舆尸，凶。"在六十四卦卦爻辞中，虽然出现了吉凶对举的现象，如《讼》卦辞："讼（☴）：有孚，窒惕，中吉，终凶。利见大人，不利涉大川。"但是，"吉""凶"仍然是单字，而非复合词。而到了《系辞》等《易传》中"吉""凶"则开始以复合词的形式出现，如《周易·系辞上》第一章："方以类聚，物以群分，吉凶生矣"，《周易·系辞下》第十章："文不当，故吉凶生焉"，这从一个侧面说明了《易经》与《易传》的成书年代不同，《易经》形成的年代要早于《易传》。作者在本段主要讨论"吉凶"中"吉"之生，"凶"之生则放在后面讨论。

反义词，主要是指运气不好①。何谓"方以类聚，物以群分，吉凶生矣"？韩康伯注："方有类，物有群，则有同有异，有聚有分也。顺其所同则吉，乖其所趣则凶，故'吉凶生矣'。"② 孔颖达疏："方，谓法术性行，以类共聚，固方者则同聚也。物，谓物色群党，共在一处，而与他物相分别。若顺其所同，则吉也；若乖其所趣，则凶也，故曰'吉凶生矣'。"③ 朱熹说："'方'，谓事情所向，言事物善恶，各以类分。而'吉凶'者，易中卦爻占决之辞也。"④ 高亨说："方当作人，篆文人作 ⺅，方作 ⺘，形似而误。人各有类，各以其类相聚。物有异群，各以其群相分。异类异群矛盾对立，于是吉凶生。此三句讲人及物之矛盾对立。"⑤ 因此，宇宙万物包括人类由于内在的差异性及各种外在的原因形成了不同的群与类，而处于不同群类的人或事物就会有对立、冲突和矛盾，矛盾双方对立则"凶"生，矛盾双方统一则"吉"生。圣人从天地之道、人事经验中归纳总结出了矛盾双方对立统一的规律，并把这种规律应用在《周易》卦爻辞之中，从而形成了卦爻辞之吉凶，这就是《周易》卜辞"吉凶"之生⑥。

---

① "凶"，金文作 ⊠，小篆作 ⊠，是"盛'凷'的容器简化，去掉下半部分而成'凶'形。而且器中空无一物。器空则神不保佑，故'凶'。又……象二人相斗形，此为'凶'之古文，字又作'兇'"。[参见邹晓丽：《基础汉字形义释源：〈说文〉部首今读本义》（修订本），第 90 页]《说文》："恶也。象地穿交陷其中也。"所以，"凶"指祭器中空而失去神灵保佑，或指恶、不善。李零说："古代占卜术语，吉、凶最古老，从商周秦汉到宋元明清，一直在延用，含义与今无别。"（参见李零：《死生有命　富贵在天：〈周易〉的自然哲学》，第 53 页）

② （魏）王弼著，楼宇烈校释：《王弼集校释》，第 535 页。

③ （唐）孔颖达：《周易正义》，第 251—252 页。

④ （宋）朱熹撰，廖名春点校：《周易本义》，第 221 页。

⑤ 高亨著，董治安编：《高亨著作集林》（第二卷），第 541 页。

⑥ 《周易·系辞上传》第二章："圣人设卦观象，系辞焉而明吉凶，刚柔相推而生变化。是故吉凶者，失得之象也；……六爻之动，三极之道也。"

6.《周易》中的宇宙生成论，是指"易"通过"太极""两仪""四象""八卦""大业"之"生"孕育出天地万物。如《周易·系辞上传》云：

> 易有太极，是生两仪，两仪生四象，四象生八卦，八卦定吉凶，吉凶生大业①。

何谓"太极生两仪"？韩康伯注："夫有必始于无，故太极生两仪也。太极者，无称之称，不可得而名，取有之所极，况之太极者也。"② 金景芳说："虞翻也说：'太极，太一。'这是对的。……韩康伯注说：'太极者，无称之称，不可得而名，取其有之所极况之太极者也。'这是……不对的。因为《周易》关于世界本原的观点和《老子》是根本对立的。……《老子》所说的'一'和'有'，相当于《周易》的'太极'。《老子》在'一'与'有'之前加上'道'与'无'，认为'一'是由'道'产生，'有'是由'无'产生，世界的本原是'道'与'无'，而不是'一'与'有'，这就与《周易》的观点大相径庭了。"③ 高亨说："以筮法言之，前文曰：'大衍之数五十有五。'即象太极，故曰：'《易》有太极。'……两仪，天地也。……'仪，法也。'天地各有法象……故称天地为两仪。"④ 综合这些观点来看，"太极"在《周易》中是指宇宙万物之本原和本体，它产生了"两仪"即"天""地"。天地则成为人类立足、生存和发展的基础，人要法天地而生。由于天地分别代表两

---

① （唐）孔颖达：《周易正义》，第275—276页。
② （魏）王弼著，楼宇烈校释：《王弼集校释》，第553页。
③ 金景芳著，吕文郁、舒大刚主编：《金景芳全集》（第三册），第1207页。
④ 高亨著，董治安编：《高亨著作集林》（第二卷），第577—578页。

种不同属性，天为阳，《周易》把它符号化为阳爻（—）；地为阴，《周易》把它符号化为阴爻（--）。因此，两仪也可指阴阳或阴阳二爻。

何谓"两仪生四象"？高亨说："天地生四时，故曰：'两仪生四象。'"① 金景芳曰："在《易经》中，'两仪'就是阴阳，分别用--、—来表示。两仪一分为二，就出现了 ☳（少阳）、☷（太阴）、☰（太阳）、☵（少阴）四象。"② 如果联系《周易》的专门用语来讲，"四象"则是由阴阳二爻演变出的老阳之爻、老阴之爻、少阳之爻、少阴之爻，分别代表构成宇宙万物的四种基本元素，或象征一年节令中的四季。

何谓"四象生八卦"？韩康伯注："卦以象之。"③ 孔颖达疏："若谓震木、离火、兑金、坎水，各主一时，又巽同震木，乾同兑金，加以坤、艮之土为八卦也。"④ 高亨说："以筮法言之，筮得一爻，蓍草七揲者为少阳之爻，以象春也。……少阳、老阳、少阴、老阴四种爻乃象四时。八卦由此四种爻构成，故曰：'四象生八卦。'"⑤ 金景芳说："'四象生八卦'，即四象一分为二，就变成了☰（乾）、☷（坤）、☳（震）、☴（巽）、☵（坎）、☲（离）、☶（艮）、☱（兑）八卦。"⑥ 因此，从《周易》的内在结构来讲，"四象生八卦"是指由老阳、老阴、少阳、少阴四种爻，演变成八卦，分别代表构成宇宙的八种基本事

---

① 高亨著，董治安编：《高亨著作集林》（第二卷），第 578 页。

② 金景芳著，吕文郁、舒大刚主编：《金景芳全集》（第三册），第 1208 页。

③ （魏）王弼著，楼宇烈校释：《王弼集校释》，第 553 页。

④ （唐）孔颖达：《周易正义》，第 276 页。

⑤ 高亨著，董治安编：《高亨著作集林》（第二卷），第 578 页。

⑥ 金景芳著，吕文郁、舒大刚主编：《金景芳全集》（第三册），第 1208 页。

物，即天、地、雷、风、水、火、山、泽。

何谓"吉凶生大业"？高亨注："八卦相重，吉凶之象以定。"① "吉""凶"作为《周易》中最古老、最重要的筮占术语，是对人类社会发展规律和历史发展趋势的判断和预测。人类如果能够掌握规律，准确预测事物未来的发展趋势，就会避免不利因素的发生，从而使得各项事业取得成功。

（二）《尚书》里"生"的含义

"生"字在《尚书》中凡32见，主要有以下六层含义：

1. 植物的出生，主要包括"海隅苍生""桑谷之生"。如：

> 帝：光天之下，至于海隅苍生，万邦黎献，共惟帝臣。（《尚书·虞书·益稷》）②

这里的"苍生"是指苍苍然生草木。大禹认为，凡是天下草木生长之处都是舜帝统治的天下，也是帝德所及之处。

2. 人的出生、生育。这里既包括个体生命的产生，又包括作为类、群体的"民"之生。《尚书》中的"人之生"首先是指作为个体生命之生，如"我生""汝生"等。

> 王曰："呜呼！我生不有命在天？"（《尚书·商书·西伯戡黎》）③

> 汝不和吉言于百姓，惟汝自生毒。乃败祸奸宄，以自灾于厥身。乃既先恶于民，乃奉其恫。（《尚书·商书·盘庚上》）④

---

① 高亨著，董治安编：《高亨著作集林》（第二卷），第578页。
② （汉）孔安国传，（唐）孔颖达正义：《尚书正义》，上海：上海古籍出版社，2007年，第174页。
③ 同上，第384页。
④ 同上，第343—344页。

　　"我生"中的"我"是第一人称代词，指商纣王自己。"我生"指商纣王之生。何谓"我生不有命在天"？孔安国传："言我生有寿命在天，民之所言，岂能害我。"① "汝自生毒"中的"汝"是第二人称代词，是指商王盘庚执政时期的公卿。"汝自生毒"，意为"你自生毒害"。孔安国传："责公卿不能和喻百官，是自生毒害。"② 孔颖达疏："不和百官，必将遇祸，是公卿自生毒害。"③ 因此，这句话是商王盘庚在责怪当时那些不支持自己迁都的公卿，认为他们的这些行为会给自己、人民和国家带来严重的危害。

　　《尚书》中第二类"人之生"，是指作为群体的"民"之生。如《尚书·商书·仲虺之诰》云：

　　　　惟天生民有欲，无主乃乱。惟天生聪明，时乂④。

　　在《尚书》看来，"民"之生出自"天"，"天"是"民"之父母，因此，《商书·仲虺之诰》提出"天生民"的思想⑤。在夏商周时期，生产力和科学技术还非常落后，人们对天地自然的认识还充斥着神灵主宰的思想。所以，他们自然会认为，上天、上帝、天帝是人之父母，是人类产生的根源，是人类命运的主宰。"上帝生下民众，就有七情六欲。如果没有君主，社会就

――――――――――

① （汉）孔安国传，（唐）孔颖达正义：《尚书正义》，第 384 页。
② 同上，第 343 页。
③ 同上。
④ 同上，第 291 页。
⑤ "五经"中有着丰富的"天生民"的思想，如《尚书·商书·仲虺之诰》："惟天生民有欲，无主乃乱。惟天生聪明，时乂。"《诗经·大雅·荡》："天生烝民，其命匪谌。靡不有初，鲜克有终。"《诗经·大雅·烝民》："天生烝民，有物有则。民之秉彝，好是懿德。"

会混乱。"① 何谓"天生聪明，时乂"？孔安国传："言天生聪明，是治民乱。"② 易言之，上天生下聪明的人即天子、君主，是让他们来治理民众的。身为天之子的君主，其职责就是代替上天来保护和管理民众，致民众生存之道③，使民众能够安居乐业④。而身为天子之辅弼的"三公"的职责则是"合心为一，终始相成，同致于道"，最终达到"道至普洽，德泽惠施，浸润生民"的治理效果⑤。

同时，《尚书》还认为，民众的生存必须依赖君主。如《尚书·商书·太甲中》曰：

> 伊尹以冕服奉嗣王归于亳，作书曰："民非后，罔克胥匡以生；后非民，罔以辟四方。"⑥

"罔克胥匡以生"的主语是"民众"。民众为何不能够"胥匡以生"即相互救助而生存呢？孔安国认为，这是因为"民"与"后"即民众与君王之间是一种相互依赖的关系："（民众）无能相匡，故须君以生。……（君王）须民以君四方。"⑦ 这也

---

① 李民、王健：《尚书译注》，上海：上海古籍出版社，2012年，第87页。

② （汉）孔安国传，（唐）孔颖达正义：《尚书正义》，第291页。

③ 《尚书·商书·咸有一德》："克绥先王之禄，永厎烝民之生。""厎烝民之生"，也就是"致民众生存之道"。关于这句话，孔安国释为："为王而令万姓如此，则能保安先王之宠禄，长致众民所以自生之道，是明王之事。"［参见（汉）孔安国传，（唐）孔颖达正义：《尚书正义》，第324页］

④ 《尚书·周书·旅獒》："允迪兹，生民保厥居，惟乃世王。""生民保厥居"，是指"民众能够安居乐业"。关于这句话，孔安国释为："其能信蹈此戒，则生人安其居，天子乃世世王天下。武王虽圣，犹设此戒，况非圣人，可以无戒乎？"［参见（汉）孔安国传，（唐）孔颖达正义：《尚书正义》，第491页］

⑤ 参见（汉）孔安国传，（唐）孔颖达正义：《尚书正义》，第757页。

⑥ 同上，第313—314页。

⑦ 同上，第314页。

就是说，"民众没有君王，就不能够相互救助而生存下去；君王
没有民众，就不能统治天下"①。民众需要依赖君王而生存的思
想，在《尚书·商书·盘庚上》中也得到了体现，盘庚在劝告
不愿意迁都的民众时说："（民）不能胥匡以生，卜稽曰：'其如
台。'"② 意思是说，如果民众不能够相互帮助来求得生存，那么
就是按照占卜之言去做，结果又会怎样呢？这句话提出的时代背
景是商王盘庚从奄（今山东曲阜）迁都至殷（今河南南阳），遭
到了公卿、百官和普通民众的一致反对。盘庚只能拿出商人最信
奉的神龟之卜来证明自己迁都行为的正确，消除大家的疑虑。同
时这也表明，民众如果离开君王，是没有办法生存下去的。

　　《尚书》把君主保护民众，致民众生存之道，使民众能够安
居乐业、相匡以生的职责概括为"厚生"的思想，认为这是君
主应该具备的"好生之德"。《尚书·虞书·大禹谟》云：

　　　　德惟善政，政在养民。水、火、金、木、土、谷惟修，
　　正德、利用、厚生惟和。九功惟叙，九叙惟歌③。

　　《尚书》认为，善政之本在于"养民"，在于"厚生"。《尚
书》还认为，要达成正身之德、利民之用、厚民之生的善政，
君主需要具备"好生之德"。《尚书·虞书·大禹谟》云：

　　　　帝德罔愆，临下以简，御众以宽……好生之德，洽于民
　　心，兹用不犯于有司④。

---

① 李民、王健：《尚书译注》，第 102 页。
② 参见（汉）孔安国传，（唐）孔颖达正义：《尚书正义》，第 337 页。
③ 同上，第 126 页。
④ 同上，第 130 页。

在《尚书》看来，"帝德"即君主的德行应该是"临下以简，御众以宽"，应该是"宁失不常之罪，不枉不辜之善"，这是一种"仁爱之道"①。君主只有以这样的德行来执政御民，才能够达成良善之政。

3. "明""魄"等事物的产生、发生。如《尚书·周书·武成》云：

> 厥四月哉生明，王来自商，至于丰。乃偃武修文，归马于华山之阳……既生魄，庶邦冢君暨百工受命于周②。

何谓"哉生明"？孔安国传："哉，始。始生明，月三日，与死魄互言。"③孔颖达疏："谓四月三日月始生明，其日当是辛卯也。……朔是死魄，故月二日近死魄。"④所以，此处的"哉生明"是指月亮开始发光。孔安国传："月十六日，明消而魄生。"⑤所以，"哉生魄"⑥是指月亮开始变得暗淡无光。"生明"与"生魄"的主语都是指月亮，周人常以月亮之明暗作为记载重要事件的标志。

4. "生"，通"牲"。如《尚书·虞书·舜典》说：

> 修五礼、五玉、三帛、二生、一死，贽⑦。

这里的"二生"，是指二牲，即羊羔和雁。

---

① 参见（汉）孔安国传，（唐）孔颖达正义：《尚书正义》，第130页。
② 同上，第428—430页。
③ 同上。
④ 同上，第429页。
⑤ 同上，第530页。
⑥ 《尚书·周书·康诰》："惟三月哉生魄，周公初基作新大邑于东国洛。"《尚书·周书·顾命》："惟四月哉生魄，王不怿。"
⑦ 参见（汉）孔安国传，（唐）孔颖达正义：《尚书正义》，第82页。

5. "生"，通"性"。如《尚书·周书·君陈》云：

> 惟民生厚，因物有迁。违上所命，从厥攸好。尔克敬，典在德，时乃罔不变，允升于大猷①。

此处的"生"，通"性"。"民生"也就是"民之性"，即人民的天性、本性。

6. "生生"，指进进。如《尚书·商书·盘庚中》云：

> 汝万民乃不生生，暨予一人猷同心，先后丕降与汝罪疾，曰："曷不暨朕幼孙有比？"……往哉！生生。今予将试以汝迁，永建乃家②。

何谓"生生"？孔安国传："不进进谋同心徙。"③ 孔颖达疏："进进，是同心愿乐之意也。"④ "往哉生生"是指"自今已往，进进于善"⑤。《尚书》中与"生生"相关的另一表述为"敢恭生生"⑥，它是指"敢奉用进进于善者"⑦。所以，这里的"生生"亦即"进进"，是指通过不断地磋商，达成意见的一致；或者指不断地完善自己，以达成完美的境界。

（三）《诗经》里"生"的含义

"生"字在《诗经》中凡57见，主要有以下六层含义：

1. 植物的出生，主要包括杜之生、葛之生、梧桐之生、百

---

① 参见（汉）孔安国传，（唐）孔颖达正义：《尚书正义》，第717页。
② 同上，第354—357页。
③ 同上，第354页。
④ 同上，第355页。
⑤ 同上，第357页。
⑥ 《尚书·商书·盘庚下》："呜呼！邦伯、师长、百执事之人……朕不肩好货，敢恭生生……无总于货宝，生生自庸。式敷民德，永肩一心。"
⑦ 参见（汉）孔安国传，（唐）孔颖达正义：《尚书正义》，第362页。

谷之生等。如："凤皇鸣矣，于彼高冈。梧桐生矣，于彼朝阳。"①（《诗经·大雅·卷阿》）

2. 人的出生、生育。这里既包括个体生命"我"、文王、武王、后稷之出生，又包括作为类、群体的"烝民"、男子、女子之生。如："大任有身，生此文王。……长子维行，笃生武王。"②（《诗经·大雅·大明》）又如："天生烝民，有物有则。民之秉彝，好是懿德。"③（《诗经·大雅·烝民》）

3. 灾难、祸乱等事物的产生、发生。如："乱之初生，僭始既涵。乱之又生，君子信谗。"④（《诗经·小雅·巧言》）

4. "生"与"死"相对，指人活着。如："死生契阔，与子成说。执子之手，与子偕老。"⑤（《诗经·国风·击鼓》）

5. "生"与"熟"相对，指不成熟。如："皎皎白驹，在彼空谷。生刍一束，其人如玉。毋金玉尔音，而有遐心。"⑥（《诗经·小雅·白驹》）

6. "生"，通"姓"。如："常棣之华，鄂不韡韡。……虽有兄弟，不如友生。"⑦（《诗经·小雅·常棣》）这里的"友生"，是指"友姓"、友好之异姓，即朋友。而"同姓"则是指同姓之兄弟。

---

① （汉）郑玄笺，（唐）孔颖达正义，朱杰人、李慧玲整理：《毛诗注疏》，上海：上海古籍出版社，2013年，第1646页。
② 同上，第1391—1397页。
③ 同上，第1782页。
④ 同上，第1084—1085页。
⑤ 同上，第178页。
⑥ 同上，第966页。
⑦ 同上，第809—812页。

（四）"三礼"中"生"的含义

"生"字在"三礼"中凡 185 见，其中，在《周礼》中凡 23 见，在《仪礼》中凡 14 见，在《礼记》中凡 148 见。"生"在《周礼》中主要有以下几层含义：

1. 植物的出生，主要包括九谷之生、"穜稑之种"之生、泽草之生。如："稻人，掌稼下地。……泽草所生，种之芒种。"① （《周礼·地官司徒下·稻人》）

2. 动物的出生，主要包括禽兽、畜类之生，如："囿人，掌囿游之兽禁，牧百兽。祭祀、丧纪、宾客，共其生兽、死兽之物。"② （《周礼·地官司徒下·囿人》）

3. 人的出生、生育，主要包括万民之生、生齿等。如："大宰之职，掌建邦之六典，以佐王治邦国。……六曰事典，以富邦国，以任百官，以生万民。"③ （《周礼·天官冢宰第一·大宰》）

4. 与有生命的"万民"相对而言的"百物"之生。如："小宰之职，掌建邦之宫刑，以治王宫之政令，凡宫之纠禁。……六曰事职，以富邦国，以养万民，以生百物。"④ （《周礼·天官冢宰第一·小宰》）

（五）《春秋》里"生"的含义

"生"字在《春秋左传》中凡 271 见，在《春秋公羊传》中凡 44 见，在《春秋穀梁传》中凡 38 见，"三传"合在一起凡 353 见。主要有以下几层含义：

---

① （汉）郑玄注，（唐）贾公彦疏，彭林整理：《周礼注疏》，上海：上海古籍出版社，2010 年，第 586—587 页。
② 同上，第 601—602 页。
③ 同上，第 37 页。
④ 同上，第 75—79 页。

1. 植物之生。如："过伯有氏，其门上生莠。"① （《春秋左传·襄公三十年》）杨伯峻说："莠音有，《本草》：'狗尾草也'。"② 这句话是说，公孙挥和裨灶二人经过伯有氏家，发现其院门上长满了狗尾草。

2. 动物之生。如："冀之北土，马之所生，无兴国焉。"③ （《春秋左传·昭公四年》）杨伯峻说："冀，冀州。冀之北土，杜（预）注谓即燕、代。"④ 这一代盛产良马，名曰"骥"⑤。

3. 人之出生、生育⑥，既包括个人之生、群体如民之生，又包括人类之生。如："天生民而树之君，以利之也。"⑦ （《春秋左传·文公十三年》）又如："民受天地之中以生，所谓命也。"⑧ （《春秋左传·成公十三年》）

4. 民生与厚生。如《春秋左传·文公六年》云："闰以正时，时以作事，事以厚生，生民之道于是乎在矣。"⑨ 杨伯峻认为："生民，犹言养民"⑩，也就是指生养人民。"时以作事"是指"依节气与物候而定生产劳动"⑪，"事以厚生"是指"生产劳动不失其时，始能衣食"⑫。

5. 无生命的物如羽毛，或患、乱、妖灾、吉凶、疾病、禄等

---

① 杨伯峻编著：《春秋左传注》（第4版），北京：中华书局，2016年，第1302页。

② 同上。

③ 同上，第1379页。

④ 同上。

⑤ 同上。

⑥ 杨伯峻、徐提：《春秋左传词典》，北京：中华书局，1985年，第213页。

⑦ 杨伯峻编著：《春秋左传注》（第4版），第652—653页。

⑧ 同上，第940页。

⑨ 杨伯峻编著：《春秋左传注》（第4版），第604—605页。

⑩ 杨伯峻、徐提：《春秋左传词典》，第214页。

⑪ 杨伯峻编著：《春秋左传注》（第4版），第605页。

⑫ 同上。

的产生和发生①。如："天生五材，民并用之，废一不可，谁能去兵?"②（《春秋左传·襄公二十七年》）又如："则天之明，因地之性，生其六气，用其五行。"③（《春秋左传·昭公二十五年》）

6. 死生之生。如："夫礼，死生存亡之体也。"④（《春秋左传·定公十五年》）又如："生，好物也；死，恶物也。好物，乐也；恶物，哀也。"⑤（《春秋左传·昭公二十五年》）

三　先秦道家主要文献中"生"的思想与
《吕氏春秋》的关系

中国哲学注重思考人的生命的存在方式，从而形成了丰富的关于"生"的思想或观点，所以说中国哲学本质上是一种"生的哲学"⑥ 或"生命哲学"⑦，也是一种"生命的学问"⑧。

----

① 杨伯峻、徐提：《春秋左传词典》，第 213 页。
② 杨伯峻编著：《春秋左传注》（第 4 版），第 1254 页。
③ 同上，第 1620 页。
④ 同上，第 1785 页。
⑤ 同上，第 1622 页。
⑥ 余治平："中国哲学非常强调'生'。生之谓性，由生而性，由性而心、而物，生的话题几乎始终备受中国哲学家们的关注。综观中国哲学史，不同历史时期里，尽管交替变奏着不同的哲学主旋律，但生的问题却总能够通过不同的哲学方式而获得一定的话语优先权。……生的哲学在中国已经成为古今思想家们的一个中心议题。"（参见余治平：《"生生"与"生态"的哲学追问》，张立文主编：《天人之辨：儒学与生态文明》，北京：人民出版社，2013 年，第 43—44 页）
⑦ 李霞：《论儒道生命观的理性精神及其历史影响》，《安徽大学学报（哲社版）》2003 年第 5 期。
⑧ 牟宗三："西方的哲学本是由知识为中心而发的，不是'生命中心'的。……读西方哲学是很难接触生命的学问。西方哲学的精彩不在生命领域内，而是在逻辑领域内、知识领域内、概念的思辨方式中。所以他们没有好的人生哲学。……西方人有宗教的信仰，而不能就其宗教的信仰开出生命的学问。他们有'知识中心'的哲学，而并无'生命中心'的生命学问。……实则真正的生命学问是在中国。"（参见牟宗三：《生命的学问》，桂林：广西师范大学出版社，2005 年，第 33—34 页）

以老庄为代表的先秦道家十分关注人的生命,从道的角度关照人之命运,思考人之生死,形成了丰富的道家生命观或生命哲学①。本节主要研究和探讨先秦道家文献《老子》《庄子》、《管子》四篇②、《黄帝四经》③中"生"的思想,及其对《吕氏春秋》的影响。

(一)《老子》中"生"的思想对《吕氏春秋》的影响

老子最早对"生"进行了哲学思考。"生"字在《老子》一书中凡38见,这表明老子哲学中包含着丰富的"生"的哲学思想。

首先,老子关注的是现实世界中的人与物的生存状态和生命现象,并从中提炼出了"坚强者死之徒,柔弱者生之徒"④的生命规律。老子生活于周王朝由盛而衰,诸侯国相互征伐、争霸的春秋末期,目睹了当时之人的生存状态。作为社会底层的

---

① 张尚仁:"道家哲学的主题是人的生命。老子、庄子和其他道家学者的著作,可以说从头到尾在诠释生命这个主题,包括生命与自然的关系、人生活在其中的社会、生命的全过程及人生中遇到的世事等等。……道家的学说,就在于帮助人'读懂'生命这部'大书',从而认识你自己。因为读懂生命,才能驾驭生命,才能超越生命,让人生游刃有余地度过。"(参见张尚仁:《道家哲学》,北京:人民出版社,2011年,第143页)

② 许抗生:"现存的《管子》一书,大家都认为它是齐国稷下学者思想的汇编,其中保存了一些春秋时代管仲的言行,但大多应是战国时代的作品。其中属于道家一类的著作,主要有《内业》《白心》《心术》上、下四篇,其思想……是对老子思想的发挥,同时又吸收了法家的法治、名家的刑名学和儒家的礼学思想等等,应当说它是与司马谈所说的黄老道家相类,所以我们一般把它称作为齐国稷下黄老之学。"(参见许抗生:《当代新道家》,北京:社会科学文献出版社,2013年,第108页)

③ 许抗生:"1973年长沙马王堆三号汉墓出土的四种古佚书——《经法》《称》《道原》《十大经》,为我们又提供了黄老之学的新资料。这四篇著作皆是发挥老子的道家思想的,且又吸取了刑名法治的学说。……不少人把这四篇古佚书,称作为就是《汉书·艺文志》所著录的《黄帝四经》的。……我同意称它们为《黄帝帛书四篇》,感觉更为稳妥些。……《帛书黄老》四篇包括《十大经》在内,都应早于《管子》四篇,很可能都是战国中前期的作品。"(参见许抗生:《当代新道家》,第109—110页)

④ (魏)王弼注,楼宇烈校释:《老子道德经注校释》,第185页。

"民"，由于各种天灾、人祸，常常处于饥寒交迫、流离失所、生存困难、生命难保的境地①。老子认为，人民之所以遭受饥荒，是因为"其君上税食下太多"②；人民之所以难以治理，是因为"其君上多欲，好有为也"③；人民之所以轻视死亡，是因为其君上"求生活之事太厚，贪利以自危"④。

通常而言，每个人都非常珍视自己的生命，都害怕自己遭到各种伤害，都畏惧死亡。但是，当一个人"不畏威""不畏死"⑤甚至"轻死"时，那么，一定是其生存空间已经不复存在，其生命遭到了极大的外在威胁，所以才不惜铤而走险、冒险抵抗，以期在濒临死亡的危机中寻得一线生机。《老子》第七十二章云：

> 民不畏威，则大威至。无狎其所居，无厌其所生。夫唯不厌，是以不厌。是以圣人自知，不自见；自爱，不自贵。故去彼取此⑥。

王弼注："民不能堪其威，则上下大溃矣，天诛将至。"⑦ 意思是说，统治者靠威权、威力是很难实现有效的国家治理的；而要实现有效的国家治理和国富民安，关键还是应该爱民为民，给人民以生存的空间，也就是"无狎其所居，无厌其所生"⑧，这

---

　　① 《老子》第七十五章："民之饥，以其上食税之多，是以饥。民之难治，以其上之有为，是以难治。民之轻死，以其上求生之厚，是以轻死。夫唯无以生为者，是贤于贵生。"[（魏）王弼注，楼宇烈校释：《老子道德经注校释》，第 184 页]
　　② 王卡：《老子道德经河上公章句》，北京：中华书局，1993 年，第 289 页。
　　③ 同上，第 290 页。
　　④ 同上。
　　⑤ 《老子》第七十四章："民不畏死，奈何以死惧之！若使民常畏死，而为奇者吾得执而杀之，孰敢？"[参见（魏）王弼注，楼宇烈校释：《老子道德经注校释》，第 183 页]
　　⑥ （魏）王弼注，楼宇烈校释：《老子道德经注校释》，第 179—180 页。
　　⑦ 同上，第 179 页。
　　⑧ 同上。

样人民也就不会"不畏死"而铤而走险、为非作歹了。所以，老子认为，作为国家统治者"圣人"应该做到"但求自知而不自我表扬，但求自爱而不自显高贵"①。

老子不仅关注"人"之生存状态，而且关注戎马、草木等其他生物之生命②。在老子看来，在战乱的时代，不仅人的生命无法很好地保全，就连动物的生命也难以保全，所谓"天下无道，戎马生于郊"。王弼对此解释说："（统治者——引者加）贪欲无厌，不修其内，各求于外，故戎马生于郊也。"③"戎马"也就是战马，战马在郊野生马驹，刚出生的马驹在战场上的结局只能是死亡，由此可见，连年的征伐和战争不仅导致人的生命难以保全，而且连牲畜的生命也无法保全。同时，战争还导致了田地荒芜，荆棘丛生④。

在对人与物的生存状态考察一番之后，老子对人的生命现象进行了总结和归纳，他说：

> 出生入死。生之徒十有三，死之徒十有三。人之生动之于死地，亦十有三。夫何故？以其生生之厚。盖闻善摄生者，路行不遇兕虎，入军不被甲兵……夫何故？以其无死地⑤。

---

① 陈鼓应：《老子今注今译》，北京：商务印书馆，2003 年，第 324 页。
② 《老子》第七十六章："草木之生也柔脆，其死也枯槁。"
③ （魏）王弼注，楼宇烈校释：《老子道德经注校释》，第 125 页。
④ 同上，第 78 页。
⑤ 同上，第 134 页。

　　上面这段话是老子"贵生"① "全生"② 思想的生动体现。老子把人的生命现象划分为四类：第一类是"生之徒"，第二类是"死之徒"，第三类是"人之生，动之于死地"，第四类是"善摄生者"。"徒"，义为类、属。"生之徒"，王弼解释为"取其生道，全生之极"③，即能够长命、得其天年的人。"死之徒"，王弼解释为"取其死道，全死之极"④，即短命、夭折的人。前两类无论寿命的长短，都是属于"自然的死亡"。"人之生，动之于死地"，王弼解释为"民生生之厚，更之无生之地焉"⑤，即指那些"本来可以活得长久，但是贪厌好得，伤残身体，而自己糟蹋了生命"⑥ 的人。老子认为，前三类人各占30%，还剩下10%的人则属于"善摄生者"，也就是真正懂得养生之道、真正会养护自己生命的人，这类人"无以生为生，故无死地也"⑦，也就是说由于他们真正会调摄养护自己的生命从而使自己避免陷入死亡的境地，也就不会遭到兕虎、甲兵的伤害，从而可以长生久视，得其天年。

　　其次，老子关注作为生命整体的"万物"以及作为万物根源的"天地"之生存状态与生命规律。《老子》第三十九章云：

---

　　① 　河上公把本章的标题定为"贵生"。所以，此章体现了老子的"贵生"思想。(参见王卡：《老子道德经河上公章句》，第290页)

　　② 　王弼在解释本章时说："十有三，犹云十分有三分。取其生道，全生之极，十分有三分耳。"所以，此章体现了老子的"全生"思想。[参见（魏）王弼注，楼宇烈校释：《老子道德经注校释》，第135页]

　　③ 　（魏）王弼注，楼宇烈校释：《老子道德经注校释》，第135页。

　　④ 　同上。

　　⑤ 　同上。

　　⑥ 　陈鼓应：《老子今注今译》，第259页。

　　⑦ 　（魏）王弼注，楼宇烈校释：《老子道德经注校释》，第135页。

　　昔之得一者，天得一以清，地得一以宁，神得一以灵，谷得一以盈，万物得一以生①。

　　河上公则注曰："昔，往也。一，无为，道之子也。"② 林希逸曰："'一'者，道也。"③ 严灵峰曰："一者，'道'之数。'得一'，犹言得道也。"④ 综观此段文义，"一"应该是指"道"，"得一"是指"得道"⑤，"万物得一以生"也就是万物得"道"而生。在老子看来，万物的产生依赖道，万物的生存也依赖道。如果失去了道，万物将无法生存，而会走向覆灭⑥。

　　老子还关注"天地"之生存状态与生命规律。《老子》第七章云：

---

　　①　（魏）王弼注，楼宇烈校释：《老子道德经注校释》，第105—106页。
　　②　《老子道德经河上公章句》敦煌唐写本 P2639，此句作"一，元气，为道之子"。所以，河上公已经有用"元气"解释"一"的思想。无论是"元气"还是"无为"，都是"道之子"而非"道"，这是河上公注解的不同之处。然而，在解释"万物得一以生"时，河上公又曰："言万物皆须道以生成也。"（参见王卡：《老子道德经河上公章句》，第155页）此处又把"一"解释成了"道"。所以，河上公在注解此章中的"一"是有矛盾的。此处的"一"应该是"道"。之所以用"一"是为了表示"道"的独一无二，即王弼所言"数之始而物之极"，即严灵峰所言"一者，'道'之数"。
　　③　陈鼓应：《老子注译及评介》，北京：中华书局，2015年，第203页。
　　④　同上，第204页。
　　⑤　"万物得一以生"中的"得一"是指"得道"，而非"道之子"，在《老子》第三十四章可以得道佐证："大道泛兮，其可左右。万物恃之以生而不辞，功成而不有。"此处的"万物恃之以生"的"之"就是指"大道"。王弼在注解此句时说："万物皆由道而生，既生而不知其所由。"［参见（魏）王弼注，楼宇烈校释：《老子道德经注校释》，第85页］
　　⑥　《老子》第三十九章："天无以清，将恐裂；地无以宁，将恐废；神无以灵，将恐歇；谷无以盈，将恐竭；万物无以生，将恐灭；侯王无以正，将恐蹶。""万物无以生将恐灭"，河上公注曰："言万物当随时生死，不可但欲长生无已时，将恐灭亡不为物。"（参见王卡：《老子道德经河上公章句》，第156页）陈鼓应解释为："万物得不能保持生长，难免要绝灭。"（参见陈鼓应：《老子今注今译》，第224页）

> 天长地久。天地所以能长且久者，以其不自生，故能长
> 生。是以圣人后其身而身先，外其身而身存。非以其无私
> 邪？故能成其私①。

在中国古人看来，与有限的人类生命相比，天地的生命是长
久的。天地的生命为何能够长久呢？老子认为，这是由于天地
"不自生"的缘故。何谓"不自生"？王弼注曰："（天地——引
者加）自生则与物争，不自生则物归也。"② 河上公注："（天
地）以其不求生，故能长生不终也。"③ 所以，天地的生存是大
公无私的，是"不求自身之生"的。天地生养滋润了万物，但
又不居功自傲，不把万物据为己有④。老子认为，正是这样的品
格和特性造就了天地的长生不终。

再次，老子从宇宙万物生成论的角度关注"生"，解读了
"生"的本原和本体意蕴，为其生命哲学提供了深厚的哲学基
础。《老子》第四十二章云：

> 道生一，一生二，二生三，三生万物。万物负阴而抱
> 阳，冲气以为和⑤。

---

① （魏）王弼注，楼宇烈校释：《老子道德经注校释》，第19页。
② 同上。
③ 王卡：《老子道德经河上公章句》，第26页。
④ 《老子》第五章："天地不仁，以万物为刍狗。"《老子》第三十二章："天
地相合，以降甘露，民莫之令而自均。"《老子》七十三章："天之道，不争而善胜，
不言而善应，不召而自来，繟然而善谋。天网恢恢，疏而不失。"《老子》七十七章：
"天之道，其犹张弓者欤？高者抑之，下者举之，有余者损之，不足者补之。天之
道，损有余而补不足。"
⑤ （魏）王弼注，楼宇烈校释：《老子道德经注校释》，第117页。

　　"生"在这里无疑具有本原论①和本体论的双重意义，代表着"道"最根本的功能和特征②。"道"如果没有"生"的功能，那么"道"与"一""二""三"以及宇宙万物之间就失去了联系，宇宙万物也就是失去了生存和发展的可能。

　　在老子哲学中，宇宙万物的化生过程还体现在"天下万物生于有，有生于无"③过程之中。《老子》第四十章云：

---

　　①　老子关于道是万物的本原的思想，还体现在《老子》第五十一章："道生之，德畜之，物形之，势成之。……故道生之，德畜之；长之育之；成之熟之；养之覆之。生而不有，为而不恃，长而不宰。是谓玄德。"王弼认为"之"是指"物"，他把"道生之，德畜之，物形之，势成之"这句话解释为："物生而后畜，畜而后形，形而后成。"接着，他进一步自问自答：（物——引者按）何由而生？道也。何得而畜？德也。何因而形？物也。何使而成？势也。凡物之所以生，功之所以成，皆有所由。有所由焉，则莫不由乎道也。"［参见（魏）王弼注，楼宇烈校释：《老子道德经注校释》，第137页］在老子看来，"道"是宇宙万物产生的根源，万物经历了"道生"→"德畜"→"物形"→"势成"的过程之后，就由可能性变成了现实性，万物不仅获得了自己的本性（即"德"），而且获得了外在形制，由形而上之"道"落实到形而下之"器"。（参见陈鼓应：《老子今注今译》，第261页）需要说明的是，老子此章中的"势成之"在帛书甲、乙本均作"器成之"。高明认为："物先后形而后成器，《老子》第二十八章'朴散则为器'，《老子》第二十九章'天下神器'，《周易·系辞上》'形乃谓之器'，皆'形''器'同语连用。从而可见，今本中之'势'应假借为'器'，当从帛书甲、乙本作'器成之'。夫物生而后则畜，畜而后形，形成而为器。其所由生者道也，所畜者德也，所形者物也，所成者器也。"（参见陈鼓应：《老子今注今译》，第261页）

　　②　不仅是老子有此思想，先秦儒家经典《周易》也有此思想，如《周易·系辞下》曰："天地之大德曰生"，《周易·系辞上》曰："生生之谓易"，这两句话体现出先秦儒家也有"生或生生是天地万物最根本的特性，是宇宙万物根本的存在方式和存在状态"的思想。先秦儒道两家的相同点在于都把"生"看成是道或天地的根本特性，不同点在于儒家认为"天地"是宇宙生成论的最高范畴，天地是宇宙万物的本源和本根。在道家看来，在天地之上，还有一个更高的范畴即"道"。"道"先于天地诞生，又产生了天地，所以，《老子》第二十五章曰："有物混成，先天地生。寂兮寥兮，独立而不改，周行而不殆，可以为天地母。吾不知其名，强字之曰道"，既然道是天地的根源，那么天地就应该向道效法和学习，即《老子》第二十五章所说："地法天，天法道。"

　　③　（魏）王弼注，楼宇烈校释：《老子道德经注校释》，第110页。

天下万物生于有，有生于无①。

王弼是从本体论意义上解释这句话②，认为"有"是天下万物之本，"无"是有之本。所以，"生"在这里具有本体论的意义③。

最后，老子提出了"贵身重生""摄生修身""寡欲无为""长生久视"的生命哲学思想。

1. "贵身重生"的生命哲学思想。如《老子》第十三章云：

> 宠辱若惊，贵大患若身。何谓宠辱若惊？宠，为下得之若惊，失之若惊，是谓宠辱若惊。何谓贵大患若身？吾所以有大患者，为吾有身，及吾无身，吾有何患！故贵以身为天下，若可寄天下；爱以身为天下，若可托天下④。

何谓"大患"？王弼曰："大患，荣宠之属也。"⑤ 这里充分反映了老子的"重身"思想，而非"无身"思想。我们应该如何理解老子讲的"身"与"患"、"吾有大患"与"吾有身"的关系呢？张舜徽说："'吾'，人君自谓也。"⑥ 因此，假如人君

---

① 郭店简本《老子》此章与通行本、帛书本相异，写作："天下之物生于有，生于无。"陈鼓应认为，简本比帛书本、通行本少了一个"有"字，但是哲学解释却具有巨大差别意义，因为前者是属于万物生成论问题，而后者是属于本体论范畴。（参见陈鼓应：《老子今注今译》，第227页）

② （魏）王弼注，楼宇烈校释：《老子道德经注校释》，第110页。

③ 《老子》第二章所讲的"有无相生"则不具有本体论的意义，而是讲"现象界事物的显或隐"，是讲现象界事物之间的一种相对关系。"有无相生"是指"有""无"这两个范畴是相对而生、相辅相成的，有"有"则有"无"，无"有"则无"无"。（参见陈鼓应：《老子今注今译》，第81页）

④ （魏）王弼注，楼宇烈校释：《老子道德经注校释》，第28—29页。

⑤ 同上，第29页。

⑥ 陈鼓应：《老子注译及评介》，第104页。

没有身体，"得道自然，轻举升云，出入无间，与道通神"①，那么又有什么祸患呢？这是注重养生的道家、道教和神仙方术之士追求的理想。然而，现实中的人君即使如秦始皇、汉武帝那样有着强烈的求仙问药的长生愿望，但是却无法摆脱身体的束缚。老子一方面指明了人君有外在忧患的根源在于精神受到形体的束缚而无法逍遥自适，另一方面也是在劝告人君不要自私其身，不要为了自己对于权力、土地、财货、荣誉等外在事物的贪得而轻身徇物、伤害民生。

"贵以身为天下"② 是说，身体是天下最为贵重的，是价值最高的。这里体现的是老子的"贵身"和"贵生"思想③。

"爱以身为天下"④ 就是不让任何外在的人或物来损害自己的身体。这就是老子所提倡的"爱身"思想。

———————————

① 王卡：《老子道德经河上公章句》，第49页。

② （魏）王弼注，楼宇烈校释：《老子道德经注校释》，第29页。

③ 身体是人的生命的载体，"贵身"也就是"贵生"。所以，老子提倡"贵身"，也就是在提倡"贵生"。然而，在《老子》第七十五章却说："夫唯无以生为者，是贤于贵生。"国内有的研究者根据本章认为，老子反对"贵生"。那么，我们应该如何理解这句话呢？老子的"贵身"思想和"贵生"思想是否矛盾呢？王弼对老子的这句话没有作解释，河上公注曰："夫唯独无以生为务者，爵禄不干于意，财利不入于身，天子不得臣，诸侯不得使，则贤于贵生。"（参见王卡：《老子道德经河上公章句》，第290页）高亨说："无以生为者，不以生为事也。即不贵生也。君贵生则厚养，厚养则苛敛，苛敛则民苦，民苦则轻死，故君不贵生，贤于贵生。"［参见高亨著，董治安编：《高亨著作集林》（第五卷），北京：清华大学出版社，2004年，第187页］冯友兰说："在现在之《老子》中，亦有许多处只持'贵生轻利'之说，如《老子》云：'贵以身为天下，若可寄天下；爱以身为天下，若可托天下。'……'贵以身为天下'者，即以身为贵于天下，即'不以天下大利，易其胫一毛'，'轻物重生'之义也。"［参见冯友兰：《中国哲学史（上）》，北京：中华书局，2014年，第154页］所以，老子并不是在一般意义上反对"贵生"，这与其"贵身重生"的一贯思想是不相符的。老子这里只是反对人君的"贵生""厚生"，即过分地厚养自己的生命的行为，这是因为人君的厚养必然会导致苛政、剥削，从而把人民逼迫到饥寒、轻死、不可治的境地。

④ （魏）王弼注，楼宇烈校释：《老子道德经注校释》，第29页。

由上可知，《老子》第十三章反映的是老子"贵身""爱身"思想①。只有"贵身""爱身"的君主，才是老子心目中理想的国家治理者。只有这样的君主，百姓才能放心地把天下国家托付给他来治理。

2."摄生修身"的生命哲学思想。《老子》第五十章提出了著名的"善摄生"的思想。"摄生"之"摄"，《说文》释为"引持"，引申为调摄、保养、养护②。所以，"摄生"是指养生，"善摄生"是指善于养生。老子不仅提倡"善摄生"的思想，而且提倡"修之于身"的思想。《老子》第五十四章云：

> 善建者不拔……修之于身，其德乃真；修之于家，其德乃余；修之于乡，其德乃长；修之于国，其德乃丰；修之于天下，其德乃普。故以身观身，以家观家，以乡观乡，以国观国，以天下观天下③。

上面这段话体现出老子"修之于身"与"以身观身"的思想。王弼认为，"修之于身"是"以身及人"的意思，并认为"修之身则真"，意思是修身可以达到朴真的境界④。所以，在老

---

① "贵身"是"爱身"的前提，一个人只有认为自己的身体的价值是最高的、最珍贵的，才会真正地爱护自己的身体。

② 河上公注："摄，养也。"（参见王卡：《老子道德经河上公章句》，第192页）陈鼓应注："摄，调摄，养护。"（参见陈鼓应：《老子今注今译》，第258页）李零注："'摄生'，帛书本作'执生'，二者是通假关系。养生，古人也叫摄生、护生和卫生。它们的不同之处是，养生主于养，摄生、护生、卫生主于护卫。"（参见李零：《人往低处走：〈老子〉天下第一》，北京：生活·读书·新知三联书店，2008年，第160页）

③ （魏）王弼注，楼宇烈校释：《老子道德经注校释》，第143—144页。

④ 同上，第143页。

子看来，修身是治家、治乡，治国、治天下的基础①。世人只有通过修道修德来获得道德的本性并把它贯彻于治理家庭、乡里、国家、天下的过程中，才能真正达到生命根基稳固、家庭和谐敦睦、国家长治久安的目的。

老子提倡"善摄生"和"修之于身"，反对"厚生"②和"益生"③。这是因为前者遵循和顺应了人的生命规律，后者则违背了人的生命规律；前者会导致人的生命如天地般长久，后者则会导致人的"不道早已"。

3. "寡欲知足"的生命哲学思想。如《老子》第十九章云：

> 故令有所属，见素抱朴，少私寡欲④。

何谓"少私寡欲"？河上公注曰："少私者，正无私也。寡

---

① 道家"修身"与儒家"修身"的区别：儒家非常重视"修身"，《礼记·大学》说："自天子以至于庶人，壹是皆以修身为本。"儒家的修身是指道德修养，修仁义之道与亲民至善之德。老子的修身"不是修仁义道德，而是养护自己的身体。它所谓的'德'是得其自然之德；只有符合自然，才能保全生命。它是用这个道理讲他的修家、修乡、修国、修天下。身虽然小，但天下是个个人构成，身是基础"。（参见李零：《人往低处走：〈老子〉天下第一》，第171页）
② 《老子》第七十五章："民之轻死，以其上求生之厚，是以轻死。夫唯无以生为者，是贤于贵生。"何谓"求生之厚"？河上公注曰："求生活之事太厚，贪利以自危。"（参见王卡：《老子道德经河上公章句》，第290页）所以，"求生之厚"也就是奉养自己的生命太过奢厚，为了长生不死而服药滋补以求仙问道。
③ 《老子》第五十五章："益生曰祥，心使气曰强。物壮则老，谓之不道，不道早已。"何谓"益生曰祥"？王弼注曰："生不可益，益之则夭也。"[参见（魏）王弼注，楼宇烈校释：《老子道德经注校释》，第146页]河上公注曰："益生欲自生，日以长大。"（参见王卡：《老子道德经河上公章句》，第212页）李零解释说："生不可益，亦不可损，当顺其自然。'益生'，是人为拔高生，有如揠苗助长，欲益反损。'祥'是妖祥，泛指一切反常怪异的现象，也叫灾异。"（参见李零：《人往低处走：〈老子〉天下第一》，第175页）在老子看来，人的生命不是通过人为的手段就可以随意延长的。所以，人要顺应自然、遵循生命规律来养生，而不要"益生"和"厚生"，更不要"心使气"和逞强，这样只会违背生命的规律而导致早亡。
④ （魏）王弼注，楼宇烈校释：《老子道德经注校释》，第45页。

欲者，当知足也。"① "少"与"寡"义相同，都是减少的意思，"寡欲"也就是少欲，即减少私欲。老子提倡见素抱朴、返璞归真的生活方式，追求"为腹不为目"的生活追求②，提倡在欲望面前人应该懂得"知足"。《老子》第三十三章云：

> 知足者富，强行者有志，不失其所者久，死而不亡者寿③。

何谓"知足者富"？王弼注曰："知足者，自不失，故富也。"④ 河上公注曰："人能知足，则长保福禄，故为富也。"⑤ 老子认为，人的欲望是无穷无尽的。一个人如果懂得知足才是富有的道理，追求内心的自足，那么，他的一生就是充满获得感和幸福感的一生。反之，一个人如果不懂得知足，而是一生中在不断地追名逐利，那么，他终究不会获得幸福，甚至会遭到灾祸⑥。

4. "长生久视"的生命哲学思想。"长生久视"是老子生命哲学的目的所在，老子提倡"贵身重生""摄生修身"，其最终

---

① 王卡：《老子道德经河上公章句》，第77页。
② 《老子》第十二章："五色令人目盲，五音令人耳聋，五味令人口爽，驰骋田猎，令人心发狂，难得之货，令人行妨。是以圣人为腹不为目，故去彼取此。"
③ （魏）王弼注，楼宇烈校释：《老子道德经注校释》，第84页。
④ 同上。
⑤ 王卡：《老子道德经河上公章句》，第134页。
⑥ 《老子》第四十六章："祸莫大于不知足，咎莫大于欲得。故知足之足，常足矣。"王弼认为："知足"也就是"无欲而足，自然已足"，其反面则是"贪欲无厌，不修其内，各求其外"。[参见（魏）王弼注，楼宇烈校释：《老子道德经注校释》，第125页] 河上公认为："祸莫大于不知足"是指"富贵不能自禁止也"。（参见王卡：《老子道德经河上公章句》，第182页）在老子看来，人君欲望过多，就会贪图名利财货而伤身害生，就会为了争夺财货土地而发动战争，最终则会给国家和人民带来深重的灾难，有的甚至自己也会遭殃。所以，他才极力提倡人君的清静无为、知足寡欲，这样才会国家和平、人民安康。

目的是达到人的"长生久视",这也是道家、道教一直追求的人生理想①。《老子》第五十九章云:

> 治人事天莫若啬。夫唯啬,是谓早服。……是谓深根固柢,长生久视之道②。

陈鼓应认为:"'长生'是长久维持,长久存在;'久视'就是久立的意思。"③ 李零认为:"'长生久视'指活得很长,在位时间很长。"④ 由此可知,老子讲的"长生久视"不仅指生命长久,亦指国运长存。人君如果懂得了爱惜精力、保养生命的道理,就会通过早做准备而不断地积累德,最终达到生命长久、国家长存的目的。因此,上面这段话体现了老子治身与治国相统一的思想,而这一思想又成为黄老道家的主要思想特征⑤。

(二)《庄子》中"生"的思想对《吕氏春秋》的影响

庄子是先秦道家的集大成者,他继承老子的道家生命观,并进行了发展和创新。"生"字在《庄子》一书中凡286见。《庄子》中的生命哲学思想主要包括以下三大方面。

首先,正确认识生命的本原和本质,做到重生、尊生与达生。具体体现在以下三点:

---

① 道家的"长生"不同于道教的"长生",道家的"长生"在于通过贵身、修身、摄生、养生来达到身体长寿、精神自由的目的;道教的"长生"则是指通过外丹、内丹等各种修炼方法和养生之道达到肉神不死、长生成仙的目的。前者是哲学,后者是宗教。

② (魏)王弼注,楼宇烈校释:《老子道德经注校释》,第155—156页。

③ 陈鼓应:《老子今注今译》,第289页。

④ 李零:《人往低处走:〈老子〉天下第一》,第186页。

⑤ 老子哲学是源,战国秦汉后期道家则是流。老子不仅开创出了重视个体生命的杨朱学派、追求精神自由的庄子学派,而且开创出了治国与修身相结合、相统一的黄老道家。《管子》四篇、《吕氏春秋》《淮南子》中就有着丰富的黄老道家思想。

第一，庄子全面考察了个体生命即"吾生"①，圣人、君子、得道之人等不同群体之"生"，作为整体的人类的生命即"人之生"②，以及动物、植物等"群生"之生③后提出了"天地与我并生，而万物与我为一"的生命哲学思想④。

第二，在对不同生命主体之"生"进行考察之后，庄子开始关注生命的本原和本质这一哲学问题，从本体论的角度认识生命。庄子认为，"道"是生命的本原，也是生命的本体。《庄子·大宗师》云：

> 夫道，有情有信……自本自根，未有天地，自古以固存；神鬼神帝，生天生地；……先天地生而不为久，长于上古而不为老⑤。

陈鼓应引章炳麟观点说："'神'，与'生'义同。"又引朱桂耀观点说："神从申……《白虎通·五行篇》云：'申者身也。'《广雅释诂》四：'身，俌也。'俌即有身孕，'生'之意也。"⑥ 庄子继承了老子的道论，进一步深化了"道"的本原和本根之义，认为"道"是在天地产生之前而生成的，道以自己为本根和本原。

庄子还认为，"德"是生命的本质，"气"尤其是阴阳二气

---

① 《庄子·养生主》："吾生也有涯，而知也无涯。"《庄子·达生》："吾（丈夫——引者按）生于陵而安于陵，故也；长于水而安于水，性也；不知吾所以然而然，命也。"

② 《庄子·知北游》："人之生，气之聚也。聚则为生，散则为死。若死生为徒，吾又何患！"

③ 《庄子·缮性》："当是时也……万物不伤，群生不夭，人虽有知，无所用之，此之谓至一。"

④ 《庄子·齐物论》："天地与我并生，而万物与我为一。"

⑤ （清）郭庆藩撰，王孝鱼点校：《庄子集释》，第254页。

⑥ 陈鼓应：《庄子今注今译》，北京：中华书局，2016年，第189—190页。

则是构成生命的物质元素①。在老庄看来，"道是万物之本原、本根，亦是万物之本体。道在具体物上之彰显，即是'德'。德来源于道，得自于道。得自于道而成为物之本体，而使某物成其为某物者，就道而言，就物之得道而言，是德；就物而言，就某物之所以为某物而言，是性"②。所以，庄子讲："物得以生，谓之德；未形者有分，且然无间，谓之命；留动而生物，物成生理，谓之形；形体保神，各有仪则，谓之性。"③ 意思是说，"德"是宇宙间的诸多生命存在从"道"那里获得的先天本质，亦即生命的本质。这种本质由道落实到人，就是人的本质，就是人之"性"④。

第三，庄子认为，在正确认识生命的本原和本质之后，人应该对生命有一种正确的态度，做到重生而轻物⑤，尊生而不伤生⑥，以及达"生"之"性""情"⑦。

其次，理性、达观地看待生死。中国先秦哲学家都非常关注

---

① 《庄子·知北游》："生也死之徒，死也生之始，孰知其纪！人之生，气之聚也。聚则为生，散则为死。"《庄子·田子方》："两者（至阳之气与至阴之气——引者按）交通成和而物生焉，或为之纪而莫见其形。"《庄子·至乐》："杂乎芒芴之间，变而有气，气变而有形，形变而有生，今又变而之死，是相与为春秋冬夏四时也。"

② 罗安宪：《虚静与逍遥——道家心性论研究》，北京：人民出版社，2005年，第91页。

③ （清）郭庆藩撰，王孝鱼点校：《庄子集释》，第254页。

④ 《庄子·庚桑楚》："道者，德之钦也；生者，德之光也；性者，生之质也。"成玄英疏："道是所修之法，德是临人之法。重人轻法，故钦仰于道。天地之大德曰生，故生化万物者，盛德之光华也。质，本也。自然之性者，是禀生之本还。"［参见（清）郭庆藩撰，王孝鱼点校：《庄子集释》，第810—811页］

⑤ 《庄子·让王》："夫天下至重也，而不以害其生，又况他物乎！"

⑥ 《庄子·让王》："夫大王亶父可谓能尊生矣。能尊生者，虽贵富不以养伤身，虽贫贱不以利累形。"

⑦ 《庄子·列御寇》："达生之性者傀，达于知者肖。"《庄子·达生》："达生之情者，不务生之所无以为。"

"生死"问题①，庄子也不例外。生死问题成为庄子生命哲学的
一项重要议题②。《庄子》曰：

> 死生亦大矣，而不得与之变。(《庄子·德充符》)③

这表明庄子在看待生死的问题上，并没有陷入宿命论或者宗
教神学，而是持一种自然主义和理性主义的态度。《庄子》云：

> 人生天地之间，若白驹之过隙，忽然而已。……已化而
> 生，又化而死。(《庄子·知北游》)④
> 方生方死，方死方生。(《庄子·齐物论》)⑤

在庄子看来，人之生命同天地比起来显得非常短暂，既是方
生方死，又像白驹过隙。面对生命的短暂和易逝，生命个体内心
深处难免会感到悲伤，难免会充满了对于生的欣乐喜悦和对于死
的恐惧厌恶，这就是世间一般人对待生死的态度——"悦生而
恶死"⑥。对于世人的这种态度，庄子是极力反对的⑦。庄子认
为，人之生死都是天命运行的结果，是不可抗拒的。《庄子》云：

---

① 《论语·颜渊》："子夏曰：'商闻之矣：死生有命，富贵在天。君子敬而无
失，与人恭而有礼。四海之内，皆兄弟也。君子何患乎无兄弟也？'"《孟子·离娄
下》："养生者不足以当大事，惟送死可以当大事。"《老子》第五十章："出生入死。
生之徒十有三，死之徒十有三，人之生动之于死地，亦十有三。夫何故？以其生生
之厚。"

② 《庄子》全书中"死生对举"情况一共出现了69次。

③ （清）郭庆藩撰，王孝鱼点校：《庄子集释》，第197页。

④ 同上，第747页。

⑤ 同上，第72页。

⑥ 《庄子·大宗师》："古之真人，不知说生，不知恶死。"

⑦ 《庄子·齐物论》："予恶乎知说生之非惑邪！予恶乎知夫死者不悔其始之蕲
生乎？"

死生存亡……是事之变、命之行也。（《庄子·德充符》）①

死生，命也，其有夜旦之常，天也。（《庄子·大宗师》）②

那么，人之生命的产生和消亡是由什么决定的？生死现象背后的根源是什么？庄子认为，人的产生是天道运行的结果，其死亡也是事物变化的结果③，"道"是决定世间万事万物生死的根源④。

夫大块载我以形，劳我以生，佚我以老，息我以死。（《庄子·大宗师》）⑤

庄子在揭示宇宙万物的生存死亡的根源之后，提出了自己独特的生死观——齐生死⑥、外生死⑦与忘生死⑧。庄子认为只有做到了这三点，人才能从"悦生而恶死"中解脱出来，达到"死

---

①　（清）郭庆藩撰，王孝鱼点校：《庄子集释》，第220页。
②　同上，第247页。
③　《庄子·刻意》："圣人之生也天行，其死也物化。"
④　另外，庄子在对人之内在生命结构考察的基础上提出了人的生死是由气之聚散决定的气化论思想。如《庄子·知北游》："人之生，气之聚也。聚则为生，散则为死。若死生为徒，吾又何患！"
⑤　（清）郭庆藩撰，王孝鱼点校：《庄子集释》，第249页。
⑥　庄子主张我们应该把生死作为一个整体来看待，而不是作为对立的双方来看待。如《庄子·大宗师》："孰能以无为首，以生为脊，以死为尻；孰知死生存亡之一体者，吾与之友矣！"
⑦　庄子主张我们应该做到外生死。如《庄子·大宗师》："吾犹守而告之，参日而后能外天下；……九日而后能外生；已外生矣，而后能朝彻；……无古今而后能入于不死不生。"
⑧　庄子主张我们应该做到忘生死，摆脱生死对人的肉体和精神的束缚和羁绊，获得内心的达观和精神的自由。如《庄子·大宗师》："孰能相与于无相与，相为于无相为；孰能登天游雾，挠挑无极，相忘以生，无所穷终！"《庄子·庚桑楚》："胥靡登高而不惧，遗死生也。"

生无变于己""死生不入于心"的精神自由的境界。

再次，掌握正确的养生之道。《庄子》一书中包含着丰富的养生思想，这表明庄子对如何养生的哲学问题是有深入思考的，他主张养生要做到正生、全生和卫生，而不要益生、害生和伤生。

"全生"是《庄子》中一个重要术语，出现在《庄子·养生主》中："为善无近名，为恶无近刑，缘督以为经，可以保身，可以全生，可以养亲，可以尽年。"郭象把"全生"解释为"全理"，他说："夫养生非求过分，盖全理尽年而已矣。"成玄英把"全生"解释为"全其生道"，他说："夫惟妙舍二偏而处于中一者，故能保守身形，全其生道。外可以孝养父母，大顺人伦；内可以摄卫生灵，尽其天命。"① 所以，《庄子·养生主》中的"全生"是指"全理"或"全其生道"，仅仅是一个与"保身""养亲"并列的概念，还没有太丰富的哲学内涵。

"正生"是《庄子》中另一个重要术语，出现在《庄子·德充符》中："幸能正生，以正众生。……吾所谓无情者，言人之不以好恶内伤其身，常因自然而不益生也。"郭象注："幸自能正耳，非为正以正之。"成玄英疏："受气上玄，能正生道也，非由用意，幸率自然，既能正己，复能正物。正己正物，自利利他，内外行圆，名为大圣。"② 所以，《庄子·养生主》中的"正生"是指"正其生道"。

"卫生"也是《庄子》中一个重要术语，出现在《庄子·庚桑楚》中："卫生之经，能抱一乎！……行不知所之，居不知所为，与物委蛇而同其波。是卫生之经已。"郭象注："不离其

---

① （清）郭庆藩撰，王孝鱼点校：《庄子集释》，第125页。
② 同上，第202—203页。

性。"成玄英疏："守真不二也。"① 陈鼓应认为，"卫生之经即护养生命的道理。'卫生'，即上文《庚桑楚》所说的'全形抱生'。"② 所以，《庄子·庚桑楚》中的"卫生"是指"全形抱生"，护养生命。

四　先秦儒家主要文献中"生"的思想与《吕氏春秋》的关系

以孔子、孟子、荀子等为代表的先秦儒家突破夏商周三代宗教神学的藩篱，坚持从人学、人文的立场来研究和探讨人的存在价值，注重思考人的生命价值和意义，理性看待人的生死，并把"生"看成是"宇宙间永恒的原理"，将"生"定位为宇宙万物根本的存在方式和存在状态，形成了儒家的生命观或生命哲学③。

---

① （清）郭庆藩撰，王孝鱼点校：《庄子集释》，第788页。

② 陈鼓应：《庄子今注今译》，第607—608页。

③ 先秦儒家在对待生命的态度上并不是一致的，而且有所区别的。如孔子是比较重视自己的生命的，认为自身承担了上天赋予的天命，所以，以克己复礼、兴仁行正为使命。对于疾病、死亡等外在的伤害，一方面是发自内心的真实的悲哀和痛苦，如冉伯牛的恶疾、颜回的早死、子路的横死；另一方面，又认为人死是天命，所以应该看得开一些。曾子则非常重视自己的生命、重视保护自己的身体以免受到各种外在的伤害，因为伤身和伤生都是一种"不孝"的行为。如《论语·泰伯》记载曾子的故事和言语："曾子有疾，召门弟子曰：'启予足！启予手！'《诗》云：'战战兢兢，如临深渊，如履薄冰。'而今而后，吾知免夫！小子！"又载："曾子曰：'可以托六尺之孤，可以寄百里之命，临大节而不可夺也。君子人与？君子人也。'""曾子曰：'士不可以不弘毅，任重而道远。仁以为己任，不亦重乎？死而后已，不亦远乎？'"曾子之所以重视和珍视自己的身体和生命，是因为自己肩负的行仁之重任。而一旦自己的生命和身体受到了伤害，便失去了完成使命的根基。这是曾子"重生"思想的原因。作为孔子、曾子的继承者，孟子由于所处时代背景和关注问题的重点不同，他更提倡一种为了仁义而牺牲生命的行为。由此可见，孟子不如孔子、更不如曾子"重生"。

（一）《论语》中"生"的思想对《吕氏春秋》的影响

"生"字在《论语》一书中凡 22 见，这表明《论语》中包含着孔子丰富的生命哲学思想和生命智慧。

首先，孔子在《论语》中谈论了自己的生存体验和生命智慧。《论语·为政》云：

> 子曰："吾十有五而志于学，三十而立，四十而不惑，五十而知天命，六十而耳顺，七十而从心所欲，不逾矩。"[①]

作为先秦儒家思想的创立者，孔子的一生是命运坎坷、颠沛流离而非一帆风顺的。他虽然出生在没落的贵族家庭，但是遭遇了幼年丧父、早年丧母、晚年丧子等不幸遭遇。面对这些不幸，孔子继承"天行健，君子以自强不息"的精神，通过自己后天的不断努力终于学得了周礼、创立了儒学、培养了弟子，有了立身从政之本。然而，面对春秋末期礼崩乐坏、诸侯国之间以力征伐的时代背景[②]，孔子很难在鲁国施展自己的人生抱负，所以，在晚年他带领众弟子周游列国，却仍然没有实现自己的从政理想。然而，孔子是乐观主义者，他一生都以自己继承天命、天德

---

① （宋）朱熹：《四书章句集注》，北京：中华书局，2016 年，第 54 页。

② 孔子曰："天下有道，则礼乐征伐自天子出；天下无道，则礼乐征伐自诸侯出。自诸侯出，盖十世希不失矣；自大夫出，五世希不失矣；陪臣执国命，三世希不失矣。"（《论语·季氏》）这句话反映了孔子对"整个东周史是一部礼坏乐崩的历史"的总体、负面的评价。这是因为，"礼乐"代表天子对内的权力，"征伐"代表天子对外的权力，"礼乐征伐"这些政令"是从天子出，还是诸侯出，还是由大夫的家臣把持，可以反映政治权力的下替过程"。东周时期，"礼乐征伐自诸侯出"，"从齐桓公到孔子卒，这期间的周王正好是 10 个，即僖、惠、襄、顷、匡、定、简、灵、景、敬十王。这 10 个王，也许就是孔子所说的'十世'。……'五世'是指大夫和卿，孔子所指，是鲁国的季氏，即文子、武子、平子、桓子、康子五世。……'三世'则指卿大夫的家臣，如阳货和公山弗扰。"（参见李零：《丧家狗：我读〈论语〉》，太原：山西人民出版社，2007 年，第 287—288 页）

而自居，所以在现实生活中无论遇到什么样的危险都显得从容淡定，而不会感到胆怯害怕。《论语·述而》云：

> 子曰："天生德于予，桓魋其如予何？"①

孔子60岁那年在宋国遇到了司马桓魋伐树的暴力威胁。当时，孔子在大树下讲学，却遭到了司马桓魋派人伐倒大树的生命危险。面对外在的暴力威胁，孔子临危不惧，认为"天生德于予"，我自身肩负着上天赋予的德性和使命，司马桓魋这样的恶人又能奈我何？

孔子生前对自己的一生有过评价。孔子死后，孔子的学生子贡对孔子的一生也进行了评价②。

其次，孔子在《论语》中谈论了生、死与命的关系。《论语·颜渊》云：

> 子夏曰："商闻之矣：死生有命，富贵在天。君子敬而无失，与人恭而有礼。四海之内，皆兄弟也。君子何患乎无兄弟也？"③

人的生死、贫贱、富贵都是天命所赋予的，是人力所无法改

---

① （宋）朱熹：《四书章句集注》，第98页。
② 《论语·子张》："子贡曰：'……夫子之不可及也，犹天之不可阶而升也。夫子之得邦家者，所谓立之斯立，道之斯行，绥之斯来，动之斯和。其生也荣，其死也哀，如之何其可及也。'"关于这段话，朱熹引"二程"（即程颢、程颐）的解释说："此圣人之神化，上下与天地同流者也。"［参见（宋）朱熹：《四书章句集注》，第194页］孔子之所以能够"得邦家"，获得社会的认可，是因为在他活着的时候，不仅自己身体力行，而且能够通过教育引导身边的人去行仁道，所以获得了人们的尊重和爱戴；对于他的死，他周围的人都感到如丧考妣般地悲哀。这样的圣人，我们怎么能够比得上呢？
③ （宋）朱熹：《四书章句集注》，第135页。

变的。所以，君子要做到修身安命，"持己以敬"，"接人以恭"而有礼，这样，"天下之人皆爱敬之"，自然就不会"无兄弟"了。

孔子对生、死与命之关系的认识持一种自然、理性的态度，同时，对世人眼中的命运主宰——鬼神也敬而远之，避而不谈。《论语·先进》云：

> 季路问事鬼神。子曰："未能事人，焉能事鬼?"曰："敢问死?"曰："未知生，焉知死?"①

孔子回答子路说："未知生，焉知死"，即认为只有弄清楚"人之生"这个问题，才能进一步去思考"人之死"的问题。朱熹在解释这段话时引二程（程颢、程颐）观点说："昼夜者，死生之道也。"② 孔子对生死采取了自然、理性的态度③，他"重视活人胜过死人，重视生命胜过死亡"④，这是孔子"重生"思想的生动体现。

再次，孔子在《论语》中谈论了生与礼、仁、知、直、孝悌等儒家伦理规范的关系。

第一，生与礼的关系。《论语·为政》云：

> 孟懿子问孝。……子曰："生，事之以礼；死，葬之以

---

① （宋）朱熹：《四书章句集注》，第 126 页。
② 同上。
③ 孔子的这种自然、理性的态度反映在他对"天""死"的看法上。子曰："天何言哉? 四时行焉，百物生焉，天何言哉?"（《论语·阳货》）子曰："朝闻道，夕死可矣。"（《论语·里仁》）孔子认为，天道的运行、四季的变化、世间事物的生死，都是自然而然的事情。所以，我们对自己生命中的各种穷达、寿夭、生死之际遇要持一种自然的态度，而不是诉诸神秘主义，通过向鬼神问卜来获得上天的庇佑。
④ 李零：《丧家狗：我读〈论语〉》，第 212 页。

礼，祭之以礼。"①

孔子认为，当父母活着时，事亲要按照"礼"来做；当父母去世时，埋葬和祭祀父母也应该按照"礼"来做。孔子的学生宰我反对"三年之丧"②，因为在他看来，长时间的守丧会导致"礼坏乐崩"。孔子不赞同他的观点，认为"三年之丧"是"天下之通丧"，是符合礼的，同时又能体现出父母与子女之间的仁爱。

第二，生与仁的关系。《论语·卫灵公》云：

> 子曰："志士仁人，无求生以害仁，有杀身以成仁。"③

在孔子看来，人的生命非常可贵，人应该重视和热爱自己的生命。与此同时，在孔子、孟子等为代表的先秦儒家看来，"仁义重于生"，仁义的价值要高于生命的价值；而在老子、庄子等先秦道家看来，人的生命才是目的，人不应该为了仁义、财货、名利、家国、天下而牺牲自己宝贵的生命④。这是先秦儒道两家生命观的不同之处。

---

① （宋）朱熹：《四书章句集注》，第55页。

② 《论语·阳货》："宰我问：'三年之丧，期已久矣。君子三年不为礼，礼必坏；三年不为乐，乐必崩。旧谷既没，新谷既升，钻燧改火，期可已矣。'……宰我出。子曰：'予之不仁也！子生三年，然后免于父母之怀。夫三年之丧，天下之通丧也。予也有三年之爱于其父母乎？'"

③ （宋）朱熹：《四书章句集注》，第164页。

④ 《老子》第四十四章："名与身孰亲？身与货孰多？得与亡孰病？是故甚爱必大费，多藏必厚亡。知足不辱，知止不殆，可以长久。"《庄子·骈拇》："自三代以下者，天下莫不以物易其性矣。小人则以身殉利，士则以身殉名，大夫则以身殉家，圣人则以身殉天下。故此数子者，事业不同，名声异号，其于伤性以身为殉，一也。……天下尽殉也。彼其所殉仁义也，则俗谓之君子；其所殉货财也，则俗谓之小人。其殉一也，则有君子焉，有小人焉；若其残生损性，则盗跖亦伯夷已，又恶取君子小人于其间哉！"

第三，生与知的关系。《论语·季氏》云：

> 孔子曰："生而知之者，上也；学而知之者，次也；困而学之，又其次也；困而不学，民斯为下矣。"①

孔子根据人的天性或禀赋的不同，把人分为四类："生而知之者"，是"上知"和天才，天生聪明，不学而知，只有圣人才能达到这种境界。"学而知之者"，是爱智者，是乐于学习的人，就如同孔子一样，孜孜不倦地通过主动学习来获得各种知识和人生智慧。"困而学之者"，是自己一开始不明白，但是通过学习和求知来使自己明白。"学而知之者"与"困而学之者"是"中人"，区别在于前者是主动学习，后者是被动学习，但是他们都通过学习获得了各种知识和经验。孔子认为，自己属于这类人之中的好学者，即"好古，敏以求之者"②。而"困而不学者"则属于"下愚"，是自己糊涂但又不爱学习和求知的人。孔子认为，这类人是没有办法教育和改变的③。

第四，生与直的关系。《论语·雍也》云：

> 子曰："人之生也直，罔之生也幸而免。"④

"直"是《论语》中的一个重要的道德条目和哲学范畴。何谓"直"？《说文》："正见也。"《博雅》："正也。"《玉篇》："不曲也。"《周易·坤卦·文言》："直，其正也。"所以，"直"的基本含义是正直、不曲。在孔子看来，君子立身处世应该按照

---

① （宋）朱熹：《四书章句集注》，第 174 页。

② 《论语·述而》："子曰：'我非生而知之者，好古，敏以求之者也。'"

③ 《论语·阳货》："唯上知与下愚不移。"《论语·雍也》："中人以上，可以语上也；中人以下，不可以语上也。"

④ （宋）朱熹：《四书章句集注》，第 89 页。

直道而行，而不应该靠侥幸来生存。

（二）《孟子》中"生"的思想对《吕氏春秋》的影响

孟子作为孔子思想的继承者，继承了孔子的儒家生命观，并对此进行了创新和发展，进一步丰富了先秦儒家生命哲学。"生"字在《孟子》一书中凡 61 见，是一个非常重要的概念。《孟子》一书中包含的生命哲学思想主要包括以下几个方面。

首先，孟子考察了作为个体的舜、文王的生命①，关注作为人类特殊群体的"乡愿"、君子之生命，更关注作为整体的人类即"生民"之生命②。同时，由"亲亲而仁民，仁民而爱物"的思想逻辑出发，孟子还把考察的重点逐渐由人转向物，开始关注禽兽、五谷等动植物的生命③，以及"义"之生④。在对不同生命主体的考察之后，孟子提出了"重生""爱身"的思想。《孟子·离娄下》云：

> 孟子曰："可以取，可以无取，取伤廉；可以与，可以无与，与伤惠；可以死，可以无死，死伤勇。"⑤

赵岐认为，孟子讲的"可以取，可以无取""可以与，可以无与""可以死，可以无死"这三者"皆谓事可出入，不至违义，但伤此名，亦不陷于恶也"。"可以死，可以无死，则忠臣

---

① 《孟子·离娄下》："舜生于诸冯，迁于负夏，卒于鸣条，东夷之人也。文王生于岐周，卒于毕郢，西夷之人也。……先圣后圣，其揆一也。"

② 《孟子·万章上》："天之生此民也，使先知觉后知，使先觉觉后觉也。"

③ 《孟子·告子下》："夫貉，五谷不生，惟黍生之。"《孟子·梁惠王上》："君子之于禽兽也，见其生，不忍见其死；闻其声，不忍食其肉。是以君子远庖厨也。"

④ 《孟子·公孙丑上》："其为气也，至大至刚，以直养而无害，则塞于天地之间。……是集义所生者，非义袭而取之也。"

⑤ （清）焦循著，刘建臻点校：《孟子正义》，扬州：广陵书社，2016 年，第671 页。

烈士岂不以必死为勇乎?"① 所以,孟子认为人应该重视自己的生命,那些随意轻视自己身体和生命的豪侠烈士其实并不符合"勇"的品德,其所作所为是对"勇"的名声的戕害。孟子在《告子上》进一步阐述了"爱身"的思想。他说:

> 拱把之桐梓,人苟欲生之,皆知所以养之者。至于身而不知所以养之者,岂爱身不若桐梓哉? 弗思甚也②。

"拱",合两手也。"把",以一手把之也。"桐""梓",皆木名也。所以,孟子对于当时那些重视生养桐梓却忽视爱养自己身体的做法进行了严厉地批评,并进一步阐述了自己的"爱身""养身"思想。《孟子·告子上》云:

> 孟子曰:"人之于身也兼所爱,兼所爱则兼所养也。无尺寸之肤不爱焉,则无尺寸之肤不养也。所以考其善不善者,岂有他哉? 于己取之而已矣。"③

关于上面这句话,朱熹解释说:"人于一身,固当兼养,然欲考其所养之善否者,惟在反之于身,以审其轻重而已矣。"④ 所以,孟子认为,人对于自己的身体包括每一寸肌肤都应该重视之,爱养之,这就是孟子的"重生""爱身"思想。

其次,对生死问题的重视⑤。与孔子"重生"思想⑥相比,

---

① (清)焦循著,刘建臻点校:《孟子正义》,第671页。
② 同上,第908页。
③ 同上,第909页。
④ (宋)朱熹:《四书章句集注》,第341页。
⑤ 《孟子·梁惠王上》:"养生丧死无憾,王道之始也。"这里体现出孟子对于生死以及与之相关的养生、丧死之事的重视。
⑥ 季路问事鬼神。子曰:"未能事人,焉能事鬼?""敢问死?"曰:"未知生,焉知死?"(《论语·先进》)

孟子更"重死"①，认为"送死"比"养生"更重要。《孟子·离娄下》云：

> 养生者不足以当大事，惟送死可以当大事②。

焦循引《说文·史部》关于"事，职也"的解释，以及《周礼·仓人》对"凡国之大事"中"大事"的注释即"大事位丧戎"，以及《礼记·杂记》对"于士既事成踊"中"事"的注释即"事谓大小敛之属"来说明"人子之职，惟此为大"③。易言之，人子的"大事"是指给父母办丧事。孟子之所以认为"养生者不足以当大事，惟送死可以当大事"，是因为"送死"比起"养生"更涉及殡葬、祭祀等"礼"的核心问题，而这些才是孔孟等先秦儒家真正关注的问题④。

再次，孟子还考察了"生"与"性"的关系，对告子提出的"生之谓性"的人性论命题进行了批驳，从而进一步强化了自己的"性善论"主张。《孟子·告子上》云：

> 告子曰："生之谓性。"孟子曰："生之谓性也，犹白之

---

① 孟子"重死"思想，可能是受到了曾子的影响。曾子曰："慎终追远，民德归厚矣。"（《论语·学而》）曾子讲的"慎终追远"就是孟子讲的"惟送死可以当大事"。孟子认为，"送死"比"养生"更重要，《淮南子》则认为"事生"是本，"事死"是末，所以"事生"比"事死"更重要，如《淮南子·泰族训》曰："凡人之所以事生者，本也。其所以事死者，末也。本末，一体也；其两爱之，一性也。先本后末谓之君子，以末害本谓之小人。君子与小人之性非异也，所在先后而已矣。"这反映了儒、道两家在生命观的不同，前者重死，后者重生。
② （清）焦循著，刘建臻点校：《孟子正义》，第647页。
③ 同上。
④ 《论语·为政》："孟懿子问孝。……子曰：'生，事之以礼；死，葬之以礼，祭之以礼。'"《中庸》："践其位，行其礼，奏其乐，敬其所尊，爱其所亲，事死如事生，事亡如事存，孝之至也。"《孟子·滕文公上》："曾子曰：'生，事之以礼；死，葬之以礼，祭之以礼，可谓孝矣。'"

谓白与？"①

何谓"生"？何谓"性"？它们二者有何联系，又有何区别呢？弄清楚这几个基本问题，才能更好地理解孟子与告子关于"生之谓性"问题辩论的意义所在。孟子认为，告子的问题不仅在于他没有看到"性"与"生"的区别②，更在于他把人与物看成了同类。孟子指出了告子观点的逻辑错误③。孟子指出，告子"生之谓性"的观点就如同说"白之谓白"一样。这种下定义的方式的错误在于只看到了事物之间的共性而忽视了其差别。

那么，人之本性与"犬之性""牛之性"等物之性区别何在呢？孟子认为，"人之所以异于禽兽"的细微之处在于人有"四心"和"仁义礼智"④，在于人能"以仁存心，以礼存心"⑤，在于人能"尽其心，知其性；存其心，养其性"⑥。

---

① （清）焦循著，刘建臻点校：《孟子正义》，第850—851页。
② 孟子以"白之谓白"的观点来指出告子混同"生"与"性"的问题所在。孟子曰："生之谓性也，犹白之谓白与？"又反问告子："白羽之白也，犹白雪之白。白雪之白，犹白玉之白与？"（《孟子·告子上》）赵岐注曰：告子"见白物皆谓之同白，无异性也"；孟子则"以为白羽之性轻，白雪之性消，白玉之性坚，虽俱白，其性不同"。［参见（清）焦循著，刘建臻点校：《孟子正义》，第851页］孟子与告子二人的争论点就在此。按照孟子的逻辑，白羽与白雪、白玉虽然颜色相同，但是不属于同类事物，所以其性质是不相同的——白羽之性是轻，白雪之性是消，白玉之性是坚。而按照告子的逻辑，白色不仅是白羽与白雪、白玉三种事物各自的特性，同时也是其内在的共性，所以，它们三者的本性是相同的。
③ 告子认为同类的事物，则其性相同；不同类的事物，则其性不同。然而，人与犬牛马等禽兽之物不是同类，所以其性当然不同。
④ 《孟子·告子上》："恻隐之心，人皆有之；羞恶之心，人皆有之；恭敬之心，人皆有之；是非之心，人皆有之。恻隐之心，仁也；羞恶之心，义也；恭敬之心，礼也；是非之心，智也。仁义礼智，非由外铄我也，我固有之也，弗思耳矣。""四心"是指"恻隐之心""羞恶之心""恭敬之心""是非之心"，它们是仁义礼智的发端之处，即"四端"。［参见（宋）朱熹：《四书章句集注》，第334—335页］
⑤ （宋）朱熹：《四书章句集注》，第303页。
⑥ 同上，第356页。

最后，孟子提出"舍生而取义"。《孟子·告子上》云：

> 鱼，我所欲也；熊掌，亦我所欲也，二者不可得兼，舍
> 鱼而取熊掌者也。生，亦我所欲也；义，亦我所欲也，二者
> 不可得兼，舍生而取义者也①。

人之"羞恶之心"是义的开端②，所以"义"也是每个人都固有的。这个"羞恶之本心"及其扩充的"义"是人进行价值判断、行为选择、生死抉择时的最高道德标准③。当"求生"与"取义"发生冲突时，即使是"行道之人"和"乞人"都会毫不犹豫地"舍生取义"，即使"身死"也不会接受"呼尔与之食"和"蹴尔与之羹"④。孟子认为，虽然人人皆有此"羞恶之本心"，唯独圣贤能够保存此心，而众人由于受到物欲的蒙蔽却丧失了此心。所以，他主张人人应该"求其放心"和"不失其本心"。

需要注意的是，孟子虽然"重生""爱身"，但是其出发点却是为了维护"仁""义"等儒家伦理道德。当"生"与这些伦理道德发生冲突时，孟子则提倡"舍生取义"，即为了仁义而

---

① （宋）朱熹：《四书章句集注》，第338—339页。

② 《孟子·公孙丑上》："羞恶之心，义之端也。"《孟子·告子上》："羞恶之心，义也。"

③ 孟子认为，此"羞恶之本心"及由此引发的义，不仅是人皆有之，而且比"生"更重要，与"生"相比价值更高，即孟子所谓"所欲有甚于生者"；它比"死"更重要，与"死"相比价值也更高，即孟子所谓"所恶有甚于死者"。

④ 《孟子·告子上》："一箪食，一豆羹，得之则生，弗得则死。呼尔而与之，行道之人弗受；蹴尔而与之，乞人不屑也。万钟则不辩礼义而受之，万钟于我何加焉？为宫室之美、妻妾之奉、所识穷乏者得我与？乡为身死而不受，今为宫室之美为之；乡为身死而不受，今为妻妾之奉为之；乡为身死而不受，今为所识穷乏者得我而为之，是亦不可以已乎？此之谓失其本心。"

牺牲生命。由此观之，在孟子等先秦儒家看来，"仁""义"等伦理道德的价值要高于生命的价值。这是儒家"重生"思想与道家"重生"思想的不同之处。

第二节　《吕氏春秋》"以生为本"思想定位

在本节中，笔者对《吕氏春秋》"以生为本"思想进行分析，并进一步研究《吕氏春秋》"以生为本"思想的理论来源与学术渊源。

一　《吕氏春秋》"以生为本"思想定位的定量与定性分析

"生"是先秦时期诸子百家关注的一个重要问题，但是各家各派的重视程度不同。相对而言，道家要比儒家、墨家、法家等其他各家更加重视这一议题。这可以从"生"字在先秦文献中出现的频次体现出来。

通过对"生"字在先秦主要典籍中出现次数的统计和梳理，可以得出下面两个表：

表1　"生"在"五经"中出现频次统计表

"五　经"		"生"字出现频次	合　计
《易》	《易经》	14	43
	《易传》	29	
《书》	《尚书》	32	32
《诗》	《诗经》	57	57
《礼》	《周礼》	23	185
	《仪礼》	14	
	《礼记》	148	
《春秋》	《春秋左传》	271	353
	《春秋公羊传》	44	
	《春秋穀梁传》	38	

通过对表1的研究发现，"生"字在《尚书》《周易》《诗经》中出现的比较少，分别为32次、43次、57次，在《礼》《春秋》中出现的次数则遽然增多，分别为185次和353次，这既与"五经"成书的年代相关，又与"五经"中每一经的内容和关注点有关。通常而言，成书于西周时期的《尚书》《诗经》《周易》中的"生"字出现的频率低，成书于春秋时期的《春秋》《仪礼》《周礼》中的"生"字出现的频率逐渐升高，而在成书于战国秦汉之际的《礼记》和"春秋三传"中"生"字出现频率最高。

表 2　"生"在先秦诸子主要文献中出现频次统计表

先秦诸子主要文献		"生"字出现频次	合计
儒家文献	《论语》	22	308
	《孟子》	61	
	《荀子》	225	
道家文献	《老子》	38	1243
	《庄子》	286	
	《管子》	383	
	《文子》	213	
	《列子》	229	
	《尹文子》	14	
	《黄帝四经》	80	
法家	《韩非子》	200	290
	《商君书》	69	
	《慎子》	21	
墨家	《墨子》	105	105
名家	《公孙龙子》	12	18
	《邓析子》	6	
兵家	《孙子兵法》	25	52
	《鬼谷子》	27	
杂家	《吕氏春秋》	328	328

通过对表2的研究发现，"生"字在兵家文献《孙子兵法》中出现次数较少，为25次；在墨家文献《墨子》中出现105次；在《韩非子》《商君书》等法家文献中出现290次；在《论语》《孟子》《荀子》三部儒家文献中合计出现308次；在《老子》《庄子》《列子》《文子》《管子》①等先秦道家文献中累计出现1243次；在杂家文献《吕氏春秋》中出现328次。如果以单部文献来看，成书于战国末年的儒家文献《荀子》和法家文献《韩非子》中的"生"出现的频次达到或超过了200次，而先秦道家文献除了《老子》《尹文子》《黄帝四经》基本上都超过了200次。从"生"字出现的频率来看，道家比儒、墨、法、名、兵各家更关注"生"这一主题。所以，《吕氏春秋》"以生为本"思想受到道家思想的影响，相对于儒、墨、法、名等其他学派思想的影响要大得多。

如果从《吕氏春秋》对"生"的相关概念和词句的表达来看，《吕氏春秋》也主要是受到了老子、庄子等道家的影响。其具体如下表所示：

---

①　关于《管子》的学派归属，历来主要有两种观点：一种认为其属于法家，一种认为其属于道家。前者代表如刘歆《七略》，后者代表如班固《汉书·艺文志》。笔者把管子主要看做齐道家或黄老道家。"生"在《管子》中出现频次最多，为383次，其中，在稷下道家代表作"《管子》四篇"即《心术上》《心术下》《白心》《内业》中共出现35次。

表3　《吕氏春秋》与老庄等先秦道家文献中"生"相关概念的用法对比表

序号	"生"相关概念	《吕氏春秋》	《老子》	《庄子》	其他先秦道家文献
1	贵生	圣人深虑天下,莫贵于生。(《贵生》)	夫唯无以生为者,是贤于贵生。(第七十五章)		生非贵之所能存,身非爱之所能厚。(《列子·力命》)
2	重生	故若颜阖者,非恶富贵也,由重生恶之也。(《贵生》)		瞻子曰:"重生。重生则利轻。"(《让王》)	身处江海之上,心在魏阙之下,即重生,重生即轻利矣。(《文子·下德》)
3	尊生	故所谓尊生者,全生之谓。(《贵生》)		能尊生者,虽贵富不以养伤身,虽贫贱不以利累形。(《让王》)	能尊生,虽富贵不以养伤身,虽贫贱不以利累形。(文子·上仁》)
4	养(摄)生	故凡养生,莫若知本,知本则疾无由至矣。(《尽数》)	盖闻善摄生者,路行不遇兕虎,入军不被甲兵。(第五十章)	文惠君曰:"善哉!吾闻庖丁之言,得养生焉。"(《养生主》)	晏平仲问养生于管夷吾。(《列子·杨朱》)
5	全生	所谓全生者,六欲皆得其宜也。(《贵生》)		为善无近名,为恶无近刑,缘督以为经,可以保身,可以全生,可以养亲,可以尽年。(《养生主》)	人皆知治乱之机,而莫知全生之具。(《文子·微明》)
6	生生	人莫不以其生生,而不知其所以生。(《侈乐》)	夫何故?以其生生之厚。(第五十章)	杀生者不死,生生者不生。(《大宗师》)	不生者能生生,不化者能化化。(《列子·天瑞》)

续表

序号	"生"相关概念	《吕氏春秋》	《老子》	《庄子》	其他先秦道家文献
7	长生	世之人主贵人，无贤不肖，莫不欲长生久视，而日逆其生，欲之何益？（《重己》）	是谓深根固柢，长生久视之道。（第五十九章）	必静必清，无劳女形，无摇女精，乃可以长生。（《在宥》）	夫唯无以生为者，即所以得长生。（《文子·九守》）

通过对表3的研究发现，《吕氏春秋》中与"生"相关的主要概念主要来自《老子》《庄子》《列子》《文子》《管子》等先秦道家文献。那么，《吕氏春秋》中"以生为本"思想到底出自先秦哪些道家学派和人物呢？关于这个问题，笔者通过对《吕氏春秋》的文本研究，并结合先秦道家文献和前人研究成果[①]，归纳出了以下几个观点。

二　《吕氏春秋》"以生为本"思想的理论来源与学术渊源

通过上文的分析可以断定，《吕氏春秋》"以生为本"思想主要来源于先秦道家。通过对《吕氏春秋》文本的进一步研究和分析发现，这一思想主要来自先秦道家杨朱学派，与杨朱的

---

① 学术界基本认同《吕氏春秋》中"以生为本"思想来源于道家，如周桂钿、李祥俊认为："《吕氏春秋》把个体感性生命的存在看做是人生的最高价值，和个体感性生命比较起来，即使是帝王的功名富贵也属次要。这种贵生理论表现出《吕氏春秋》的人生哲学从个人本位出发的特色，近似于道家学说，而与以社会、人类为本位的儒家学说拉开了距离。"[参见张立文主编，周桂钿、李祥俊著：《中国学术通史》（秦汉卷），第20页]

"贵己"思想、子华子的"全生"思想、詹何与魏牟的"重生"思想、黄老道家的思想都有密切联系。

（一）杨朱的思想

杨朱是中国先秦时期一位曾经有过重要影响但是身份又扑朔迷离的思想家，杨朱的思想又是中国哲学史上争议最多、受误解最深的，由于儒家亚圣孟子无情的批判和断章取义式的曲解，那个一毛不拔的自私自利的杨朱形象两千年来一直萦绕在国人心头，久久挥之不去。孟子称"杨朱、墨翟之言盈天下"，庄子经常将杨、墨对举，杨朱这位曾经在战国时期名震一时的思想家、哲学家为何在《史记》《汉书》中未留下只言片语的记录呢？历史上有没有记载杨朱思想的著作呢？杨朱思想的全貌又是什么样子的呢？本部分主要针对这些问题展开论述，对杨朱其人其书及其思想学说进行一番考察和研究。

杨朱是老子之后道家学派重要代表人物，其基本思想为"贵己""为我""轻物重生""全性保真"等。学术界许多学者都认为《吕氏春秋》"以生为本"思想来自杨朱学派。例如，民国时期学者顾实认为："《吕览》一书，所自以为能一者，必一于道家言也。而于道家言之中，必尤以杨朱之言为其所以一之焦点也。是以《吕览》全书十二纪之发端，春三月，有曰《本生》，曰《重己》，曰《贵生》，曰《情欲》，曰《尽数》，曰《先己》，凡六篇。所反覆申论者，悉是杨朱'全性保真，不以物累形'之旨，而实《吕览》全书中枢之所在也。"① 侯外庐等

---

① 顾实：《杨朱哲学》，长沙：岳麓书社，2010 年，第44 页。

认为："杨朱一派的主旨为'为我''贵己''轻物重生'。……《吕氏春秋》《本生》《重己》《贵生》《情欲》四篇中，实保存有此派思想的重要论点。"① 任继愈认为："《吕氏春秋》……在不同的篇里，分别从不同的学术观点采纳了许多不同的学派的学说。……在《贵生》《重己》《先己》等篇中，宣传了杨朱学派的养生思想。"② 许抗生认为："在《吕氏春秋》的《本生》《重己》《贵生》《情欲》《审为》等篇中，却保存了不少重生、贵生方面的思想资料，我们可以把它看做是杨朱派的思想。"③ 徐复观认为："从重己、贵生、节欲来看，《吕氏春秋》中所表现的道家思想，似乎近于杨朱。"④ 以上学者的论断还是比较合理的，这可以通过《孟子》《庄子》《荀子》《韩非子》《吕氏春秋》《淮南子》等古代文献对杨朱思想的记载体现出来。

杨朱大约生活于战国前期，与墨子同时或相近，而且至少生活在孟子和庄子之前，是老子道家一系的人物。

《孟子·尽心上》批判杨朱的"为我"思想。《孟子·尽心下》则表明孟子愿意接受那些从杨朱学派中逃离出来、归入儒家的人，他说："逃墨必归于杨，逃杨必归于儒，归斯受之而已矣。今之与杨墨辩者，如追放豚，既入其苙，又从而招之。"⑤

在先秦另一部重要著作《庄子》中，杨朱也屡屡被提及。

---

① 侯外庐、赵纪彬、杜国庠：《中国思想通史》（第一卷），北京：人民出版社，1957 年，第 338 页。
② 任继愈主编：《中国哲学史》（二），北京：人民出版社，2010 年，第 17 页。
③ 许抗生：《当代新道家》，第 62—63 页。
④ 徐复观：《中国人性论史·先秦篇》，北京：九州出版社，2013 年，第 405 页。
⑤ （清）焦循撰，沈文倬点校：《孟子正义》，第 1073—1074 页。

《庄子》内篇之《应帝王》，外篇之《寓言》《骈拇》《胠箧》《天地》《山木》，杂篇之《徐无鬼》屡屡称道杨朱。如《应帝王》记载了阳子居即杨朱向老子请教学问的故事。

> 阳子居见老聃，曰："有人于此，向疾强梁，物彻疏明，学道不倦。如是者，可比明王乎?"老聃曰："是于圣人也，胥易技系，劳形怵心者也。……如是者，可比明王乎?"……而游于无有者也①。

陆德明《释文》："'阳子居'，李（颐）云：'居，名也。子，男子通称。'"② 这里的阳朱、阳子居，也就是杨朱③。

《庄子·山木》则记载了阳子即杨朱教育弟子的故事。

> 阳子之宋，宿于逆旅。……阳子曰："弟子记之! 行贤而去自贤之行，安往而不爱哉!"④

成玄英疏："姓阳，名朱，字子居，秦人也。逆旅，店也。往于宋国，宿于中地逆旅。……人忘其恶而不知也。"⑤ 陆德明《释文》："'阳子'司马（彪）云：阳朱也。"⑥ 这里的阳子，也

----

① （清）郭庆藩撰，王孝鱼点校：《庄子集释》，第303—305页。
② 同上，第303页。
③ 《庄子·寓言》也记载了杨朱向老子请教的故事："阳子居南之沛，老聃西游于秦，邀于郊，至于梁而遇老子。……其反也，舍者与之争席矣。"成玄英疏："姓杨，名朱，字子居。……沛，彭城，今徐州是也。……梁国，今汴州也。杨朱南迈，老子西游，邂逅逢于梁宋之地，适于郊野而与之言。" [参见（清）郭庆藩撰，王孝鱼点校：《庄子集释》，第961—963页] 由此可见，《应帝王》中的阳子居，就是《寓言》中的杨朱。阳、杨是姓，二字音同，可互换。"朱"是其名，"子居"是其字。
④ （清）郭庆藩撰，王孝鱼点校：《庄子集释》，第701页。
⑤ 同上。
⑥ 同上。

是指杨朱。

在上面的文献中，庄子都尊称杨朱为"阳子"，这说明杨朱要早于庄子。此外，《骈拇》《胠箧》《天地》屡屡"杨墨对举"，杨朱的形象又演变成了精通辩论之术的"辩者"①。

在《庄子·徐无鬼》中，"儒墨杨秉惠（施）五人对举"②，反映了当时的儒、墨、杨、名四家相互辩论的情形。

在《孟子》《庄子》之外，先秦儒家经典《荀子》中也有一则关于杨朱的事迹。另外，先秦法家代表作《韩非子》之《说林上》《说林下》《六凡》《八说》等篇中亦有关于杨朱事迹与思想的几条记载。如《韩非子·说林上》云：

> 杨子过于宋东之逆旅，有妾二人，其恶者贵，美者贱。……杨子谓弟子曰："行贤而去自贤之心，焉往而不美。"③

王先慎说："《庄子·山木篇》'杨'作'阳'，《释文》：'司马

---

① 《庄子·骈拇》："骈于辩者，累瓦结绳窜句，游心于坚白同异之间，而敝跬誉无用之言非乎？而杨墨是已。故此皆多骈旁枝之道，非天下之至正也。"《庄子·胠箧》："削曾史之行，钳杨墨之口，攘弃仁义，而天下之德始玄同矣。"《庄子·天地》："杨墨乃始离跂自以为得，非吾所谓得也。"

② 《庄子·徐无鬼》："庄子曰：'天下非有公是也，而各是其所是，天下皆尧也，可乎？'惠子曰：'可。'庄子曰：'然则儒墨杨秉四，与夫子为五，果孰是邪？'……惠子曰：'今夫儒墨杨秉，且方与我以辩，相拂以辞，相镇以声，而未始吾非也，则奚若矣？'"从上面的对话可以看出，惠施要年长于庄子，庄子向他请教问题时才尊称他为"夫子"。杨朱既然与惠施并称，其生卒年应该与惠施同时，也应早于庄子。

③ （清）王先慎撰，钟哲点校：《韩非子集解》，北京：中华书局，2016年，第195页。

(彪)云：'阳朱也。'"① 所以，此处的"杨子"也是指杨朱②。

《韩非子》还批评了杨朱学派或受其思想影响的那些"轻物重生之士"和"贵生之士"超世脱俗的行为。《韩非子》云：

> 今有人于此，义不入危城，不处军旅，不以天下大利易其胫一毛，世主必从而礼之，贵其智而高其行，以为轻物重生之士也。……今上尊贵轻物重生之士，而索民之出死而重殉上事，不可得也。(《显学》)③

> 畏死远难，降北之民也，而世尊之曰"贵生之士"。(《六反》)④

韩非子这里所说的"贵生之士"和"轻物重生之士"应该是指杨朱学派及其后学，或者是受其"贵生""重生"思想影响的人。

在《韩非子·八说》中，杨朱的形象又变成了与墨翟一样的"察士"⑤。这说明杨、墨论辩对当时学术界和思想界的影响一直延续到了韩非子所处的战国末期。所以，与《韩非子》创作于同一时期的《吕氏春秋》中也保留了大量的杨朱及其学派的"贵生""重生"思想。

---

① （清）王先慎撰，钟哲点校：《韩非子集解》，第195页。

② 《韩非子·说林下》："杨朱之弟杨布衣素衣而出，天雨，解素衣，衣缁衣而反。其狗不知而吠之，杨布怒，将击之。杨朱曰：'子毋击也，子亦犹是。曩者使女狗白而往，黑而来，子岂能毋怪哉！'"这里韩非子明确称杨朱，所以《说林上》的"杨子"也是指杨朱。从本篇得知，杨朱还有一个弟弟，叫作杨布。

③ （清）王先慎撰，钟哲点校：《韩非子集解》，第501—502页。

④ 同上，第453页。

⑤ 《韩非子·八说》："察士然后能知之，不可以为令，夫民不尽察。贤者然后能行之，不可以为法，夫民不尽贤。杨朱、墨翟，天下之所察也，干世乱而卒不决，虽察而不可以为官职之令。"

相比而言，在先秦文献中记载杨朱思想最多的当属《列子》①。然而，由于今本《列子》的真伪问题，使得古今许多学者在研究杨朱思想时对于《列子》文本往往弃而不用，从而导致关于杨朱思想的许多学术问题一直难以廓清。《列子》中不仅有单独的《杨朱》篇，专门记载了杨朱及其学派的思想。此外，在《黄帝》《说符》《仲尼》《力命》等篇中也有关于杨朱事迹与思想的记载。例如《列子·黄帝》中就有两条关于杨朱问学于老聃与杨朱教育弟子的记录，如下：

---

① 《列子》是记载先秦道家思想家列御寇言行及思想的著作，《汉书·艺文志》著录曰："《列子》八篇。名圉寇，先庄子，庄子称之。"刘向《列子新书目录》说："孝景皇帝时贵黄老术，此书（指《列子》）颇行于世。及后遗落，散在民间，未有传者。"东晋时，张湛得到遗落在民间的《列子》一书，并为之作注。从唐代柳宗元开始怀疑传本《列子》的真伪。近代学者如胡适、梁启超、冯友兰、马叙伦等都认为《列子》是伪书。现代学者杨伯峻《列子集释·附录三》辑略了23篇关于《列子》的辨伪文字，其中近代学者马叙伦的《列子伪书考》的影响较大，该文说："世传《列子》书八篇，非《汉志》著录之旧。……魏晋以来，好事之徒，聚敛《管子》《晏子》《论语》《山海经》《墨子》《庄子》《尸佼》《韩非》《吕氏春秋》《韩诗外传》《淮南》《说苑》《新序》《新论》之言，附益晚说，成此八篇，假为（刘）向叙以见重。……此书亦出王氏，岂（王）弼之徒所为与？"有的学者甚至认为，张湛"伪造此书"（如吕思勉《列子解题》）。杨伯峻在23篇"辨伪文字辑略"之后作《〈列子〉著述年代考》，从汉语史的角度来鉴定《列子》的真伪，得出的结论是："《列子》是魏晋人的赝品"，并认为张湛伪造《列子》的"嫌疑很大"。（参见杨伯峻：《列子集释》，第317—365页）然而，学术界也有许多学者认为今本《列子》为先秦作品，而非魏晋时人之伪作。如陈鼓应："《列子》一书，乃由列御寇弟子及后学所集，并掺杂有后人文字及他残卷和错简。"（参见陈鼓应：《杨朱轻物重生的思想——兼论〈杨朱篇〉非魏晋时伪托》，《江西社会科学》1990年第6期）马达："《列子》是列子、列子弟子、列子后学著作的汇编，最后成书于战国后期。"（参见马达：《〈列子〉真伪考辨》，北京：北京出版社，2000年，第1页）罗安宪："《列子》之所记也许较《庄子》为早，可以断定是一部先秦典籍。今本《列子》，也许非全出自列子，但与列子有关，当为列子学派之著作。据考，其书当成于战国之中后期。"（参见罗安宪：《虚静与逍遥——道家心性论研究》，第17—19页）笔者认同后一种观点，并在引述《列子》相关材料时从词汇使用和思想比较等角度对"《列子》为魏晋伪作"的观点进行了批驳。

杨朱南之沛，老聃西游于秦。邀于郊。……其反也，舍者与之争席矣①。

杨朱过宋，东之于逆旅。……杨子曰："弟子记之！行贤而去自贤之行，安往而不爱哉？"②

杨伯峻引顾炎武之说："《列子》'杨朱南之沛'，《庄子》'杨子居南之沛'，子居正切朱。"③ 此处之杨朱、杨子，就是《庄子》之《应帝王》《寓言》中的阳子居和阳子。

在《列子·仲尼》中，有一条关于杨朱如何看待友人季梁的文献表达了杨朱的死亡观④。在《列子·力命》中，有两则关于杨朱之友季梁生病⑤及杨朱与弟弟杨布问答的故事⑥。在《列子·说符》中，则有四条关于杨朱的记载，分别为"贤者慎所

---

① 杨伯峻：《列子集释》，第83—84页。
② 同上，第85页。
③ 同上，第83页。
④ 《列子·仲尼》："季梁之死，杨朱望其门而歌。随梧之死，杨朱抚其尸而哭。隶人之生，隶人之死，众人且歌，众人且哭。目将眇者，先睹秋毫；耳将聋者，先闻蚋飞；口将爽者，先辨淄渑；鼻将窒者，先觉焦朽；体将僵者，先亟奔佚；心将迷者，先识是非；故物不至者则不反。"
⑤ 《列子·力命》："杨朱之友曰季梁。季梁得疾，七日大渐。其子环而泣之，请医。季梁谓杨朱曰：'吾子不肖如此之甚，汝奚不为我歌以晓之？'杨朱歌曰：'天其弗识，人胡能觉？匪佑自天，弗孽由人。我乎汝乎！其弗知乎！医乎巫乎！其知之乎？'……季梁曰：'神医也，重贶遣之！'俄而季梁之疾自瘳。"
⑥ 《列子·力命》："杨布问曰：'有人于此，年兄弟也，言兄弟也，才兄弟也，貌兄弟也；而寿夭父子也，贵贱父子也，名誉父子也，爱憎父子也。吾惑之。'杨子曰：'古之人有言，吾尝识之，将以告若。……独往独来，独出独入，孰能碍之？'"

出""杨子邻人亡羊""杨朱劝杨布无扑狗""君子必慎为善"①。

《列子·杨朱》则全面记录和反映了杨朱及其学派的主要思想。这一篇大致包括十四段话，其主要思想为"贵生爱身"②"乐生逸身"③"顺生顺性"④"贵己自利"⑤"立大志成大

---

① 《列子·说符》："杨朱曰：'利出者实及，怨往者害来。发于此而应于外者唯请，是故贤者慎所出。'"《列子·说符》："杨朱之邻人亡羊，既率其党，又请杨子之竖追之。杨子曰：'嘻！亡一羊何追者之众？'邻人曰：'多歧路'。既反，问：'获羊乎？'曰：'亡之矣。'曰：'奚亡之？'曰：'歧路之中又有歧焉，吾不知所之，所以反也。'杨子戚然变容，不言者移时，不笑者竟日。……子长先生之门，习先生之道，而不达先生之况也，哀哉！"《列子·说符》："杨朱之弟曰布，衣素衣而出。天雨，解素衣，衣缁衣而反。其狗不知，迎而吠之。杨布怒，将扑之。杨朱曰：'子无扑矣！子亦犹是也。向者使汝狗白而往，黑而来，岂能无怪哉？'"《列子·说符》："杨朱曰：'行善不以为名，而名从之；名不与利期，而利归之；利不与争期，而争及之：故君子必慎为善。'"

② 孟孙阳问杨朱曰："有人于此，贵生爱身，以蕲不死，可乎？"曰："理无不死。"……杨子曰："不然；既生，则废而任之，究其所欲，以俟于死。将死，则废而任之，究其所之，以放于尽。无不废，无不任，何遽迟速于其间乎？"（《列子·杨朱》）这段话体现了杨朱学派"贵生爱身"的思想。

③ 杨朱曰："百年，寿之大齐。得百年者千无一焉。设有一者，孩抱以逮昏老，几居其半矣。……太古之人知生之暂来，知死之暂往；故从心而动，不违自然所好；当身之娱非所去也，故不为名所劝。从性而游，不逆万物所好；死后之名非所取也，故不为刑所及。名誉先后，年命多少，非所量也。"杨朱又曰："太古之事灭矣，孰志之哉？……矜一时之毁誉，以焦苦其神形，要死后数百年中余名，岂足润枯骨？何生之乐哉？"（《列子·杨朱》）这两段话体现了杨朱学派"乐生逸身"的思想。

④ 杨朱曰："丰屋、美服、厚味、姣色，有此四者，何求于外？有此而求外者，无厌之性。无厌之性，阴阳之蠹也。……忧苦，犯性者也；逸乐，顺性者也。斯实之所系矣。名胡可去？名胡可宾？但恶夫守名而累实。守名而累实，将恤危亡之不救，岂徒逸乐忧苦之间哉？"（《列子·杨朱》）这段话体现了杨朱学派"顺生顺性"的思想。

⑤ 杨朱曰："伯成子高不以一毫利物，舍国而隐耕。大禹不以一身自利，一体偏枯。古之人损一毫利天下不与也，悉天下奉一身不取也。人人不损一毫，人人不利天下，天下治矣。"禽子问杨朱曰："去子体之一毛以济一世，汝为之乎？"杨子曰："世固非一毛之所济。"禽子曰："假济，为之乎？"杨子弗应。……孟孙阳因顾与其徒说他事。（《列子·杨朱》）这段话体现了杨朱学派"贵己自利"的思想。

事"① 等。

在西汉初年的著作《淮南子》中也有关于杨朱思想主旨及其与儒墨关系的相关记载，如《淮南子·氾论训》云：

> 夫弦歌鼓舞以为乐，盘旋揖让以修礼，厚葬久丧以送死，孔子之所立也，而墨子非之。兼爱、尚贤、右鬼、非命，墨子之所立也，而杨子非之。全性保真，不以物累形，杨子之所立也，而孟子非之②。

由这段话可以看出，孔子、墨子、杨朱、孟子之间的先后关系。孔子首倡儒家之礼乐教化与厚葬之制，遭到墨子的反对和批判；墨子提倡墨家之兼爱非攻、尚贤选能、尊鬼非命，遭到杨朱的反对和批判；杨朱提倡道家之贵生重生、全性保真，遭到孟子的反对和批判。另外，孟子也反对墨家的兼爱、非乐、薄葬等思想。

由上面罗列的先秦、秦汉文献中关于杨朱言行与思想的相关记载可以看出，杨朱是大约生活于战国初期的道家学派思想家。胡适认为："杨朱的年代颇多异说。有的说他上可以见老聃（如《庄子·应帝王》），有的说他下可以见梁王（如《列子·杨朱》《说苑·政理》）。据《孟子》所说，那时杨朱一派的学说已能和儒家墨家三分中国，大概那时杨朱已死了。《杨朱篇》记墨子弟

---

① 杨朱见梁王，言治天下如运诸掌。梁王曰："先生有一妻一妾而不能治，三亩之园而不能芸；而言治天下如运诸掌，何也？"对曰："君见其牧羊者乎？百羊而群，使五尺童子荷箠而随之，欲东而东，欲西而西。使尧牵一羊，舜荷箠而随之，则不能前矣。……将治大者不治细，成大功者不成小，此之谓矣。"（《列子·杨朱》）这段话体现了杨朱学派"立大志成大事"的思想。

② 何宁：《淮南子集释》，北京：中华书局，1998 年，第 939—940 页。

子禽子与杨朱问答，此节以哲学史的先后次序看来，似乎不甚错。"① 民国时期学者顾实根据《孟子》《庄子》中"杨墨对举"的现象及《淮南子·氾论训》所讲的"杨朱非墨子，孟子非杨朱"的记载推断：杨朱生活于墨子之后，孟子之前。他说："墨杨孟三子年代递相衔接"②，"起自周安王元年，迄于（周）慎靓王三年，当西纪前401—318年间相距84年，以拟杨朱之生存年代"③。

　　杨朱的思想在战国初期和中期曾经产生过重大而深远的影响，与墨子的思想一同得到了世人的普遍认同，对儒家思想形成了巨大的冲击，所以孟子才要极力"辟杨墨"，庄子也常常"杨墨"对举。但是，我们今天却看不到任何一本杨朱本人或其学派的专著，只能在《孟子》《庄子》《吕氏春秋》《淮南子》等先秦秦汉诸子文献中寻找杨朱思想的痕迹。那么，我们不禁要问，杨朱是"述而不作"，所以才没有著作传世呢？还是其有著作，后来已经佚失了呢？关于这个问题，鲁迅认为："杨子就一定不著（书），这才是'为我'。"④ 鲁迅先生的解释有一定的合理性。"求学为己、述而不作"可能是孔子、杨朱时代的通例，孔子又何曾著一书？《论语》只不过是其弟子与后学对其言行的记录。杨朱的言行大概也曾口头传给了孟孙阳、心都子等弟子，只是他们没有像孔门弟子、墨家弟子那样把老师的思想言行和授课记录都记录成书；又或者他们记述了"杨子之言"，著了书，只不过其书到了汉代就失传了，这样的情况在书籍抄录和保存技

---

① 胡适：《中国哲学史大纲》，北京：中华书局，2013年，第131页。
② 顾实：《杨朱哲学》，第105—106页。
③ 同上，第109页。
④ 鲁迅：《鲁迅全集》（第三卷），北京：人民文学出版社，2005年，第538页。

术不发达的先秦秦汉时期是极有可能的。

顾实认为："《吕览·贵生篇》称子华子，子华子尝见韩昭僖侯。昭僖侯即昭侯，亦与杨朱年事相值，则《贵生篇》当即杨朱书矣。"①许抗生认为："在《吕氏春秋》的《本生》《重己》《贵生》《情欲》《审为》等篇中，却保存了不少重生、贵生方面的思想资料，我们可以把他看作是杨朱派的思想。"②由是观之，《吕氏春秋》中《本生》《重生》《贵生》《情欲》《重己》《审为》等篇反映的正是杨朱及其后学的思想，我们可以把他们看作杨朱学派的代表作。

根据先秦秦汉的记载，杨朱的主要思想可以概括为三点：一、"贵己"与"为我"；二、"轻物重生"；三"全性保真，不以物累形"。这些思想反映出杨朱的基本思想属于道家③。拿以上思想与《吕氏春秋》"以生为本"思想进行比较就可以发现，杨朱的上述思想是《吕氏春秋》"以生为本"思想第一大思想来源。如《吕氏春秋·不二》云：

　　　　老耽④贵柔，孔子贵仁，墨翟贵廉，关尹贵清，子列子

---

① 顾实：《杨朱哲学》，第 105 页。

② 许抗生：《当代新道家》，第 6—7 页。

③ 胡适、冯友兰、郭沫若、陈鼓应、许抗生、王博、罗安宪等都持这一观点。参见胡适：《读吕氏春秋》，《胡适全集》（第 3 卷），第 249—255 页。冯友兰《中国哲学史》（上），第 147—156 页。郭沫若《十批判书》，第 123—124 页。陈鼓应《杨朱轻物重生的思想——兼论〈杨朱篇〉非魏晋时伪托》，《江西社会科学》，1990 年第 6 期。许抗生《当代新道家》，第 62—63 页。王博：《论杨朱之学》，陈鼓应主编《道家文化研究》（第十五辑），第 141—150 页。罗安宪：《虚静与逍遥——道家心性论研究》，第 209—211 页。

④ 毕沅曰："老耽，《困学纪闻》十引仍作老聃。"（参见许维遹撰，梁运华整理：《吕氏春秋集释》，第 406 页）

贵虚，陈骈贵齐，阳生贵己，孙膑贵势，王廖贵先，兒良贵后①。

毕沅曰："李善注《文选·谢灵运〈述祖德诗〉》引作杨朱。阳、杨古多通用。"② 所以，这里所讲的"阳生贵己"，指杨朱的主要思想是"贵己"，即重视自己的生命和身体，认为自己生命的价值最高，所以不仅不愿意拿来与天下、名利等外物交换，而且不愿意为了外物牺牲和损害自己的身体和生命，即全性保真、修身养生，以达天年。

第一，杨朱与老子的关系。杨朱与先秦道家创始人老子有着很深的学术渊源关系。最早提出杨朱是老子学生的是先秦道家的另一位代表人物庄子，他在《庄子·应帝王》和《庄子·寓言》中两次提到杨朱向老子问学的故事。南宋理学家朱熹认为："杨朱乃老子弟子，其学专为己。"③ 近现代学者也基本认同杨朱是老子的弟子、杨朱继承了老子思想的观点，如民国时期学者顾实认为，杨朱与孔子同出老子之门下，都曾向老子请教过学问，他们之间的传学关系图④如下：

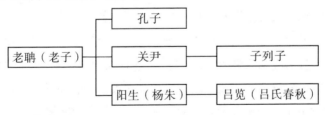

---

① （战国）吕不韦撰，（东汉）高诱注，俞林波校订：《元刊吕氏春秋校订》，第268—269页。

② 许维遹撰，梁运华整理：《吕氏春秋集释》，第467页。

③ （宋）黄士毅编，徐时仪、杨艳汇校：《朱子语类汇校》，上海：上海古籍出版社，2014年，第1403页。

④ 顾实：《杨朱哲学》，第45页。

　　第二，杨朱与庄子的关系。杨朱与先秦道家另一位代表人物庄子也有密切关系。在《庄子》之《应帝王》《寓言》《骈拇》《胠箧》《天地》《山木》《徐无鬼》等篇章中有多条关于杨朱言行的记录，并尊称杨朱为"阳子"。通过庄子的表述我们可以断定，杨朱无疑为庄子之先辈。

　　庄子对杨朱的思想既有继承发展的一面，也有批判扬弃的一面。关于二人思想之间的差别，罗安宪认为："庄子突出个体之独立自主，强调个体之生命价值，有异于杨朱之'轻物重生'。杨朱思想之基本特征是'轻物重生'，是要以生命为根本，是要确立世间最可贵者莫过于生命之观念……杨朱'轻物重生'，其所轻者，外在之物也；其所重者，自身之生命也。"[1] 所以，杨朱思想的核心在"贵己重生""全性保真"，即保全和养护人之生命。庄子虽然也重生，但是他更重视人的精神自由。

　　第三，杨朱与列子的关系。《列子》中有"杨朱篇"，专门论述了杨朱的思想；在其他章节中，也有关于杨朱言行与思想的相关记载。我们可以断定杨朱也是列子的前辈。

　　综上所述，杨朱不仅为庄子、列子等道家学者提供了思想基础，而且为战国末期百家学术汇总之作《吕氏春秋》的编撰提供了思想素材，又培养了编辑队伍。杨朱"贵己为我""重生轻物"等思想也成为《吕氏春秋》"以生为本"思想最直接、最重要的思想来源。

---

　　① 　罗安宪：《虚静与逍遥——道家心性论研究》，第 209—212 页。

（二）杨朱后学子华子、詹何、魏牟的思想①

杨朱后学主要包括子华子、詹何、魏牟等人，这些人的思想是《吕氏春秋》"以生为本"思想的直接来源，这可以从《吕氏春秋》对其思想学说的引述和对其言行的有关记载中体现出来。

首先，子华子的主要思想及其对《吕氏春秋》的影响②。子华子是属于杨朱学派的道家学者，战国时期的魏国人，提倡"尊生""全生""贵生"，重视养生，主张"六欲皆得其宜"。子华子的生平事迹与基本思想在《庄子》《列子》③《吕氏春秋》等著作中都有相关记载。

> 韩魏相与争侵地。子华子见昭僖侯，昭僖侯有忧

---

① 国内许多学者认为，子华子、詹何、魏牟为杨朱后学。参见王博：《论杨朱之学》，陈鼓应主编《道家文化研究》（第十五辑），第141—150页。高华平《由詹何看先秦道家思想的发展演变》，《哲学研究》2013年第9期。焦国成《杨朱学派"为我主义"辨析》，《中国人民大学学报》1989年第6期。

② 晁福林："从《吕氏春秋》屡次称引子华子言论的情况看，可以推测，《子华子》一书在先秦时代是存在的。此书秦汉以降不见，盖佚失于秦火。从《吕氏春秋》等书的相关记载看，子华子理论要点可如下述：第一，贵生。第二，全生。第三，乐生。第四，重义。"他还认为，今本《子华子》是北宋时程姓人氏伪作。（参见晁福林：《子华子考析》，《史学月刊》2002年第1期）

③ 《列子·周穆王》中有一则关于子华子事迹的相关记载："宋阳里华子中年病忘，朝取而夕忘，夕与而朝忘；在途则忘行，在室而忘坐；今不识先，后不识今。阖室毒之。谒史而卜之，弗占；谒巫而祷之，弗禁；谒医而攻之，弗已。鲁有儒生自媒能治之，华子之妻子以居产之半请其方。……华子既悟，乃大怒，黜妻罚子，操戈逐儒生。宋人执而问其以。华子曰：'曩吾忘也，荡荡然不觉天地之有无。今顿识既往，数十年来存亡、得失、哀乐、好恶，扰扰万绪起矣。吾恐将来之存亡、得失、哀乐、好恶之乱吾心如此也，须臾之忘；可复得乎？'子贡闻而怪之，以告孔子。孔子曰：'此非汝所及乎！'顾谓颜回纪之。"这里的华子提倡"吾忘存亡、得失、哀乐、好恶"的主张，与《庄子》所提倡的"忘己""忘生死""坐忘"等思想类似，应该也是道家式的人物。但是，这里的华子是宋国人，司马彪、成玄英等认为《庄子·让王》中的子华子是魏国人，两者不合。高诱在注《吕氏春秋》时只说子华子是道家学者，但是未明言其籍贯。所以，子华子的身世也如同其前辈杨朱一样，成了一个历史之谜。

色。……子华子曰："甚善！自是观之，两臂重于天下也，身亦重于两臂。韩之轻于天下亦远矣，今之所争者，其轻于韩又远。君固愁身伤生以忧戚不得也！"……子华子可谓知轻重矣①。

成玄英疏："韩魏相邻，争侵境土，干戈既动，胜负未知，怵惕居怀，故有忧色。"②陆德明《经典释文》曰："'子华子'司马（彪）云：魏人也。"③俞樾曰："《吕览·贵生篇》引子华子曰：全生为上……又《诬徒篇》引子华子曰：王者乐其所以王……高注并云：子华子，古体道人。"④《庄子·让王》的作者借子华子劝韩昭僖侯的故事反映了其"重身轻天下"的"重生"思想。

与《庄子》《列子》对子华子事迹的记录相比，《吕氏春秋》对子华子言行与思想的记载就要全面和丰富得多。《吕氏春秋》之《贵生》《先己》《诬徒》《明理》《知度》⑤《审

---

① （清）郭庆藩撰，王孝鱼点校：《庄子集释》，第969—971页。
② 同上，第969页。
③ 同上。
④ 同上，第969—970页。
⑤ 《吕氏春秋·先己》："子华子曰：'丘陵成而穴者安矣，大水深渊成而鱼鳖安矣，松柏成而涂之人已荫矣。'"《吕氏春秋·诬徒》："子华子曰：'王者乐其所以王，亡者亦乐其所以亡，故烹兽不足以尽兽，嗜其脯则几矣。'"《吕氏春秋·明理》："子华子曰：'夫乱世之民，长短颉䫏百疾，民多疾疠，道多褓襁，盲秃伛尪，万怪皆生。'"《吕氏春秋·知度》："子华子曰：'厚而不博，敬守一事，正性是喜。群众不周而务成一能。尽能既成，四夷乃平。唯彼天符，不周而周。此神农之所以长，而尧舜之所以章也。'"

为》① 六篇文献中记录和保留了子华子的"全生""重生"思想，为后世学者研究子华子思想提供了坚实的基础。如《吕氏春秋·贵生》云：

> 子华子曰："全生为上，亏生次之，死次之，迫生为下。"②

高诱注："子华子，古体道人。无欲故全其生。长生是行之上也。"③ 汪中曰："《先己》《诬徒》《知度》《明理》诸篇并引子华子语。"④

从《吕氏春秋》对子华子之言的征引来看，当时是存在《子华子》一书的。但是，今本《子华子》是否就是《吕氏春秋》所引述的《子华子》呢？《四库全书总目提要》认为，今本《子华子》是由春秋时期晋国人程本所著。晁福林认为："此书秦汉以降不见，盖佚失于秦火。"⑤ 陈奇猷认为："《子华子》一书，《汉书·艺文志》未著录，则刘向时书已亡佚。"⑥

---

① 《吕氏春秋·审为》记载了子华子见韩昭僖侯的故事："韩魏相与争侵地。子华子见昭僖侯，昭僖侯有忧色。子华子曰：'今使天下书铭于君之前，书之曰：左手攫之则右手废，右手攫之则左手废，然而攫之必有天下。君将攫之乎？亡其不与？'昭僖侯曰：'寡人不攫也。'子华子曰：'甚善。自是观之，两臂重于天下也。身又重于两臂。韩之轻于天下远，今之所争者其轻于韩又远，君固愁身伤生以忧之戚不得也。'昭僖侯曰：'善。教寡人者众矣，未尝得闻此言也。'子华子可谓知轻重矣。知轻重，故论不过。"《吕氏春秋·审为》中的这则故事，明显是引自《庄子·让王》"子华子劝韩昭僖侯重生"的故事，只对个别的地方进行了修改，并融入了作者自己的评论。
② （战国）吕不韦撰，（东汉）高诱注，俞林波校订：《元刊吕氏春秋校订》，第26页。
③ 同上。
④ 许维遹撰，梁运华整理：《吕氏春秋集释》，第41页。
⑤ 晁福林：《子华子考析》，《史学月刊》2002年第1期。
⑥ 陈奇猷：《吕氏春秋新校释》，第82页。

子华子作为杨朱的后学，对杨朱的思想既有所继承，又有所发展。关于子华子主要思想和理论要点，晁福林认为可以概括为四点："第一，贵生。第二，全生。第三，乐生。第四，重义。"① 其中，"贵生""重生"思想是对杨朱思想的继承，而"全生""乐生""重义"思想则是对杨朱思想的创新和发展，尤以"全生说"的思想最有特色。《吕氏春秋·贵生》引用子华子之言对其"全生说"思想进行了详细论述②。

子华子的"全生说"，是对杨朱等道家前辈"尊生""贵生""全生"思想的继承。他认为，杨朱等人所讲的"尊生"就是"全生"，而非"迫生"或苟且偷生。他还指出，古代的得道之人能够达到长寿并且能够长久地享受到声色滋味之乐，是因为他们懂得"论早定""知早啬"③ 和"由贵生动"④ 的道理，在全生、养生的生命实践中把握了"不得危及生命的原则"⑤。

---

① 晁福林：《子华子考析》，《史学月刊》2002 年第 1 期。

② 《吕氏春秋·贵生》："子华子曰：'全生为上，亏生次之，死次之，迫生为下。'故所谓尊生者，全生之谓。所谓全生者，六欲皆得其宜也。所谓亏生者，六欲分得其宜也。亏生则于其尊之者薄矣。其亏弥甚者也，其尊弥薄。所谓死者，无有所以知，复其未生也。所谓迫生者，六欲莫得其宜也，皆获其所甚恶者，服是也，辱是也。辱莫大于不义，故不义，迫生也。而迫生非独不义也，故曰迫生不若死。奚以知其然也？……尊生者，非迫生之谓也。"

③ 《吕氏春秋·情欲》："古人得道者，生以寿长，声色滋味能久乐之，奚故？论早定也。论早定则知早啬，知早啬则精不竭。……人之与天地也同。万物之形虽异，其情一体也。故古之治身与天下者，必法天地也。尊酌者众则速尽。万物之酌大贵之生者众矣。故大贵之生常速尽。非徒万物酌之也，又损其以资天下之人，而终不自知。功虽成乎外，而生亏乎内。耳不可以听，目不可以视，口不可以食，胸中大扰，妄言想见，临死之上，颠倒惊惧，不知所为，用心如此，岂不悲哉？"

④ 《吕氏春秋·情欲》："圣人之所以异者，得其情也。由贵生动则得其情矣，不由贵生动则失其情矣。此二者，死生存亡之本也。"

⑤ 焦国成：《杨朱学派"为我主义"辨析》，《中国人民大学学报》1989 年第 6 期。

其次，詹何的主要思想及其对《吕氏春秋》的影响。詹何，在《庄子·让王》中作"瞻子"，在《吕氏春秋》和《淮南子》中作"詹子"。高华平认为，詹何是楚顷襄王（公元前298年—前262年在位）时代楚国的一位隐士，以善钓闻名①。

> 中山公子牟谓瞻子曰："身在江海之上，心居乎魏阙之下，奈何？"瞻子曰："重生。重生则利轻。"中山公子牟曰："虽知之，未能自胜也。"瞻子曰："不能自胜则从，神无恶乎？不能自胜而强不从者，此之谓重伤。重伤之人，无寿类矣。"魏牟，万乘之公子也，其隐岩穴也，难为于布衣之士；虽未至乎道，可谓有其意矣②。

陆德明《经典释文》说："'瞻子'贤人也。《淮南》作詹。"③詹何与另一位杨朱后学子华子一样都是魏国人。他们可能都是在杨朱居魏期间，拜于杨朱门下，受过杨朱的教诲，从而接受了杨朱的"贵己重生"学说。

在上面这段话中，魏国公子牟向得道贤人詹何请教如何才能放下世间的荣华富贵，真正做到心隐。詹何的回答是"重生"。何谓"重生"？成玄英疏："重于生道，则轻于荣利，荣利既轻，则不思魏阙。"④陆德明《经典释文》引李（颐）之说："重存生之道者，则名利轻，轻则易绝矣。此人身居江海，心贪荣利，故以此戒之。"⑤这也就是说，魏牟之所以只能做到身隐而做不

---

① 高华平：《先秦诸子与楚国诸子学》，北京：北京师范大学出版社，2016年，第108页。
② （清）郭庆藩撰，王孝鱼点校：《庄子集释》，第980—982页。
③ 同上，第980页。
④ 同上，第981页。
⑤ 同上。

到心隐，是因为他重视荣利、富贵、名誉等身外之物超过了自己的生命。詹何认为，魏牟如果要做到心隐，就要从内心深处真正放下对外物的贪欲；而要放弃对物欲的贪欲，首先要从重视生命、重视存生之道入手。

魏牟说自己也明白重生的意义，但是自己却无法战胜情欲。詹何对此感到失望，他说："（你）若不胜于情欲，则宜从顺心神，亦不劳妄生嫌恶也。"① 反之，如果"情既不胜，强生抑挫，情欲已损，抑又乖心，故名重伤也。如此之人，自然夭折，故不得与寿考者为侪类也"。詹何的意思是说，一个人如果想要达到生命的长存和天性的保全，就要重视生命、形神兼养。养形可以通过隐遁山林、身居江海来做到，但这只还不是养生的全部。如果一个人形体养好了，但是精神却被欲望牵累而困顿不堪，那么就无法达到养性、养神的目的。这种情况下，为了避免对人的精神的双重伤害，就只好放纵自己的欲恶之心。但这也只是为了不让人的精神受到再一次伤害的权宜之计和不得已之举，它并非是全生、养生的最佳办法。

在《吕氏春秋·审为》中也记载了与《庄子·让王》相同的故事，只是个别之处进行了修改。其文字如下：

> 中山公子牟谓詹子曰："身在江海之上，心居乎魏阙之下，奈何?"詹子曰："重生，重生则轻利。"中山公子牟曰："虽知之，犹不能自胜也。"詹子曰："不能自胜则纵之，神无恶乎? 不能自胜而强不纵者，此之谓重伤。重伤之

---

① （清）郭庆藩撰，王孝鱼点校：《庄子集释》，第 981 页。

人无寿类矣。"①

高诱这里提供了两种解释②，明显后一种解释更符合魏公子牟的状态，因为他只是身体隐遁而心神未隐。所以，他才向詹何请教说：我身居江海之上，可是心却在朝廷之中，该怎么办？詹何回答说："看重生命。看重生命就会轻视名利了。"③詹何这里是在劝解魏牟不要让外在的利欲伤害了内在的生命，要他做到心静神定，心身皆隐。魏牟说，我虽然知道这个道理，但是"不能自胜其情欲"④，即不能克制自己。詹何只好退而求其次，回答说："既然你不能克制自己，那么不如放纵自己，这样，你的精神就没有什么伤害了吧？"詹何让魏牟放纵其情欲而不要强迫自己，这样做是为了"宁神以保性"⑤。因为在他看来，如果一个人"不能自胜其情欲而不放之则重伤其神也"⑥，就会给自己的身体和精神造成双重伤害，自然更不可能长寿。詹何这里提倡放纵情欲，是从避免"不能自胜而强不纵"这种行为对心神的二次伤害而言，出发点仍是为了重生和全生。

---

① （战国）吕不韦撰，（东汉）高诱注，俞林波校订：《元刊吕氏春秋校订》，第346页。

② 高诱注："子牟，魏公子也，作书四篇。魏伐得中山，公以邑子牟，因曰'中山公子牟'也。詹子，古得道者也。身在江海之上，言志放也。魏阙，心下巨阙也。心下巨阙，言神内守也。一说，魏阙，象魏也。悬教象之法，浃日而收之，魏魏高大，故曰'魏阙'。言身虽在江海之上，心存王室，故在天子门阙之下也。"［参见（战国）吕不韦撰，（东汉）高诱注，俞林波校订：《元刊吕氏春秋校订》，第346页］

③ 张双棣等注译：《吕氏春秋译注》（修订本），北京：北京大学出版社，2011年，第657页。

④ （战国）吕不韦撰，（东汉）高诱注，俞林波校订：《元刊吕氏春秋校订》，第346页。

⑤ 同上。

⑥ 同上。

詹何不仅提倡"重生""治身"的治内之术，而且主张这种治内之术是成就治国治天下等外王事业的根基所在。《吕氏春秋·执一》曰：

> 楚王问为国于詹子①，詹子对曰："何闻为身，不闻为国。"詹子岂以国可无为哉？以为为国之本在于为身，身为而家为，家为而国为，国为而天下为。故曰以身为家，以家为国，以国为天下。此四者异位同本。故圣人之事，广之则极宇宙、穷日月，约之则无出乎身者也②。

高诱注："詹何，隐者。为，治。身治国乱，未之有也，故曰'为身'。"③ 在詹何看来，治身是治家、治国、治天下的根基所在。在治身的基础上，詹何进一步把重生、治身的"治内之术"与治国、治天下的"治外之术"有机结合起来④。

最后，魏牟⑤的主要思想及其对《吕氏春秋》的影响。冯友兰说："中山公子牟，高诱、司马彪及杨倞皆谓即魏牟。"⑥

---

① 《列子·说符》也记载了同样的故事："楚庄王问詹何曰：'治国奈何？'詹何对曰：'臣明于治身而不明于治国也。'楚庄王曰：'寡人得奉宗庙社稷，愿学所以守之。'詹何对曰：'臣未尝闻身治而国乱者也，又未尝闻身乱而国治者也。故本在身，不敢对以末。'楚王曰：'善。'"

② （战国）吕不韦撰，（东汉）高诱注，俞林波校订：《元刊吕氏春秋校订》，第 270 页。

③ 同上。

④ 高华平：《由詹何看先秦道家思想的发展演变》，《哲学研究》2013 年第 9 期。

⑤ 《列子·仲尼》有关于"中山公子牟悦赵人公孙龙"的记载："中山公子牟者，魏国之贤公子也。好与贤人游，不恤国事；而悦赵人公孙龙。乐正子舆之徒笑之。"（参见杨伯峻：《列子集释》，第 144 页）

⑥ 冯友兰：《中国哲学史》（上），第 118 页。

　　班固①把《公子牟》归入道家文献，并认为公子牟是庄子之前辈。然而，其著作可能也是毁于秦火，于今无法得见。国内许多学者认为魏牟为杨朱后学②。

　　魏牟应该没有得到杨朱的亲炙，虽然他曾师从杨朱学派的另一位大师詹何，但是却没有真正把握好杨朱的"贵己重生""全性保真"学说，而是把这种学说发展为一种放纵情欲的学说，成为杨朱思想的末流。对于魏牟的这种思想学说，荀子在《荀子·非十二子》中进行了批判：

　　　　纵情性，安恣睢，禽兽行，不足以合文通治；然而其持之有故，其言之成理，足以欺惑愚众，是它嚣、魏牟也③。

　　魏牟主张放纵人的情欲，与儒家提倡的礼义之道和治理之道不符合，所以遭到荀子的批判。荀子把魏牟违背儒家礼义的行为视为禽兽的行为，与孟子把杨朱的"贵己为我"思想释为"无君"并斥之为"禽兽"的做法如出一辙。这充分说明，儒家对仁义礼智高度重视，认为这是区分人与禽兽的最重要之处，是人之为人的特性。在孟子、荀子等先秦儒家看来，杨朱的"贵己为我"说与其后学魏牟"纵情性"的思想都极容易导致对儒家仁义礼智思想的排斥，容易破坏社会等级秩序，导致无君局面和无政府主义的出现，所以，他们才极力批判杨朱学派。

　　然而，如孟子不得不承认"杨朱之言赢天下"一样，荀子

---

　　①　《汉书·艺文志》载："《公子牟》四篇。魏之公子也，先庄子，庄子称之。"[参见（汉）班固撰：《汉书》，第333页]

　　②　王博：《论杨朱之学》，陈鼓应主编《道家文化研究》（第十五辑），第141—150页。高华平：《由詹何看先秦道家思想的发展演变》，《哲学研究》2013年第9期。

　　③　（清）王先谦撰，沈啸寰、王星贤点校：《荀子集解》，第107页。

亦不得不承认魏牟的思想学说能够"持之有故"和"言之成理"，在当时发生了重要的影响，得到了同时代许多人的认可和支持。魏牟的思想和学说的学术渊源或者本源，就是杨朱的"贵己"说和詹何的"重生"说。郝懿行说："成理，谓其言能成条理也。"① 魏牟著《公子牟》四篇，其言论是有其文理条理和逻辑体系的，自然能够得到世人之普遍信赖。

那么，我们如何评价魏牟的思想呢？冯友兰说："魏牟似持如《列子·杨朱篇》所说之极端纵欲主义者。"② 又说："盖杨朱一派（包括魏牟等），虽主节欲，而究以欲之满足为人生意义之所在，贵生非贵死也。"③ 陈鼓应认为："到了战国末或秦汉之际，杨朱学说却产生了一个流派，它的代表作便是附在《列子》书上的《杨朱篇》。……近人以为《杨朱篇》充满了纵欲主义思想而加以摒弃，并误以为它是魏晋时人的作品。其实，若说纵欲主义，早在先秦时期就已出现。《荀子·非十二子篇》所指'纵情性，安恣睢'的它嚣、魏牟学派便是。"④

综上所述，子华子、詹何、魏牟等杨朱后学在继承杨朱"贵生贵己""全性保真"学说的基础上又有所创新和发展，增

---

① （清）王先谦撰，沈啸寰、王星贤点校：《荀子集解》，第 107 页。
② 冯友兰：《中国哲学史》（上），第 119 页。
③ 同上。
④ 陈鼓应：《杨朱轻物重生的思想——兼论〈杨朱篇〉非魏晋时伪托》，《江西社会科学》1990 年第 6 期。

加了"乐生"① 和"人生享受"的内容。他们"试图在长寿和享受之间、在生命的保存和人格尊严之间，找出一个中道。如果迫不得已不能两全的话，他们宁要享受不要长寿，宁要人格的尊严而不要忍辱偷生的'迫生'"②。

（三）黄老道家的思想

黄老道家③是"战国至西汉时期道家流派之一"④。"黄"指黄帝，"老"指老子。黄老道家虽然在战国秦汉之际已经流行，但真正作为一种思潮，并在现实社会中发挥作用，则是西汉初年

---

① "乐生"也是《列子·杨朱》的主要思想之一。胡适："'从心而动，不违自然所好'；……从性而游，不逆万物所好'，已是杨朱养生论的大要。……杨朱所主张的只是'乐生''逸身'两件。他并不求长寿，也不求不死。"（参见胡适：《中国哲学史大纲》，第 135 页）陈鼓应："《杨朱篇》所关注的主旨，乃在于如何破除空名的迷误，以把握现实的人生。首先《杨朱篇》的作者反省到人生短促，所为而何？……短暂的人生要如何来把握呢？《杨朱篇》认为应该乐生逸身、从性而游。……一个人要能够取足于生活的资养，但不要专为营求货财而困心劳力，这便是'乐生逸身'的一种生活态度。人是个感觉体，人必需过感性的生活。但感性生活要在'勿壅勿阏'，各种官能让它得到舒畅的满足。……人在感性生活满足之后，应求心灵的自由与畅适。'从心而动，从性而游'便是心灵自由与畅适的表现。"（参见陈鼓应：《杨朱轻物重生的思想——兼论〈杨朱篇〉非魏晋时伪托》，《江西社会科学》1990年第 6 期）

② 焦国成：《杨朱学派"为我主义"辨析》，《中国人民大学学报》1989 年第 6 期。

③ 陈鼓应："从《管子》和《吕氏春秋》这两部最具有时代总结性的巨著中，也可以反映出道家（尤其是黄老学派）在战国思想史上所占的突出地位。《管子》是一部反映战国百家争鸣的言论总汇，《吕氏春秋》则是作为先秦各家融合趋向的思想总结。这两部具有时代经验与智慧特色的著作，都显示出道家在哲学思想的领域里占据着主体的地位。"（参见陈鼓应：《黄帝四经今注今译：马王堆汉墓出土帛书》，第 26 页）

④ 张岱年主编：《中国哲学大辞典》，第 435 页。

的事①。黄老道家的书籍，除《黄帝内经》尚存外，其余都已佚失。传世文献中，"《管子》四篇（《内业》《白心》《心术》上下）是战国稷下黄老道家的代表作。"② 1973 年，"长沙马王堆三号汉墓前所未有的大量帛书古佚文献……相继出土"③，其中有"亡佚已久、内藏丰富黄老思想理论的黄老帛书"④。这些帛书主要有《经法》《十大经》《称》《道原》。《经法》由《道法》《国次》《君正》《六分》《四度》《论》《亡论》《论约》《名理》九篇文章组成；《十大经》分为《立命》《观》《五正》《果童》《正乱》《姓争》《雌雄节》《兵容》《成法》《三禁》《本伐》《前道》《行守》《顺道》《名刑》十五篇；《称》与

---

① 先秦著作如《论语》《墨子》《孟子》中并无"黄老"这一名称，黄老并称是汉代人的说法。战国后期，"黄帝"的偶像初立。到战国末期，韩非子以"必定尧舜"为愚诬，称赞"黄帝"。到了汉初，"黄老"一名就成立了。西汉淮南王刘安主编的《淮南子·修务训》云："世俗之人，多尊古而贱今，故为道者必托之于神农、黄帝而后能入说。"汉武帝时期的史学家司马迁所著《史记》也多次提到黄老之学。如《史记·老子韩非列传》曰："申子之学本于黄老而主刑名。……韩非者，韩之诸公子也。喜刑名法术之学，而其归本于黄老。"［参见（汉）司马迁撰，（宋）裴骃集解，（唐）司马贞索隐，（唐）张守节正义：《史记》（点校本二十四史修订本），第 2597—2598 页］《史记·孟子荀卿列传》曰："慎到，赵人。田骈、接子，齐人。环渊，楚人。皆学黄老道德之术。"［参见（汉）司马迁撰，（宋）裴骃集解，（唐）司马贞索隐，（唐）张守节正义：《史记》（点校本二十四史修订本），第 2838 页］《史记·乐毅列传》曰："乐臣公学黄帝、老子，其本师号曰河上丈人。"［参见（汉）司马迁撰，（宋）裴骃集解，（唐）司马贞索隐，（唐）张守节正义：《史记》（点校本二十四史修订本），第 2941］《史记·田叔列传》曰："叔喜剑，学黄老术于乐巨公所。"［参见（汉）司马迁撰，（宋）裴骃集解，（唐）司马贞索隐，（唐）张守节正义：《史记》（点校本二十四史修订本），第 3341］《史记·日者列传》曰："夫司马季主者，楚贤大夫，游学长安，通《易经》，术黄帝、老子。"［参见（汉）司马迁撰，（宋）裴骃集解，（唐）司马贞索隐，（唐）张守节正义：《史记》（点校本二十四史修订本），第 3886 页］

② 陈鼓应：《管子四篇诠释》，北京：中华书局，2015 年，第 1 页。

③ 陈丽桂：《近四十年出土简帛文献思想研究》，北京：中华书局，2015 年，第 3 页。

④ 陈丽桂：《近四十年出土简帛文献思想研究》，第 3 页。

《道原》属于专论，不分篇①。

与老庄不同，黄老道家有着自身鲜明的时代特征。第一，黄老道家"因阴阳之大顺"，充分吸收阴阳家的思想。如《黄帝四经·称》讲："凡论必以阴阳□大义。……诸阳者法天，天贵正；……诸阴者法地，地［之］德安徐正静，柔节先定，善予不争。"② 第二，黄老道家"采儒墨之善"，充分吸收儒家和墨家的思想。如《十大经·观》讲："先德后刑，顺于天"③。《十大经·雌雄节》讲："德积者昌，［殃］积者亡"④，上述观点明显是吸收儒家的思想。《经法·君正》讲："兼爱无私，则民亲上"⑤，则明显是吸收墨家的思想。第三，黄老道家"撮名法之要"，充分吸收名家和法家的思想。如《十大经·前道》讲："［名］正者治，名奇者乱。正名不奇，奇名不立"⑥，明显是吸收名家的思想。如《经法·道法》讲："执道者，生法而弗敢犯殹（也），法立而弗敢废［也］"⑦，明显是吸收法家的思想。从黄老道家吸收融合儒、道、法、名、阴阳各家之长处的特征来看，黄老之书当形成于各家学说盛行之后，故其上限不可能早于

---

① 陈鼓应说："晚近，由于考古文献的出土，丰富了古代思想史，也改写了古代哲学史。出土的众多文献之中当属道家类古佚书最受瞩目……如马王堆帛书《老子》甲、乙本和《老子》乙本卷前古佚书《经法》等四篇（通称《黄帝四经》）……个人认为，从思想史的角度来看，最重要的出土文献莫过于《黄帝四经》（即《经法》《十大经》《称》《道原》四篇）……它的成书可能早于《孟》《庄》，当在战国中期之初或战国初期之晚，因此可以说它是现存最早的一部黄老之学著作。"（参见陈鼓应注译：《黄帝四经今注今译：马王堆汉墓出土帛书》，第3—4页）
② 陈鼓应注译：《黄帝四经今注今译：马王堆汉墓出土帛书》，第394页。
③ 同上，第223页。
④ 同上，第277页。
⑤ 同上，第73页。
⑥ 同上，第314页。
⑦ 同上，第2页。

战国中期之前；又因为战国末期已有不少人学习黄老之学，因此黄老之书在那时已经流行。据此，可以认为，黄老之书在战国末期已经形成。

通过文本研究和对比分析发现，《吕氏春秋》"以生为本"思想，与黄老道家也有一定的联系。

首先，《吕氏春秋》"以生为本"思想与黄老道家的宇宙生成论有关。道家以"道"为最高范畴，认为"道"是天地万物的本原、本根和本体。老子说："道生一，一生二，二生三，三生万物。"（《老子》第四十二章）又说："道生之，德蓄之，物形之，势成之。"（《老子》第五十一章）黄老道家继承了老子"道生万物"的宇宙生成论，提倡"凡道，无根无茎，无叶无荣，万物以生，万物以成"和"道也者，口之所不能言也，目之所不能视也，耳之所不能听也，所以修心而正形也。人之所失以死，所得以生也；事之所失以败，所得以成也"① 的思想。同时，黄老道家又认识到了天地在人的生命产生过程中的重要作用，提出"凡人之生也，天出其精，地出其形，合此以为人。和乃生，不和不生"② 的思想。

《吕氏春秋》继承和发展了黄老道家的宇宙生成论，认为"道"是天地万物产生和发展的本原。例如《吕氏春秋·大乐》云：

> 道也者，视之不见，听之不闻，不可为状。有知不见之见、不闻之闻、无状之状者，则几于知之矣。道也者，至精

① 陈鼓应：《管子四篇诠释》，第97页。
② 同上，第122—123页。

也，不可为形，不可为名，强为之谓之太一①。

这里的"太一"就是老子和黄老道家所讲的"道"和"一"②。"一"为万物未分之浑沌状态，"太"为无以复加，"太一"即是道，道即是"太一"。"太一"是天地未形之前的原始浑沌状态，由"太一"而生"两仪"，"两仪"即是天地。天地之间阴阳两种力量的相互作用，引发了事物的生长发育③。这也就是说，世间一切事物都是由阴阳化育而来。

《吕氏春秋》还继承和发展了黄老道家"天地和合产生人的生命"的思想，认为"天"是人的生命之本原。例如《吕氏春秋》说："始生之者，天也。"（《本生》）④ 又说："始生人者天也。"（《大乐》）⑤

其次，《吕氏春秋》"以生为本"思想与黄老道家的精气论

———————

① （战国）吕不韦撰，（东汉）高诱注，俞林波校订：《元刊吕氏春秋校订》，第65页。

② 老子和黄老道家把"道"称为"一"，是就其唯一性而言的。《吕氏春秋》亦继承了这一思想，如《吕氏春秋·圜道》："一也齐至贵，莫知其原，莫知其端，莫知其始，莫知其终，而万物以为宗。圣王法之，以令其性，以定其正，以出号令。"［参见（战国）吕不韦撰，（东汉）高诱注，俞林波校订：《元刊吕氏春秋校订》，第46页］《吕氏春秋·论人》："凡彼万形，得一后成。故知一，则应物变化，阔大渊深，不可测也。……故知知一，则复归于朴……故知知一，则若天地然，则何事之不胜？何物之不应？"［参见（战国）吕不韦撰，（东汉）高诱注，俞林波校订：《元刊吕氏春秋校订》，第43—44页］由此可知，《吕氏春秋》认为"一"是事物的本原，是事物的根本，是未发之中，是未形之状。知一以知本，守一以应变。后代道教所强调的"贵一""守一"等思想，就是在这样的基础上发展起来的。

③ 《吕氏春秋·知分》："凡人物者，阴阳之化也。"［参见（战国）吕不韦撰，（东汉）高诱注，俞林波校订：《元刊吕氏春秋校订》，第321页］

④ （战国）吕不韦撰，（东汉）高诱注，俞林波校订：《元刊吕氏春秋校订》，第10页。

⑤ 同上，第65页。

有关。黄老道家认为精气构成了天地万物，是天地万物的本
原①。如《管子·内业》讲："凡物之精，此则为生，下生五谷，
上为列星。流于天地之间，谓之鬼神；藏于胸中，谓之圣人。"②
《吕氏春秋》继承了这一思想，认为精气是构成人与万物的基本
元素或质料③。具体而言，"精气之聚集，必定要有所寄托。聚
集于飞鸟，便与飞鸟一起表现为飞扬翱翔。聚集于走兽，便与走
兽一起表现为捷速疾走。聚集于珠玉，便与珠玉一起表现为精洁
明亮。聚集于树木，就与树木一同表现为茁壮生长。聚集于圣人
之体，那就使得圣人的睿智变得更加深邃而远大"④。

　　再次，《吕氏春秋》"以生为本"思想与黄老道家"法天
地"思想相关。黄老道家倡导人在生命修养方面要效法天地，
做到"戴大圜而履大方"⑤。《吕氏春秋》继承了这一思想，如
吕不韦在谈到编书目的时说自己希望未来的君主能够效法大圜、

---

　　① 陈鼓应："中国哲学史上，著名的精气说乃是由稷下道家所提出。……稷下
道家更提出精气的概念以说明道的化生万物，本篇（《内业》）即是稷下道家论述精
气的代表作品。……本篇开宗明义便指出精气弥漫于天地之间，它是构成万物的本
原，也是生命和智慧的根源。作者认为一个人获得的精气愈多，则生命力愈强、智
慧愈高……精气流于天地之间，可以使自然界具有神奇灵妙的作用。"（参见陈鼓应：
《管子四篇诠释》，第91—92页）
　　② 陈鼓应：《管子四篇诠释》，第80页。
　　③ 《吕氏春秋·尽数》："精气之集也，必有入也。集于羽鸟与为飞扬，集于走兽
与为流行，集于珠玉与为精朗，集于树木与为茂长，集于圣人与为夐明。"［参见（战
国）吕不韦撰，（东汉）高诱注，俞林波校订：《元刊吕氏春秋校订》，第39页］
　　④ 朱永嘉、萧木注释，黄志民校阅：《新译吕氏春秋》，台北：三民书局，
2012年，第79页。
　　⑤ 《管子·内业》："人能正静，皮肤裕宽，耳目聪明，筋信而骨强。乃能戴大
圜而履大方，鉴于大清，视于大明。"意思是说，"人能心正意静，则形貌丰润，耳
聪目明，筋骨伸展而强健。这样就能顶天立地，览月视日"。（参见陈鼓应：《管子四
篇诠释》，第116—117页）

大矩来为民之父母之道①。"大圜"是指人头顶上的"天","大矩"是指人脚底下的"地"。吕不韦认为，在"古之清世"，天子能够"法天地"，所以才能成为民之父母，才能承担起"全天"即保全人民生命的重任。

第三节　《吕氏春秋》"以生为本"思想的逻辑结构

历史上，每一种思想、理论、学说都有其立论的基础，都有其逻辑起点。本体论是任何思想学说、哲学理论之基础，价值论、意义论、方法论则是其具体展开。《吕氏春秋》"本生论"是从哲学本体论的角度研究和谈论"生"。"贵生论"是"本生论"的逻辑展开，是从价值论的角度研究和看待"生"，认为生命的价值最高，生命最为珍贵，人应该珍视人类与其他生命体之生命。"重生论"是"本生论""贵生论"的进一步发展，是从人生观、人生意义的角度研究和看待"生"，是人对待生命秉持的基本态度，重视生命胜过功名、利禄、国家、天下等外在事物。"养生论"是"本生论""贵生论""重生论"发展的逻辑终点，是从方法论的角度研究"生"，把"本生论""贵生论""重生论"落实到"术"的层面，探讨保养生命的具体理论和操作方法。

---

① 吕不韦在《吕氏春秋·序意》中说："尝得学黄帝之所以诲颛顼矣，爰有大圜在上，大矩在下，汝能法之，为民父母。盖闻古之清世，是法天地。……上揆之天，下验之地，中审之人，若此，则是非可不可无所遁矣。"［参见（战国）吕不韦撰，（东汉）高诱注，俞林波校订：《元刊吕氏春秋校订》，第160页］

一　本生论：本体论意义上的"生"

《吕氏春秋》"以生为本"思想的逻辑起点和立论基础是"本生论"。"本生论"是从哲学本体论的角度思考宇宙间的生命现象，认为"生"既是"天地之大德"，又是"人生之根本"。只有从本体论的意义上看待"生"之过程（即"生生"）与结果（即"生命"），才能使"生"由"术"上升为"道"，具有形而上的哲学意义。

"本体"是一个非常重要的哲学概念，意为"被思想的事物或理智的事物"①。在古希腊哲学中，柏拉图"把'是'（希腊词 on）和'实体'（希腊词 ousia）用作同义"②；亚里士多德则将"存在（希腊词 einai，英文词 being）分为不同的种类，本体（substance）是第一种意义上的存在，即终极的实在"③。他在《范畴》中把"本体"定义为"支撑其他一切东西的终极主体"④。在德国古典哲学家康德那里，本体（noumenon）是指某种"超越于感性、直观或经验界限的东西，即超越现象世界的东西"⑤。本体论（ontology）一词"源自希腊文 logos（理论）和 ont（是，或存在），应译做'是论'或'存在论'"⑥。作为一个哲学术语，它出现于17世纪，"最初指称形而上学的一分

---

① 　布宁、余纪元：《西方哲学英汉对照辞典》，北京：人民出版社，2001年，第690页。
② 　同上，第963页。
③ 　同上。
④ 　同上。
⑤ 　同上，第690页。
⑥ 　同上，第708页。

支，后来常常用以指整个形而上学（metaphysics）"①，它是"关于 being（'是'或'存在'）的一般理论"②，是"研究存在本身的第一哲学"③。

中国哲学中的"本体"有其独特内涵。张岱年认为："本体，先秦哲学称之为本根。本根与万物的关系，类似根柢与枝叶的关系。树根生出枝叶，在枝叶生成之后，枝叶仍依靠根柢而存在。树根是枝叶的依据。"④ 向世陵认为："'本体'概念的产生不是一蹴而就的，它有一个逐渐被'纯化'的过程。在上千年的发展中，本体的蕴涵是丰富多彩的，但万变不离其'宗'，它总是属于基础的、本来的、潜藏的、根本的和不变的一方。由此，产生了对'本体'与其对立方的地位、作用、意义及其隐显、微著等关系的思考，这便是中国哲学中原创性的'本体'概念和'本体论'的成果。"⑤ 所以，"本体"是从本根、根本、基础的意义上来定义的一个哲学范畴，它是事物存在和发展的内在根据和规律。

《吕氏春秋》"本生论"是从本体论的角度思考宇宙间的生命现象，认为生命具有本体、本根的意义，它是作为主体之人的根基。人首先是生命本体的存在，继而才能是理性、道德、政

---

① 布宁、余纪元：《西方哲学英汉对照辞典》，第 708 页。

② 同上。

③ 张志伟主编：《西方哲学史》，北京：中国人民大学出版社，2002 年，第125—126 页。

④ 张岱年：《论老子的本体论》，《社会科学战线》1994 年第 1 期。

⑤ 向世陵：《中国哲学的"本体"概念与"本体论"》，《哲学研究》2010 年第9 期。

治、法律等意义上的存在①；生命与外物之间是一种本末关系，生命为本，外物为末。人要崇本用末，而不能舍本逐末，要做到"以物养性"而不能"以性养物"。因此，只有从本体论的意义上看待生命，才能厘清"生"具有的形而上的哲学意蕴，才能认识和把握生命的本原、本体和本质，从而为"贵生论""重生论""养生论"确立坚实的哲学根基。

二　贵生论：价值论意义上的"生"

"贵生论"是"本生论"的逻辑展开，是从价值论的角度研究和看待生命的。

日常用语中的"价值"最初是指"物价，物品的价值"②，后引申为"用途或积极作用"③。哲学意义上的"价值"是指"事物对人的有用性"④，是指"在实践基础上形成的主体和客体之间的一种意义关系"⑤。价值论"是所有关于价值问题的理论

---

①　古希腊哲学家亚里士多德说："人是理性的动物。"［参见亚里士多德：《政治学》，北京：商务印书馆，1985年，第385页］中国儒家"亚圣"孟子说："人之所以异于禽兽者几希，庶民去之，君子存之。舜明于庶物，察于人伦，由仁义行，非行仁义也"（《孟子·离娄下》），这也就是认为，人是仁义之存在。荀子则认为，"水火有气而无生，草木有生而无知，禽兽有知而无义，人有气、有生、有知，亦且有义，故最为天下贵也"（《荀子·王制》），也是认为人是有气、有生、有知、有义之存在。

②　何九盈、王宁、董琨主编：《辞源》（第三版），北京：商务印书馆，2015年，第350页。

③　中国社会科学院语言研究所词典编辑室：《现代汉语词典》（第6版），北京：商务印书馆，2012年，第625页。

④　杨金海：《关于构建社会主义核心价值体系的几个理论问题》，《毛泽东邓小平理论研究》2007年第9期。

⑤　马克思主义哲学编写组：《马克思主义哲学》，北京：高等教育出版社、人民出版社，2010年，第305页。

体系，从学说角度可叫价值学，其中哲学部分可叫价值哲学或哲学价值论。"①

《吕氏春秋》"贵生论"是一种"生命价值论"或"生命价值观"②。它是从价值论的角度出发来思考生命的意义，表达的是"人对生命存在意义的价值判断"和"对生命意义的理性认知"；它是从贵贱即价值的角度看待生命与外物的关系，认为"生命是人的元价值"③，生命的价值最高，生命对于人的效用最大。在它看来，生命最为珍贵，人只有生存和具有生命，才能去创造其他价值。所以，"贵生论"主张"生命的保存、健康、充实和延续是人的全部活动的最基本的追求"④，人应该珍视自己的生命，做到"贵生""贵己"。

三　重生论：人生论意义上的"生"

"重生论"是"本生论""贵生论"的进一步展开，是从人生论、人生观、人生哲学的角度研究和看待生命，是关于生命存在意义的科学认识和理性思考。《辞源》认为，"意义"这个词有三种含义："一、内容，含义；二、情意，义气；三、价值，

①　李连科：《价值哲学引论》，北京：商务印书馆，1999 年，第 12 页。
②　李振刚：《大生命视域下的庄子哲学》，北京：人民出版社，2013 年，第105 页。
③　张尚仁："贵生，就是认为生命是人的元价值。人的元价值，指人的各种价值中最根本的、最高的价值，其他层次的价值，都只能在元价值的基础上产生，也趋向于元价值，为实现元价值服务。……什么是人的元价值呢？毫无疑问，就是人的生命的价值。因为生命就是人的生存，人只有生存才能创造其他价值，也才能享受其他价值。总之，才谈得上人生价值。"（参见张尚仁：《道家哲学》，第147 页）
④　张尚仁：《道家哲学》，第147 页。

作用。"① 其中第三种含义中的"作用"则是指"人或事物所起的影响"②。

《吕氏春秋》"重生论"作为一种人生论或人生哲学，表达的是人对待自身生命所秉持的基本态度，主张人在处理生命与外物的关系时要做到重视生命而轻视外物。《吕氏春秋》还强调，"重生"的目的在于"全其天"，即保全天所赋予人的生命与天性；"重生"的原因在于我的生命对于我来说具有非常大的有利之处，即"吾生之利我亦大"。

《吕氏春秋》还认为，人重视生命具有深远的意义。在它看来，人只有重视自己的生命，因循生命规律，通达性命之情，才能够长生久视，尽其天年。此外，"为国之本，在于为身"，养生修身是治国平天下的基础，圣人只有修养好了自己的身体和生命，才会为天下大治、国泰民安提供良好的先决条件。反之，圣人如果损害了身体、丢掉了性命，就失去了治国平天下的根基。所以，《吕氏春秋》大力提倡"重己轻物"的思想，并以此劝说君王要重己养生，达乎性命之情。

《吕氏春秋》倡导的"重生之术"主要包括"以物养性"和"节乎性"两个方面。"以物养性"是指人的生存和发展要以外物为条件和手段，让外物来供养自己，而不能让外物伤害和破坏人的生命。同时，要想使人的生命远离外物的伤害，就要做到节制人的性情，使之调和适度。

---

① 何九盈、王宁、董琨主编：《辞源》（第三版），第 1517 页。
② 同上，第 256 页。

四　养生论：方法论意义上的"生"

"养生论"是"本生论""贵生论""重生论"发展的逻辑归宿，是从方法论的角度研究生命，把"本生论""贵生论""重生论"落实到"术"即方法的层面，探讨保全和养护生命的具体理论和操作方法。

"养生论"又称"修养论"，它是"先秦诸子共同重视的一个理论课题"[①]。道家养生论不同于儒家修养论，它"主张保养自己的自然人性，通过修养而返朴归真"[②]。

《吕氏春秋》"养生论"立足于道家养生论，又吸收了儒家修养论的有关思想，并在此基础上进行了综合创新，形成了自己独特的养生理论。首先，它主张"养生莫若知本"，认为养生的前提条件是要知道生命的本质和规律，在此基础上调养、养护生命。其次，它认为养生要"尽数"和"毕数"，即尽其天年，而非追求长生不死。再次，它不同于老庄的"虚静养生"思想，倡导"运动养生观"，认为养生的方法在于通过形体运动使精气流动起来，达到"精通神和""全生全性"的境界。最后，它"将音乐与养生紧密联系起来"，通过音乐之"和""适"来说明中和、适度对于养生的重要意义，提出了"适音""和心"等养生概念，创立了独具特色的"适欲"理论。

《吕氏春秋》还认为，"养生"具有重要的理论价值和实践

---

① 李霞：《生死智慧——道家生命观研究》，北京：人民出版社，2004年，第292页。

② 同上，第295页。

意义。它既可以使人的生命和本性达到圆满、和适的境界，成为"真人"和"全德之人"，又可以使人终其天年，保全天性，从而为治国平天下打下良好的根基。

小　结

"生"字最早在甲骨文中就已经出现，写作屮(《小屯殷墟文字甲编》)。在金文中，"生"写作屮(《颂簋》)。在小篆中，"生"写作屮。"生"在甲骨文、金文中主要包括六义："一、生长；二、发生；三、生育；四、活的；五、犹'来'，下；六、同'姓'，官吏。"①《尔雅》训"生"分为四类：一是指植物的生长，二是指动物的出生，三是指人的出生，四是指万物的发生。古人把"从无出有、从没有生命到出现生命"看作是天地最大的德行，即"天地之大德曰生"(《周易·系辞下》)。所以，"生"字最初内涵主要有三种，即植物之生，动物之生，人之生。

在先秦最早的文献即"五经"中，"生"字的含义获得了进一步的发展，变得丰富起来。《周易》中的"生"主要有六层含义：(1) 植物之"生"；(2) 作为主体"我"之生；(3) 作为生命总体的"万物"之"资生""化生"；(4) "易"及其构成要素"卦""爻"和占卜相关工具"蓍""龟"之"生"；(5) 《周易》卜筮专用术语"吉凶""悔吝"等之生；(6) 《周易》

---

①　陈年福：《甲骨文词义论稿》，第8页。

中的宇宙生成论即"两仪""四象""八卦"等之"生"。《尚书》里的"生"主要有七层含义：（1）植物的出生；（2）人的出生、生育；（3）"明""魄"等事物的产生、发生；（4）通"牲"，指羊羔和雁等牺牲；（5）通"姓"，指族姓；（6）通"性"，指人或民的自然之性；（7）"生生"，指进进。《诗经》里"生"的含义主要有六种：（1）植物的出生；（2）人的出生、生育；（3）灾难、祸乱等事物的产生、发生；（4）与"死"相对，指人活着；（5）与"熟"相对，指不成熟；（6）通"姓"，例如，"友生"是指"友姓"、友好之异姓即朋友。"三礼"即《仪礼》《周礼》《礼记》中的"生"主要有四层含义：（1）植物的出生；（2）动物的出生；（3）人的出生、生育；（4）与有生命的"万民"相对而言的"百物"之生。《春秋》"三传"即《春秋左传》《春秋穀梁传》《春秋公羊传》里的"生"主要有五层含义：（1）植物之生；（2）动物之生；（3）人之出生、生育；（4）无生命的物如羽毛、吉凶、疾病等的产生和发生；（5）死生之生。

　　另外，通过对"生"字在"五经"中出现频次的研究发现，它在《尚书》《周易》《诗经》中出现比较少，分别为32次、43次、57次，在"三礼"和"春秋三传"中出现的次数则遽然增多，分别为185次和353次，这既与"五经"成书的年代相关，又与"五经"中每一经的主题和关注点不同有关。通常而言，成书于西周时期的《尚书》《诗经》《易经》中的"生"字出现的频率低，成书于春秋时期的《春秋经》《仪礼》《周礼》中的"生"字出现的频率逐渐升高，而在成书于战国秦汉之际的《礼记》和"春秋三传"中"生"字出现频率最高。

　　"五经"之外，先秦诸子文献都不同程度地关注和探讨"生"的问题。先秦道家文献《老子》《庄子》、"《管子》四篇"、《黄帝四经》蕴含着丰富的"生"的思想，形成了道家生命观。老子关注作为生命整体的"万物"以及作为万物根源的"天地"之生存状态与生命规律。他认为，万物的产生依赖道，万物的生存也依赖道。如果失去了道，万物将无法生存而必然走向覆灭。基于此，老子提出了"贵身重生""摄生修身""长生久视"的生命哲学思想。庄子继承了老子的生命观，并进行了发展和创新。《庄子》中的生命哲学思想主要包括三大方面：一是正确认识生命的本原和本质，即知生和重生；二是理性、达观地看待生死，主张齐生死、外生死与忘生死，使人从"悦生而恶死"中解脱出来，达到"死生无变于己""死生不入于心"的精神自由境界；三是掌握正确的养生之道，做到正生、全生、卫生，而不益生、害生。

　　与先秦道家不同，以孔子、孟子、荀子为代表的先秦儒家坚持从人学、人文的立场来研究和探讨人的存在价值、注重思考人的生命价值和意义、理性看待人的生死，并把"生"看成是"宇宙间永恒的原理"，将"生"定位为宇宙万物根本的存在方式和存在状态，从而形成了关于人及宇宙万物之"生"的生命观或生命哲学。作为先秦儒家的开创者，孔子对"生"进行了理性思考，提出了自己独特的生命观。一方面，他对人的生死、穷达、寿夭采取了自然、理性的态度，"重视生命胜过死亡"，体现出了"重生"的思想倾向。另一方面，在他看来，虽然人的生命非常可贵、人应该重视和热爱自己的生命，但是，当生命与"仁"发生冲突时，作为志士仁人来说，不会为了苟活而损害"仁"，而是会为了"仁"而献身。孟子继承了孔子的生命观，并进一步发展为自己独特的生命哲学思想。首先，孟子提出了"亲亲而仁民，仁民而爱物"的思想，提倡人对于自己的身体包括每一寸肌肤都应该重视和爱养的"重生""爱身"思想。其次，孟子考察了"生"与"性"的关系，对告子"生之谓性"的人性论命题进行了批驳，从而进一步强化了自己的"性善论"主张。再次，孟子提出了自己的生命观——"舍生而取义"。孟子认为，人皆有之的"羞恶之本心"比"生"更重要，比"生"的价值更高，这个"羞恶之本心"及其扩充的"义"是人进行价值判断、行为选择时的最高标准。当"生"与"仁""义"等伦理道德发生冲突时，当"求生"与"取义"发生价值冲突时，孟子提倡"舍生取义"，即为了道义而牺牲生命。因此，先秦儒家的"重生"思想与道家不同。在老子、庄子等先秦道家看来，人的生命是目的，人不应该为了仁义、财货、名利、家国、天下而牺牲自己宝贵的生命。以孔子、孟子为代表的先秦儒家重在维护"仁""义"等儒家伦理道德，认为"仁""义"等伦理道德的价值要高于生命的价值，认为"仁义重于生命"，这是先秦儒道两家生命观的不同之处。

通过定量分析与定性分析相结合的方法可以发现，虽然"生"是先秦时期诸子百家都关注的一个重要问题，但是它在先秦诸子主要文献中出现的频次却有很大的差别①，主要表现为："生"在兵家文献《孙子兵法》中出现次数最少，为 25 次；在墨家文献《墨子》中出现 105 次；在《韩非子》《商君书》等法

---

① 参见本书本章第二节 "《吕氏春秋》'以生为本'思想定位的定量与定性分析"中的《表 2："生"在先秦诸子主要文献中出现频次统计表》。

家文献中出现 200 次；在《论语》《孟子》《荀子》三部儒家文献中合计出现 308 次；在《老子》《庄子》《文子》等先秦道家文献中累积出现 1149 次；在杂家文献《吕氏春秋》中出现 328次。如果以单部文献来看，成书于战国末年的儒家文献《荀子》和法家文献《韩非子》中的"生"出现的频次达到或超过了200 次，而先秦道家文献除了《老子》基本上都超过了 200 次。这表明先秦道家比儒、墨、法、兵各家更关注"生"的问题，更加重视对"生"的研究。所以，《吕氏春秋》"以生为本"思想最有可能是受到了先秦道家思想的影响，最有可能来源于道家。此外，通过对《吕氏春秋》与老庄等先秦道家文献中"生"相关概念的用法对比发现，《吕氏春秋》中与"生"相关的主要概念如"贵生""重生""养生""全生"等主要来自《老子》《庄子》《列子》《文子》《管子》等先秦道家文献①。

　　总之，通过对《吕氏春秋》的文本研究，并结合先秦道家文献和前人研究成果，可以得出这样的结论：《吕氏春秋》"以生为本"思想主要来源于先秦道家。具体而言，这一思想主要来自先秦道家杨朱的"贵己为我""重生轻物""全性保真"思想，杨朱后学子华子的"全生""贵生"思想、詹何的"重生""养生"思想、魏牟的"乐生"思想，以及黄老道家"因阴阳之大顺，采儒墨之善，撮名法之要"之后形成的宇宙生成论、精气论、"法天地"与"贵因"思想。

　　另外，《吕氏春秋》"以生为本"思想包括的"四生论"即"本生论""贵生论""重生论""养生论"，是从本体论、价值

---

　　①　参见本书本章第二节《〈吕氏春秋〉'以生为本'思想定位的定量与定性分析"中的《表3:〈吕氏春秋〉与老庄等先秦道家文献中"生"相关概念的用法对比表》。

论、人生论、方法论四个角度研究保全和养护生命的问题。同时，"四生论"还反映了《吕氏春秋》作者所认为的人的生命与外物的四种不同关系。第一，本末关系：生命是本，外物是末，这是本生论即本书第三章所研究的内容；第二，贵贱关系：生命贵、价值大，外物贱、价值小，这是贵生论即本书第四章所讨论的内容；第三，轻重关系：生命为重，外物为轻，这是重生论即本书第五章所关注的内容。第四，内外关系：生命为内，外物为外，养生修身为"治内"之术，治国平天下为"治外"之术，这是养生论即本书第六章所探讨的内容。上述四种关系反映了《吕氏春秋》以及先秦道家看待生命与外物关系时所持的基本观点。

第三章　本生论：以生命为本

　　"本生论"是《吕氏春秋》"以生为本"思想的逻辑起点和立论基础，是从哲学本体论的意义上思考宇宙间的生命现象，认为"生"既是"天地之大德"，又是"人生之根本"。只有从本体论的意义上看待"生"，只有从本末的角度看待生命与外物的关系，把生命作为根本，把外物作为末端，才能为"贵生论""重生论""养生论"建立起坚实的理论根基，使其生命哲学具有深厚的哲学意蕴。《吕氏春秋》第二篇为《本生》，该篇是《吕氏春秋》"十二纪"甚至是全书的核心①。

---

　　① 《吕氏春秋》一书的主体和核心是什么？是《十二纪》，还是《八览》或《六论》？从东汉高诱注《吕氏春秋》开始，古今学者就产生了分歧，其观点大致可以分为两派，一派认为《十二纪》是《吕氏春秋》的主体和核心，另一派认为《八览》是全书的主体和核心。前者的代表人物有梁玉绳、毕沅、刘咸炘、吴福相等，如吴福相认为："吾人既知《吕氏春秋》为反秦之书，则其重己贵民，道体儒用之政治思想，乃针对商韩而发……《序意》既在《纪》后，而《十二纪》又依四时为编次，略符'春秋'之号，则此殆为全书之主体，近乎后世所谓'内篇'。《八览》《六论》中虽间举申商之言行，然其立言之大旨固与《十二纪》前后相合，一切惨刻督责之术，在所不取。"（见吴福相《吕氏春秋八览研究》，台北：文史哲出版社，2016年，第182页）的代表人物有周中孚、吕思勉、孙志辑、王叔岷等，如周中孚《郑堂札记》五："《吕氏春秋》《史记·自序》及《汉书·司马迁传》载《报任

"本生"的含义是什么呢？关于《吕氏春秋》中"生"的内涵，笔者在本书第二章已经有详细论述。现在主要探讨一下"本"的内涵[①]。《尔雅·释言》释"本"为："柢，本也。"[②]所以，"本"与"茎""叶"等相对，是指植物之根柢，引申为根基、基础、根本。张双棣等著《吕氏春秋词典》认为，《吕氏春秋》中的"本"有三义：一是指"草木的根或主干，如'百仞之松，本伤于下，而末槁于上'（《先己》)"[③]；二是指"根本，本原，如'得其末而失其本'（《用众》)"[④]；三是指"本来，如'使人本无其志也'（《顺说》)"[⑤]。《吕氏春秋词典》还认为，《吕氏春秋》中的"生"有七义："一是指（草本植物）生长，长出，如'师之所处，必生棘楚'（《应同》)；二是指生育，出生，如'天生人而使有贪有欲'（《情欲》)；三是指产生，发生，如'疑生争，争生乱'（《慎势》)；四、与'死'相

（接上页注）安书》俱称《吕览》，盖举其首者言之。……观《史记·十二诸侯年表·序言》及《史记·吕不韦列传》并云：'著八览六论十二纪。'以纪居末。且古人作序，皆在卷末，《吕氏春秋》'十二纪'终而缀以'序意'，纪之居末可知。至高诱作注，始以纪居首，《八览》《六论》次之，而司马迁《吕览》之称，竟莫知所取义矣。"（见田凤台《吕氏春秋探微》，第67页）之所以出现这种分歧，是因为司马迁在《史记》中同时把吕不韦集众宾客所编纂之书称为《吕氏春秋》和《吕览》，所以，才引发了后世学者关于《吕氏春秋》篇次和主体的争论。笔者认为，按照古书的编纂体例，一般序言都位于全书的最后。而《序意》篇正好位于《吕氏春秋·十二纪》之后，所以，《吕氏春秋》三部分内容的排列顺序应为《八览》《六论》《十二纪》，这也是司马迁在《史记·吕不韦列传》所提及的顺序。今本《吕氏春秋》的篇次可能是高诱作注时进行了调整。

① "本"字最早在金文中出现，写作 或者 。《说文解字》释为："木下曰本。从木，一在其下。徐锴曰：'一，记其处也。'"［参见（汉）许慎著，班吉庆、王剑、王华宝点校：《说文解字校订本》，第159页］

② （晋）郭璞注，王世伟校点：《尔雅》，上海：上海古籍出版社，2015年，第46页。

③ 张双棣、殷国光、陈涛：《吕氏春秋词典》（修订本），第473页。

④ 同上。

⑤ 同上。

对，指生存，活，如'人情欲生而恶死'（《论威》）；五是指生命，如'圣人深虑天下，莫贵于生'（《贵生》）；六、通'性'，指性情，如'以此骇心气、动耳目、摇荡生则可矣'　（《侈乐》）；七、与'熟'相对，指生的，如'木尚生，加涂其上，必将挠'（《别类》）。"① 朱永嘉等认为："本生"就是"提倡把保全生命视为根本"②。张双棣等认为："本生"就是"把保全生命作为根本。……而保全生命的方法在于正确地处理人与外物的关系"，并认为这一思想"主要来源于杨朱一派的'贵己'学说"③。徐复观认为："本生"是"言政治以养育人民之生命为本"④。刘生良认为："本生"就是"以生命为根本的意思。'生'与'天''性'相通，都指天赋的生命过程，此篇主要阐明'全天''全性''全生'即保全生命的道理。"⑤ 因此，"本生"⑥ 就是在本体论意义上看待生命，认为生命与外物之间是一种本末关系⑦，生命是本，外物是末，人世间任何外物都是从属于生命的，是拿来作为养生之用的。在认识清楚生命与外物的本末主从关系之后，人们还需要在生活实践中践行"以生命为本"的原则，作为其生存和发展的基础。

　　《吕氏春秋》"本生论"有着深厚的思想来源，它是在吸收

---

① 　张双棣、殷国光、陈涛：《吕氏春秋词典》（修订本），第390—391页。
② 　朱永嘉、萧木注释，黄志民校阅：《新译吕氏春秋》，第11页。
③ 　张双棣等注译：《吕氏春秋译注》（修订本），第9页。
④ 　徐复观：《两汉思想史》（二），第33页。
⑤ 　刘生良评注：《吕氏春秋》，北京：商务印书馆，2015年，第7—8页。
⑥ 　此外，在先秦、秦汉等文献中还出现了与"本生"相关的另一个术语"生本""生之本"，是指生之根本、基础，生命的根本所在。
⑦ 　"本"，原义是指草木的茎或根，引申为事物的根本、根源（与"末"相对）。"本末"原义是指树根和树梢，后用来比喻主要的和次要的。［参见中国社会科学院语言研究所词典编辑室编：《现代汉语词典》（第6版），第60—61页］

和继承老子"道生万物"的思想、庄子"以生为本"的思想、文子"人之所生者本也"的思想，以及先秦儒家的"本身"与"生之本"等思想的基础上进行了融合和创新，并形成了自己的理论体系。

第一节　本生之源

《吕氏春秋》"本生论"主要来源于老子"道生万物"的思想①、庄子"以生为本"的思想、文子"人之所生者本也"的思想、先秦儒家的"本身"与"生之本"思想等。

一　老子"道生万物"的思想

老子"道生万物"的哲学思想，为"生"赋予了本原论和本体论的意义。《老子》第四十二章云：

> 道生一，一生二，二生三，三生万物。万物负阴而抱

---

① 陶建国："《吕氏春秋》之宇宙论乃系融合道家、阴阳家、《易经》之思想而来。阴阳家、《易经》之思想，本与道家有密切关系。老庄之宇宙论，系以'道'创生万物，而以阴阳合和，万物交感而出。故老子曰：'道生一，一生二，二生三，三生万物。万物负阴而抱阳，冲气以为和。'……《吕氏春秋》之说法，亦秉此道家学说而来。"（参见陶建国：《两汉魏晋之道家思想》，台北：文津出版社，1990年，第237页）

阳，冲气以为和①。

"生"在这里无疑具有本原论②和本体论的双重意义，代表着"道"最根本的功能和特征③。"道"如果没有"生"的功能，那么"道"与"一""二""三"以及宇宙万物之间就失去了联系，宇宙万物也就是失去了生存和发展的可能。

老子认为，宇宙万物的生成过程是一个由简入繁的过程。这一过程不仅体现为"道"→"一"→"二"→"三"→万物，而且体现为"道生德畜"的过程④。《老子》第五十一章云：

---

①　王弼注："万物万形，其归一也。何由致一？由于无也。由无乃一，一可谓无？已谓之一，岂得无言乎？有言有一，非二如何？有一有二，遂生乎三？从无之有，数尽乎斯，过此以往，非道之流。故万物之生，吾知其主，虽有万形，冲气一焉。"[参见（魏）王弼注，楼宇烈校释：《老子道德经注校释》，第117页]陈鼓应认为："道生一，一生二，二生三，三生万物"这句话"是老子著名的万物生成论的提法，描述道生成万物的过程"。（参见陈鼓应：《老子今注今译》，第233页）

②　老子关于道是万物本原的思想，还体现在《老子》第五十一章："道生之，德畜之，物形之，势成之。……故道生之，德畜之；长之、育之、亭之、毒之、养之、覆。生而不有，为而不恃，长而不宰，是谓玄德。"王弼认为"之"是指"物"，他把"道生之，德畜之，物形之，势成之"这句话解释为："物生而后畜，畜而后形，形而后成。"接着，他进一步自问自答："（物——引者按）何由而生？道也。何得而畜？德也。何因而形？物也。何使而成？势也。……凡物之所以生，功之所以成，皆有所由。有所由焉，则莫不由乎道也。"[参见（魏）王弼注，楼宇烈校释：《老子道德经注校释》，第137页]

③　不仅老子有此思想，先秦儒家经典《周易》也有此思想，如《周易·系辞下》曰："天地之大德曰生"，《周易·系辞上》曰："生生之谓易"。这两句话体现出先秦儒家也有"生或生生是天地万物最根本的特性，是宇宙万物根本的存在方式和存在状态"的思想。先秦儒道两家的相同点在于都把"生"看成是道或天地的根本特性，不同点在于儒家认为"天地"是宇宙生成论的最高范畴，天地是宇宙万物的本源和本根。在道家看来，在天地之上，还有一个更高的范畴即"道"。"道"先于天地而生，又产生了天地，所以，《老子》第二十五章曰："有物混成，先天地生。寂兮寥兮，独立而不改，周行而不殆，可以为天地母。吾不知其名，强字之曰道。"既然道是天地的根源，那么天地就应该向道效法和学习，即《老子》第二十五章所说："地法天，天法道。"

④　（魏）王弼注，楼宇烈校释：《老子道德经注校释》，第137页。

> 道生之，德畜之，物形之，势成之。是以万物莫不尊道
> 而贵德。道之尊，德之贵，夫莫之命而常自然①。

在老子看来，"道"是宇宙万物产生的根源。"道生万物"主要经历了"道生"→"德畜"→"物形"→"势成"的过程②。经过上述四个阶段，万物的产生就由可能性变成了现实性，万物不仅获得了自己的本性（即"德"），而且获得了外在形制，由形而上之"道"落实到形而下之"器"③。有的学者认为，本章所描述的"道生德畜"的宇宙万物生成过程体现出"老子生成论不仅仅关注出生（道生之），关注万物通过谁成为万物；而且还有另一个重头，那就是成长（德畜之），关注万物在出生之后，如何继续成长和生存。……在《老子》生成论中发生和成长是缺一不可的"④。

在老子哲学中，宇宙万物的生成过程还体现在"天下万物生于有，有生于无"过程中。《老子》第四十章云：

> 天下万物生于有，有生于无⑤。

---

① （魏）王弼注，楼宇烈校释：《老子道德经注校释》，第136—137页。

② 陈鼓应：《老子今注今译》，第261页。

③ 老子此章中的"势成之"在帛书甲、乙本均作"器成之"。高明认为："物先有形而后成器，《老子》第二十八章'朴散则为器'，《老子》第二十九章'天下神器'，《周易·系辞上》'形乃谓之器'，皆'形''器'同语连用。从而可见，今本中之'势'应假借为'器'，当从帛书甲、乙本作'器成之'。夫物生而后则畜，畜而后形，形成而为器。其所由者道也，所畜者德也，所形者物也，所成者器也。"（参见陈鼓应：《老子今注今译》，第261页）

④ 曹峰：《〈老子〉的幸福观与"玄德"思想之间的关系》，《中原文化研究》2014年第4期。

⑤ 郭店简本《老子》此章与通行本、帛书本相异，写作"天下之物生于有，生于无"。陈鼓应认为，简本比帛书本、通行本少了一个"有"字，但是哲学解释却具有巨大差别意义，因为前者属于万物生成论问题，而后者属于本体论范畴。（参见陈鼓应：《老子今注今译》，第227页）

　　王弼是从本体论意义上解释这句话的①，认为"有"是天下万物之本，"无"是"有"之本。所以，"生"在这里具有本体论的意义②。

　　在老子"道生万物"的思想中，"生"具有本原论和本体论的含义，代表着"道"最根本的功能和特征。天地、神谷、万物、侯王只有得到"道"这一本原和本体，才能获得生存和发展的依据。《老子》第三十九章云：

　　　　昔之得一者，天得一以清，地得一以宁，神得一以灵，谷得一以盈，万物得一以生③。

　　河上公注："昔，往也。一，无为，道之子也。"④ 林希逸说："'一'者，道也。"⑤ 因此，这里的"一"应该是指"道"，

---

　　① "天下万物生于有，有生于无"，王弼注曰："天下之物，皆以有为生。有之所始，以无为本。将欲全有，必反于无也。"　［参见（魏）王弼注，楼宇烈校释：《老子道德经注校释》，第 110 页］

　　② 《老子》第二章所讲的"有无相生"则不具有本体论的意义，而是讲"现象界事物的显或隐"，是讲现象界事物之间的一种相对关系。"有无相生"是指"有""无"这两个范畴是相对而生，相辅相成的，有"有"则有"无"，无"有"则无"无"。（参见陈鼓应：《老子今注今译》，第 81 页）

　　③ （魏）王弼注，楼宇烈校释：《老子道德经注校释》，第 105—106 页。

　　④ 《老子道德经河上公章句》敦煌唐写本 P2639 号，此句作"一，元气，为道之子"。所以，河上公已经有用"元气"解释"一"的思想。无论是"元气"还是"无为"，都是"道之子"而非"道"，这是河上公注解的不同之处。然而，在解释"万物得一以生"时，河上公又曰："言万物皆须道以生成也。"（参见王卡：《老子道德经河上公章句》，第 154—157 页）此处又把"一"解释成了"道"。所以，河上公在注解此章中的"一"时是有矛盾的。此处的"一"应该是指"道"。老子之所以用"一"是为了表示"道"的独一无二，即王弼所言"数之始而物之极"，即严灵峰所言"一者，'道'之数"。

　　⑤ 陈鼓应：《老子注译及评介》，北京：中华书局，2015 年，第 203 页。

"得一"就是"得道"①，"万物得一以生"就是万物得道而生。在老子看来，万物的产生依赖道，万物的生存也依赖道。如果失去了道，万物将无法生存，继而走向覆灭②。《吕氏春秋·论人》所讲的"凡彼万形，得一后成"③和"故知一，则应物变化"④，就明显受到了老子这一思想的影响。《吕氏春秋》认为，君主治身的关键在于"得一"和"知一"，也就是知晓和把握"道"；其具体的修养方法则是"各种嗜好与欲望要节制，舍弃智虑权谋，除去巧伪欺诈；使自己的神思自由遨游于广阔无垠之空间"⑤，使自己的心灵立于自然无为之途，这样就不会危害人之身心。因为"天道生万物，万物得一乃后成"⑥，所以，人君如果"得道""知一"，就可以"应物变化""德行昭美""嗜欲易足""取养节薄"，就可以"动作当务，与时周旋"，就可以"复归于朴"、回归于道，这样，就像天地一样，没有事情是不能胜任的。

---

① "万物得一以生"中的"得一"是指"得道"，而非指"得到道之子"，这在《老子》第三十四章可以得到佐证："大道泛兮，其可左右。万物恃之而生而不辞，功成不名有。"此处的"万物恃之而生"的"之"就是指"大道"。王弼在注解此句时说："万物皆由道而生，既生而不知其所由。"［参见（魏）王弼注，楼宇烈校释：《老子道德经注校释》，第85页］

② 《老子》第三十九章："天无以清将恐裂，地无以宁将恐发，神无以灵将恐歇，谷无以盈将恐竭，万物无以生将恐灭，侯王无以贵高将恐蹶。""万物无以生，将恐灭"，河上公注："言万物当随时生死，不可但欲长生无已时，将恐灭亡不为物。"（参见王卡：《老子道德经河上公章句》，第156页）陈鼓应释为："万物不能保持生长，难免要绝灭"。（参见陈鼓应：《老子今注今译》，第224—225页）

③ （战国）吕不韦撰，（东汉）高诱注，俞林波校订：《元刊吕氏春秋校订》，第43页。

④ 同上。

⑤ 朱永嘉、萧木注释，黄志民校阅：《新译吕氏春秋》，第92页。

⑥ 许维遹：《吕氏春秋集释》，第74页。

老子"道生万物"以及"道"是天地万物本原、本体的思想①，对《吕氏春秋》的"本生论"产生了深远的影响②。《吕氏春秋·大乐》说："太一出两仪，两仪出阴阳，阴阳变化，一上一下，合而成章。"③ 高诱把"太一"解释为"道"，"太，至高至极，一，绝对唯一"④，二者都是形容和描述"道"的包容性和唯一性。《吕氏春秋》认为，"太一"（即道）"产生了天地，天地又生出阴阳。阴阳交感变化，一上一下，会合而成"⑤，最终孕育了万物，产生了生命。

二　庄子"以生为本"的思想

庄子与老子一样也非常关注生命的本原和本质这一哲学问题，倡导从本体论的角度认识生命，指出"道"是生命的本原，也是生命的本体。《庄子·大宗师》云：

> 夫道有情有信……自本自根，未有天地，自古以固存；神鬼神帝，生天生地；……先天地生而不为久，长于上古而

---

① 罗安宪："道不仅是事物存在之本原、本根，同时也是事物存在之根据，是万事万物之本体。"（参见罗安宪：《虚静与逍遥——道家心性论研究》，第42页）

② 陶建国："《吕氏春秋》之说法，亦秉此道家学说而来。《大乐》篇曰：'太一出两仪，两仪出阴阳。阴阳变化，一上一下，合而成章。……万物所出。''太一'即是'道'之别称。……无论系'太一'或'道'皆具备老庄'道'之性质。"（参见陶建国：《两汉魏晋之道家思想》，第237—238页）

③ （战国）吕不韦撰，（东汉）高诱注，俞林波校订：《元刊吕氏春秋校订》，第64页。

④ 朱永嘉、萧木注释，黄志民校阅：《新译吕氏春秋》，第147页。

⑤ 同上。

不为老①。

陈鼓应引章炳麟观点说："'神'，与'生'义同。"又引朱桂耀观点说："神从申……《白虎通·五行篇》……云：'申者身也。'《广雅·释诂》四：'身，傆也。'傆即有身孕，'生'之意也。"② 庄子继承了老子的道论，进一步深化了"道"的本原和本根之义，认为"道"是在天地产生之前而生成的，道以自己为本根和本原。

庄子还认为，"德"是生命的本质，"气"尤其是阴阳二气则是构成生命的物质元素③。具体而言，"德"是宇宙间诸多生命存在从"道"那里获得的先天本质，亦即生命的本质。这种先天本质由"道"落实到人，就是人的本质，就是人之"性"④。

在对人生命之本原、本体、本质、基本构成元素进行探讨之后，庄子提出了"以生为本"和"以生为体"的思想。《庄子·庚桑楚》云：

> 有生，黬也，披然曰移是。……请常言移是。是以生为本，以知为师，因以乘是非⑤。

① 成玄英疏："大道能神于鬼灵，神于天帝，开明三景，生立二仪，至无之力，有兹功用。斯乃不神而神，不生而生，非神之而神，生之而生者也。"［参见（清）郭庆藩撰，王孝鱼点校：《庄子集释》，第255页］

② 陈鼓应：《庄子今注今译》，北京：中华书局，2016年，第189—190页。

③ 《庄子·知北游》："人之生，气之聚也。聚则为生，散则为死。"《庄子·田子方》："两者（至阳之气与至阴之气——引者按）交通成和而物生焉，或为之纪而莫见其形。"《庄子·至乐》："杂乎芒芴之间，变而有气，气变而有形，形变而有生。"

④ 《庄子·庚桑楚》："道者，德之钦也；生者，德之光也；性者，生之质也。"成玄英疏："道是所修之法，德是临人之法。重人轻法，故钦仰于道。……天地之大德曰生，故生化万物者，盛德之光华也。……质，本也。自然之性者，是禀生之本也。"［参见（清）郭庆藩撰，王孝鱼点校：《庄子集释》，第811页］

⑤ （清）郭庆藩撰，王孝鱼点校：《庄子集释》，第805—807页。

"飜"是指幽暗，比喻"气之凝聚"。庄子认为，天地间任何生命的产生都是气凝聚的结果。所以，林希逸说："人之生也，同是此气，而强自分别。"这就是"常言移是""说是非不定"①。如果要"说是非的不定"，那就是"以生为根本，以心智为标准，因而造生是非"②。虽然庄子这里是在讲"是非的移易不定"，但是他也提出了"以生为本"的观点。

"体"与"本"义近，本义是指人之身体，后又引申为"本体""实体"。"以生为本"也就是"以生为体"。《庄子·庚桑楚》云：

> 古之人，其知有所至矣。……以无有为首，以生为体，以死为尻。孰知有无死生之一守者，吾与之为友③。

庄子上面这段话是在讲古人认识能力的有限。其中，处在第三种境界的人其实是认识到了"有无死生"本来是一体的④，它们"虽有差别，却同源于道"⑤。这里反映了庄子"生死一体""齐生死"的观点。然而，生死虽是一体，但是其地位还是有所区别，"生"比"死"地位高；如果拿人之身体来比喻，"生"是人之"体"、人之"脊"，"死"则是人之"尻"、人之尾椎。

庄子关于"道"是生命的本原和本体、"德"是生命的本质、

---

① 陈鼓应：《庄子今注今译》，第620页。
② 同上，第621页。
③ 《庄子·大宗师》也有类似的思想，如："子祀、子舆、子犁、子来四人相与语曰：'孰能以无为首，以生为脊，以死为尻，孰知死生存亡之一体者，吾与之友矣。'四人相视而笑，莫逆于心，遂相与为友。"
④ 他们认为，世界"原本是空无的，后来有了生命，生命迅即死亡"，所以，他们"把'无'当作头颅，把生命当作躯干，把死亡当作尻骨"。（参见陈鼓应：《庄子今注今译》，第621页）
⑤ 陈鼓应：《庄子今注今译》，第621页。

"气"是构成生命的基本元素的思想，对《吕氏春秋》的"本生论"产生了深远的影响。如《吕氏春秋·明理》说："凡生非一气之化也，长非一物之任也，成非一形之功也。故众正之所积，其福无不及也；众邪之所积，其祸无不逮也。"① 这段话的意思是说，宇宙间任何生命体的产生，都不是单靠阴、阳二气中任何一气化育的，而需要阴阳二气的和合化生；宇宙间任何生命体的长养，也不是金、木、水、火、土等某一物质所能胜任的，而需要众多事物的共同滋养；宇宙间任何生命体的成形，也不是单靠某一种形式就能完成的，而是众多形式构成的和谐整体。这就是说，阴、阳二气是构成生命的基本元素，阴阳、五行等众多元素和物质共同化生、养育和构成了人类这一特殊的生命体。

三　文子"人之所生者本也"的思想

先秦道家的第三位代表人物文子，与老子、庄子一样，也非常注重从哲学本体论的意义上关注"生"，提出"人之所生者本也"的思想。《文子·上义》云：

> 人之所生者本也，其所不生者末也。本末一体也，其两爱之，性也。先本后末谓之君子，先末后本谓之小人②。

王利器对"人之所生者本也，其所不生者末也"的解释是：

———————

① （战国）吕不韦撰，（东汉）高诱注，俞林波校订：《元刊吕氏春秋校订》，第83页。
② 《淮南子·泰族训》引本段内容为："凡人之所以事生者，本也。其所以事死者，末也。本末，一体也，其两爱之，一性也。先本后末谓之君子，以末害本谓之小人，君子与小人之性非异也，所在先后而已矣。"（参见何宁：《淮南子集释》，第1422页）

"人之生也，精神为本，形体为末。……凡修摄有方，禀受不一，故有君子小人之异。"① 在文子等先秦道家看来，人的生命与外物之间存在本末体用关系，生命是本、是体，外物是末、是用。在人的生命内部，精神为本，形体为末，精神与形体共同构成了人的生命整体。养生要先本后末，即先养神后养形。

　　文子"人之所生者本也"的思想，对《吕氏春秋》的"本生论"产生了一定的影响。《吕氏春秋·勿躬》说："圣王之德，融乎若月之始出……神合乎太一，生无所屈而意不可障；精通乎鬼神，深微玄妙而莫见其形。今日南面，百邪自正而天下皆反其情，黔首毕乐其志、安育其性而莫为不成。"② 这段话表明，圣王以生命为本、以治天下等外在事物为末，通过"养其神、修其德"来达到精神与道合一、本性无所屈抑、心意不受障碍的境界，从而为其牧民驭官、治国理政打下良好的根基。所以，以人的生命为本、注重养神与养性，提倡圣人在治身的基础上来治国治天下，是先秦道家与秦汉道家"以生为本"思想的一大共同点③。

四　先秦儒家的"本身"与"生之本"思想

　　先秦儒家也非常重视人的生命和身体，如曾子、子思、孟子

---

　　① 王利器：《文子疏义》，北京：中华书局，2000 年，第 463 页。
　　② （战国）吕不韦撰，（东汉）高诱注，俞林波校订：《元刊吕氏春秋校订》，第 260 页。
　　③ 司马谈在《论六家要旨》中谈论"道家"时说："凡人所生者神也，所托者形也。神大用则竭，形大劳则敝，形神离则死。死者不可复生，离者不可复反，故圣人重之。由是观之，神者生之本也，形者生之具也，不先定其神，而曰我有以治天下，何由哉。"

提出了"本身"和"修身"的思想，荀子提出了"天地者，生之本"的思想，都对《吕氏春秋》产生了一定的影响。

第一，《孟子》《大学》《中庸》中的"本身"思想对《吕氏春秋》的影响。孔子之后，"儒分为八"，七十子及其后学形成了不同的儒家学派，其中"思孟学派"①的代表曾子、子思、孟子都有"本身"思想，分别体现在《大学》②《中庸》《孟子》中③。例如《中庸》提出了"君子之道，本诸身"和"修身以道"的观点④。何谓"君子之道，本诸身"？朱熹说："此君子，指王天下者而言。……本诸身，有其德也。"⑤ 这就是说，君王治国理政之道在于修身养德，在品德和言行方面要做百官和民众

① 梁涛："我认为思孟学派是可以成立的，这是因为：首先，司马迁有孟子'受业于子思之门人'的记载……子思、孟子二人既存在间接的师承关系，思想上也当有一定的联系。其次，荀子称子思、孟子'案往旧造说，谓之五行'，'子思唱之，孟轲和之'，说明子思、孟子在'五行'说上有倡和。"（参见梁涛：《郭店竹简与思孟学派》，北京：中国人民大学出版社，2008 年，第 58 页）

② 《大学》云："古之欲明明德于天下者，先治其国；欲治其国者，先齐其家；欲齐其家者，先修其身；欲修其身者，先正其心；欲正其心者，先诚其意；欲诚其意者，先致其知；致知在格物。……自天子以至于庶人，壹是皆以修身为本。"

③ 梁涛："二程、朱熹不仅肯定了曾子、子思、孟子的传授系统，还将《大学》《中庸》从《礼记》中独立出来，与《论语》《孟子》一起合为四书，其中《中庸》为子思所作，《大学》为孔子之传而曾子'作为传义以发其意'。"（参见梁涛：《郭店竹简与思孟学派》，第 58 页）孟子继承了曾子、子思重视"修身"的思想，进一步提出"天下之本在国，国之本在家，家之本在身"的思想。例如：《孟子·离娄上》说："人有恒言，皆曰'天下国家'。天下之本在国，国之本在家，家之本在身。""恒"，常也。朱熹解释说："虽常言之，而未必知其言之有序也。故推言之，而又以家本乎身也。……《大学》所谓'自天子至于庶人，壹是皆以修身为本'，为是故也。"［参见（宋）朱熹：《四书章句集注》，第 283 页］由此可见，在孟子看来，天下、国家之本均在人之身，人之身体、生命是治理国家、平定天下的根本。

④ 《中庸》第二十九章说："故君子之道：本诸身，征诸庶民，考诸三王而不缪，建诸天地而不悖，质诸鬼神而无疑，百世以俟圣人而不惑。"［参见（宋）朱熹：《四书章句集注》，第 37 页］

⑤ （宋）朱熹：《四书章句集注》，第 37 页。

的楷模，由内圣而达到外王。

《中庸》还从"修身与为政"关系的角度进一步探讨了"为天下国家"之"九经"的问题。《中庸》第二十章云：

> 哀公问政。子曰："文武之政，布在方策。……凡为天下国家有九经，曰：修身也，尊贤也，亲亲也，敬大臣也，体群臣也，子庶民也，来百工也，柔远人也，怀诸侯也。"①

孔子在回答鲁哀公问政时阐述了君主"为天下国家"之"九经"，其第一经就是"修身"②。这是儒家提倡的人君治国、平天下的根本法则。

第二，荀子"天地者，生之本"的思想③对《吕氏春秋》的影响。作为先秦儒家的另一派代表，荀子虽然极力批判子思和孟子④，但是在重视人之身体、生命方面，他却与思孟学派相一致。《荀子·礼论》认为，礼有三个本原，一是生命之本原——天地，二是种类之本原——先祖，三是治道之本原——君师，三者缺一不可。所以，礼的作用上可"事天"，下可"事地"，中可"尊先祖而隆君师"。

---

① （宋）朱熹：《四书章句集注》，第28—30页。

② 朱熹认为："人君为政在于得人，而取人之则又在修身。（人君）能修其身，则有君有臣，而政无不举矣。"［参见（宋）朱熹：《四书章句集注》，第28页］

③ 《荀子·礼论》曰："礼有三本：天地者，生之本也；先祖者，类之本也；君师者，治之本也。无天地恶生？无先祖恶出？无君师恶治？三者偏亡焉，无安人。故礼上事天，下事地，尊先祖而隆君师，是礼之三本也。"［参见（清）王先谦撰，沈啸寰、王星贤点校：《荀子集解》，第413页］

④ 荀子在《荀子·非十二子》中批判子思、孟子学派时说："略法先王而不知其统，犹然而材剧志大，闻见杂博。案往旧造说，谓之五行，甚僻违而无类，幽隐而无说，闭约而无解。案饰其辞而祗敬之曰：此真先君子之言也。子思唱之，孟轲和之，世俗之沟犹瞀儒，嚾嚾然不知其所非也，遂受而传之，以为仲尼、子游为兹厚于后世，是则子思、孟轲之罪也。"

需要注意的是，在看待生命的本原、本根的问题上，以荀子为代表的先秦儒家和以老庄为代表的先秦道家是有明显区别的，先秦儒家认为天地是最高的范畴，天地是生命的本原、本根，宇宙万物包括人类之生命都来源于天地。先秦道家则认为天地之外还有一个更高的范畴即"道"，"道"是天地万物的本原和本根①。

第二节　本生之义

本生之义②是指本生的含义、意思、内涵。《吕氏春秋》中的本生之义有四：一、主张"天"是生命的本原；二、"生，性也"③；三、"性者，万物之本"④；四、"全性之道"与"全德之人"⑤。

---

① 《老子》第四十二章："道生一，一生二，二生三，三生万物。"《老子》第三十九章："天得一以清，地得一以宁，神得一以灵，谷得一以盈，万物得一以生，侯王得一以为天下贞。"

② 《说文》曰："义，己之威仪也。从我、羊。"［参见（汉）许慎著，班吉庆、王剑、王华宝点校：《说文解字校订本》，第95页］

③ 《吕氏春秋》中的"全性"多是从"全生"即保全生命的意义上来讲的，所以，全性之"性"与全生之"生"意义基本相同，都是指天所赋予人的生命。

④ 《吕氏春秋》从本末关系来看待生命与外物的关系，以生命为本，以外物为末，重生轻物，保全人之本性。

⑤ 《吕氏春秋》主张，圣人对于外在事物要根据"利生则取，害性则舍"的原则进行取舍，而能够做到这一点的人，就会形全神和、精神通乎天地，这就是"全德之人"。

一　天始生，人养成

《吕氏春秋》"本生论"从哲学本体论的意义上思考宇宙间的生命现象，首先对宇宙间生命的本原、本体进行了思考。那么，生命的本原是什么？《吕氏春秋》云：

> 始生之者，天也；养成之者，人也。(《吕氏春秋·本生》)①
>
> 始生人者天也。(《吕氏春秋·大乐》)②

上面的论述表明，"天"是人的生命本原，即"初始化育生命的是天，养护生命成长的是人"③。《吕氏春秋》接着从"政治以养育人民之生命为本"的角度论述了天子的产生与官职的设立的原因。《吕氏春秋·本生》云：

> 天子之动也，以全天为故者也。此官之所自立也④。

《吕氏春秋》认为，要保全和养护天下所有人的生命，需要有一个承担这一重任的人。承担这一重任的人，必须是天之化身、必须是天在人世间的代表，这个人就是天之子，简称"天子"。所以，"天子"是为了解决人与人之间的纷争和世间的混乱、承担起养护人民生命重任而产生的。

---

① （战国）吕不韦撰，（东汉）高诱注，俞林波校订：《元刊吕氏春秋校订》，第10页。

② 同上，第65页。

③ 朱永嘉、萧木注释，黄志民校阅：《新译吕氏春秋》，第12页。

④ （战国）吕不韦撰，（东汉）高诱注，俞林波校订：《元刊吕氏春秋校订》，第10页。

　　《吕氏春秋》认为，"保全人之生命与天性"是天子的职责。何谓"全天"？高诱注："全犹顺也。天，性也。"① 陈奇猷说："天指天所赋予人者，即天性与生命。高（诱）仅云'性也'，义太狭，与下文'多官而反以害生'及'人之性寿'皆不相应。"② 所以，"全天"就不仅仅是指"君王在乎自己而已，而是要关怀最大多数百姓的生命保障问题"③。

　　然而，天子"不能独治，必设官以为治"④，即设立百官来辅佐自己完成"全天""全生"之重任，这是"天子之所以要设置官吏的目的所在"⑤。《吕氏春秋·本生》云：

　　　　立官者，以全生也。今世之惑主，多官而反以害生，则失所为立之矣。譬之若修兵者以备寇也。今修兵而反以自攻，则亦失所为修之矣⑥。

　　《吕氏春秋》还主张，"由养生而全生，全生即是全天，全天即是理性全般呈现"⑦，所以，《吕氏春秋》中的"天理人欲的抵抗性，比之原始道家及儒家，较为轻微，这也表现出战国末期道家的特色"⑧。

　　这种把生命哲学与政治思想结合起来，从本生、全生的角度来论证天子和官职设立必要性的学说，既赋予了天子及现实政权

---

① 许维遹：《吕氏春秋集释》，第13页。
② 陈奇猷：《吕氏春秋新校释》，第23页。
③ 张银树：《评析〈吕氏春秋〉的全生之道》，《哲学与文化》2003年第9期。
④ 徐复观：《两汉思想史》（二），第34页。
⑤ 朱永嘉、萧木注释，黄志民校阅：《新译吕氏春秋》，第12页。
⑥ （战国）吕不韦撰，（东汉）高诱注，俞林波校订：《元刊吕氏春秋校订》，第10页。
⑦ 徐复观：《两汉思想史》（二），第41页。
⑧ 同上，第41页。

的合法性，又给予了天子、官吏"保全自己及全体生民之生命"的重要职责。《吕氏春秋》的作者之所以提出这样的理论，是因为他们看到了现实中糊涂的君主"虽多立官职，然而不听使令，反致亡国而伤己之生命"① 的残酷现实。

二　"生，性也"

如前所述，《吕氏春秋》中的"全性"多是从"全生"的意义上来论述，所以，全性之"性"与全生之"生"意义基本相同，都是指天所赋予人的生命与本性。《吕氏春秋·知分》云：

生，性也；死，命也②。

"性"在《吕氏春秋》中是一个非常重要的概念，其含义主要有三：一、"人或事物的本性，天性"；二、"性情"；三、"生命，性命"③。《吕氏春秋·知分》通过在江中遇到黄龙负舟的大禹面对死亡威胁时所表达的达观态度来阐明生与性的关系。他说："我受命于天，竭尽全力来养育人民。（我）生是天性所至，（我）死是命中注定，我何必为龙而忧惧呢？"④ 这个故事表明，大禹通晓"生死之分、厉害之经"，懂得人和物都是阴阳化生的产物，阴阳是由天造就而成的。《吕氏春秋》认为，天有各种变

---

① 陈奇猷：《吕氏春秋新校释》，第24页。
② （战国）吕不韦撰，（东汉）高诱注，俞林波校订：《元刊吕氏春秋校订》，第321页。
③ 张双棣，殷国光，陈涛：《吕氏春秋词典》（修订本），第396页。
④ 朱永嘉、萧木注释，黄志民校阅：《新译吕氏春秋》，第849页。

化，造就了人之命运的变化。圣人通晓这个道理，所以能够像天一样大公无私，不会因为感怀私心而伤害神明。《吕氏春秋·荡兵》云：

> 性者，所受于天也，非人之所能为也，武者不能革，而工者不能移①。

张立文认为这句话是说，"人性的来源和根据是自然之天"，它反映了秦汉时期"人对于自我本性与情感活动及其关系的认识中存在把人性道德本体与天命宇宙本体统一起来"的倾向②。《吕氏春秋》中这种把人性与天命统一起来的人性论思想，上承荀子"性者，天之就"的人性论思想，下启董仲舒"性者，生之质"的人性论思想，表现出先秦人性论向秦汉人性论思想的过渡和转化。

《吕氏春秋》主张，人的生命与本性不仅是天所赋予的，而且极有可能是长寿的。然而，由于声色滋味、天下国家等外物来扰乱它，就使其不得长寿了。《吕氏春秋·本生》云：

> 人之性寿，物者抇之，故不得寿。物也者，所以养性也，非所以性养也。今世之人，惑者多以性养物，则不知轻重也。不知轻重，则重者为轻，轻者为重矣。若此，则每动无不败。以此为君悖，以此为臣乱，以此为子狂。三者国有

---

① （战国）吕不韦撰，（东汉）高诱注，俞林波校订：《元刊吕氏春秋校订》，第90页。

② 张立文：《中国哲学范畴发展史》（人道篇），北京：中国人民大学出版社，1995年，第483页。

一焉，无幸必亡①。

上面这段话旨在论述"养生处世与外物之间的轻重本末关系"②，认为人之身体和生命为重，声色滋味、财富资货、天下国家等一切身外之物为轻。近代生物学、人类学等与生命相关学科研究表明，人是一种来源于自然的存在，是一种特殊的生命体。人要生存，就要依赖外物；人要保全生命，就需要外物的滋养，这是"以物养性"。然而，外物是从属于生命的，是为生命服务的，如果颠倒了二者的关系，以外物为重，以生命为轻，损耗人的身体和生命来追逐物欲，这就是"不知轻重"，这就会导致"每动无不败"的结果。具体来讲，如果"持这样的态度做君主，就会惑乱糊涂"；如果"持这样的态度做臣子，就会败乱纲纪"；如果"持这样的态度做儿子，就会狂放无礼"③。一个国家如果遇到上面三种情况中的任何一种，都不会幸免，必然会败亡。

因此，《吕氏春秋》极力反对现实社会中贵富之人不知重生而导致各种祸患的行为，认为：如果贵富之人不知道"全天""全生""全性"的道理，不明白追逐外物可能会带来"招蹶之机""烂肠之食""伐性之斧"这样严重的祸患，那还不如处于贫贱呢？因为人处于贫贱之时，尚没有金钱和财力来求致外物，

---

① （战国）吕不韦撰，（东汉）高诱注，俞林波校订：《元刊吕氏春秋校订》，第10页。
② 朱永嘉、萧木注释，黄志民校阅：《新译吕氏春秋》，第12页。
③ 张双棣等注译：《吕氏春秋译注》（修订本），第12页。

也不会招致各种祸患对生命的伤害①。

三　性者，万物之本

《吕氏春秋》不仅从轻重关系上看待生命与外物的关系，而且从本末关系上看待生命与外物的关系，提出"性者，万物之本"的观点。《吕氏春秋·贵当》云：

> 治物者不于物，于人。治人者不于事，于君。治君者不于君，于天子。治天子者不于天子，于欲。治欲者不于欲，于性。性者，万物之本也，不可长，不可短，因其固然而然之，此天地之数也②。

高诱、许维遹、陈奇猷对"性者，万物之本也"中的"性"均没有注解，张银树认为："此处的性字指的是生命，这个生命不但是天赋的'固然'，也是天地之自然规律的表现。"③ 所以，这里的"性"是从生命、寿命的意义上而言的。《吕氏春秋》认为，人之生命或寿命是上天所赋予的，所以又称为"天地之数"，它代表着人的生命的自然期限，所以又称为"天年"。《吕

---

① 《吕氏春秋·本生》："贵富而不知道，适足以为患，不如贫贱。贫贱之致物也难，虽欲过之，奚由？出则以车，入则以辇，务以自佚，命之曰招蹶之机。肥肉厚酒，务以自强，命之曰烂肠之食。靡曼皓齿，郑卫之音，务以自乐，命之曰伐性之斧。三患者，贵富之所致也。故古之人有不肯贵富者矣，由重生故也。非夸以名也，为其实也，则此论之不可不察也。"［参见（战国）吕不韦撰，（东汉）高诱注，俞林波校订：《元刊吕氏春秋校订》，第 11—12 页］

② （战国）吕不韦撰，（东汉）高诱注，俞林波校订：《元刊吕氏春秋校订》，第 387—388 页。

③ 张银树：《评析〈吕氏春秋〉的全生之道》，《哲学与文化》2003 年第 9 期。

氏春秋·先己》云："及其天年，此之谓真人。"① 这里的"天年"，《吕氏春秋词典》释为"自然的寿数"②，也就是天所赋予人的寿命。"及"是指达到。所以，范耕研说："'及其天年'者，谓达其应得之寿也。"③

《吕氏春秋》认为，任何事情都有一个根本，人之根本则在于"治身"和"啬其大宝"，也就是爱惜生命、修养自身。而"治身"就是通过不断地吐故纳新来畅通自己身体之肌理，使人身体内的精气不断更新，邪气全部排出，这样，就会终其天年。这样的人就是"真人"。所以，《吕氏春秋》中的"真人"不是指保持人之本真之性的人，而是指血脉通畅、精气日新、邪气尽去、形全神和、能够达到寿命自然极限的人，也就是百岁的长寿之人④。

综上，在《吕氏春秋》看来，人之生命、性命是"万物的根本"⑤，是"一切的基础，没有了它的存在，生活的现实性就都将不存在"⑥。所以，人君治国治天下，就要首先分清楚生命

---

① （战国）吕不韦撰，（东汉）高诱注，俞林波校订：《元刊吕氏春秋校订》，第 41 页。

② 张双棣，殷国光，陈涛：《吕氏春秋词典》（修订本），第 498 页。

③ 陈奇猷：《吕氏春秋新校释》，第 150 页。

④ 古人认为，人的寿命的自然极限是一百岁。《吕氏春秋·安死》："人之寿，久之不过百，中寿不过六十。以百与六十为无穷者之虑，其情必不相当矣。以无穷为死者之虑，则得之矣。"《庄子·盗跖》："人上寿百岁，中寿八十，下寿六十，除病瘦死丧忧患，其中开口而笑者，一月之中不过四五日而已矣。天与地无穷，人死者有时，操有时之具而托于无穷之间，忽然无异骐骥之驰过隙也。不能说其志意，养其寿命者，皆非通道者也。"《列子·杨朱》："百年，寿之大齐。得百年者千无一焉。设有一者，孩抱以逮昏老，几居其半矣。夜眠之所弭，昼觉之所遗，又几居其半矣。痛疾哀苦，亡失忧惧，又几居其半矣。量十数年之中，逌然而自得亡介焉之虑者，亦亡一时之中尔。则人之生也奚为哉？奚乐哉？"

⑤ 朱永嘉、萧木注释，黄志民校阅：《新译吕氏春秋》，第 1033 页。

⑥ 张银树：《评析〈吕氏春秋〉的全生之道》，《哲学与文化》2003 年第 9 期。

与外物的本末、主从关系，让外物来为生命服务，而不要让生命
成为外物的奴隶。易言之，就是要保持人之生命的本真状态，不
要让生命发生异化①。而要做到这一点，人君就要"节欲"，这
是因为"人君能节欲，即可少取于民，让人民能自养其生"②，
达到全己之生与全民之生的双重目的。

四 全性之道与全德之人

既然人之生命为本、为重，声色滋味等外物为末、为轻，那
么，面对美声、美味、美色等外物的诱惑，人应该如何全性、养
生呢？《吕氏春秋》认为，人要根据"利于性则取之，害于性则
舍之"的原则来处理生命与外物的关系，来应对声色滋味等外
物对人的诱惑，这就是所谓"全性之道"。《吕氏春秋·本
生》云：

> 今有声于此，耳听之必慊己，听之则使人聋，必弗听；
> 有色于此，目视之必慊己，视之则使人盲，必弗视；有味于
> 此，口食之必慊己，食之则使人喑，必弗食。是故圣人之于
> 声色滋味也，利于性则取之，害于性则舍之，此全性之
> 道也③。

---

① "异化"，英文为 alienation，义为转让、疏远、脱离等。作为哲学概念，它
所反映的实质内容，不同历史时期的学者有不同的解释。笔者所理解的"异化"是
指在人与物的关系中，"人丧失了能动性，遭到异己的物质力量（如金钱权力）或精
神力量（如思想观念）的奴役，从而使人的个性不能全面发展，只能片面甚至畸形
发展。"（参见金炳华：《哲学大辞典：分类修订本》，第95页）

② 徐复观：《两汉思想史》（二），第34页。

③ （战国）吕不韦撰，（东汉）高诱注，俞林波校订：《元刊吕氏春秋校订》，
第10—11页。

　　《吕氏春秋》认为，虽然某种美声能够满足人的耳朵，但是听了这样的声音会导致耳聋，那么耳朵就不听；虽然某一美色能够满足人的眼睛，但是看了就会导致眼瞎，那么眼睛就不看；虽然某种美味能够满足人的味蕾，但是吃了使人变哑，那么口就不吃。所以，圣人"对于声色滋味这三者，凡是利于生命本性的就吸取它，反之则舍弃"①，这是圣人"保全生命本性的根本办法"②，也就是"全性之道"。世上的那些富贵之人，由于没有把握"全性之道"，所以总是被声色滋味等外物诱惑而迷失了自我，日日夜夜追求物欲的满足。一旦他们的某种欲望有幸得到了满足，他们就循欲而动，以身从物，从而丧失了人之本真之性，这样，怎么可能不伤害人之性命呢？《吕氏春秋·本生》云：

　　　　世之贵富者，其于声色滋味也多惑者，日夜求，幸而得之则遁焉。遁焉，性恶得不伤？③

　　《吕氏春秋》进一步拿射箭的例子为喻，来说明外在事物对生命的伤害。这就好比"成千上万的人手执弓箭射向一个目标，那这个目标没有不被射中的。品类繁盛的万物齐来戕害一个生命，这个生命不可能不遭受伤残"④。反之，如果人能够把握"全性之道"来利用和制约万物，就会远离外物的伤害而保全人之生命。人的生命一旦保全了，其眼、耳、鼻、口等感官就会得到保养，身体关节就会通畅，精神就会平和。这样的人，就是所

　　──────────

　　① 　朱永嘉、萧木注释，黄志民校阅：《新译吕氏春秋》，第13页。
　　② 　同上。
　　③ 　（战国）吕不韦撰，（东汉）高诱注，俞林波校订：《元刊吕氏春秋校订》，第11页。
　　④ 　朱永嘉、萧木注释，黄志民校阅：《新译吕氏春秋》，第14页。

谓"全德之人"。《吕氏春秋·本生》云：

> 万人操弓共射一招，招无不中。万物章章，以害一生，
> 生无不伤，以便一生，生无不长。……若此人者，不言而
> 信，不谋而当，不虑而得，精通乎天地，神覆乎宇宙。其于
> 物无不受也，无不裹也，若天地然。上为天子而不骄，下为
> 匹夫而不惛。此之谓全德之人。①

《吕氏春秋》这里的"德"应该如《老子》中的"德"一
样，是指"性"，即人之本性，而非人之道德、品行。罗安宪认
为："老子之所谓'德'，其实即是后代之所谓'性'。德者，得
于道者也。……得于道而为人之根本者，乃人之性也。"② 然而，
"性"与"德"又有区别，性来自天，性属天；德是人从天或道
那里获得的特质和属性，德属人。《吕氏春秋》这里讲的是圣人
制用万物以全生和全性的问题。而它所提倡的"全德之人"不
仅可以"完成天所赋予之寿命而年寿得长"，而且可以使自己的
生命"若天地然"而"可以与天地之精相通感"③。《吕氏春秋》
中的这种"以养生而得到与天地相通的精神境界"的思想，是
对老子"致虚极，守静笃"的思想和庄子关于"精"的思想的
继承和发展，又对"汉代《淮南子》中的道家及董仲舒以很大
的影响"④。

---

　① （战国）吕不韦撰，（东汉）高诱注，俞林波校订：《元刊吕氏春秋校订》，
第 11 页。
　② 罗安宪：《虚静与逍遥——道家心性论研究》，第 92 页。
　③ 徐复观：《两汉思想史》（二），第 43 页。
　④ 同上。

第三节　本生之意

本生之意是指"本生论"所具有的意义，它主要包括两点：一、以生为本，以物养性，就会形体健全，精神和畅，达到"天全与神和"的境界；二、圣人通过养性来全其天，则会"精通乎天地，神覆乎宇宙"，与天地相感通，实现其在治身养性方面"法天地"的目标。

一　天全与神和

《吕氏春秋》认为，本生的第一个意义就是使人能够达到天全与神和的生命境界。"天全"与"神和"是先秦道家的主要思想之一，如《庄子·达生》云：

> 彼（指至人）将处乎不淫之度，而藏乎无端之纪，游乎万物之所终始，壹其性，养其气，合其德，以通乎物之所造。夫若是者，其天守全，其神无郤，物奚自入焉！夫醉者之坠车，虽疾不死。骨节与人同而犯害与人异，其神全也，乘亦不知也，坠亦不知也，死生惊惧不入乎其胸中，是故忤物而不慑。彼得全于酒而犹若是，而况得全于天乎？圣人藏于天，故莫之能伤也①。

上面的话是庄子借关尹与列子讨论至人的故事而提出的思

---

① （清）郭庆藩撰，王孝鱼点校：《庄子集释》，第637—638页。

想。他认为，至人能够"止于所受之分，冥然与变化日新，放任乎自然之境，遨游乎造化之场"①，能够"率性而动，爱养元气，常于玄德冥合"②，能够"达至道之原，通自然之本"③。这样的至人，就会达到"其天守全，其神无郤"的境界。成玄英把"其天守全"释为"保守自然之道，全而不亏"，把"其神无郤"释为"其心神凝照，曾无间郤"④。陈鼓应把"其天守全"释为"他（指至人）的天性完备"，把"其神无郤"释为"他的精神凝聚"⑤。由此可见，至人是能够保全自然之道所赋予人的天性，能够使自己"心无缘虑，神照凝全"⑥。这样，死生、忧惧等外在事物就不会侵入至人的灵府，伤害其身心，至人自然就可以达到"天全"与"神全"的境界。

《吕氏春秋》吸收了庄子"至人天全与神全"的思想，并把它用来描述圣人持守"本生之道"所具有的重要意义。它认为，圣人把生命作为根本，并在此基础上制约万物，就能够达到天全与神和的生命境界。《吕氏春秋·本生》云：

> 故圣人之制万物也，以全其天也。天全，则神和矣，目明矣，耳聪矣，鼻臭矣，口敏矣，三百六十节皆通利矣⑦。

许维遹说："（高诱把）'天'训'身'，犹'天'训'性

---

① （清）郭庆藩撰，王孝鱼点校：《庄子集释》，第637—638页。
② 同上，第638页。
③ 同上。
④ 同上。
⑤ 陈鼓应：《庄子今注今译》，第482页。
⑥ （清）郭庆藩撰，王孝鱼点校：《庄子集释》，第639页。
⑦ （战国）吕不韦撰，（东汉）高诱注，俞林波校订：《元刊吕氏春秋校订》，第11页。

也'。"① 范耕研说："养身之道，在于全天，天非即身也，（高诱）注非。上文'以全天为故者也'，彼处以性训天，甚精确，此又训以身字，前后歧出，其误显然。"② 陈奇猷说："本篇所谓'天'系包括性与生命二者言之……天，指天所赋予人者，即天性。"③ 所以，"全天"就是"全生"和"全性"。这段话是说，圣人制约万物，其目的在于"全生"和"全性"。人之"天性若得保全，那么便会精神和谐，耳聪目明，嗅觉敏锐，口齿灵巧，全身三百六十个关节都畅通顺达"④。易言之，若以生为本，节欲制物就会实现人之天性与生命的双重保全，使人达到"天全与神和"的境界。

《吕氏春秋·大乐》则进一步阐述了这一思想，它说：

> 大乐，君臣父子长少之所欢欣而说也。欢欣生于平，平生于道。道也者，……谓之太一。故一也者制令，两也者从听。……能以一治其身者，免于灾，终其寿，全其天⑤。

"终其寿，全其天"之"天"，高诱注："天，身。"⑥ 陈奇猷说："天当从《本生》注训为性。若训为身，全其身与终其寿义复。"⑦ 其实，"身"与"性"这两种解释皆可通，若释为"身"，是从"身体是生命的载体"的意义上讲，"全其身"就

---

① 许维遹：《吕氏春秋集释》，第16页。
② 陈奇猷：《吕氏春秋新校释》，第29页。
③ 同上。
④ 朱永嘉、萧木注释，黄志民校阅：《新译吕氏春秋》，第14页。
⑤ （战国）吕不韦撰，（东汉）高诱注，俞林波校订：《元刊吕氏春秋校订》，第65页。
⑥ 同上。
⑦ 陈奇猷：《吕氏春秋新校释》，第268页。

是"全其生"，即保全天所赋予人的身体和生命；若释为"性"，
是从"性是随着人的出生所禀赋的天性"的意义上讲，"全其
性"也就是在保全生命的同时保全人的本性。这句话是说，圣
人如果能够能用"一"即道来治理其身，就会免于灾祸的伤害，
终其寿命，全其天性。

二　精通天地，神覆宇宙

《吕氏春秋》还认为，"本生论"的意义不仅在于使圣人达
到天全、神和的境界，还在于实现人与天地的感通，使人达到精
气贯通天地，深思含蕴宇宙的境界，实现其在治身养性方面
"法天地"的目标。《吕氏春秋·本生》云：

> 若此人者，不言而信，不谋而当，不虑而得，精通乎天
> 地，神覆乎宇宙①。

这里的"此人"是指前面所说的"达到天全与神和境界的
人"。《吕氏春秋》认为，像这样的人，就能够做到"不言而信，
不谋而当，不虑而得"。何谓"不言而信"？高诱引《论语》中
孔子"天何言哉"一语②来进行解释："法天不言，四时行焉，
是其信也。"何谓"不谋而当，不虑而得"？高诱引《诗经》中
"不识不知，顺帝之则"一语③来进行解释："《诗》云：'不识

---

① （战国）吕不韦撰，（东汉）高诱注，俞林波校订：《元刊吕氏春秋校订》，
第11页。
② 子曰："予欲无言。"子贡曰："子如不言，则小子何述焉？"子曰："天何言
哉？四时行焉，百物生焉，天何言哉？"（《论语·阳货》）
③ 《诗经·大雅·皇矣》："皇矣上帝，临下有赫。监观四方，求民之莫。……
帝谓文王：予怀明德，不大声以色，不长夏以革。不识不知，顺帝之则。"

不知，顺帝之则。'故曰不谋虑而当合得事实。"高诱此解颇合
道家之义，《庄子·刻意》亦有此说法："圣人之生也天行，其
死也物化。……不思虑，不豫谋。光矣而不耀，信矣而不
期。……虚无恬淡，乃合天德。"① 其中，"不思虑，不豫谋"也
就是"不虑而得，不谋而当"，是指圣人"付之天理，理至而
应……物来斯照，终不预前谋度而待机务者也"②；"信矣而不
期"也就是"不言而信"，是指圣人"信若四时，必无差忒，机
来方应，不预期也"③。

《吕氏春秋·本生》的作者这里所表达的思想是，能够达到
天全、神和境界的人，不用言语就能赢得别人的信任，不用谋划
就能使诸事恰当，不用思虑就能洞悉一切。而达到这一境界的
人，其实就不是普通的凡人了，而是具备了与天地相感通能力的
"圣人"。具备这种能力的人，能够"精气贯通天地，深思含蕴
宇宙"④，与天地、宇宙相感通；具备这种能力的人，其"德"
圆满无缺，广大无边，"如天无不覆，如地无不载"⑤；其"精"
充沛天地而永不衰竭，其"神"覆盖宇宙而无边无涯。具备这
种圆满大德和饱满精神的人，虽贵为天子而不骄纵，虽贱如平民
而不忧闷；即使富有天下也不会傲慢矜夸，即使贫无衣食也不担
忧害怕。这样的人，亦被《吕氏春秋》称之为"全德之人"或
"得道之人"。《吕氏春秋》云：

① （清）郭庆藩撰，王孝鱼点校：《庄子集释》，第 543—544 页。
② 同上，第 545 页。
③ 同上。
④ 朱永嘉、萧木注释，黄志民校阅：《新译吕氏春秋》，第 14 页。
⑤ 许维遹：《吕氏春秋集释》，第 16 页。

其于物无不受也，无不裹也，若天地然。上为天子而不骄，下为匹夫而不惛，此之谓全德之人。(《本生》)①

得道之人，贵为天子而不骄倨，富有天下而不骋夸，卑为布衣而不瘁摄，贫无衣食而不忧慑……以天为法，以德为行，以道为宗，与物变化而无所终穷，精充天地而不竭，神覆宇宙而无望。(《下贤》)②

《吕氏春秋》这里主张圣人通过制物养性来达到精气贯通天地、深思含蕴宇宙、对于外界的万事万物无不覆载和包容的境界。在它看来，人与天地之间具有可以感通的基础，"精为万物所同具"，"生命中之精，本是来自天之精"③，"人之精"与"天地之精"才可以相通感。徐复观认为，《吕氏春秋》这种"以养生致精而可与天地及天下相通感"的思想，是"由战国末期道家发展老子重生贵己的这一部分思想而来"，反映了战国末期"与阴阳家相混合以后一方面是庸俗化，另一方面是神秘化的道家思想"④。这种道家思想与老庄的原始道家思想已经拉开了很大的距离，"在当时旁通于神仙方士，在以后发展为道教的炼气炼丹"⑤。所以，《吕氏春秋》"本生论"所体现的道家思想已经是战国末期发展了的新道家思想。这一新道家思想既有着老庄尊道贵德的基因，又吸收了稷下道家的"精气说"思想，融合了杨朱学派"贵己重生、全性保真"的思想，掺入了阴阳家

---

① （战国）吕不韦撰，（东汉）高诱注，俞林波校订：《元刊吕氏春秋校订》，第11页。
② 同上，第211—212页。
③ 徐复观：《两汉思想史》（二），第46页。
④ 同上，第46—47页。
⑤ 同上，第47页。

"天人感应"的思想，并在此基础上进行了综合创新，体现了自己的思想特色，对汉初黄老道家和后世道教思想的发展都有一定的影响。

第四节　"本生"与"本身"

《吕氏春秋》的"本生论"还包含着丰富的以身体为本的"本身"思想。

一　为国之本，在于为身

身体是生命的载体，是精神的寓所。《吕氏春秋》强调君王治国的根本不在于国治理得如何，而在人君的身治理得如何。《吕氏春秋·执一》云：

> 楚王问为国于詹子，詹子对曰："何闻为身，不闻为国。"詹子岂以国可无为哉？以为为国之本在于为身①。

楚王向詹子请教"为国"即治理国家的问题②。这里的"詹子"，在《庄子·让王》中作"瞻子"，《列子·说符》《韩非子·解老》《淮南子·原道训》中作"詹何"。高诱注："詹何，

---

　　① （战国）吕不韦撰，（东汉）高诱注，俞林波校订：《元刊吕氏春秋校订》，第 270 页。
　　② 在《列子·说符》中载有与本篇相同的故事，"詹子"作"詹何"，"楚王"作"楚庄王"。据陈奇猷考证，"此文楚王盖指（楚）顷襄王，而《列子·说符》'庄'乃'襄'音近之误。"（参见陈奇猷：《吕氏春秋新校释》，第1147页）

隐者。"① 陈奇猷认为："詹何当是楚顷襄王时人……盖一术士。《淮南·诠言训》引有詹何语，本书《先己》《孝行》《求人》《处方》四篇高（诱）注亦皆引詹何曰，似詹何本有著述，而《汉书·艺文志》失载。"② 由《吕氏春秋》之《执一》《审为》都尊称詹何为詹子可以看出，这两篇的作者当为詹何的弟子或后学，这一作者群体与《庄子·让王》也有密切联系③。

何谓"为身"与"为国"？它们二者之间的关系如何？高诱注："身治国乱，未之有也，故曰为身。"毕沅说："为训治也。《意林》两'为'字即改作'治'。"陈奇猷同意毕沅的解释，并进一步解释说："詹何有'身治而国不治者，未之有也'之语（《吕氏春秋·孝行》注二），则高（诱）注二语盖詹何之言。"④ 那么，詹何的"治身"与"治国"之道是指什么呢？《吕氏春秋·执一》说：

> （詹子）以为为国之本在于为身，身为而家为，家为而国为，国为而天下为。故曰以身为家，以家为国，以国为天下。此四者异位同本⑤。

詹何认为，修身、理家、治国、为天下这四件事"虽然地位各异，但它们的根本点却是相同的"，它们的根本点都在于修

---

① 许维遹：《吕氏春秋集释》，第469页。
② 陈奇猷：《吕氏春秋新校释》，第1146—1147页。
③ 有的学者认为，詹何、庄子均是楚道家，詹何后于庄子，有可能《庄子·让王》的作者为詹何、子华子这些杨朱后学，或者《庄子·让王》中掺入了詹何、子华子等杨朱后学的遗著。（参见高华平：《由詹何看先秦道家的发展演变》，《哲学研究》2013年第9期）
④ 陈奇猷：《吕氏春秋新校释》，第1147页。
⑤ （战国）吕不韦撰，（东汉）高诱注，俞林波校订：《元刊吕氏春秋校订》，第270页。

身。这充分说明《吕氏春秋》认为人的身体与家庭、国家、天下之间是本末关系，人之身体是根本，家国天下是枝末，对于圣人来说最重要的事情是注重和修养自己的身体，保全和持守自己的生命。《吕氏春秋·执一》说：

> 故圣人之事，广之则极宇宙、穷日月，约之则无出乎身者也。慈亲不能传于子，忠臣不能入于君，唯有其材者为近之①。

《吕氏春秋》主张的这种以修身为本来治国治天下的思想，明显是受到了老子"修之于身"的思想和《大学》"修身"思想的影响。老子提倡"修之于身"的思想，如《老子》第五十四章云：

> 善建者不拔……修之于身，其德乃真；修之于家，其德乃余；修之于乡，其德乃长；修之于国，其德乃丰；修之于天下，其德乃普。故以身观身，以家观家，以乡观乡，以国观国，以天下观天下②。

王弼认为，"修之于身"是"以身及人"的意思，并认为"修之身则真"，人通过修身可以达到朴真的境界③。所以，在老子看来，修身是治家、治乡、治国、治天下的基础。世人只有通过修道养德来获得道德的本性并把它贯彻于治理家庭、乡里、国家、天下的过程中，才能真正达到生命根基稳固、家庭和谐敦

---

① （战国）吕不韦撰，（东汉）高诱注，俞林波校订：《元刊吕氏春秋校订》，第270页。
② （魏）王弼注，楼宇烈校释：《老子道德经注校释》，第143—144页。
③ 同上，第143页。

睦、国家长治久安的目的。

《大学》亦提倡"以修身为本"的思想，如：

> 古之欲明明德于天下者，先治其国；欲治其国者，先齐
> 其家；欲齐其家者，先修其身；……自天子以至于庶人，壹
> 是皆以修身为本①。

《大学》提倡的"壹是皆以修身为本"，是指无论天子百官、还是平民百姓，都应该以"修身"为本。只有修养好自身，才能去齐家、治国、平天下。反之，如果失去了"修身"这个本，必然也无法达到家齐、国治和天下平，这也就是《大学》所讲的"其本乱而末治者否矣，其所厚者薄，而其所薄者厚，未之有也"。

然而，《老子》所体现的道家"修身"思想与《大学》所体现的儒家"修身"思想有着明显的区别。儒家的"修身"是指道德修养，修仁义之道与亲民至善之德。道家"修身"的主要内容"不是修仁义道德，而是养护自己的身体。它所谓的'德'是得其自然之德；只有符合自然，才能保全性命"②。另外，《大学》的修齐治平环节比《老子》和《管子·牧民》③少了一个"乡"的环节，前者是四个环节即身→家→国→天下，后者是五个环节即身→家→乡→国→天下。陈鼓应认为："《管子·牧民》的观点与《老子》相一致，两者与《大学》修齐治平却有较大的不同。"④《吕氏春秋》这里所讲的是四个环节即身

---

①　（宋）朱熹：《四书章句集注》，第3—4页。

②　李零：《人往低处走：〈老子〉天下第一》，第171页。

③　《管子·牧民》："以家为家，以乡为乡，以国为国，以天下为天下。"

④　陈鼓应：《老子今注今译》，第273页。

→家→国→天下，与《大学》一致。这说明两书可能创作于同
一时代，都反映了"乡"的没落和士阶层活动范围的扩大与执
政能力的提升。

此外，为了充分说明圣人"为国之本，在于为身"的道理，
《吕氏春秋》还举了魏国著名军事家吴起与商文对话的故事来说
明"国君要全国完身，必须懂得自身'长短赢绌之化'"的道
理①，否则，就会身败名裂，家破国亡。据《吕氏春秋·执一》
记载，吴起认为自己在治理国家、教化百姓、尊荣君主、带兵打
仗等方面都强于魏国丞相商文，但是自己的官却做得没有商文
大，内心很疑惑，就去问商文："侍奉君主果然是有天命吗?"
商文的回答是："不然。在教化百姓、带兵打仗等方面，我的才
能不如你。但是，我能够辅佐年幼的君主，解决群臣之间的猜
忌，稳定国家政权，处理复杂局势，而这些你却做不到，所以我
的官位才在你之上。"《吕氏春秋》认为，吴起虽然在魏、楚两
国辅佐魏王、楚王都建立了不朽的功勋，最后却落得"胜于西
河，而困于王错，倾造大难，身不得死焉"的结局，这是因为
他没有明白"全国完身"的奥妙所在，只看到了自己的长处却
不知道自己的弱点。同理，吴王夫差能够战胜齐国，却败给了勾
践领导的越国。齐湣王灭掉了宋国，但是却被燕国的乐毅所打
败。所以，"凡是能够保全国家和完善自身的，大概都深知自己
的长短盈缺在相对位置上的变化吧?"②

---

① 朱永嘉、萧木注释，黄志民校阅：《新译吕氏春秋》，第 703 页。
② 同上，第 704 页。

二　凡事之本，必先治身

如前一节所述，《吕氏春秋》强调人的身体与外物之间是一种本末关系，人的身体为本，国家、天下等外在事物为末。所以，君主"欲治天下，必先治己之身"①。这就是《吕氏春秋》"本身"思想的第二层含义，即"凡事之本，必先治身"。《吕氏春秋·先己》云：

> 汤问于伊尹曰："欲取天下若何？"伊尹对曰："欲取天下，天下不可取。可取，身将先取。"凡事之本，必先治身，啬其大宝②。

上面这段话重在论述为君之道在"先己"即"治己为先，治天下为后"的思想。殷商的建国者汤曾向丞相伊尹请教如何治理好天下的方法。伊尹的回答是"天下不可取。可取，身将先取"③。如何理解这句话的意思呢？高诱认为，这句话是说"不可取天下，身将先为天下所取也。"④ 陶鸿庆认为："此言天下不可取，如曰可取，必先取身。……《广雅·释诂》：'取，为也。'为亦训治，取身犹言治身，指下文'啬其大宝'，用新弃陈而言。"⑤ 范耕研认为："高氏（即高诱）以攫得之义训取字，非也。……本书多采道家说，此处'取'字应……为治，

---

① 朱永嘉、萧木注释，黄志民校阅：《新译吕氏春秋》，第84页。
② （战国）吕不韦撰，（东汉）高诱注，俞林波校订：《元刊吕氏春秋校订》，第40页。
③ 同上。
④ 许维遹：《吕氏春秋集释》，第69页。
⑤ 同上。

言天下不可治，如可治，则身当先治也，故下文云'必先治身'，正与此合。"① 所以，这里的"取"应该是指"治"，"取天下"是指"治天下"，"取身"是指"治身"。本篇通过伊尹回答商汤之问，体现出伊尹学派深得老子"无为而治"和"取天下常以无事"的思想，主张"欲治国平天下，必先治己之身。治身之道，啬其大宝；治国之道，在于无为"②。

《吕氏春秋》从所引伊尹之言中得出了"凡事之本，必先治身"的思想，并对此观点展开了论述。它认为，任何事情都有一个根本，人之根本则是"治身"和"啬其大宝"，也就是爱惜生命、修养自身。"啬"是老子哲学的重要概念之一，《吕氏春秋》这里是对老子"治人事天，莫若啬"思想的吸收引用和进一步发挥。《老子》第五十九章云：

> 治人事天莫若啬。夫唯啬，是谓早服。早服谓之重积德，重积德则无不克，无不克则莫知其极，莫知其极，可以有国。有国之母，可以长久③。

河上公注："啬，爱惜也。治国者当爱惜民财，不为奢泰；治身者当爱惜精气，不为放逸。"④ 在老子看来，人君爱惜精力就是在积累从道那里所获得的"德"⑤。而"德"的不断积累，

---

①　陈奇猷：《吕氏春秋新校释》，第149页。

②　陈奇猷："《汉书·艺文志》道家著录《伊尹》五十一篇，班固自注云：'汤相。'此篇之作者当即出于道家伊尹学派。……道家学说之要旨是'无为'，亦是道家各派之共通点。《伊尹》书既在道家，则亦必以'无为'为要义。……此篇以'无为'为治国治人之要。"（参见陈奇猷：《吕氏春秋新校释》，第148页）

③　（魏）王弼注，楼宇烈校释：《老子道德经注校释》，第155—156页。

④　王卡：《老子道德经河上公章句》，第231页。

⑤　陈鼓应：《老子注译及评介》，第273页。

必然会给人君带来无穷的力量，使其能够担负起保护国家的重任。而掌握好治身与治国之道，即掌握好"深根固柢，长生久视之道"①，对于君主健康长寿、国家长治久安都具有非常重要的意义。《吕氏春秋》接受了老子"养护身心、爱惜精力是治理国家、使国家长治久安之根柢"的思想，进一步阐述了"治身爱身"的具体方法。《吕氏春秋·先己》云：

> 用其新，弃其陈，腠理遂通。精气日新，邪气尽去，及其天年。此之谓真人②。

上面的话蕴含着精气运行对于人的生命保全和长久具有重要作用的道理。什么是"精气日新，邪气尽去"？人又怎样才能做到这一点呢？《吕氏春秋》中的"精气"有二义：一是指"构成天地万物最基本的物质"，如"精气之集也，必有入也"（《尽数》）；二是指"人的元气"，如"精气日新，邪气尽去，及其天年"（《先己》）③。所以，此处的"精气"是指人之元气，是指"一种构成人的生命和精神的东西"④。精气的更新，邪气的排出，有利于人的身体的健康和生命的长久，可以使人"达其应得之寿"⑤。《吕氏春秋》这里所讲的"真人"，与《庄子》所讲

---

①　（魏）王弼注，楼宇烈校释：《老子道德经注校释》，第156页。

②　（战国）吕不韦撰，（东汉）高诱注，俞林波校订：《元刊吕氏春秋校订》，第40—41页。

③　张双棣，殷国光，陈涛：《吕氏春秋词典》（修订本），第392页。

④　张岱年：《中国哲学大辞典》，第158页。

⑤　陈奇猷：《吕氏春秋新校释》，第150页。

的"真人"虽然名称一样，但是其内涵却有很大的区别①。《庄子·大宗师》云：

> 何谓真人？古之真人，不逆寡，不雄成，不谟士。若然者，过而弗悔，当而不自得也。若然者，登高不栗，入水不濡，入火不热。是知之能登假于道者也若此。古之真人，其寝不梦，其觉无忧，其食不甘，其息深深。真人之息以踵，众人之息以喉。屈服者，其嗌言若哇。其耆欲深者，其天机浅。古之真人，不知说生，不知恶死。其出不䜣，其入不距。翛然而往，翛然而来而已矣。不忘其所始，不求其所终；受而喜之，忘而复之，是之谓不以心捐道，不以人助天。是之谓真人。若然者，其心志，其容寂，其颡頯：凄然似秋，暖然似春，喜怒通四时，与物有宜而莫知其极②。

这段话表明在庄子眼里"真人"有三大特点：一、真人"身处事外"，能够做到"不拒绝寡少，不自恃成功，不谋虑事情，不为外物所动"③；二、真人天机深厚，嗜欲寡浅，内心淡泊；三、真人能够达观看待生死，"置生死于身外"，做到"不知说生，不知恶死"④。《吕氏春秋》提倡的"真人"则与此不同，它不是从返璞归真、回复人之本真之性的角度来理解，而是从生命健康与养生保健的角度来理解，把"真人"定义为能够

---

①　洪家义："《吕氏春秋》的'得道之人'，就是'圣人''真人'。《庄子》的'至人''真人'就是'得道之人'。两书对这些'人'的描述确有相似之处。但是，如果把两书各自描述的全文加以比较就可以看出，精神实质是完全不同的。"（参见洪家义：《吕不韦评传》，南京：南京大学出版社，2011年，第140页）

②　（清）郭庆藩撰，王孝鱼点校：《庄子集释》，第233—237页。

③　罗安宪：《虚静与逍遥——道家心性论研究》，第222—223页。

④　同上。

"爱惜自己珍贵无比的身体，不断地进行纳新吐故，使周身的血脉肌理通畅无阻，精气逐日更新，邪气尽行排除，直到享尽自身天年的人"①。

《吕氏春秋》不仅从理论上论述了"凡事之本，必先治身"的道理，构建了自己的理想人格即"真人"和"全德之人"，而且进一步对古代的圣王治身所达到的效果进行了描述。《吕氏春秋·先己》云：

> 昔者，先圣王成其身而天下成，治其身而天下治。故善响者不于响于声，善影者不于影于形，为天下者不于天下于身。《诗》曰："淑人君子，其仪不忒。其仪不忒，正是四国。"言正诸身也②。

上面这段话是说，古代的那些圣王都是"先修养本身，然后天下之功业自然告成；先治理自身，天下也就自然治理好了"。所以，"内圣"乃"外王"之基，圣人要想成就王道功业，就首先要"正诸身"即修养端正自身。

《吕氏春秋》还认为，"圣人身正则天下治"，何以见得？《吕氏春秋·先己》云：

> 故反其道，而身善矣。行义则人善矣。乐备君道，而百官已治矣，万民已利矣③。

上面这段话表明，圣人治身的作用是对自己、百官、万民都

---

① 朱永嘉、萧木注释，黄志民校阅：《新译吕氏春秋》，第84页。
② （战国）吕不韦撰，（东汉）高诱注，俞林波校订：《元刊吕氏春秋校订》，第41页。
③ 同上。

会带来益处，导致"身善""人善"和"百官已治，万民已利"。具体来讲，"反其道而身善"是指圣人"反其正身之道则身善"，"行义则人善"是指圣人"既能反道以善己身，更行其宜，而国人尽善也"①。《吕氏春秋》认为，圣人之所以能够做到以上几点，是因为他能够践行无为之道，秉持无为之义，甘做无为之君。《吕氏春秋·先己》云：

> 三者之成也，在于无为。无为之道曰胜天，义曰利身，君曰勿身。勿身督听，利身平静，胜天顺性。顺性则聪明寿长，平静则业进乐乡，督听则奸塞不皇②。

《吕氏春秋》认为，"无为之道"在"因天道之自然"，"无为之义"在"智虑不用，精神永凝，以利其身"，"无为之君"则"凡事不躬自为之，任用臣下而督听之"。圣人能够做到以上三点，就能够"利身平静，胜天顺性"，而"顺性"则可使圣人聪明、长寿，"平静"则可使国家事业日进、百姓乐于向往，"督听"则会堵上奸邪之路，圣人自身也不会感到彷徨。反之，如果圣人丧失了"无为之道"，自身又不能够端正，那么就会丧失治国治天下之根本，就会导致内忧外患的结局。《吕氏春秋·先己》云：

> 故上失其道，则边侵于敌；内失其行，名声堕于外。是故百仞之松，本伤于下而末槁于上。商周之国，谋失于胸，

---

①　陈奇猷：《吕氏春秋新校释》，第 151 页。

②　（战国）吕不韦撰，（东汉）高诱注，俞林波校订：《元刊吕氏春秋校订》，第 41 页。

令困于彼①。

因此，圣人只有通过修身治身才能内心纯正清静，然后听政才能得当，功业才能得成。这就像"先道而后德"的五帝成就了盛德，"先教而后杀"的三王成就了功业，"先事而后兵"的五伯成就了霸业。对比之下，当今的时代，各国崇尚巧谋，使用诈术，相互之间攻战不休，结果导致亡国辱主越来越多，这是因为他们不懂得"行无为之君道"的道理。

小　结

"本生论"是《吕氏春秋》"以生为本"思想的逻辑起点和立论基础，是从哲学本体论的意义上思考宇宙间的生命现象，认为"生"既是"天地之大德"，又是"人生之根本"。"本生"就是在本原、本根、本体的意义上看待生命，认为生命与外物之间是一种本末主从关系，生命是本，外物是末，生命是一切事物的根基，任何外物都是从属于生命的，是用来养护和保全生命的工具和手段。在认识清楚生命与外物的关系之后，人们还需要在实践中践行"把生命作为根本，把外物作为末端"的原则，为"贵生论""重生论""养生论"建立起坚实的理论根基，使其生命哲学具有深厚的哲学寓意。

《吕氏春秋》"本生论"有着深厚的思想来源，它是在吸收

---

① （战国）吕不韦撰，（东汉）高诱注，俞林波校订：《元刊吕氏春秋校订》，第41—42页。

和继承老子"道生万物"的思想、庄子"以生为本"的思想、文子"人之所生者本也"的思想，以及先秦儒家的"本身"与"生之本"等思想的基础上进行了融合创新，并形成了自己的理论体系。

《吕氏春秋》"本生论"主要包括以下内容：第一，"天始生，人养成"，认为人之生命的本原为"天"。第二，"生，性也"，认为"性"是天所赋予人的生命本质，"全性"就是"全生"即保全人之生命，使其"尽数"和"及其天年"。第三，"性者，万物之本"，从本末关系来看待生命与外物的关系，以生命为本，以外物为末；这种本末关系还蕴含着生命与外物的轻重关系，即以生命为重，以外物为轻，不能让外物扰乱了人的长寿之本性。第四，"全性之道"与"全德之人"，圣人在制用外物以保全生命和天性时，要根据事物是否有利于人的生命和天性的标准进行取舍。而能够做到这一点的人，就会形全神和、精神通乎天地，这就是"全德之人"。

《吕氏春秋》"本生论"的意义主要包括两点：一、以生为本，以物养性，就会形体健全，精神和畅，达到"天全与神和"的境界；二、在生全、神和的基础上达到与天地或宇宙相感通。

此外，身体是生命的载体，是精神的寓所。所以，"本身"亦是"本生"，二者之间具有密切的联系。修养治理好自身，是圣人治理好国家天下的根基所在。

第四章　贵生论：天下莫贵于生

　　贵生论是本生论的逻辑展开，是从价值论的角度研究生命，是对生命价值的哲学思考①。《吕氏春秋》中包含着丰富的"贵生"思想，这一思想不仅重点体现在《吕氏春秋》"十二纪"的"前三纪"即孟春纪、仲春纪、季春纪中，而且散见于其他篇章之中。

　　"贵"字最早在金文中出现，写作👜或者👜。许慎《说文解字》对"贵"的解释为："物不贱也。从贝，臾声。臾，古文蒉。"② 张双棣等著《吕氏春秋词典》认为，《吕氏春秋》中的"贵"有四义：一是指"显贵，位尊"；二是指"珍贵，宝贵"；三是指"显贵之人"；四是指"重视，崇尚"，如"此贵生之术

----

　　① 关于"《吕氏春秋》的贵生论是从价值论的角度思考生命"的观点，并非笔者的臆断，国内早有学者认同这一观点，如周桂钿、李祥俊就认为："《吕氏春秋》把个体感性生命的存在看做是人生的最高价值，和个体感性生命比较起来，即使是帝王的功名富贵也属次要。这种贵生理论表现出《吕氏春秋》的人生哲学从个人本位出发的特色，近似于道家学说。……《吕氏春秋》的贵生论希望人们在生活中生理和心理都得到愉快发展……而能够达到这种境界的也就是圣人了。"［参见张立文主编，周桂钿、李祥俊著：《中国学术通史》（秦汉卷），第20—21页］
　　② （汉）许慎著，班吉庆、王剑、王华宝点校：《说文解字校订本》，第178页。

也"（《吕氏春秋·贵生》）①。刘生良认为："贵生"就是"以生为贵，亦即珍重保全生命的意思"②。所以，"贵生"就是在价值观上"以生为贵"，认为生命的价值最高，尊重并珍视生命。《吕氏春秋》"贵生论"有着深厚的思想来源。

第一节　贵生之义

《吕氏春秋》的"贵生论"来源于老子、杨朱、庄子、列子、黄老道家等"贵生""贵身"思想③，并在此基础上进行了综合创新。

老子的"贵生"思想是《吕氏春秋》"贵生论"的第一大思想来源。在先秦诸子中，老子对人及万物生命的本原与本根、价值与意义、存在方式与修养途径进行了全面思考，并在此基础上最早主张贵生哲学，提出"贵以身为天下"的思想④，对《吕

---

①　张双棣、殷国光、陈涛：《吕氏春秋词典》（修订本），第305页。

②　刘生良评注：《吕氏春秋》，第29页。

③　张尚仁："人最宝贵的是生命，这本来是人们普遍的共识，但将这个观点作为最高的价值追求并作充分论证的理论并不多。道家的理论和道教的信条，则是这不多的理论中最为典型的。道家道教的哲学，如果用一句话来概括，就是生命哲学或称贵生哲学。"（参见张尚仁：《道家哲学》，第143—144页）

④　有的学者通过对《老子》第十三章中"吾所以有大患者，为吾有身，及吾无身，吾有何患"，《老子》第七十五章中"夫唯无以生为者，是贤于贵生"和《老子》第七十二章中"是以圣人自知不自见，自爱不自贵，故去彼取此"等章节内容的诠释认为老子反对"贵生"。（参见邓联合：《"贵身"还是"无身"——〈老子〉第十三章辩义》，《哲学动态》2017年第3期。罗祥相《自爱不自贵——老子生命观思想辩正》，《人文杂志》2012年第5期）那么，我们应该如何理解这些话的意思呢？老子的"贵身"思想和"贵生"思想是否矛盾呢？王弼对"夫唯无以生为者，是

氏春秋》的"贵生论"有着深远的影响。

老子生活于周王朝由盛而衰、诸侯国相互征伐、争霸的春秋末期，目睹了当时之人的生存状态。作为社会底层的"民"，由于各种天灾、人祸，常常处于饥寒交迫、流离失所、生存困难、生命难保的境地。通常而言，每个人都非常珍视自己的生命，都害怕自己遭到各种伤害，都畏惧死亡。但是，当人民"不畏威""不畏死"甚至"轻死"时，那么，一定是其生存空间已经不复存在，其生命遭到了极大的外在威胁，所以，他们才不惜铤而走险，冒险反抗，以期在濒临死亡的危机中寻得一线生机。

老子不仅关注人之生存状态，而且关注其他生物之生命现象①。在老子看来，在战乱的时代，不仅人的生命无法很好地保全，就连动物的生命也难以保全，所谓"天下无道，戎马生于郊"。"戎马"也就是战马，战马在郊野生马驹，刚出生的马驹在战场上的结局只能是死亡。由此可见，连年的征伐和战争不仅导致人的生命难以保全，而且连牲畜的生命也无法保全。同时，战争还导致了田地荒芜，荆棘丛生，如《老子》第三十章说："师之所处，荆棘生焉。大军之后，必有凶年。"在对人与其他

（接上页注）贤于贵生"这句话没有作解释，河上公注曰："夫唯独无以生为务者，爵禄不干于意，财利不入于身，天子不得臣，诸侯不得使，则贤于贵生也。"（参见王卡：《老子道德经河上公章句》，第290页）高亨说："无以生为者，不以生为事也，即不贵生也。君贵生则厚养，厚养则苛敛，苛敛则民苦，民苦则轻死，故君不贵生，贤于贵生也。"［参见高亨著，董治安编：《高亨著作集林》（第五卷），第187页］所以，老子并不是在一般意义上反对"贵生"，这与其"贵身重生"的一贯思想是不矛盾的。老子这里只是反对人君的"贵生""厚生"即过分地厚养自己生命的行为，因为人君的厚养必然会导致苛政、剥削，从而把人民逼迫到饥寒、轻死、不可治理的境地。

①　《老子》第四十六章："天下无道，戎马生于郊。祸莫大于不知足，咎莫大于欲得，故知足之足，常足矣。"《老子》第七十六章："万物草木之生也柔脆，其死也枯槁。"

生物的生存状态考察一番之后，老子归纳出了"善摄生者无死地"的生命规律，提出了"贵生""全生"的哲学思想。《老子》第五十章云：

> 出生入死。生之徒十有三，死之徒十有三。人之生动之死地，亦十有三。夫何故？以其生生之厚。盖闻善摄生者，路行不遇兕虎，入军不被甲兵，兕无所投其角，虎无所措其爪，兵无所容其刃。夫何故？以其无死地①。

上面这段话是老子"贵生"② "全生"③ 思想的生动体现。老子把人类的生命现象划分为四类：第一类是"生之徒"，第二类是"死之徒"，第三类是"人之生动之死地"，第四类是"善摄生者"。"徒"，义为类、属。"生之徒"，王弼解释为"取其生道，全生之极"④，即能够长命、得其天年的人。"死之徒"，王弼解释为"取死之道，全死之极"⑤，即短命、夭折的人。前两类人无论寿命的长短，都属于"自然的死亡"。"人之生动之死地"，王弼解释为"民生生之厚，更之无生之地"⑥，即指那些"本来可以活得长久，但是贪厌好得，伤残身体，而自己糟蹋了生命"⑦ 的人。老子认为，前三类人各占十分之三，还剩下十分

---

① （魏）王弼注，楼宇烈校释：《老子道德经注校释》，第134页。
② 河上公把《老子》第五十章的标题定为"贵生"，认为本章体现了老子的"贵生"思想。（参见王卡：《老子道德经河上公章句》，第191页）
③ 王弼在解释《老子》第五十章时说："十有三，犹云十分有三分。取其生道，全生之极，十分有三分耳。"所以，此章体现了老子的"全生"思想。[参见（魏）王弼注，楼宇烈校释：《老子道德经注校释》，第135页]
④ （魏）王弼注，楼宇烈校释：《老子道德经注校释》，第135页。
⑤ 同上。
⑥ 同上。
⑦ 陈鼓应：《老子今注今译》，第259页。

之一的人则属于"善摄生者"，这类人"无以生为生，故无死地也"①，也就是说由于他们真正会调摄养护自己的生命从而使自己避免陷入死亡的境地，也就不会遭到兕虎、甲兵的伤害，从而可以长生久视，得其天年②。

老子不仅有"贵生"的思想，还有"贵身""爱身"的思想③。例如：

> 名与身孰亲？身与货孰多？得与亡孰病？是故甚爱必大费，多藏必厚亡。（《老子》第四十四章）④

> 宠辱若惊，贵大患若身。……故贵以身为天下，若可寄天下；爱以身为天下，若可托天下。（《老子》第十三章）⑤

老子认为，人的身体与名利、财货、天下等外物比起来更为宝贵、更为重要、更为根本，所以，人应该"贵以身为天下""爱以身为天下"，而不应该"以身轻天下"⑥，这样才可以保身全生，才可以长生久视。这样的人，人民才会把天下交托给他，他也才能承担起治理天下的重任。而那些轻身甚至轻生的人，那

---

① （魏）王弼注，楼宇烈校释：《老子道德经注校释》，第135页。
② 张尚仁："在老子看来，长寿是人人都追求的。为了达到长寿的目的，一些人采取的是'生生之厚'的办法；一些人采取的是'无死地'（即避开死地）的办法。……'生生之厚'的动，即不是顺其自然的养生，而是首先在思想观念上就企图逆自然，靠盲目进补、超强度锻炼或服用什么长生不老药等胡乱作为去抗拒自然。对这一类的'养生'方法，老子认为结果只是适得其反，只会加速死亡。人……顺应自然养生是最有益的。……善于避开死地，才是真正的'善摄生'。"（参见张尚仁：《道家哲学》，第146—147页）
③ 人的身体是其生命的载体，所以，老子提倡"贵身"，也就是在提倡"贵生"。
④ （魏）王弼注，楼宇烈校释：《老子道德经注校释》，第121—122页。
⑤ 同上，第28—29页。
⑥ 《老子》第二十六章："重为轻根，静为躁君。是以君子终日行不离辎重，虽有荣观，燕处超然。奈何万乘之主，而以身轻天下？"

些片面过度追逐功名、利禄、财货的人，最终的结局必然是"失根"，亡命和亡国。

老子之后，列子也提出了"生非贵之所能存，身非爱之所能厚"的思想，这一思想对《吕氏春秋》"贵生论"产生了一定的影响。《列子·力命》云：

> 生非贵之所能存，身非爱之所能厚；生亦非贱之所能夭，身亦非轻之所能薄。故贵之或不生，贱之或不死；爱之或不厚，轻之或不薄。此似反也，非反也；此自生自死，自厚自薄。或贵之而生，或贱之而死；或爱之而厚，或轻之而薄。此似顺也，非顺也；此亦自生自死，自厚自薄。鬻熊语文王曰："自长非所增，自短非所损。算之所亡若何？"老聃语关尹曰："天之所恶，孰知其故？"言迎天意，揣利害，不如其已①。

在列子看来，人生命的长短寿夭、身体的强健虚弱，都是"天意"，都是命里注定、自然而然的，而非人力所能改变、人情所能左右的②。卢重玄在注解这段话时说："若知形报为，则无以其私情。私情者，有贵有爱，有贱有薄者也。形骸不由情之所厚薄，则得之似顺，达之似反；其实非反非顺也，亦犹长短好丑，岂由情爱所能迁耶？智算所无可奈何也。"③ 所以，"贵生"并不能增加生命的长度，使生命长存；"贱生"也并不能减少生命的长度，使生命夭折；"爱身"并不能使身体更加强壮，"轻身"也并不能使身体更加虚弱。

---

① 杨伯峻：《列子集释》，第216页。
② 庄子也有此思想，如《庄子·大宗师》："死生，命也，其有夜旦之常，天也。人之有所不得与，皆物之情也。"
③ 杨伯峻：《列子集释》，第216页。

列子通过观察人世间的生命发现了"似反非反"和"似顺非顺"的生命现象。"似反非反"的生命现象是指：现实生活中，有的人珍惜自己的生命，但是却没有达到长生；有的人轻贱自己的生命，但是却没有走向死亡；有的人爱护自己的身体，但是身体却没有更加强壮；有的人轻视自己的身体，但是身体也没有变得更加虚弱。这种现象看似因果悖逆，其实并没有悖逆。"似顺非顺"的生命现象，与"似反非反"的生命现象正好相反，从表面上看它是顺应了生命的规律，其实本质上并非如此①。

由上可知，《列子·力命》反映出列子对待生命持一种自然的态度，强调生命的长短寿夭、身体的强健虚弱都是"天意"，都是"天命"。对待天命和天意，人要做到"知时安命"②"顺天理而无心"③，而不应该"迎天意，揣利害"，希冀通过人的私情妄为来改变人的生命与命运。

列子的这种自然生命观，不仅体现在《力命》中，而且体现在《杨朱》中。《杨朱》通过杨朱与其弟子孟孙阳的对话进一步阐述了"生非贵之所能存，身非爱之所能厚"的思想。《列

---

① 在列子看来，"似反非反"和"似顺非顺"的生命现象都没有矛盾，这是因为世间任何生命体都是"自生自死""自厚自薄"，都是"自然地生自然地死，自然强壮自然虚弱"。（参见叶蓓卿评注：《列子》，北京：商务印书馆，2015年，第173页）

② 《列子·力命》："死生自命也，贫穷自时也。怨夭折者，不知命者也；怨贫穷者，不知时者也。当死不惧，在穷不戚，知命安时也。"又云："生生死死，非物非我，皆命也，智之所无奈何。故曰，窈然无际，天道自会；漠然无分，天道自运。天地不能犯，圣智不能干，鬼魅不能欺。自然者默之成之，平之宁之，将之迎之。"在本篇中，列子认为"力不可违命，命不可预知"。所以，列子对人的际遇、生死、命运持一种自然无为的态度，提倡"知其无可奈何而安之若命"，而不主张人为地、过度地"贵生""爱身"和"养生"。在这一点上，老子和庄子也持同样的看法。如《老子》第七十五章："夫唯无以生为者，是贤于贵生。"《庄子·人间世》："自事其心者，哀乐不易施乎前，知其不可奈何而安之若命，德之至也。"

③ 杨伯峻：《列子集释》，第216页。

子·杨朱》云：

> 孟孙阳①问杨朱曰："有人于此②，贵生爱身，以蕲不
> 死，可乎？"曰："理无不死。" "以蕲久生，可乎？"曰：

---

① 这里的孟孙阳是杨朱的弟子，为杨朱思想的传人。在本篇的下一段，墨子弟子禽滑釐与杨朱辩论，劝杨朱"去体之一毛，以济一世"，杨朱不应。禽滑釐遂与杨朱的弟子孟孙阳辩论，孟孙阳说"夫子之义"是"贵己重生"，即认为人之身体是由毛发、肌肤、肢体等构成的有机整体，人身体之"一毛"虽然比肌肤和肢体微小，但是，它却是构成人体之必不可少的部分，因为"积一毛以成肌肤，积肌肤以成一节"。人体如果失去了一毛，就有可能损害肌肤；如果肌肤受到了伤害，就有可能损害肢体；如果肢体受到了伤害，就有可能危及人的生命。因此，我们应该重视人体之"一毛"，而不应该轻视它，这也就是"损一毫利天下，不与也；悉天下奉一身，不取也。人人不损一毫，人人不利天下，天下治矣"的道理。禽滑釐辩不过孟孙阳，留下一句"吾不能所以答子。然则以子之言问老聃、关尹，则言当矣；以吾言问大禹、墨翟，则吾言当矣"的话，怏怏而去。孟孙阳则"因顾与其徒说他事"。这场杨墨之间的辩论，以杨学胜利、墨学失败而告终。需要注意的是，这里的"孟孙阳与其徒"作为杨朱弟子及再传弟子，其后学可能是《吕氏春秋》"本生""贵生""重生"等思想的作者。通过禽滑釐最后的话，也可以看出在对待人的身体和生命的问题上，杨学与墨学是截然对立的。杨朱学派"贵己""重生"的思想是与道家老聃、关尹之学一脉相承的，而与墨家学派大禹、墨翟"不爱己""兼爱人"的思想相对立，这也符合孟子在《孟子·尽心上》所说："杨子取为我，拔一毛而利天下，不为也。墨子兼爱，摩顶放踵利天下，为之。"

② 这里的"有人"是"贵生爱身以蕲不死"思想的提倡者，他应该不是杨朱。因为如果是杨朱，孟孙阳会直接说"夫子曰：贵生爱身以蕲不死"，而不会说"有人于此"。另外，"有人于此"也是战国中后期诸子文献中一种表示假设提问或者假设判断的言说方式，如《列子·力命》："杨布问曰：'有人于此，年兄弟也，言兄弟也，才兄弟也，貌兄弟也；而寿夭父子也，贵贱父子也，名誉父子也，爱憎父子也。吾惑之。'"《荀子·儒效》："今有人于此，屑然藏千溢之宝，虽行贷而食，人谓之富矣。……何也？"《庄子·人间世》："阳子居见老聃，曰：'有人于此，向疾强梁，物彻疏明，学道不倦，如是者，可比明王乎？'"《孟子·离娄下》："孟子曰：'君子所以异于人者，以其存心。……有人于此，其待我以横逆，则君子必自反也：我必不仁也，必无礼也，此物奚宜至哉？'"《吕氏春秋·贵生》："今有人于此，以随侯之珠，弹千仞之雀，世必笑之。是何也？"《列子·杨朱》中"孟孙阳问杨朱"及《列子·力命》中"杨布问曰"两段话的假设方式即"有人于此"，与《孟子》《荀子》《庄子》《吕氏春秋》一致，这说明这种表达方式是战国中后期通用的表达方式，这也从侧面说明《列子·杨朱》《列子·力命》二篇中这两段话是先秦《列子》中的原文，而非晋人之伪造。

"理无久生。生非贵之所能存，身非爱之所能厚。且久生奚为？五情好恶，古犹今也；四体安危，古犹今也；世事苦乐，古犹今也；变易治乱，古犹今也。既闻之矣，既见之矣，既更之矣，百年犹厌其多，况久生之苦也乎？"孟孙阳曰：'若然，速亡愈于久生；则践锋刃，入汤火，得所志矣。"杨子曰："不然；既生，则废而任之，究其所欲，以俟于死。将死，则废而任之，究其所之，以放于尽。无不废，无不任，何遽迟速于其间乎？"①

在上面这段对话中，杨朱的弟子孟孙阳问老师："假如有人珍贵自己的生命，爱护自己的身体，以祈求不死，可能吗？"杨朱说："按道理来说，人没有不死的。"孟孙阳又接着问："那如果以此来祈求长生，可能吗？"杨朱回答说："按道理来说，生命不是你珍贵它就能够长存的，身体也不是你珍爱它就能够强壮的。况且，长久生存又是为什么呢？"杨朱接着解释说："人之五情好恶、四体安危，人生之世事苦乐，人世之变易治乱都是古今相同的，我们既然已经听说了，见识了，经历了，百年都嫌太长，为何要更久地生存呢？"孟孙阳似乎明白了老师的意思，于是就说："如果这样，那么快速地死岂不比长久地生要好？那么赴汤蹈火，岂不可以满足心志了？"杨朱说："你这样想也不对。人既然出生了，不如听之任之，尽量满足所有的欲望，等待死亡的降临；人将死之时，也要听之任之，让生命该去哪里就去哪里，直至命终。人没有什么舍弃不下的，也没有什么不能放任

---

① 杨伯峻：《列子集释》，第241—242页。

的，为何要为生死之间的迟缓和迅速而惶恐担忧呢?"① 从这段对话中可以看出，《列子·杨朱》的作者借杨朱与其弟子孟孙阳关于"贵生爱身"的对话来表达自己批判"贵生爱身以蕲不死久生"的思想观点。这显然与杨朱学派一贯的"贵己""贵生"思想是不相符的。

在老子、列子之后，韩非子也提倡"贵生"思想。《韩非子》中有一则关于"季子说宋君"的故事，也包含着"贵生"的思想。《韩非子·说林下》云:

> 宋太宰贵而主断。季子将见宋君，梁子闻之曰:"语必可与太宰三坐乎，不然，将不免。"季子因说以贵主而轻国②。

这里的"贵主"，顾广圻认为应当作"贵生"，他说:"'主'当作'生'，《吕氏春秋》有《贵生》，即其义。宋君贵重其生，轻贱其国，则太宰长擅宋，故参坐而无恶于太宰矣。"③大概战国之时，"贵生"说颇为流行，世上流传着许多关于君王和得道贤人"贵生轻天下"的故事，如《庄子·让王》中提到的子州支父、王子搜、大王亶父、颜阖、詹何等，如《韩非子》本篇中的季子等，这些思想和故事都被《吕氏春秋》"贵生论"作者所明采或暗用。由此可见，《韩非·说林下》中"季子说宋君"的故事包含的"贵生"思想对《吕氏春秋》的"贵生论"也产生了一定的影响。

《吕氏春秋》的"贵生论"是在老子、列子、杨朱等人"贵

---

① 本段的解释参考了叶蓓卿《列子》评注中的相关译文并进行了创新。(参见叶蓓卿译注:《列子》，第200—201页)
② (清)王先慎撰，钟哲点校:《韩非子集解》，第200页。
③ 同上。

生"思想的基础上进行综合创新的结果。它是"本生论"的逻辑展开，是从价值论的角度研究和看待"生"，认为生命的价值最高，生命最为珍贵，人应该尊重、珍视、热爱并设法保全人类与其他生命体之生命。《吕氏春秋》"贵生论"主要体现在《贵生》《情欲》等篇章中，主要包括以下内容。

一　天下莫贵于生

"贵生论"是《吕氏春秋》十二纪或全篇最重要的思想之一[①]。"天下莫贵于生"，是《吕氏春秋》"贵生论"的第一大基本含义，也是其最重要的内容。

《吕氏春秋》的"贵生论"是从价值论的角度去看待生命的价值和贵生的意义。"贵生"之"贵"字在《吕氏春秋》中出现了95次，从篇名来看，《吕氏春秋》不仅有《贵生》篇，还有《贵因》篇、《贵信》篇、《贵卒》篇、《贵直》篇、《贵当》篇。"贵生"既指生命之宝贵、珍贵，又指崇尚、重视生命。《吕氏春秋》的作者从价值论的意义上倡导"以生为贵"，主张与天下、尊位、显爵、财富、珍宝等外物比较起来，生命的价值最高，生命的价值最大。所以，他们才积极倡导"尊重并珍视生命"的思想[②]。

这种从价值论的意义上研究和看待生命的"贵生论"，是一

---

① 胡适在《读〈吕氏春秋〉》一文中说："一部《吕氏春秋》只说这三大类的事：贵生之道，安宁之道，听言之道。他用这三大纲来总汇古代的思想。"［参见胡适：《胡适文集》（第4册），北京：北京大学出版社，2013年，第179页］

② 周桂钿：贵生是说"天下事业没有自己的生命珍贵"，所以我们"要认识到自己的生命最为珍贵"；"孟子批评杨朱拔一毛而利天下者不为，大概也是从贵生出发的，也可能这里正是收录了杨朱一派的思想"。［参见周桂钿：《秦汉思想史（上）》，第32页］

种生命价值论，是关于生命价值的哲学思考。日常用语中的价值是指用途或积极作用，哲学意义上的价值是指某一事物"有一种效用，这种效用满足我们自己的需要、欲望、目的"①。那么，生命能够满足我们什么样的需要和欲望呢？有的学者认为是"存我"②，有的学者认为是"求生欲"③，即"求生的需要、欲望、目的"④。如《列子》说："智之所贵，存我为贵"（《杨

---

① 王海明：《贵生论》，《海南大学学报（人文社会科学版）》2001 年第 1 期。

② 胡适："一切有生命之物，都有一个'存我的天性'。……一切生物的进化，形体的变化，机能的发达，都由于生物要自己保存自己，故不得不变化，以求适合于所居的环境。人类智识发达，群众的观念也更发达，故能于'存我'观念之外，另有'存群'的观念；不但要保存自己，还有保存家族、社会、国家；……后来成了习惯，社会往往极力提倡爱群主义，使个人崇拜团体的尊严，终身替团体尽力，从此遂把'存我'的观念看作不道德的观念。……其实存我观念本是生物天然的趋向，本身并无什么不道德。杨朱即用这个观念作为他的'为我主义'的根据。"（参见胡适：《中国哲学史大纲》，第 133 页）

③ 周桂钿："人性有欲，'莫贵于生'。'耳虽欲声，目虽欲色，鼻虽欲芬香，口虽欲滋味，害于生则止。'（《贵生》）最好的美味佳肴，如果说会毒死人，谁也就不肯吃了。也就是说，耳目口鼻的感官之欲不求生之欲。这就叫'贵生'。"他又认为："人性是有欲的。最低的欲是指耳目口鼻的感觉之欲，高一层次的欲就是求生之欲，更高层次的欲是行义之欲。简单地说，欲义高于欲生，欲生高于欲乐。"［参见周桂钿：《秦汉思想史（上）》，第 29 页］笔者认为，这种"用孟子舍生取义来解说'迫生为下'"并认为"欲义是最高层次的欲"的说法，可能与子华子的思想不符。子华子说："全生为上，亏生次之，死次之，迫生为下。"《吕氏春秋》进一步解释说："所谓全生者，六欲皆得其宜也。所谓亏生者，六欲分得其宜也。……所谓死者，无有所知，复其未生也。所谓迫生者，六欲莫得其宜也，皆获其所甚恶者。服是也，辱是也。辱莫大于不义，故不义，迫生也。"这里的"义"应该是指宜，即适宜、适合。"迫生"就是"六欲莫得其宜"，"莫得其宜"也就是"不义"，即人的生、死、耳、目、口、鼻这六种欲望不仅全部得不到满足，而且都得到自己所厌恶的东西，例如人的口吃到了腐鼠之肉、喝到了腐败之酒，人的耳听到了雷声，人的眼看到了闪电，这样的"食""饮""视""听"是对人的感官和身体的伤害。在这样的条件下，人的感官和身体受到了外在事物的奴役，是一种"屈辱"的状态，这还不如不食、不饮、不看、不听。人死了，感官就没有感觉了，外物适不适合、能否满足人之"六欲"，是不可知的，这种状态比"六欲"都得到自己所厌恶的东西要强，所以说："迫生不若死。"

④ 王海明：《贵生论》，《海南大学学报（人文社会科学版）》2001 年第 1 期。

朱》）；《庄子》说："以生为本"（《庚桑楚》），"至乐活身"（《至乐》）；《吕氏春秋》说："凡事之本，必先治身"（《先己》）等。

《吕氏春秋》不仅从价值论的角度说明了生命的价值最高，生命最为珍贵的道理①，而且通过古代圣人的行为选择来证明自己理论的正确。在《吕氏春秋》看来，历史上那些真正懂得"贵生"的人甘愿放弃天下、君位、富贵而选择归隐山林，如"子州支父不受尧让之天下""越国王子搜逃乎丹穴""隐士颜阖不受鲁君之馈""以随侯之珠弹千仞之雀"四个事例②就充分说明了这一点。《吕氏春秋·贵生》云：

> 尧以天下让于子州支父，子州支父对曰："以我为天子犹可也。虽然，我适有幽忧之病，方将治之，未暇在天下也。"天下，重物也，而不以害其生，又况于他物乎？惟不

---

① 生命对于人来说价值最大，还因为它"具有唯一性、有限性、不可逆性的特点"，一旦失去就终身不可复得，《吕氏春秋·重己》说："论其安危，一曙失之（指吾生），终身不复得。"这也就是说，"生命对于每个个体来说都是最可贵、最值得呵护和最有价值的东西。人的一切需求、情感、欲望、目的只有在他存在即活着的基础上才有价值，才有意义。"（参见李霞、张丽霞：《试论〈太平经〉的"贵生乐活"思想及其现实意义》，《宗教学研究》2014年第3期）

② 这四个典故在《庄子·让王》中也出现过。《庄子·让王》："尧以天下让许由，许由不受。又让于子州支父，子州之父曰：'以我为天子，犹之可也。虽然，我适有幽忧之病，方且治之，未暇治天下也。'夫天下至重也，而不以害其生，又况他物乎！唯无以天下为者，可以托天下也。……越人三世弑其君，王子搜患之，逃乎丹穴，而越国无君。……王子搜援绥登车，仰天而呼曰：'君乎君乎！独不可以舍我乎！'王子搜非恶君也，恶为君之患也。若王子搜者，可谓不以国伤生矣！……鲁君闻颜阖得道之人也，使人以币先焉。颜阖守陋闾，苴布之衣而自饭牛。鲁君之使者至，颜阖自对之。使者曰：'此颜阖之家与？'颜阖对曰：'此阖之家也。'使者致币，颜阖对曰：'恐听者谬而遗使者罪，不若审之。'使者还，反审之，复来求之，则不得已。故若颜阖者，真恶富贵也。"由此可见，《吕氏春秋·贵生》这四则典故显然是采自《庄子·让王》，《吕氏春秋》"贵生""重生"等思想也受到庄子的深刻影响。

以天下害其生者也，可以托天下①。

子州支父作为帝尧的老师，为何不肯接受尧让之天下呢？子州支父说："以我为天子犹可也。虽然，我适有幽忧之病，方将治之，未暇在天下也。"意思是说，子州支父不愿当天子是因为他有"幽忧之病"②。那么，子州支父真有"幽忧之病"而没有时间治理天下吗？抑或这只是一个借口？在《吕氏春秋·贵生》的作者看来，子州支父不肯接受天下的原因在于治理天下可能会危害到其身体和生命。在世人看来，天下是最有价值、最贵重的事物，拥有天下是一件"求之不得，寤寐思服"的幸事；但是，在子州支父这样的得道之人看来，生命的价值要高于天下等外物，不能因为拥有和治理天下而损害了人的身体和生命。所以，只有像子州支父这样"不以天下害其生者"，人民才能放心把天下托付给他们③。

不仅子州支父"贵生"，越国王子搜也如此。王子搜即越国王子无颛，名搜。他遭遇了越人先后杀死越国三代国君"不寿""翳"和"无余"的变故，感到很害怕，所以就逃到了丹穴之中④。越国没有了王位继承人，越人到处寻找王子搜而不得，后来跟其踪迹到了丹穴。由于王子搜不愿出来当国君，越人就用烧

---

① （战国）吕不韦撰，（东汉）高诱注，俞林波校订：《元刊吕氏春秋校订》，第24—25页。

② 高诱注："幽，隐也。《诗》云：'如有隐忧。'我心不悦，未暇在于治天下。"［参见（战国）吕不韦撰，（东汉）高诱注，俞林波校订：《元刊吕氏春秋校订》，第25页］

③ 《吕氏春秋·贵生》的作者明显受到了老子思想的影响，《老子》第十三章说："故贵以身为天下，若可寄天下；爱以身为天下，若可托天下。"

④ 关于王子搜的故事，参见毕沅和梁玉绳的考证。（参见陈奇猷：《吕氏春秋新校释》，第78页）

艾蒿的办法把他熏出来，并让他坐上王车。王子搜只能不情愿地回去当了国君。《吕氏春秋》认为，王子搜并不是厌恶做君王，而是担忧"为君之害"。像王子搜这样的人，是真正做到"不以国伤其生"即不愿让国家来伤害自己生命的人。这也正是越人要立他为国君的原因所在①。《吕氏春秋·贵生》云：

> 越人三世杀其君，王子搜患之，逃乎丹穴。越国无君，求王子搜而不得，从之丹穴。王子搜不肯出。越人熏之以艾，乘之以王舆。王子搜援绥登车，仰天而呼曰："君乎！独不可以舍我乎！"王子搜非恶为君也，恶为君之患也。若王子搜者，可谓不以国伤其生矣。此固越人之所欲得而为君也②。

君王之尊位、万贯之资财，在世人看来是具有重大价值的事物，所以，许多人为了得到它们而不惜牺牲自己的身体和生命。然而，作为得道之人，颜阖的做法却与世人不同。《吕氏春秋·贵生》云：

> 鲁君③闻颜阖得道之人也，使人以币先焉。颜阖守闾，鹿布之衣，而自饭牛。鲁君之使者至，颜阖自对之。使者曰："此颜阖之家邪？"颜阖对曰："此阖之家也。"使者致币，颜阖对曰："恐听缪而遗使者罪，不若审之。"使者还反审之，复来求之，则不得已。故若颜阖者，非恶富贵也，

---

① 如《吕氏春秋·贵生》所言："惟不以天下害其生者也，可以托天下。"

② （战国）吕不韦撰，（东汉）高诱注，俞林波校订：《元刊吕氏春秋校订》，第25页。

③ 陈奇猷认为，此处的"鲁君"是指鲁哀公，与颜阖同时。（参见陈奇猷：《吕氏春秋新校释》，第1297页）

由重生恶之也。世之人主多以富贵骄得道之人，其不相知，岂不悲哉？①

颜阖是鲁国之得道贤人，但是却很贫穷，穿着粗布衣服，从事着守闾的工作，并亲自饭牛。鲁君听说颜阖是得道之人，就派使者拿着财物去拜访他，希望他出来做官。颜阖不愿做官，也不愿接受鲁君的馈赠，就让使者回去再确认下鲁君是否真的馈赠给自己财物。当使者再一次返回颜阖住所时，已经不见颜阖之踪影。像颜阖这样的隐者，孔子遇到很多②。他们有一个共同的特点，就是不愿意出来做官，而愿意归隐山林。《吕氏春秋·贵生》的作者认为，颜阖之所以不愿意接受鲁国国君的馈赠，并不是因为他讨厌富贵，而是因为珍贵和重视生命的缘故。易言

---

① （战国）吕不韦撰，（东汉）高诱注，俞林波校订：《元刊吕氏春秋校订》，第 25 页。

② 孔子遇到的隐士有楚狂接舆、长沮、桀溺、荷蓧丈人等，如《论语·微子》云："楚狂接舆歌而过孔子，曰：'凤兮凤兮！何德之衰？往者不可谏，来者犹可追。已而已而！今之从政者殆而！'孔子下，欲与之言，趋而避之，不得与之言。"《论语·微子》又云："长沮、桀溺耦而耕，孔子过之，使子路问津焉。……（桀溺）曰：'滔滔者天下皆是也，而谁以易之？且而与其从辟人之士也，岂若从辟世之士哉？'耰而不辍。子路行以告。夫子怃然曰：'鸟兽不可与同群，吾非斯人之徒与而谁与？天下有道，丘不与易也。'"《论语·微子》又云："子路从而后，遇丈人，以杖荷蓧。子路问曰：'子见夫子乎？'丈人曰：'四体不勤，五谷不分，孰为夫子？'植其杖而芸。……明日，子路行以告。子曰：'隐者也。'使子路反见之。至，则行矣。子路曰：'不仕无义。长幼之节，不可废也；君臣之义，如之何其废之？欲洁其身，而乱大伦。君子之仕也，行其义也。道之不行，已知之矣。'"（参见许亮、赵玥、刘炳良：《论语悦读》，北京：经济日报出版社，2022 年，第 362—364 页）

之，他认为做官会劳损他的身体，甚至会危害他的生命①。像鲁君那样的君王常常想凭借富贵来轻慢颜阖这样的得道之人，那是因为他们不了解这些"贵生轻天下"之士，不明白在他们心中生命才是具有最高价值的事物。

综上，在《吕氏春秋》看来，治国、治天下等外在的事业与"贵生""完身养生"之道是相冲突的，它可能给人尤其是圣人的身体和生命带来巨大的伤害。《吕氏春秋·情欲》云：

> 尊酌者众则速尽。万物之酌大贵之生者众矣，故大贵之生常速尽。非徒万物酌之也，又损其生以资天下之人，而终不自知，功虽成乎外，而生亏乎内②。

这就是说，人的生命和精力是有限的。这就好比酒樽中的酒，如果喝的人多了，自然就消耗得快。"世上万物对君主生命的消耗那是太多了，所以君主的生命往往很快就耗尽。更何况不

---

① 春秋战国时期，礼崩乐坏，周天子势微，各诸侯国群雄并起，逐鹿中原。许多愿意拯救天下苍生的儒生、智士、谋士纷纷游历各国，极力推行自己的思想学说。其中，有些人由于理想不得推行、立功不成而被迫选择立言、著书立说、教育学生，如孔子。有的人由于理想得到了实现，做了宰相或者高官，实现了治国理政的立功理想，然而却身遭横祸、不得善终，如商鞅、吴起、苏秦等。前者虽然立功不成，但是却得以保全生命。后者虽然实现了救国救民的从政理想，但是却损害了自己的生命。这一时期的许多隐士或得道之人如颜阖、詹何、杨朱、楚狂接舆、长沮、桀溺、荷蓧丈人等认识清楚了生命与天下的本末轻重关系，认为生命的价值要远远大于天下等事物的价值，而且，他们对拯救当时混乱的政局持悲观的态度，所以，杨朱才说："世固非一毛之所济"（《列子·杨朱》）；楚狂接舆才歌云："凤兮凤兮！何德之衰？往者不可谏，来者犹可追。已而已而！今之从政者殆而"（《论语·微子》）；桀溺才叹曰："滔滔者天下皆是也，而谁以易之？且而与其从避人之士也，岂若从避世之士哉"（《论语·微子》）。

② （战国）吕不韦撰，（东汉）高诱注，俞林波校订：《元刊吕氏春秋校订》，第28—29页。

仅是外物，还有君主为治理天下而消耗了自己的生命还不察觉。"① 这样，圣人虽然成就了外在功名，但是却消耗了内在生命。所以，《吕氏春秋》认为，"治国费神不利养生"②，历史上和现实中许多君主、达官、贵人由于为国事政务操劳而消耗了精力、损害了身体，导致生命的亏损甚至夭折。就像楚庄王令尹孙叔敖，为了治理楚国，日夜不息，操劳过度，虽然有利于楚国，但是却损耗了自己的生命，这是得道者所极力反对的。

二　"全生为上"

"全生为上"是《吕氏春秋》"贵生论"的第二大基本含义。《吕氏春秋》认为，贵生之道在"全生"。"全生"是《吕氏春秋》"贵生""重生""养生"的目的所在，是对人之最完满、最完美生命状态孜孜不懈的追求。《吕氏春秋》云：

> 子华子曰："全生为上，亏生次之，死次之，迫生为下。"(《吕氏春秋·贵生》)③
>
> 单豹好术，离俗弃尘，不食谷实，不衣芮温，身处山林岩堀以全其生。(《吕氏春秋·必己》)④

何谓"全生"？"全生"这一术语并非《吕氏春秋》首创，在战国中期道家代表庄子的著作《庄子·养生主》中已出现了

---

① 朱永嘉、萧木注释，黄志民校阅：《新译吕氏春秋》，第52—53页。
② 周桂钿：《秦汉思想史（上）》，第33页。
③ （战国）吕不韦撰，（东汉）高诱注，俞林波校订：《元刊吕氏春秋校订》，第26页。
④ 同上，第203页。

这一概念，其云：

> 为善无近名，为恶无近刑，缘督以为经，可以保身，可
> 以全生，可以养亲，可以尽年①。

《庄子》这里的"全生"是指"全理"或"全其生道"②，
仅仅是一个与"保身""养亲"并列的概念，还没有太丰富的哲
学内涵。"全生"的内涵得以完善和发展，要归功于先秦道家的
另一重要代表人物——子华子。子华子在《吕氏春秋》之《贵
生》《先己》《诬徒》《知度》《明理》《审为》等篇章中多次出
现，高诱注曰："子华子，古体道人。"③ 陈奇猷认为："《释文》
引司马（彪）云：'子华子，魏人'。《列子·周穆王》云'宋
阳里华子'，与司马（彪）说异。……子华子之学，其要旨即此
所谓'全生为上'。"④ 所以，《吕氏春秋·贵生》所记载的正是
失传已久的子华子学说，其学说的核心要义如下：

> 子华子曰："全生为上，亏生次之，死次之，迫生为
> 下。"故所谓尊生者，全生之谓。所谓全生者，六欲皆得其
> 宜也。所谓亏生者，六欲分得其宜也。亏生，则于其尊之者
> 薄矣。其亏弥甚者也，其尊弥薄。所谓死者，无有所以知，
> 复其未生也。所谓迫生者，六欲莫得其宜也，皆获其所甚恶
> 者，服是也，辱是也。辱莫大于不义，故不义，迫生也，而

---

① （清）郭庆藩撰，王孝鱼点校：《庄子集释》，第123页。
② 郭象把"全生"解释为"全理"，他说："夫养生非求过分，盖全理尽年而
已矣。"成玄英把"全生"解释为"全其生道"，他说："夫惟妙舍二偏而处于中一
者，故能保守身形，全其生道。外可以孝养父母，大顺人伦；内可以摄卫生灵，尽
其天命。"
③ 许维遹：《吕氏春秋集释》，第41页。
④ 陈奇猷：《吕氏春秋新校释》，第82页。

迫生非独不义也，故曰迫生不若死。……无有所以知者，死
之谓也，故迫生不若死。嗜肉者，非腐鼠之谓也。嗜酒者，
非败酒之谓也。尊生者，非迫生之谓也①。

　　上面这段话是对子华子"全生说"的全面论述。子华子把
人之生分为四个等级：一、"全生"，为最高等级的"生"；二、
"亏生"，是比"全生"低一等级即第二等级的"生"；三、
"死"，是"无生"，是比"亏生"低一等级即第三等级的
"生"；四、"迫生"，是比"死"低一等级即最低等级的生。划
分四个等级"生"的标准是"六欲"即人的欲望得到适宜和满
足的程度。

　　"全"，《说文》解释为"完也"②。"全生"也就是完整的生
命状态。在这种状态下，"六欲皆得其宜"③，即人的六种欲望得
到了全部的满足④。所以，它是人追求的最高等级、最完
满的"生"。

―――――――――

　　①　（战国）吕不韦撰，（东汉）高诱注，俞林波校订：《元刊吕氏春秋校订》，
第26—27页。
　　②　（汉）许慎著，班吉庆、王剑、王华宝点校：《说文解字校订本》，第146页。
　　③　何谓"六欲"？高诱注："六欲，生、死、耳、目、口、鼻也。"（参见许维
遹：《吕氏春秋集释》，第41页）范耕研认为："《春秋·公羊传》《白虎通义》均以
喜怒哀乐爱恶为六情，情与欲本可通……六欲殆即六情。……或'六'与'四'篆
文甚相近，因而讹舛。四欲，即前所谓耳、目、口、鼻之所欲也。"陈奇猷认为：
"高说不误。当在'迫生'之下而生时，欲死而不可得，故'死'亦是一欲，则高
氏必有所本。"（参见陈奇猷：《吕氏春秋新校释》，第84页）冯友兰认为："'六欲
皆得其宜'，亦有节欲之义；然节欲非即无欲，亦贵生非贵死之义也。"［参见冯友
兰：《中国哲学史（上）》，第153页］
　　④　高诱注把"全生"解释为"无欲，故全其生。长生是行之上也"。（参见许
维遹：《吕氏春秋集释》，第41页）陈奇猷认为："高注云'无欲'，盖不明子华子
之学也。……子华子之主张不是'无欲'，而是'有欲'。……子华子以为'生'之
至上者为六欲皆得其宜之'全生'。'全生'与'长生'义殊，高注云'长生是行之
上'，亦失子华子之旨。"（参见陈奇猷：《吕氏春秋新校释》，第83页）

"亏"，《说文》解释为"气损也"①，高诱释为"半也"，并把"亏生"释为"少亏其生，和光同尘，可以次全生者"②。因此，"亏生"是相对于"全生"来说的一种生命状态，是有所亏损、不完满的"生"。在这种状态下生存，人的六种欲望只得到了一半或部分的满足，即"六欲分得其宜"。

"死"是与"生"相对的概念，其在甲骨文、金文等中的字形右边为人（ㄑ、ㄟ、ᒣ），左边为歹（ᚪ、ᗉ、ᗞ）即人之残骨，左右两部分合起来象征人的肉体和精神消散之后空余一具残骨。《说文》对"死"的解释是："死，澌也。人所离也。"③《吕氏春秋·贵生》的作者认为，在"死"④或无生的状态下，人的"六欲全无，没有任何知觉，等于又回到其未生的状态"⑤。

"迫"，陈奇猷释为"逼"，并把"迫生"释为"六欲莫得其宜，而所得者皆甚恶之事"⑥，即人的六种欲望不仅全都得不到满足，而且得到的都是自己厌恶的东西。由于六欲"所得者既皆为甚恶之事，又必不得免，非闻不可，非视不可，则是在屈

---

① （汉）许慎著，班吉庆、王剑、王华宝点校：《说文解字校订本》，第136页。

② 许维遹：《吕氏春秋集释》，第41页。陈奇猷认为："'所谓亏生者，六欲分得其宜也'，故'亏生'而生不及'全生'而生，故曰'次之'也。高氏因不明子华子学说，故所注多谬。"（参见陈奇猷：《吕氏春秋新校释》，第83页）

③ （汉）许慎著，班吉庆、王剑、王华宝点校：《说文解字校订本》，第113页。

④ 高诱根据儒家"三军可夺帅也，匹夫不可夺志也"（《论语·子罕》）的"守志"思想把"死"解释为"守死不移其志，可以次亏生者"。（参见许维遹：《吕氏春秋集释》，第41页）陈奇猷认为高诱的注释不对，这里是指"六欲莫得其宜，不若死之为愈，故死次于亏生"。（参见陈奇猷：《吕氏春秋新校释》，第83页）

⑤ 刘生良评注：《吕氏春秋》，第33页。

⑥ 陈奇猷：《吕氏春秋新校释》，第85页。高诱则把"迫"释为"促也"，并把"迫生"释为"促欲得生，尸素宠禄，志不高洁，人之下也"。[参见（战国）吕不韦撰，（东汉）高诱注，俞林波校订：《元刊吕氏春秋校订》，第26页]

辱下而闻之，在屈辱下而视之，求生不得，求死不能"①，所以说"迫生"是最低层次的"生"。这样的"生"也就是所谓"嗜腐鼠之肉""嗜腐败之酒"。冯友兰说："六欲皆得其所恶，则为'迫生'……'迫生'则为'活受罪'，诚不如死也。"②周桂钿、李祥俊则认为："迫生有两方面的含义，一方面指生理上的六欲莫得其宜而皆得所恶，另一方面指不义，即人的精神上受到损害。"③ 由此看来，《吕氏春秋》不赞同那些苟且偷生之人的行为，认为他们这种"嗜腐鼠之肉""嗜腐败之酒"的行为是不义也就是不适宜的，并非"尊生"而是"迫生"，是把人降低到动物本能层次的生，也是失去了人之为人之本质的最低等级的生。

《吕氏春秋》的"贵生""全生"思想不仅有着修身养生的人生论意义，而且有着立官治国的政治论意义。萧公权认为："吕书（即《吕氏春秋》）中之政治思想以先秦为我之人生观为基础。杨子不肯损一毫而利天下。吕氏（指吕不韦）承其意发为贵生之论……贵生者非仅保存生命之谓。……全生为生活之最高理想，亦为政治最后目的。"④ 因此，《吕氏春秋》提倡"贵生""全生""尊生"，不仅仅是为了人的价值判断和行为选择提供人生论方面的指导，不仅仅是为了珍贵和保全个人之生命，而且是为其政治哲学提供理论基础⑤。

----

① 陈奇猷：《吕氏春秋新校释》，第85页。
② 冯友兰：《中国哲学史（上）》，第118页。
③ 张立文主编，周桂钿、李祥俊著：《中国学术通史》（秦汉卷），第21页。
④ 萧公权：《中国政治思想史》，第330—331页。
⑤ 胡适："《吕氏春秋》的政治思想，根据于'法天地'的自然主义，充分发展贵生的思想，侧重人的情欲，建立一种爱利主义的政治哲学。"［参见胡适：《胡适文集》（第4册），第183页］

三 "道之真，以持身"

"道之真，以持身"是《吕氏春秋》"贵生论"的第三大基本含义。《吕氏春秋》认为，"贵生论"的哲学基础在于先秦道家之"道论"，"贵生之理"就在于对"道"之真理和本质的把握。"道"之根本功能和特征就在于"生"①或"生生"②。所以，圣人把握了"道之真"就要首先用它来"持身"，用它来贵生、全生和贵己重身，而不是去做其他的事情。《吕氏春秋·贵生》曰：

> 道之真以持身，其绪余以为国家，其土苴以治天下③。

上面这句话体现出《吕氏春秋·贵生》的作者是在继承融合《庄子·让王》《列子·说符》的基础上进行了创新，而非完全抄袭《庄子·让王》。这是因为，《吕氏春秋·贵生》中"道之真，以持身；其绪余，以为国家；其土苴，以治天下"这句话，在《庄子·让王》中作"道之真，以治身；其绪余，以为

---

① "道"是老子哲学乃至先秦道家哲学最核心和最根本的概念，是最高的哲学范畴，"生"则是"道"最基本的功能和特性。《老子》第四十二章："道生一，一生二，二生三，三生万物。"《庄子·大宗师》："夫道……自本自根，未有天地，自古以固存。神鬼神帝，生天生地。""生"在老庄哲学这里无疑具有本原论和本体论的含义，代表着"道"最根本的功能和特征。"道"如果没有"生"的功能，那么"道"与天地万物之间就失去了联系，天地万物也就是失去了生存和发展的可能。

② "生生"也是先秦道家一个非常重要的概念，《老子》第五十章："夫何故？以其生生之厚。"《庄子·大宗师》："杀生者不死，生生者不生。"《列子·天瑞》："不生者能生生，不化者能化化。"《吕氏春秋》也有"生生"概念，如《吕氏春秋·侈乐》："人莫不以其生生，而不知其所以生。"

③ （战国）吕不韦撰，（东汉）高诱注，俞林波校订：《元刊吕氏春秋校订》，第25页。

国家；其土苴，以治天下"①。两句话就一个字不同，即《庄子·让王》中的"治"在《吕氏春秋·贵生》中写作"持"，《庄子·让王》中的"治身"概念在《吕氏春秋·贵生》中被有意改造成了"持身"。而"持身"这一概念，不是出自庄子或老子，而是来自列子。《老子》中三次出现"持"，如"持而盈之，不如其已"（第九章）、"其安易持"（第六十四章）、"我有三宝，持而保之"（第六十七章），但是没有"持身"这一概念；《庄子》全书亦无"持身"的概念。《列子》中却有这一概念，如《列子·说符》："子列子学于壶丘子林。壶丘子林曰：'子知持后，则可言持身矣。'列子曰：'愿闻持后。'曰：'顾若影，则知之。'"② 这一方面说明《吕氏春秋·贵生》的作者是在有意吸收《列子·说符》中"持身"概念并将之融入《庄子·让王》的"道之真，以治身"的思想，然后再进行自己的改造和创新，另一方面则证明《列子·说符》至少在《吕氏春秋》编纂的时代即战国末期就已经存在，而非魏晋人伪造之作品。

何谓"道之真"？"真"，张双棣等著《吕氏春秋词典》认为，"真"有三义："一、作为名词，指实质，根本；二、作为形容词，指真正的，真实的；三、作为副词，指确实，的确"，并指出《吕氏春秋·贵生》中的"道之真，以持身"中的"真"即指"实质，根本"③。所以，"道之真"也就是指"道"

---

① 成玄英疏："绪，残也。土，粪也。苴，草也。夫用真道以持身者，必以国家为残余之事，将天下同于草土者也。"陆德明《经典释文》："圣人真以持身，余以为国，故其动作必察之焉。"［参见（清）郭庆藩撰，王孝鱼点校：《庄子集释》，第972—973页］

② 杨伯峻：《列子集释》，第252页。

③ 张双棣、殷国光、陈涛：《吕氏春秋词典》（修订本），第501页。

之根本、实质与精华，也就是其最核心、最重要的部分。

何谓"其绪余，以为国家"？"绪"，《说文》释为"丝耑也"①。"绪余"犹言"丝端末之余，正是言轻微之物"②。《吕氏春秋》认为，"道之真"、道之精华在"贵生"和"持身"，其绪余即残余部分才用来治理国家。

关于"土苴"，高诱注："土，瓦砾也。苴，草蒯也。"他认为这句话是说"天下国家不如身之为贵，而以治身之余治之"③。陈奇猷《吕氏春秋新校释》引王念孙说："'蒯'当为'蓟'。'草蓟'即草芥。"又引范耕研说："绪余、土苴皆言轻微之物，谓不必用道之真，出其余技已足为国家、治天下矣，见国家之本在于身也。"④ 所以，在《吕氏春秋·贵生》的作者看来，道之微末、最末端在于"治天下"。

在这里，《吕氏春秋》通过对"道"之真质、绪余、土苴的价值比较来说明圣人生命的价值要远远高于国家和天下。当今的那些世俗君子，由于没有搞清楚生命与外物的本末关系，不懂得"贵生之道"与"贵生之理"，所以常常本末倒置，为了追求功名利禄等身外之物而危害身体，甚至舍弃生命，这真是糊涂之举啊！

需要说明的是，《吕氏春秋》的作者并非不关注国家天下，也并非反对圣人"为国""治天下"，而是认为应该在分清楚自己生命与外物价值大小、弄清楚自己生命与国家天下等外物之本

---

① （汉）许慎著，班吉庆、王剑、王华宝点校：《说文解字校订本》，第378页。
② 陈奇猷：《吕氏春秋新校释》，第80页。
③ 许维遹：《吕氏春秋集释》，第40页。
④ 陈奇猷：《吕氏春秋新校释》，第80页。

末关系的基础上再去"为国家""治天下",这才是《吕氏春秋》倡导的圣人"完身养生之道"。《吕氏春秋》之所以持这样的观点,与其深受道家学派的"内圣外王观"的影响有关。"内圣外王"是道家学派代表庄子最早提倡的学说,后来被儒家所提倡和利用。与儒家"圣、王相通""圣人和王者合一"的"内圣外王观"不同,道家从"从个体生命存在出发,较多地看到了家族、社会群体对人性的压抑,希望通过摆脱外在束缚来达到个体的自由,因而主张做真人、至人、圣人,把王者看做是外在的束缚而加以排斥"①。《吕氏春秋》在上述道家思想的基础上又有所发展,"自觉地把圣人与王者并置为理想的人格"②,在"达乎性命之情"的基础上把"圣人的道德与王者的功业统一了起来",构建了既注重生命修养又不忽视治国治天下的内圣外王的、圣王合一的最高理想人格③。

第二节　贵生之用

"用",张双棣等著《吕氏春秋词典》释其第四义为"用处,

---

① 张立文主编,周桂钿、李祥俊著:《中国学术通史》(秦汉卷),第23页。
② 同上,第24页。
③ 周桂钿、李祥俊认为:"《吕氏春秋》所谓圣人就是达乎性命之情从而使生命得到顺利发展的人,而达乎性命之情同样也是对王者的根本要求。……只要对人的本性有了透彻认识,这样的人自然就能顺应生命的本性使自身得到完美发展。同样,洞察了万物和人类社会中形形色色人的本性,这样的人自然也就能够顺应万物和人类的本性,让他们顺其本性地自然发展。自然发展的社会就是完美的社会,各适其性的人生就是完美的人生,在达乎性命之情上,《吕氏春秋》把圣人的道德和王者的功业统一了起来。……《吕氏春秋》把修身和治国看做是本质相同的一回事。"[参见张立文主编,周桂钿、李祥俊著:《中国学术通史》(秦汉卷),第24—25页]

功用"①。贵生之用就是指贵生之功用、贵生之意义。《吕氏春秋》认为，"贵生之用"主要包括两点：一、死生存亡之本；二、"贵生"乃治国之根基。

一　死生存亡之本

《吕氏春秋》认为，贵生之用首先在于它是死生存亡之本。何以言之?《吕氏春秋·情欲》云：

> 由贵生动则得其情矣，不由贵生动则失其情矣。此二者，死生存亡之本也②。

高诱注："圣人得其情，乱人失其情。得情生存，失情死亡，故曰生死存亡之本。"③ 这句话是说，如果能够遵循贵生之道，人之情欲就会得到节制，就会变得有益于生命；反之，如果不遵循贵生之道，人之情欲就会得不到节制，就会百病怒起，甚至危及生命。这是人死生存亡之根本。由此观之，《吕氏春秋》主张"节欲"④，而不主张"去欲"或"灭欲"。这是因为，《吕氏春秋》认为，天生人而使有其有各种欲望，无论是神农、黄帝那样的圣人，还是桀、纣那样的俗主，无论是贵贱、愚智、贤不肖，在这一点上都相同。所不同的是，圣人懂得"欲有情，情有节"的贵生之理，能够"修节以止欲"，把欲望控制在合理

---

① 张双棣、殷国光、陈涛：《吕氏春秋词典》（修订本），第453页。
② （战国）吕不韦撰，（东汉）高诱注，俞林波校订：《元刊吕氏春秋校订》，第27页。
③ 许维遹：《吕氏春秋集释》，第43页。
④ 陶建国："节制情欲，系老庄修养之要道。《吕氏春秋》亦同此说。"（参见陶建国：《两汉魏晋之道家思想》，第240页）

的范围之内，这样才能够"生以寿长，声色滋味能久乐之"。俗主则不懂得这一道理，所以"亏情，每动为亡败"。

　　《吕氏春秋》看待人的本性和情欲，与战国中后期影响较大的人性论如孟子的"性善说"、荀子的"性恶论"等既有联系，又有区别。它是"在吸收并改造告（子）、荀（子）思想某些成分和批判孟子性善说的基础上形成的……独具特色的第六派人性理论"①。具体来讲，《吕氏春秋》充分肯定人的情欲或贪欲，认为"人的生理需求和物质利益追逐是人们的共同情欲"②，这些"情感欲恶乃是天生的普遍的人性"③。《吕氏春秋》云：

> 　　天生人而使有贪有欲。欲有情④，情有节。圣人修节以止欲，故不过行其情也。故耳之欲五声，目之欲五色，口之欲五味，情也。此三者，贵贱愚智贤不肖欲之若一，虽神农、黄帝其与桀、纣同。圣人之所以异者，得其情也。（《吕氏春秋·情欲》)⑤

> 　　人之情欲寿而恶夭，欲安而恶危，欲荣而恶辱，欲逸而

---

　　① 牟钟鉴：《〈吕氏春秋〉与〈淮南子〉思想研究》，第 82 页。
　　② 刘泽华：《中国政治思想通史·先秦卷》，第 503 页。
　　③ 牟钟鉴：《〈吕氏春秋〉与〈淮南子〉思想研究》，第 82 页。
　　④ 周桂钿："在这里，'情'是什么意思？陈奇猷没有作出解释。他有时将情与欲并提，称为'情欲'。实际上，他没有弄清楚'情'的意思，所以也无法解释'欲有情''得其情''失其情'的说法。我以为这里的'情'可以理解为'情况'或'实际情况'。'欲有情'就是指欲望的实际情况。'得其情'就是适合欲望的情况。'失其情'就是不适合欲望的实际情况，主要指超负荷。'贵生'就是以生命为贵。换一说法，就是珍惜生命。'由贵生动则得其情'，意即从珍惜生命出发的行动就会做到适合欲望的实际情况。这就能'不过行其情'，不过分，不会超载。"［参见周桂钿：《秦汉思想史（上）》，第 28 页］
　　⑤ （战国）吕不韦撰，（东汉）高诱注，俞林波校订：《元刊吕氏春秋校订》，第 27 页。

恶劳。(《吕氏春秋·适音》)①

《吕氏春秋》认为，人之欲望主要包括感官之欲、求生欲、安全欲、荣辱欲和逸乐欲等，其中既有身体方面的欲望，又有精神方面的欲望。《吕氏春秋》把这些欲望都称作"情"或者"情欲"，并认为"欲求本身并不是坏东西"，"道德与人性并不相矛盾，道德只是对人性的适当限制和提高"②。圣人能够"使人的欲求适度得当"，像桀、纣那样的暴君和俗主则欲望无度，所以亏生、亏情，"每动为亡败"。由此可见，《吕氏春秋》的人性论异于先秦其他人性论而显示其独特价值的地方在于它充分肯定人的情欲或情感活动③。

《吕氏春秋》还认为，人之欲望不仅是天生的正当的人性，而且是不可改变的人性。如《吕氏春秋·大乐》云：

> 天使人有欲，人弗得不求；天使人有恶，人弗得不辟。
> 欲与恶所受于天也，人不得与焉，不可变，不可易④。

如果君主懂得了这一点，在治国理政时就要做到"顺民性，从民欲"⑤，就"不能违背人性的要求"⑥。这是因为，在《吕氏春秋》看来，君主"治理国家首先要了解万物之性，其次要了解人性（即欲）"，要懂得"性者万物之本"和"用民有纪有

---

①　（战国）吕不韦撰，（东汉）高诱注，俞林波校订：《元刊吕氏春秋校订》，第68页。

②　牟钟鉴：《〈吕氏春秋〉与〈淮南子〉思想研究》，第83页。

③　张立文：《中国哲学范畴发展史（人道篇）》，第484页。

④　（战国）吕不韦撰，（东汉）高诱注，俞林波校订：《元刊吕氏春秋校订》，第65页。

⑤　刘泽华：《中国政治思想通史·先秦卷》，第503页。

⑥　牟钟鉴：《〈吕氏春秋〉与〈淮南子〉思想研究》，第84页。

纲"的道理，注重利用民之欲、恶，"以顺人性、通民情为本务，然后社会事业方可成功"①。反之，如果"不论人之性，不反民之情"(《吕氏春秋·适威》)，民欲不能通达，"道德风尚及社会政治就会发生混乱"②，国家就会"百恶并起，而万灾丛至"③。《吕氏春秋》云：

> 治物者不于物，于人。治人者不于事，于君。治君者不于君，于天子。治天子者不于天子，于欲。治欲者不于欲，于性。性者，万物之本也。(《吕氏春秋·贵当》)④

> 用民有纪有纲，壹引其纪，万目皆起；壹引其纲，万目皆张。为民纪纲者，何也？欲也恶也。何欲何恶？欲荣利，恶辱害。辱害所以为罚，充也；荣利所以为赏，实也。赏罚皆有充实，则民无不用矣。(《吕氏春秋·用民》)⑤

《吕氏春秋》这种肯定人之正常情欲和基本需求，主张顺民之欲、用民之欲的人性论，从其社会历史作用上看，"是先秦几家人性论中最进步的一种"⑥。同时，它能够在正确的人性论基础上建构相对合理的君民关系，懂得"欲荣利，恶辱害是民之本性，顺此本性而立赏罚之规"的道理，"注意顺民心，兴民利，借民力，不可专恃威势刑罚"⑦，不失为一种合理的治国之道。

---

① 牟钟鉴：《〈吕氏春秋〉与〈淮南子〉思想研究》，第85页。
② 张立文：《中国哲学范畴发展史（人道篇）》，第484页。
③ 《吕氏春秋·达郁》："国亦有郁。主德不通，民欲不达，此国之郁也。国郁处久，则百恶并起，而万灾丛至矣。上下之相忍也，由此出矣。"
④ （战国）吕不韦撰，（东汉）高诱注，俞林波校订：《元刊吕氏春秋校订》，第387—388页。
⑤ 同上，第304页。
⑥ 牟钟鉴：《〈吕氏春秋〉与〈淮南子〉思想研究》，第85页。
⑦ 同上，第62页。

二　成身治天下之基

贵生的作用还在于它是君主和明王治理国家、统御天下的根基和前提。《吕氏春秋·先己》云：

> 汤问于伊尹曰："欲取天下若何？"伊尹对曰："……凡事之本，必先治身……昔者，先圣王成其身而天下成，治其身而天下治。故善响者不于响于声，善影者不于影于形，为天下者不于天下于身。"①

汤问伊尹说："如何才能治理好天下？"伊尹的回答是"凡事之本，必先治身"。修身、养生乃诸事之本，君主只有先把身体修养好了，才能去治理国家和天下。古代的那些圣王都是"养成其身则天下大成，修治其身则天下大治"②。由此可见，贵生贵身乃治国治天下之根基和前提。人民也只会信赖那些懂得贵生之道的明王，而不愿意跟着那些轻身害生的俗主。《吕氏春秋·贵生》云：

> 惟不以天下害其生者也，可以托天下③。

《吕氏春秋》的这一思想明显是受到了老子和庄子的影响④，

---

① （战国）吕不韦撰，（东汉）高诱注，俞林波校订：《元刊吕氏春秋校订》，第40—41页。

② 刘生良评注：《吕氏春秋》，第61页。

③ （战国）吕不韦撰，（东汉）高诱注，俞林波校订：《元刊吕氏春秋校订》，第25页。

④ 《老子》第十三章："故贵以身为天下，若可寄天下；爱以身为天下，若可托天下。"《庄子·在宥》："故贵以身于为天下，则可以托天下；爱以身于为天下，则可以寄天下。"

并强调这样的道理：君主要"以尊重生命的态度去为天下，才可以把天下寄付给他；以珍爱生命的态度去为天下，才可以把天下托交给他"①。

第三节　贵生之术

《吕氏春秋》认为，"贵生之术"有二：一是"制官"，控制人之"四官"即耳目鼻口；二是"去害"，去除那些危害生命之事物。

一　"制官"

"制官"，是指控制人之"四官"即耳目鼻口。《吕氏春秋·贵生》云：

> 夫耳目鼻口，生之役也。耳虽欲声，目虽欲色，鼻虽欲芬香，口虽欲滋味，害于生则止。在四官者不欲，利于生者则弗为。由此观之，耳目鼻口不得擅行，必有所制。譬之若官职，不得擅为，必有所制。此贵生之术也②。

《吕氏春秋》认为，"耳""目""鼻""口"这四种器官是为人的生命而服役的，是受生命支配的。"贵生必先节欲"，就

---

① 陈鼓应：《庄子今注今译》，第286页。
② （战国）吕不韦撰，（东汉）高诱注，俞林波校订：《元刊吕氏春秋校订》，第24页。

是强调要对人的耳、目、鼻、口这"四官"进行合理控制，不能让它们擅自行动，而应该让它们受制于生命这个"主体"①。这也就是说，"唯有节制耳目感官之情欲，方是全其天性之要法"②。

人之感官与生命"主体"并不是永远和谐一致的。当它们之间发生冲突时，《吕氏春秋》认为应该让感官服从于生命"主体"，即当某件事情对于生命有利，但是"四官"不愿做，也要强迫它们去做。这是因为"贵生"有利于人的生命，"生之可贵，正以其能享受声色滋味"，"耳须能乐声，目须能乐色，生方有意义"③。

所以，人应该去做一切有利于生命的事情，而不应该去做一切有害于生命的事情，这就是《吕氏春秋》一书提倡的"贵生之术"，这就是历史上那些真正把握了"道之真"的得道圣人甘愿放弃天下、君位、富贵而选择归隐山林的原因所在。

二　"去害"

"去害"，是指去除那些危害生命之事物。道家认为，生命珍贵，人要想使自己的生命保全和长存，就要懂得"便生"和"去害"的道理。《老子》第十二章说："五色令人目盲，五音令人耳聋，五味令人口爽，驰骋畋猎令人心发狂，难得之货令人行

---

① 虽然这"四官"都有自己所欲求的东西，如耳欲声、目欲色、鼻欲芬香、口欲滋味，如果过度放纵人的耳、目、鼻、口之欲，就会伤害和危及人的生命。
② 陶建国：《两汉魏晋之道家思想》，第240页。
③ 冯友兰：《中国哲学史（上）》，第117页。

妨。是以圣人为腹不为目，故去彼取此。"① 王弼注："夫耳、目、口、心，皆顺其性也。不以顺性命，反以伤自然，故曰盲、聋、爽、狂也。难得之货塞人正路，故令人行妨也。"② 河上公注："贪淫好色，则伤精失明；好听五音，则和气去心，不能听无声之声；人嗜于五味，则口亡，言失于道也；……驰骋呼吸，精神散亡，故发狂也；难得之货谓金银珠玉，心贪意欲，不知厌足，则行伤身辱也。"③ 这都表明过于浓艳的色彩、过于重杂的声音、过于浓烈的味道，以及驰骋畋猎、难得之货等都是妨生、害生之物，都会对人的目、耳、口、心、身带来巨大的伤害。所以，人要"守五性，去六情，节志气，养神明"④，要"以物养己"而不"以物役己"⑤，这样才能全生和长寿。

庄子进一步发挥了老子的这一思想，他说："且夫失性有五：一曰五色乱目，使目不明；二曰五声乱耳，使耳不聪；三曰五臭薰鼻，困惾中颡；四曰五味浊口，使口厉爽；五曰趣舍滑心，使性飞扬。此五者，皆生之害也。"（《庄子·天地》）⑥ 成玄英疏："迷情失性，抑乃多端，要且而言，其数有五。"⑦ 这五种危害人之生命的事物分别为五色、五声、五臭、五味和趣舍，它们皆是"伐命之刀，害生之斧"⑧，皆是"生民之巨害"⑨。对

---

① （魏）王弼注，楼宇烈校释：《老子道德经注校释》，第27—28 页。
② 同上，第28 页。
③ 王卡：《老子道德经河上公章句》，第45 页。
④ 同上，第46 页。
⑤ （魏）王弼注，楼宇烈校释：《老子道德经注校释》，第28 页。
⑥ （清）郭庆藩撰，王孝鱼点校：《庄子集释》，第461 页。
⑦ 同上，第462 页。
⑧ 同上，第463 页。
⑨ 同上。

于这种失性害生之物，庄子是极力反对的。

《吕氏春秋》继承了老子、庄子的"去害"思想，认为"人要去除一切物欲，以及危害于性者，顺性之固然，便足以安生养性"①。例如《吕氏春秋》云：

> 立官者，以全生也。今世之惑主，多官而反以害生，则失所为立之矣。……万物章章，以害一生，生无不伤。（《吕氏春秋·本生》）②

> 知生也者，不以害生，养生之谓也。（《吕氏春秋·节丧》）③

"害"，《说文》解释为"伤也"④，"害生"也就是对于生命的伤害和损害。《吕氏春秋》认为，"人之性寿"⑤，人的天性本来是可以长寿的，但是由于天下纷繁复杂的外物的伤害和人对于物欲的毫无节制的追逐，才导致对身体和生命的戕害。《吕氏春秋》把"害生"之物⑥分为三类：一是"害形之物"，即大甘、大酸、大苦、大辛、大咸，这五者如果充满人的形体就会害生；

---

① 陶建国：《两汉魏晋之道家思想》，第 241 页。

② （战国）吕不韦撰，（东汉）高诱注，俞林波校订：《元刊吕氏春秋校订》，第 10—11 页。

③ 同上，第 128 页。

④ （汉）许慎著，班吉庆、王剑、王华宝点校：《说文解字校订本》，第 207 页。

⑤ 《吕氏春秋·本生》："人之性寿，物者抇之，故不得寿。"［参见（战国）吕不韦撰，（东汉）高诱注，俞林波校订：《元刊吕氏春秋校订》，第 10 页］

⑥ 《吕氏春秋·尽数》中三类"害生之物"分别为"害形之物""害神之物""害精之物"。这三类事物的各自含义是什么呢？它们之间如何区分呢？"形"，《说文》释为："象形也。从彡，开声。"［参见（汉）许慎著，班吉庆、王剑、王华宝点校：《说文解字校订本》，第 253 页］"精"，《说文》释为："择也。从米，青声。"（同上，第 200 页）"神"，《说文》释为："天神，引出万物者也。从示、申声。"（同上，第 2 页）

二是"害神之物"，即大喜、大怒、大忧、大恐、大哀，这五者如果接触人的精神也会害生；三是"害精之物"，即七种不利于人类生存的气候条件。《吕氏春秋·尽数》云：

> 何谓去害？大甘、大酸、大苦、大辛、大咸，五者充形，则生害矣。大喜、大怒、大忧、大恐、大哀，五者接神，则生害矣。大寒、大热、大燥、大湿、大风、大霖、大雾，七者动精，则生害矣。故凡养生莫若知本，知本则疾无由至矣①。

《吕氏春秋》认为，去除了以上三类"害生"之物，人之精神才能安于形体，其年寿才能得以延长。《吕氏春秋·尽数》云：

> 圣人察阴阳之宜、辨万物之利以便生，故精神安乎形，而年寿得长焉。长也者，非短而续之也，毕其数也。毕数之务，在乎去害②。

《吕氏春秋》中"贵生之术在去害"的思想对后世道教有重要影响。如魏晋时期著名道教学者葛洪认为，凡人之所以会生病死亡，是因为有疾病的侵害，是因为有妨生、害生、伤生之事的存在。如果我们能够通过服用药物，治疗疾病，除去这些有害健康、有损生命的障碍，人自然能够无内疾外患，健康长寿，以至长生不死。《抱朴子内篇·至理》云：

> 夫人所以死者，诸欲所损也，老也，百病所害也，毒恶

---

① （战国）吕不韦撰，（东汉）高诱注，俞林波校订：《元刊吕氏春秋校订》，第39 页。
② 同上。

所中也，邪气所伤也，风冷所犯也。今道引行气，还精补脑，食饮有度，兴居有节，将服药物，思神守一，柱天禁戒，带佩符印，伤生之徒，一切远之，如此则通，可以免此六害①。

上面的论述表明，人之所以会死，主要是由六种原因导致：第一，欲望对身体造成的损害；第二，衰老；第三，各种疾病的侵害；第四，病毒的中伤；第五，邪气的伤害；第六，风湿冷气的袭击。如果通过导引行气、节度欲望、饮食健康、起居规律，再加上药物的治疗、思神守一的内在修养，便可以使人体远离各种伤害身体、有损生命的因素，免除上面六种危害对身体的侵扰，达到长寿、长生。《抱朴子内篇·论仙》云：

> 若夫仙人，以药物养身，以术数延命，使内疾不生，外患不入，虽久视不死，而旧身不改，苟有其道，无以为难也②。

因此，在葛洪看来，由于外患所伤、内疾所损，人才会面临死亡，现实中很少存在没有疾病却死亡的例子。所以，他认为：假如能够排除一切导致人死亡的原因，人便可以达到长生不死。

第四节　"贵己"与"为我"

《吕氏春秋》中的"贵己"思想与"贵生论"密切相关，它是杨朱及其学派思想的主旨所在。

---

① 王明撰：《抱朴子内篇校释》，北京：中华书局，2002 年，第112—113 页。
② 同上，第14 页。

一　阳生贵己

杨朱是老子之后先秦道家代表人物之一，他在《吕氏春秋》中被称为"阳生"①，他的思想被《吕氏春秋·不二》篇概括为"阳生贵己"②。《吕氏春秋》包含着丰富的杨朱"贵己"思想。胡适说："《吕氏春秋》……提倡的是一种很健全的个人主义，叫作'贵生'主义，大体上即是杨朱的'贵己'主义。"③

何谓"贵己"？《吕氏春秋·不二》篇没有进一步解释。其实，综观《吕氏春秋》其他篇章的记载，我们可以说，杨朱的"贵己"，就是"贵己之生"，就是珍贵自己的生命和身体。如《吕氏春秋·重己》云：

> 倕至巧也，人不爱倕之指而爱己之指，有之利故也。人不爱昆山之玉、江汉之珠，而爱己一苍璧、小玑，有之利故

---

① 关于杨朱、阳子居、阳生等是否为同一人，学界历来有不同的观点。如毕沅曰："李善注《文选》之谢灵运《祖述德诗》引作杨朱。阳、杨古多通用。"（参见许维遹：《吕氏春秋集释》，第467页）杨伯峻说："杨朱与杨子居是否一人，古今颇有争论文字。汪中《述学·老子考异》之附注以为两人，衍而至于近人唐钺，作《杨朱考》，载于《东方杂志》二十二卷五期中，力言杨朱非杨子居。以为两人者近是。"（参见杨伯峻：《列子集释》，第227页）笔者根据《吕氏春秋》《庄子》《列子》《孟子》《荀子》《韩非子》《淮南子》等对杨朱行为事迹和主要思想的对比研究可以得出"阳生即杨朱，二者是同一人"的结论。

② 《吕氏春秋·不二》："听群众人议以治国，国危无日矣。何以知其然也？老耽贵柔，孔子贵仁，墨翟贵廉，关尹贵清，子列子贵虚，陈骈贵齐，阳生贵己，孙膑贵势，王廖贵先，兒良贵后。"

③ 胡适：《胡适文集》（第4册），第179页。侯外庐等也认为："杨朱一派的主旨为'为我''贵己''轻物重生'，《吕氏春秋》的《本生》《重生》《贵生》《情欲》四篇中实保存有此派思想的重要论点。"［参见侯外庐、赵纪彬、杜国庠：《中国思想史》（第一卷），第338页］

也。今吾生之为我有，而利我亦大矣。论其贵贱，爵为天
子，不足以比焉；论其轻重，富有天下，不可以易之；论其
安危，一曙失之，终身不复得。此三者，有道者之所
慎也①。

《吕氏春秋》认为，任何人都珍爱对自己有利的东西，而不
爱与自己无关的东西。如我的手指是我所拥有并对我有利，所
以，每一个人无论贵贱、贫富、贤与不肖都会爱己之指，而不爱
巧匠"倕"之指；我自己拥有的不完美的玉石和小珠对我有利，
所以，每一个人都会珍爱"己一苍璧、小玑"而不爱昆山之玉、
江汉之珠这样贵重的宝物。同理，我的生命为我所有，而且能够
给我带来极大的利益。为什么呢？首先，从生命之贵贱即其价值
来看，我的生命价值最大，即使是天子的爵位都不能同它相比。
所以，人们才要珍贵自己之生命，这是杨朱所讲的"贵己"内
涵之一。其次，从生命之安危及其关键性来看，我的生命是不可
再生的，一旦失去就终身不可复得②。因此，人们要慎重地对待
自己的生命，在做价值选择、人生抉择时要以生命为重、外物为
轻。由此观之，杨朱之"贵己"之内涵就是"贵己之生"，就是
珍贵自己的生命和身体，就是"强调尊重自我，强调个人生命
的价值和尊严"③，就是告诉人们要以自己的生命为贵、外物为

---

① （战国）吕不韦撰，（东汉）高诱注，俞林波校订：《元刊吕氏春秋校订》，
第12—13页。
② 此外，从生命之轻重即其重要性来看，"我"的生命最重要，即使是富有天
下的财富也不能同它相比。所以，人们才要重视自己之生命，这是杨朱所讲的"重
己"的内涵。
③ 陈鼓应：《杨朱轻物重生的思想——兼论〈杨朱篇〉非魏晋时伪托》，《江西
社会科学》1990年第6期。

贱，做到贵生而贱物、全生而不迫生。

《吕氏春秋》中的"贵己"思想还体现在对己之载体即"身"与天下等身外之物关系的价值判断上，认为己之身是"所为"，是目的；天下等身外之物是"所以为"，是手段。《吕氏春秋》认为，"杀所饰要所以饰"的行为就是颠倒了身体与身外之物的本末关系，就是"不知所为"；而那些为了追求财利、功名等身外之物而"危身伤生，刭颈断头"的行为，也是"不知所为"所造成的。《吕氏春秋·审为》云：

> 身者所为也，天下者所以为也，审所以为而轻重得矣。今有人于此，断首以易冠，杀身以易衣，世必惑之。是何也？冠所以饰首也，衣所以饰身也，杀所饰，要所以饰，则不知所为矣，世之走利有似于此，危身伤生，刭颈断头以徇利，则亦不知所为也①。

那么，杨朱为何要提倡"贵己"思想呢？杨朱"贵己"思想②是在春秋战国之际特定的历史背景和时代条件下提出的，是杨朱为了探寻礼崩乐坏、世乱德衰、国亡主辱等社会问题的根源，并谋求人类与人性解放之道而提出的救世学说。陈鼓应认为："杨朱生于战国，在那个'暴行又作'的时代。……在杨朱看来，唯有敛人类侵占的意欲，才是拯救世乱的釜底抽薪之法。……如果人人都能珍惜自己的生命（'人人不损一毫'），而不把他人的东西占为己有（'人人不取利天下'），天下自然太平

---

① （战国）吕不韦撰，（东汉）高诱注，俞林波校订：《元刊吕氏春秋校订》，第344—345页。

② 《吕氏春秋》中的"杨朱贵己"反映了杨朱重视人的生命价值、珍视和贵重人的生命的思想。

无事。"① 刘泽华认为："殷周以来的社会是等级森严的社会，除了周天子和少数的诸侯贵族之外，所有的人都是作为不同的从属物出现在社会上的，自己根本没有独立的意义，自己并不是自己存在的目的。这种情况到春秋才开始有所变动。然而当时的变动是极为有限的，并未冲破等级隶属关系，只是以一种新的等级隶属关系（农民对地主的依附）取代了旧的等级隶属关系（奴隶对奴隶主的依附）。在新旧取代过程中，出现了点点星星的空隙，为个人的自由提供了一点点活动场所。杨朱的思想正是在这种环境下产生的。"②

综上，杨朱发现普通民众已经成为当时某些君主和统治者"满足其私欲与实现其野心的工具"③，人的生命财产和人格尊严在至高无上的强权和残酷的兼并战争面前得不到任何保障，所以他毅然提出了尊重和珍贵个体生命的"贵己"思想，对战国时期"强权肆意鼓噪牺牲、奸雄操弄民命"的政治局势进行了批判④。杨朱也因此遭到了站在统治阶级立场上、倡导君主专制思想的孟子的大肆批判⑤。

---

① 陈鼓应：《杨朱轻物重生的思想——兼论〈杨朱篇〉非魏晋时伪托》，《江西社会科学》1990 年第 6 期。

② 刘泽华：《中国政治思想通史·先秦卷》，第 337—338 页。

③ 丁四新：《先秦哲学探索》，北京：商务印书馆，2015 年，第 133 页。

④ 同上，第 133 页。

⑤ 刘泽华："孟子……认为杨朱的'为我'（即'贵己'）主张，与'普天之下，莫非王臣'的君主至上观念是根本对立的，于是惊呼'杨氏为我，是无君也'。诚如孟子所言，杨朱的主张在逻辑上必然与君主特权思想发生冲突。君主专制思想最基本的特征之一，就是认为一切人都是君主的从属物和臣民，除君主之外，谁也没有独立的价值。很显然，冲破了这一防线，君主专制主义就难以存在了。而杨朱的'为我'的确对它发动了一次猛烈的冲击。维护君权的孟子……抓住了杨朱的要害……把杨朱视为洪水猛兽，从他的思想体系看是必然的。……杨朱的思想与儒家的思想是势不两立的。"（参见刘泽华：《中国政治思想通史·先秦卷》，第 338 页）

二　"贵己"与"为我"

《吕氏春秋》所指杨朱思想之核心"贵己"，被孟子概括成"为我"。学术界基本上认为"贵己"和"为我"二者含义基本相同，是可以相互替换的概念①。例如刘泽华说："杨朱思想的核心是'贵己'和'为我'。……他认为人是独立的实体，人与其他事物相比，其自身是第一位的。正是在这个基础上，他才从中引出'为我'和'贵己'的结论。这就是孟子所指出的'杨氏为我'（《孟子·滕文公下》）。《吕氏春秋·不二》则概括为'阳生贵己'。"②

何谓"为我"？孟子在《滕文公下》和《尽心上》中对杨朱的这一思想进行了说明。

> 圣王不作，诸侯放恣，处士横议，杨朱、墨翟之言盈天下，天下之言，不归杨则归墨。杨氏为我，是无君也。墨氏兼爱，是无父也。无父无君，是禽兽也。……杨、墨之道不息，孔子之道不著，是邪说诬民，充塞仁义也。仁义充塞，则率兽食人，人将相食。吾为此惧，闲先圣之道，距杨、

---

① 赵岐认为："为我，为己也。"（《孟子注》）朱熹说："杨朱但知爱己身。"（《孟子集注》）焦循说："《吕氏春秋·不二篇》云：'阳生贵己'，高注云：轻天下而贵身。孟子曰：'杨子拔体一毛以利天下，弗为也。'贵己即为己。"［参见（清）焦循撰，沈文倬点校：《孟子正义》，北京：中华书局，2017年，第985—986页］当代学人也认同这一观点，如冯友兰说："孟子所说'为我'，即《吕氏春秋》所谓'贵己'之义，亦即《淮南子》所说'全生保真，不以物累形'之义也。此为杨朱学说之主要意思。"［参见冯友兰：《中国哲学史》（上），第148页］

② 刘泽华：《中国政治思想通史·先秦卷》，第335页。

墨，放淫辞，邪说者不得作。(《孟子·滕文公下》)①

孟子曰："杨子取为我，拔一毛而利天下，不为也。墨子兼爱，摩顶放踵利天下，为之。"(《孟子·尽心上》)②

关于"为我"的基本含义，赵岐《孟子注》说："为我，为己也。拔己一毛以利天下之民，不肯为也。"③ 朱熹说："杨氏自是个退步爱身不理会事底人了，其学专为己。"④ 焦循说："杨氏厚身而薄人，固人受其害……杨氏之义，至于拔一毛而利天下不为，是何如清净。圣人立必欲立人，达必欲达人，反若多所牵揽。"⑤ 又说："孟子曰：'杨子拔体一毛以利天下，弗为也。'贵己即为己。"⑥ 因此，在赵岐、朱熹、焦循等人看来，杨朱之"为我"是指"为己""贵己""爱己"，而且杨朱"但知爱己身""洁身而自为""只理会自己"（朱熹语），"厚身而薄人"（焦循语），不懂得爱别人、利他人，是一种只利己而不利人、利天下的自私行为，与儒家圣人孔子等提倡的"立必欲立人，达必欲达人"的思想相悖，容易导致"修其身而外天下国家"、不理会"天下事"、不顾及"君臣之义"的"无君"结果，所以才遭到孟子等儒家的严厉批驳。这样的解释具有一定的合理性，也存在一定的偏颇。

上述解释的合理性在于正确地解释了"己"与"我"之关系。在杨朱这里，"己"与"我"是可以画等号的。这可以从

---

① （清）焦循撰，沈文倬点校：《孟子正义》，第491—493页。
② 同上，第985—986页。
③ 同上，第492页。
④ （宋）黄士毅编，徐时仪、杨艳汇校：《朱子语类汇校》，第1403页。
⑤ （清）焦循撰，沈文倬点校：《孟子正义》，第492页。
⑥ 同上，第986页。

《吕氏春秋》对"己"和"我"的用法上反映出来:"己"是第一人称代词,指自己,可以做主语,如《吕氏春秋·贵因》:"己为人之所恶";又可以作宾语,如《吕氏春秋·论人》:"太上反诸己。"① "我"也是第一人称代词,可以做主语,如《吕氏春秋·贵生》:"我适有幽忧之病";亦可作宾语,如《吕氏春秋·君守》:"今不为而知其不可解也,是巧于我。"② 所以,"己"与"我"是基本等同的,"贵己"就是"贵我","为我"也是"为己"。

其偏颇之处在于杨朱之"贵己"和"为我"是中性的,而不是贬义的。二者体现的是杨朱对个体、自我生命价值的重视,并不等同于个人主义③和利己主义④。

历史上,从孟子开始,许多思想家、研究者都把杨朱之

---

① 张双棣等注译:《吕氏春秋译注》(修订本),第 67 页。

② 张双棣、殷国光、陈涛:《吕氏春秋词典》(修订本),第 210 页。

③ 个人主义(individualism)是"一种强调个人自由、个人利益,强调自我支配的政治、伦理学说和社会哲学。实质上是一种从个人至上出发,以个人为中心来看待世界、看待社会和人际关系的世界观。这种理论主张:个人本身就是目的,社会只是达到个人目的的手段;一切个人在道义上是平等的。该词……由法国社会学家托克维尔最早使用,被形容为一种温和的利己主义。个人主义随着生产资料私有制的出现而产生……在资产阶级身上发展到了高峰。近代资产阶级革命时期的思想家,把个人主义普遍化为永恒不变的人性,并使之成为道德的基本内容和判断善恶的主要标准,以此作为反对封建道德和宗教禁欲主义的思想武器"。(参见金炳华:《哲学大辞典:分类修订本》,第 809 页)

④ 利己主义(egoism)是"一种以自我为中心,用个人利益作为思想行为准则的道德原则和道德学说。源于拉丁语 ego,意为'我'。产生于私有制社会。……近代资产阶级思想家使利己主义成为一种完整系统的道德学说。霍布斯等运用唯物主义感觉论论证人的本性是利己的,认为人的生理机能决定人性必然趋乐避苦,自爱自保。在社会生活中,利己本性表现为人人追求个人私利,决不会为他人牺牲自己的利益;但利己本性受到社会法律和道德约束,法律和道德则使个人利益更有保证。……现代资产阶级伦理学则把利己主义发展为形形色色的以自我为中心的伦理思想体系,以自我作为衡量一切的社会标准和道德准则。"(参见金炳华:《哲学大辞典:分类修订本》,第 899 页)

"为我"等同于个人主义和利己主义[①]，并从其给国家统治、社会秩序与人伦道德等带来的危害性上去批判杨朱[②]。如有的学者认为："杨朱学说提倡为我，正是反对为君主服务，亦即反对君权。……杨子强调自爱，可以说是个人主义。"[③] 有的学者认为："'杨氏为我，是无君也'，这句话点出了孟子反对杨朱的要害所在。……如果人人为我，拔一毛利天下而不为，当然首先就无法保证君的地位，从而使儒家主张的整个社会秩序不能实现，所以遭到了孟子的严厉批评。"[④] 有的学者认为："杨朱从'贵生'思想出发，引出'为我'，轻物重生，从而导致无君论，取消忠义道德，因此，遭到了孟子的驳斥。"[⑤] 有的学者认为："君臣道

[①]　陈鼓应："在思想史上，首先歪曲杨朱思想的就是孟子。……杨朱只是要人安分自足，不可互相侵越。……而孟子却……割弃杨朱'悉天下奉一身不取也'这下半句话，而断章取义地抽引他的上半句话，于是混淆视听，曲意加以诬蔑。孟子何以这般情急失理？究其动机，不外下面两个原因：一、学派之争，二、思想冲突。……儒家认为人际之间是上下有别、长幼有序的，社会有一定的礼来维持这种人际关系。杨朱主张人人不损一毛，人人不取利于天下，这种互不侵犯、互不干涉的思想，把上下的奉承关系彻底消除，这和尊君亲上的儒家思想是不相容的。……在观念上，孟子的尊君主张仍不落孔子之后。……他这样重视'义'，原来是使人不'后其君'，用现代话来说就是'效忠元首'。……杨朱的学说就不同了，杨朱既然要人人自治，自然就反对他治；崇尚'治内'而扬弃'治外'，则必然否定统治者与被统治群的关系存在；主张'人人不损一毫'，那么自然不同意缴粮纳税给统治者，也不肯卖命效忠于统治群。杨朱思想的推演，竟然使'君臣之道息'。这是忠君的孟子忍受不了的。"（参见陈鼓应：《杨朱轻物重生的思想——兼论〈杨朱篇〉非魏晋时伪托》，《江西社会科学》1990 年第 6 期）

[②]　这种"危害性"，一是会导致不利他、不奉献、不为集体、社会、国家有任何付出的绝对利己主义；二是会导致不合作、不团结的个人主义；三是会导致"无君"或者"无政府主义"。历来对杨朱"为我"论的批判大概不出以上三点。

[③]　张岱年：《说"杨墨"》，《群言》1989 年第 9 期。

[④]　杨泽波：《孟子评传》，南京：南京大学出版社，2011 年，第 386 页。

[⑤]　张岱年主编，吴乃恭著：《大儒列传·孟子》，长春：吉林文史出版社，1997 年，第 108 页。

息，乃（杨朱）为我思想逻辑上之必然结论。"① 有的学者认为：
"杨子这种保全性命，轻视外物的狭隘利己观在《吕氏春秋·重
己》篇中亦有确切记载。"② 有的学者认为："《吕氏春秋》……
不同于杨朱的利己主义，主张一种合理的情感欲望。"③

　　上述对杨朱"贵己为我"说的解释具有一定的片面性，并
没有全面地理解杨朱的这一思想。其实，杨朱之"贵己为我"
说的内涵是非常丰富的。

　　第一，杨朱"贵己为我"的主旨在于对人的身体和生命的
珍重，在于对人自身存在价值的认同。方立天认为：杨朱"主
张'重己''贵生'，即强调独善其身，重视个人生命的保
存"④。许抗生认为：杨朱的中心思想"是为我重生主义，他之
'为我'在于'重生'，保全自己的形体生命。……他的为我主
义，实是重生（重视生命）的思想。……杨朱是为重生主义者，
而不是一般贪图名利权势的为我主义者"⑤。罗安宪认为："杨朱
思想之基本特征是'轻物重生'。……是要以生命为根本，是要
确立世间最可贵者莫过于生命之观念。……把自己之身体看得比
整个天下更为珍贵，……然杨朱虽'贵己''重生'，却并不贪
求。并不因'贵己''重生'，而贪图世间之利禄。……既不与
人，亦不取人；既不利人，亦不以人利我。这是一个自为的社
会，它所彰示的是古人原始、自然而纯朴的生活。我的就是我

---

① 苗润田：《孟子非以禽兽喻杨、墨》，《文史哲》2007 年第 3 期。
② 李裴、张丽霞：《试论〈太平经〉的"贵生乐活"思想及其现实意义》，
《宗教学研究》2014 年第 3 期。
③ 牟钟鉴：《〈吕氏春秋〉与〈淮南子〉思想研究》，第 84 页。
④ 方立天：《中国古代哲学：全 2 册》，北京：中国人民大学出版社，2012 年，
第 420 页。
⑤ 许抗生：《当代新道家》，第 62 页。

的，我既无求于人，人亦无求于我，我既无与于人，人亦无与于我。这样一种自为的社会，正是杨朱的理想。杨朱的'轻物重生'，其所轻者，外在之物也；其所重者，自身之生命也。"① 胡孚琛，吕锡琛认为："杨朱并非孟子所贬斥的那样，是一毛不拔的'为我'自私者，而只是不愿为了外物而损害宝贵的生命，这是对老子不为外物而伤身思想的直接继承。"②

由上可知，杨朱所主张的"贵己为我"说有着特定的含义：杨朱之"贵己"也就是"为己""为我"和"存我"③，而其主张"贵己""为我"的目的则是为了"全性葆真"④。"全性"就是全生、全形、全德，保全人之形体与精神的完满。所以，杨朱所主张的"贵己为我"说，并不是常人所理解的如铁公鸡般一毛不拔的自私自利或"世俗的伴随着损人的利己主义"⑤，而是一种倡导"己"或"我"之生命价值高于一切的"生命至上

---

① 罗安宪：《虚静与逍遥——道家心性论研究》，第 209—211 页。
② 胡孚琛，吕锡琛：《道学通论：道家·道教·丹道》（增订版），第 133 页。
③ 《列子·杨朱》："智之所贵，存我为贵；力之所贱，侵物为贱。"
④ 刘泽华："如何贵己和为我呢？杨朱从两方面作了论述。一方面，不要损害自我，这就是'拔一毛而利天下，不为也'。对这句话有两种不同的理解：一种理解是，拔一毛而有利于天下也不干；另一种理解是，拔一毛利之以天下，即把天下都给他，也不干。……前者表现为极端的自私，后者表现为视名利如粪土，其实这两者是可通的。问题的实质不在于拔一毛'利于天下'或'利之以天下'，而关键在于拔一毛有损于全性葆真。'利于天下'或'利之以天下'只不过是一种夸张性的衬托说法而已。它的基本点是贵己，意在表示绝不把己当成一种交换物，哪怕是一根汗毛换一个天下也不干。杨朱不是为了一根汗毛而计较，在现实生活中也根本不存在拔一毛'利于天下'或'利之以天下'的问题。这是个理论问题，目的在于说明'全性葆真'和'己'的神圣性。"（参见刘泽华：《中国政治思想通史·先秦卷》，第 335—336 页）
⑤ 焦国成：《杨朱学派"为我主义"辨析》，《中国人民大学学报》1989 年第 6 期。

论"，是一种倡导个体独立自主、人人自由平等的"个人本位论"①。

第二，杨朱"贵己为我"说主张在处理我与外物、他人的关系时坚持"贵生""全性"和"不以物累形"的基本原则。杨朱"把君主、利禄、名位等都视为己外之物……认为不应该让这些外物牵累自己"②。在处理我与他人的关系时，杨朱坚持的原则是"贵己""为我"，而不是儒家倡导的"损己为人"和墨家倡导的"损己利人"。这种在不损害他人利益前提下的"贵己""为我"行为是一种基于人之本性的正常行为③，它在道德上虽不善也至少不是恶的，而是中性的，是人的行为底线。反之，那种违背人之本性和性命之情的损己利人行为则可能是另有企图，如《吕氏春秋·知接》所讲述的齐桓公与身边近臣的故事。

> 管仲有疾，桓公往问之，曰："仲父之疾病矣，将何以教寡人？"管仲曰："齐鄙人有谚曰：'居者无载，行者无埋。'今臣将有远行，胡可以问？"桓公曰："愿仲父之无让也。"管仲对曰："愿君之远易牙、竖刁、常之巫、卫公子启方。"公曰："易牙烹其子以慊寡人，犹尚可疑邪？"管仲对曰："人之情非不爱其子也，其子之忍，又将何有于君？"

---

①　刘泽华："杨朱的思想可以说是一种个人本位论。个人作为一种自然的独立存在，与他人是平等的，又具有不可侵犯性。这种思想在当时可以说是最激进的思想之一，是反抗等级和人身依附关系的强大思想武器。"（参见刘泽华：《中国政治思想通史·先秦卷》，第337页）

②　刘泽华：《中国政治思想通史·先秦卷》，第336页。

③　不仅道家提倡"为我""贵己"之行为，其实儒家也提倡人首先要"为己"，如孔子说："古之学者为己，今之学者为人"（《论语·宪问》）。

公又曰：“竖刁自宫以近寡人，犹尚可疑邪？”管仲对曰：
“人之情非不爱其身也，其身之忍，又将何有于君？”公又
曰：“常之巫审于死生，能去苛病，犹尚可疑邪？”管仲对
曰：“死生，命也；苛病，失也。君不任其命、守其本而恃
常之巫，彼将以此无不为也。”公又曰：“卫公子启方事寡
人十五年矣，其父死而不敢归哭，犹尚可疑邪？”管仲对
曰：“人之情非不爱其父也，其父之忍，又将何有于君？”
公曰：“诺。”……明年，公有病，常之巫从中出曰：“公将
以某日薨。”易牙、竖刁、常之巫相与作乱，塞宫门，筑高
墙，不通人，矫以公令。……蒙衣袂而绝乎寿宫。虫流出于
户，上盖以杨门之扇，三月不葬。此不卒听管仲之言也①。

　　齐桓公身边的近臣易牙、竖刁、卫公子启方服侍桓公，做出
一些看似忠良却违背人之常情的损己利人之行为：易牙把自己的
孩子煮了给齐桓公吃，满足其口腹之欲；竖刁不惜自宫来接近和
服侍齐桓公；卫公子启方侍奉齐桓公十五年，其父去世了也不敢
回家哭丧。齐桓公认为，这三人的行为都是绝对效忠自己的行
为，自己对于这三个人也毫不怀疑。管仲却看出了这三个近臣违
背人之常情、不惜损己利人行为的虚伪性和其潜在的危害性。他
说：人之常情，没有不爱惜自己身体的，没有不疼爱自己孩子的，
也没有不亲爱自己父亲的，易牙、竖刁、卫公子启方这三人都不
爱自己和自己的至亲，又怎么可能真心爱君主呢？管仲死后，齐
桓公病重，易牙、竖刁、卫公子启方、常之巫四人一起作乱，假

---

　　①　（战国）吕不韦撰，（东汉）高诱注，俞林波校订：《元刊吕氏春秋校订》，
第233—235页。

借齐桓公的命令封锁了宫门，筑高了宫墙，禁止他人随意出入。身患重病的齐桓公最后被饿死在宫内，尸体腐烂，蛆虫都爬到了宫门外，三个月都没有下葬。这个故事说明，一个人如果不惜损害自己与亲人的身体和生命来满足他人的利益，那么这种行为必然是违反人之性命之情的，而"违反人性者可能是伪君子"①。

　　而且，从目前存世的关于杨朱的资料看，杨朱的"贵己""为我"并不必然会引出"损人利己"的结果。恰恰相反，杨朱是"反对损人利己的。他主张每个人都应自立，人与人之间应该平等。……每个人在与他人的交往中都不应该损人利己，相互之间都不应该占便宜。……这里把拔一毛'利于天下'和'利之以天下'都否定了，对不平等的交换既'不取'又'不与'。所以杨朱的'为我''贵己'包括人人在内，这里他强调了人人的平等性和独立性。……杨朱个人独立自主的思想和强加于人的思想也是相反的。他认为，个人的独立自主不应导致对他人的压抑。……在杨朱看来，世俗之贤和世俗之美总表现为对他人的一种压抑。杨朱认为，凡是带有伤他性的贤和美都是不值得肯定的；真正的贤和美应以平等为基础，不自贤，不自美，一切如自然，才是真正的贤和美。"② 退一步讲，杨朱之"贵己为我"说即便带有"利己"的含义，也不是性质恶劣、道德低下的损人利己的"极端利己主义"。

　　第三，杨朱"贵己为我"说是针对墨家"兼爱利他"说而提出的，应放在杨墨辩论的时代背景下进行理解③。墨子针对战

---

① 牟钟鉴：《〈吕氏春秋〉与〈淮南子〉思想研究》，第 83 页。
② 刘泽华：《中国政治思想通史·先秦卷》，第 336—337 页。
③ 《淮南子·氾论训》："兼爱尚贤，右鬼非命，墨子之所立也，而杨子非之。"

国时各国征伐不断、兼并成风、社会动乱、人民生命和财产遭受极大侵害的问题，提出了"兴利除害"和"兼相爱"的主张。墨子还身体力行，"摩顶放踵以利天下"，把这种毫不利己、专门利人的精神贯彻在自己的实践和教学中，结果却适得其反，导致墨者们"腓无胈、胫无毛"和"反天下之心，天下不堪"的后果①。杨朱等道家认为，墨子的上述行为导致的结果与人们"追求幸福的生活目的及其自然心愿大相乖违"②。墨家倡导的这些思想会导致"不爱己之身体"和"残损己之生命"的结果，是极不符合人之性命之情的，因而也难以在社会中推广开来，无法实现天下国家大治、百姓安居乐业的社会理想。所以，杨朱为解决当时的社会问题开出了不同于墨家的治理良方。他认为，重视名教礼法的"治外"之术"可暂行于一国，未合于人心"，而他

---

① 《庄子·天下》对墨子的思想批判时说："不侈于后世，不靡于万物，不晖于数度，以绳墨自矫而备世之急。古之道术有在于是者，墨翟、禽滑釐闻其风而说之。为之大过，已之大循。作为《非乐》，命之曰《节用》。生不歌，死无服。墨子泛爱兼利而非斗，其道不怒。又好学而博，不异，不与先王同，毁古之礼乐。……今墨子独生不歌，死不服，桐棺三寸而无椁，以为法式。以此教人，恐不爱人；以此自行，固不爱己。未败墨子道。虽然，歌而非歌，哭而非哭，乐而非乐，是果类乎？其生也勤，其死也薄，其道大觳。使人忧，使人悲，其行难为也。恐其不可以为圣人之道，反天下之心，天下不堪。墨子虽独能任，奈天下何！离于天下，其去王也远矣！……使后世之墨者，多以裘褐为衣，以跂蹻为服，日夜不休，以自苦为极，曰：'不能如此，非禹之道也，不足谓墨。'……墨翟、禽滑釐之意则是，其行则非也。将使后世之墨者，必自苦以腓无胈、胫无毛相进而已矣。乱之上也，治之下也。虽然，墨子真天下之好也，将求之不得也，虽枯槁不舍也。才士也夫！"

② 丁四新：《先秦哲学探索》，第141页。

开出的良方则是"可推之于天下"的"治内"之术①，其内容就是"贵生贵己""重生轻物"和"全性保真，不以物累形"②。

　　第四，孟子对杨朱思想的引用和概括有断章取义的嫌疑，他只截取了杨朱"拔毛利天下"譬喻的前一句话，而故意省略了后一句话，使得杨朱整句话的意思变得不完整，从而造成了两千多年来人们对杨朱思想的极大误解。其实，杨朱关于"拔毛利天下"的譬喻在《列子·杨朱》篇中有完整的表述：

　　　　杨朱曰："伯成子高不以一毫利物，舍国而隐耕。大禹不以一身自利，一体偏枯。古之人损一毫利天下不与也，悉天下奉一身不取也。人人不损一毫，人人不利天下，天下治矣。"禽子问杨朱曰："去子体之一毛以济一世，汝为之乎？"杨子曰："世固非一毛之所济。"禽子曰："假济，为

---

　　① 陈鼓应："杨朱学派重视'治内'而轻视'治外'。'治外'是重礼义刑赏名教的规范，'治内'是重在心灵的持修。杨朱倡导人人自治、自立、自爱、自重，这种思想的推演结果，他治成为不必要，君臣上下关系实属多余，而'奉献''牺牲''效忠'一类的语词成为无意义，许多奴役人性而无生命内容的语言成为空话。"（参见陈鼓应：《杨朱轻物重生的思想——兼论〈杨朱篇〉非魏晋时伪托》，《江西社会科学》1990 年第 6 期）

　　② 焦国成："《庄子·天地》篇中……孔子所称'浑沌氏之术'，其宗旨是'识其一不识其二，治其内而不治其外'……（它）与杨朱的思想有着不寻常的关系。此术要在治身，主张保全形骸、持守精神，认为任何追求智巧、名声、学问、功德的行为足以玷污心灵，心灵的玷污又导致精神的不定，而失却心神的纯真恬淡自足。……《淮南子·氾论训》说杨朱是以'全形保真，不以利累形'为立论宗旨，其全性即是全生、'全形'。不以物累形即是避免'堕形骸'；'保真'即是保持'胸中纯白'，保持'神气之定'。两方面合而言之，即是'治身'、贵己。……《列子·杨朱》篇说：'夫善治外者，物未必治，而身交苦；善治内者，物未必乱，而性交逸。以若之治外，其法可暂行于一国，未合于人心；以我之治内，可推之于天下，君臣之道息矣。'这段论述讲治身、治内，正合于所谓浑沌之术，又讲以治内推之天下，岂不像《说苑》记载的杨朱说梁王的口吻？最后讲君臣之道息，岂不正合于孟子骂杨朱无君？细究'浑沌之术'的宗旨……不是杨朱之论还能是什么呢？"（参见焦国成：《杨朱学派"为我主义"辨析》，《中国人民大学学报》1989 年第 6 期）

之乎?"杨子弗应。禽子出语孟孙阳。孟孙阳曰："子不达
夫子之心，吾请言之。有侵若肌肤获万金者，若为之乎?"
曰："为之。"孟孙阳曰："有断若一节得一国，子为之乎?"
禽子默然有间。孟孙阳曰："一毛微于肌肤，肌肤微于一
节，省矣。然则积一毛以成肌肤，积肌肤以成一节。一毛固
一体万分中之一物，奈何轻之乎?"①

上面这段话反映了杨朱关于"拔毛利天下"譬喻所提出的
时代背景及其所表述的真实内涵②。杨朱对当时墨家违背人之本
性、毫不顾及自己之身体和生命的"兼爱利他"思想进行了批
判，认为墨家之圣人大禹"不以一身自利"，最终的结局是导致
自己"一体偏枯"，国家还没有治理好。相反，像伯成子高这样
的道家圣人却"不以一毫利物，舍国而隐耕"，最终的结局是
"天下治矣"。他们二人的差别就在于大禹没有弄清楚人之生命
与天下国家之关系，舍本而逐末，"纂业事仇，惟荒土功，子产
不字，过门不入，身体偏枯，手足胼胝。及受舜禅，卑宫室，美
绂冕，戚戚然以至于死"（《列子·杨朱》），结果是"赏罚甚
数，而民争利且不服，德自此衰，利自此作，后世之乱自此始"
（《吕氏春秋·长利》）。伯成子高明白生命与天下之本末关系，

---

① 杨伯峻：《列子集释》，第242—243页。
② 焦国成："杨朱的基本理论立场，就是主张纯粹的自为、自重、自保，反对
任何的哪怕是一丝一毫的损己而利人的行为。他的自重自为是绝对的和至上的，以
致爱惜身上的每一根毫毛。假如损掉其身上的微不足道的一根毫毛而能使天下之人
享到大利，杨朱也决不肯干。当然，拔毛利天下只不过是形容之词，以显拔毛损己
之微，而利人利天下之大。此喻旨在说明杨朱重己全性的决绝立场，而非真有拔毛
可利天下之事。'拔一毛'的实质在于损己，只要是损己，杨朱都不答应。尽管损己
可以给天下之人带来极大的益处，杨朱仍然不改变自己的立场。"（参见焦国成：《杨
朱学派"为我主义"辨析》，《中国人民大学学报》1989年第6期）

"为之而有以为"。到了"上仁"的时代，君主就是"为之而无以为"。到了"上义"的时代，君主就是"为之而有以为"了（《老子》第三十八章）。在"上仁"和"上义"的时代，君主以仁义治国，百姓对于君主"亲而誉之"（《老子》第十七章）。到了"上礼"的时代，君主"为之而莫之应，则攘臂而扔之"，则"天下多忌讳，而民弥贫；民多利器，国家滋昏；人多伎巧，奇物滋起；法令滋彰，盗贼多有"（《老子》第五十七章），人民开始畏惧甚至侮辱君主。大略言之，黄帝所处的时代是"上德"的时代，尧所处的时代是从"上德"过渡到"下德"的时代，舜所处的时代是从"下德"发展到"上仁""上义"的时代，禹所处的时代则是从"上义"走向"上礼"的时代。这一人类社会逐渐德衰利兴、礼崩乐坏的历史发展趋势，就是"失道而后德，失德而后仁，失仁而后义，失义而后礼"（《老子》第三十八章）。伯成子高目睹了大禹时代国家和社会开始走向衰落的形势，不愿再做诸侯，毅然选择舍国隐耕。这一方面表明他不愿意在这样的浊世中随波逐流，另一方面表明他希冀通过自己的行为告诉世人这样的道理——个人之身体和生命价值最高、最为宝贵，不要为了争名夺利而奋不顾身，不要为了争财夺地而伤生害命。他认为，人人贵生而不损己之一毫，人人自足而不夺他人之利，这样天下自然会大治。杨朱也是在这一意义上讲"为我"和"贵己"的。

　　杨朱还认为，作为个体生命主体的"我"不愿意为了国家、天下这些身外之物而损害自己的生命，也不愿意拿自己的生命与天下等外物进行交换。如果我们每一个人包括君主、臣民都能够保持节欲而不贪婪，都能够做到自为、自利，而不去侵夺他人之生命和财产，那么，由每一个自足的个体所构成的国家和社会也必然是自足的，这是杨朱治国之理想。这样的理想是一种带有自然主义倾向的童子牧羊式的政治理想①。孟子对杨朱思想进行断章取义的引用和批判，虽然是"卫道心切之举"，但是，却造成了两千多年来人们对杨朱学说的严重误解，给后人认识杨朱思想带来了非常不利的影响②。

小　结

《吕氏春秋》贵生论的要点是：贵生之义在于认识到生命的价值，努力实现"全生"和"持身"；贵生之用在于它是人"死生存亡之本"和圣人"成身治天下之基"；贵生之术在于使人的欲望适度和避免外物对人之生命的伤害，做到"制官"和"去害"；"贵己"就是珍贵自己之生命，就是把自己的生命看得比其他任何事物都更为珍贵，不愿为了得到外在的事物而牺牲和舍弃"我"自己的生命，这也就是"存我"，也就是"为我"。这种"贵己为我"说针对的是墨子的"兼爱"思想和绝对的利他

---

① 刘泽华："杨朱所希冀的童子牧羊式的政治，可以说是无为而治的形象表现。在这里，统治者的活动减少到若存若无的程度，人民如童子所牧之羊一样，自由地生活，漫游于自然之中。正是从这里出发，杨朱对尧舜持批判立场。在他看来，治越多，民也越无法措手足。人们都说尧舜是圣人，杨朱则与之相反，认为尧舜之治恰恰是'乱之始'。"（参见刘泽华：《中国政治思想通史·先秦卷》，第337页）

② 陈鼓应："孟子的好辩是出了名的。他存心曲解杨朱，恶意攻击，还扣上'邪说诬民'的帽子。固然，孟子卫道心切情有可原，但是他的强烈主观情绪判断，却种下了断章取义，歪曲事实以及人身攻击的恶例。"（参见陈鼓应：《杨朱轻物重生的思想——兼论〈杨朱篇〉非魏晋时伪托》，《中国人民大学学报》1989年第6期）

主义,以及其"腓无胈、胫无毛"的自苦精神。这种"贵己为我"说提倡人人都珍贵自己的生命,人人"不损一毫利天下",同时又不索取和占有不属于自己的任何东西,人人都做到"悉天下奉一身不取",这样就会达到"天下大治"的效果。这是《吕氏春秋》反映出的杨朱学派哲学的核心要义。

《吕氏春秋》贵生论的产生有其特定的时代背景和理论渊源。周秦之际,周天子势微,礼崩乐坏,征伐不断,兼并成风,个人生命受到巨大侵害,以老子、庄子、列子、杨朱、子华子等为代表的道家学者才极力关注人与万物之生命,形成了"贵生爱身""全生为上""全性保真"等思想学说,并凝结成了《吕氏春秋》中的"贵生论"。

《吕氏春秋》的"贵生论"在中国哲学史、思想史、宗教史上都具有重要的意义。

首先,《吕氏春秋》的"贵生论"对《老子河上公章句》《老子想尔注》《黄帝内经》等汉代经典产生了深远的影响。例如,成书于东汉中后期、托名于河上丈人的解老之作《老子河上公章句》中的"贵生"思想就曾受到了《吕氏春秋》贵生论的影响。[①] 又例如,成书于秦汉之际、托名于黄帝的医学与哲学著作《黄帝内经》中养生思想也受到了《吕氏春秋》的贵生论

---

　　① 《老子》各章本来是没有标题的,《老子河上公章句》在注解《老子》时为每一章都加上了一个标题来概括其中心思想。《老子河上公章句》的作者在注解《老子》第五十章时把本章的标题定为"贵生"。本章全文为"出生入死。生之徒,十有三;死之徒,十有三;人之生,动之于死地,亦十有三。夫何故?以其生生之厚。盖闻善摄生者,路行不遇兕虎,入军不被甲兵;兕无所投其角,虎无所用其爪,兵无所容其刃。夫何故?以其无死地。"这一章并没有出现"贵生"一词,阐述的主要是老子"善摄生"的思想。所以,《老子河上公章句》的作者在为本章拟定标题时,极有可能是受到了《吕氏春秋》"贵生论"思想的影响。

的影响。① 又例如，成书于秦汉之际的马王堆出土医书《十问》② 说："尧问于舜曰：'天下孰最贵？'舜曰：'生最贵。'"《十问》这里提倡的"生最贵"思想，是对《吕氏春秋》的"贵生论"的继承和发展，是一种独特的"生命价值论"③。

其次，《吕氏春秋》的"贵生论"对于道教"重人贵生"的生命伦理和宗教教义的形成具有重要的影响。例如成书于东汉时期的道教经典《太平经》受到了《吕氏春秋》贵生论的影响。"贵生"思想"贯穿《太平经》全书，如'是曹之事，要当重生，生为第一'（《不用书言命不全决》）；'夫寿命，天之重宝也'（《解承负决》）。"④ 这些都反映出《太平经》"要求人们应常怀感恩之心，珍惜这得之不易的生命"的思想。⑤ 其他的道教经典如梁朝陶弘景《养性延命录序》说："人所贵者，盖贵为

---

① 延娟芹：《秦汉时期〈吕氏春秋〉接受研究》，北京：中国社会科学出版社，2015 年，第 198 页。

② 刘蔚："马王堆汉墓出土医书 14 种，有简牍与帛书之分。《十问》书于简牍之上，全文约 3000 余字，通过黄帝和天师、大成、曹熬、容成、尧和舜，王子巧父和彭祖，盘庚和天老，禹和师癸，文挚和齐威王，王期和秦昭王等的讨论与问答，阐述医学理论。其中有部分文字涉及到生命观内容，其理论可以反映秦汉之际生命观理论发展水平，也可体现中医核心生命观理论流变线索与进程。"（参见刘蔚：《简论马王堆医书〈十问〉"审夫阴阳"生命观及现世价值》，《湖南中医药大学学报》2014 年第 3 期）

③ 这种生命价值论认为："天下悠悠万物之间只存在一个最贵的价值存在，那就是人的生命本身，唯有'生最贵'，其余价值存在均次于生命本身。"这充分"体现了传统医学的早期理论创立者从博大精深、纷繁芜杂的先秦子学流派思想中汲取了贵生、重生的人文精神融入中医核心生命观。"（参见刘蔚：《简论马王堆医书〈十问〉"审夫阴阳"生命观及现世价值》，《湖南中医药大学学报》2014 年第 3 期）

④ 李裴、张丽霞：《试论〈太平经〉的"贵生乐活"思想及其现实意义》，《宗教学研究》2014 年第 3 期。

⑤ 同上。

生。"这也反映出道教对生命价值的高度肯定和对生命的崇拜①，体现出道教生命伦理"贵生"的基本价值取向。

最后，《吕氏春秋》的"贵生论"对于后世道教理论家和道教徒"贵生"思想与修炼学说的形成也具有重要的影响。例如西晋道教理论家葛洪的"贵生"思想明显是受到了《吕氏春秋》"贵生论"思想的影响②。在葛洪看来，生命的价值最大，"生命之外的其他事物对人而言都只有相对的意义，只有生命对人才具有绝对的价值。生命存在，其他事物对人才表现出价值。失去了生命，其他事物对人毫无价值可言。"③

---

① 张尚仁："道教崇拜'道'、崇拜神仙、崇拜生命，这三大崇拜本身具有内在的统一性。从现实来说，人们崇拜'道'和神仙，其实都是崇拜生命。"（参见张尚仁：《道家哲学》，第150页）

② 葛洪在《抱朴子·勤求》中说："古人有言曰，生之于我，利亦大焉。论其贵贱，虽爵为帝王，不足以此法比焉。论其轻重，虽富有天下，不足以此术易焉。故有死王乐为生鼠之喻也。夫治国而国平，治身而身生，非自至也，皆有以致之也。"（参见王明撰：《抱朴子内篇校释》，第259页）这里的"古人有言"显然是指《吕氏春秋》。葛洪的这段话引自《吕氏春秋·重己》，原文为："今吾生之为我有，而利我亦大矣。论其贵贱，爵为天子，不足以比焉；论其轻重，富有天下，不可以易之；论其安危，一曙失之，终身不复得。此三者，有道者之所慎也。有慎之而反害之者，不达乎性命之情也。"

③ 张尚仁：《道家哲学》，第150页。

第五章　重生论：重生轻物以全其天

"重生论"是对"本生论""贵生论"的进一步发展，是从人生论、人生意义的角度研究和看待"生"，是人对待生命秉持的基本人生态度，是在正确认识生命的本体与本质、价值与意义的基础上尊重和重视生命，轻视功名、利禄、国家、天下等外在之物。《吕氏春秋》中包含着丰富的"重生"思想，这一思想不仅重点体现在《吕氏春秋》十二纪"前三纪"即孟春纪、仲春纪、季春纪之中，而且体现在"八览""六论"的某些篇章之中。

何谓"重生"？"重"字最早在甲骨文中出现，写作𥝪，在金文中写作𧖟或者𩆜。许慎《说文解字》对"重"的解释为："厚也。从壬，东声。凡重之属皆从重。"徐锴曰："壬者，人在土上，故为厚也。"[①]张双棣等著《吕氏春秋词典》认为，《吕氏春秋》中的"重"主要有以下几层含义：一是形容词，与"轻"相对，指"质量大"，也用于抽象意义，如"大不出钧，重不过

石，小大轻重之衷也"（《适音》）；二是指"重要，贵重"，如"重乎天下，贵乎天子"（《论威》）；三是指"严重"，如"罪莫重于不孝"　（《孝行》）；四是指"厚"，如"赏重则民移之"（《义赏》）；五是指"庄重，持重"，如"民农则重，重则少私义"（《上农》）；六是动词，指"看重，重视，尊重"，如"重生则轻利"（《审为》）①。《吕氏春秋》中的"重生"是与"轻生"相对而言，既指生命贵重、重要，又指尊重和重视生命。这是人对待生命的一种基本态度。《吕氏春秋》"重生论"有着深厚的思想来源。

第一节　重生之源

　　《吕氏春秋》"重生论"来源于先秦道家代表老子、庄子、列子、杨朱等人的"重生"思想，并在此基础上进行了综合创新。

一　老子的"重生"与"重身"思想

　　作为先秦道家的开创者，老子有着丰富的"重生"思想，它是《吕氏春秋》"重生论"的第一大思想来源。老子的"重生"思想主要包括以下内容：

---

① 张双棣，殷国光，陈涛：《吕氏春秋词典》（修订本），第448—449页。

第一，"贵大患若身"的"重身"思想①。《老子》第十三章云：

> 宠辱若惊，贵大患若身。何谓宠辱若惊？宠，为下得之若惊，失之若惊，是谓宠辱若惊。何谓贵大患若身？吾所以有大患者，为吾有身，及吾无身，吾有何患！故贵以身为天下，若可寄天下；爱以身为天下，若可托天下②。

何谓"大患"？王弼曰："大患，荣宠之属也。生之厚必入死之地，故谓之大患也。"③何谓"贵大患若身"？王弼曰："人迷之于荣宠，返之于身，故曰'（贵）大患若身'也。"④陈鼓应认为，这里充分反映了老子的"重身"思想，而非"无身"思想⑤。

老子认为，人君要以贵身、爱身的态度去为天下⑥。这既体现了老子的"爱身"思想，又体现了老子的"重身""重治身"思想。老子认为，人君只有"真正能够珍重一己之身，爱惜一己生命，才能珍重他人的生命，爱重别人的人生"⑦，能做到这一点的人君，才是老子理想中的圣人，才是百姓放心托付天下国家的理想执政者。

---

①　身体是生命的载体，重视身体也就是在重视生命，所以，老子的"重身"思想也就是"重生"思想，二者在内涵上是基本相同的。在《老子》《庄子》《文子》《管子》"四篇"等先秦道家文献中，二者经常混用，没有做严格区分。《列子·杨朱》："身固生之主，物亦养之主"，旨在说明身体是生命的主体。
②　（魏）王弼注，楼宇烈校释：《老子道德经注校释》，第28—29页。
③　同上，第29页。
④　同上。
⑤　陈鼓应：《老子注译及评介》，第103页。
⑥　陈鼓应：《老子今注今译》，第122页。
⑦　同上。

第二，"重为轻根，静为躁君"的"重生"思想。老子的"重生"思想，还体现在他对人的身体、生命与声名、货利、天下等外物轻重关系的比较中。《老子》第四十四章云：

> 名与身孰亲？身与货孰多？得与亡孰病？是故甚爱必大费，多藏必厚亡。知足不辱，知止不殆，可以长久①。

老子通过对人之身体、生命与名誉、财货等外物的比较来彰显生命的重要性。通过这三个诘问，他重在批判世人尤其是那些位高权重的人君之殉名殉利、轻生害生的行为②。老子不同意他们这样的做法，而提倡"重为轻根，静为躁君"的"重身"思想和"知足""知止"的生命观。老子认为，一个人如果私爱名过多，则必定会耗费自己的身体与生命；一个人如果私藏利过多，也必定会招致更大的祸患。这种为了名节、财利而残性、损身甚至危及生命的行为是老子所极力反对的③。《老子》第二十六章云：

> 重为轻根，静为躁君，是以圣人终日行不离辎重。虽有荣观，燕处超然，奈何万乘之主，而以身轻天下？轻则失

---

① （魏）王弼注，楼宇烈校释：《老子道德经注校释》，第121—122页。

② 《老子》第四十四章："甚爱必大费，多藏必厚亡。"王弼注："甚爱，不与物通；多藏，不与物散。"［参见（魏）王弼注，楼宇烈校释：《老子道德经注校释》，第122页］河上公注："甚爱色，费精神；甚爱财，遇祸患。所爱者少，所费者多，故言大费。生多藏于府库，死多藏于丘墓。生有攻劫之忧，死有掘冢探柩之患。"（参见王卡：《老子道德经河上公章句》，第175页）

③ 为了名利而伤害自己的身体、损害自己的生命的行为，不仅是老子所反对的，也是庄子所反对的。《庄子·骈拇》说："自三代以下者，天下莫不以物易其性矣。小人则以身殉利，士则以身殉名，大夫则以身殉家，圣人则以身殉天下。故此数子者，事业不同，名声异号，其于伤性以身为殉，一也。……伯夷死名于首阳之下，盗跖死利于东陵之上，二人者，所死不同，其于残生伤性均也。"［参见（清）郭庆藩撰，王孝鱼点校：《庄子集释》，第332页］

本，躁则失君①。

综上，在老子看来，人的身体和生命的价值要比声名、货利、天下等外物重要，所以，世人应该"重生"而不"轻生"，以达到"不辱""不殆"和"长久"②的目的。

二　庄子的"重生"思想

庄子作为老子思想的继承者，也有着丰富的"重生"思想。这些思想成为《吕氏春秋》"重生论"的第二大思想来源。

与老子一样，庄子也是在正确认识和把握生命的本质和价值的基础上才提出"重生"思想的。庄子的"重生"思想表达的是我们人类对待生命应有的正确态度，这种态度主要包括三点内容：一、重生轻物，二、尊生而不伤生，三、达生之性情。

第一，重生轻物，即重视生命，而轻视财利、名声、天下等外物。《庄子·让王》云：

中山公子牟谓瞻子曰："身在江海之上，心居乎魏阙之

①　（魏）王弼注，楼宇烈校释：《老子道德经注校释》，第69页。
②　《老子》第四十四章："知足不辱，知止不殆，可以长久。"河上公注："知足之人，绝利去欲，不辱于身。知可止则止，财利不累于身心，声色不乱于耳目，则终身不危殆也。人能知止知足，则福禄在己，治身者神不劳，治国者民不扰，故可长久。"（参见王卡：《老子道德经河上公章句》，第176页）所以，老子认为贵身重生的目的是为了让人远离名节、财利、声色对人的身体和生命的危害，达到身体健康、精神自由、生命长久的目的。《老子》第五十二章也有此思想，如："既知其子，复守其母，没身不殆。塞其兑，闭其门，终身不勤。……用其光，复归其明，无遗身殃。"其中，"没身不殆"是指人的生命没有受到危险，"终身不勤"是指人终身不勤苦，"无遗身殃"是指不会给人的生命带来灾祸。这里充分反映出老子倡导世人"去除私欲与妄见的蔽障，内视本明的智慧"的思想。（参见陈鼓应：《老子今注今译》，第267页）

　下，奈何？"瞻子曰："重生。重生则利轻。"……魏牟，万

　乘之公子也，其隐岩穴也，难为于布衣之士；虽未至乎道，

　可谓有其意矣①。

上面的这段话主要论述生命与天下等外物相比较孰轻孰重的
问题。庄子借瞻子与魏牟对话的故事表达了自己的"重生"思
想，这是"轴心时代"中西方哲学惯用的哲学表达方式。在古
希腊，柏拉图经常借老师苏格拉底与他人的对话来表达自己的哲
学思想；在古代中国，庄子也经常借老聃、阳子、瞻子等前辈学
者与他人的对话来体现自己的哲学思想。

那么，《庄子·让王》所讲的"重生"是指什么呢？成玄英
疏："重于生道，则轻于荣利，荣利既轻，则不思魏阙。"② 陆德
明《释文》引李颐的观点说："重存生之道者，则名利轻，轻则
易绝矣。此人身居江海，心贪荣利，故以此戒之。"③ 这也就是
说，一个人只有做到了重视生命、重视存生之道，才能看淡功名
利禄的诱惑，才不会"以物易生"即拿自己的整个生命来与得
到天下做交换。《庄子·让王》云："故天下大器也，而不以易
生，此有道者之所以异乎俗者也。"④ 成玄英疏："夫帝王之位，
重大之器也，而不以此贵易夺其生，自非有道，孰能如是！故异
于流俗之行也。"⑤ 这句话是说，帝王之位是天下最为贵重和重
大的事物，但是不能为了得到它而夺去自己的生命，即不能拿生

---

① （清）郭庆藩撰，王孝鱼点校：《庄子集释》，第 980—982 页。
② 同上，第 981 页。
③ 同上。
④ 同上，第 966 页。
⑤ 同上。

命与外物做交换，因为二者的价值是不相等的，生命的价值要远远大于帝王之位等外物的价值。世人包括那些俗主看不到这一点，他们为了得到土地、财富才不惜侵占别人的财物，发动对别国的战争。这种不义之战如果胜利了，就欣喜若狂；如果失败了，就愁身伤生。这真是不知轻重的表现啊！

第二，尊生而不伤生，即尊重生命而不伤害生命。这一思想主要体现在《庄子·让王》和《庄子·骈拇》中。如：

> 夫大王亶父，可谓能尊生矣。能尊生者，虽贵富不以养伤身，虽贫贱不以利累形。(《庄子·让王》)①

成玄英疏："亶父，王季之父，文王之祖也。"② 庄子这里论述的是周文王的祖父大王亶父为了保全人民的生命而被迫去幽迁岐的故事。"尊生"是道家哲学一个非常重要的概念，郭象和成玄英都没有对此做出解释。不过，由于这一则故事在《吕氏春秋·审为》篇也有类似记载，高诱在注解该篇时把"尊"释为"重也"③。所以，"尊生"也就是"重生"，即重视生命的意思。"大王亶父可谓能尊生"这句话在《淮南子·道应训》又作"大王亶父可谓能保生矣"④。丁四新认为："'保'在这里训为'养'，所以'保生'也就是'养生'，与'重生'义近。"在对待个体生命的人生态度和价值选择上，不仅庄子，其他先秦道家如老子、杨朱、詹何等也都是从生命哲学的视角出发提倡"重

---

①　(清)郭庆藩撰，王孝鱼点校：《庄子集释》，第967页。
②　同上，第968页。
③　(战国)吕不韦撰，(东汉)高诱注，俞林波校订：《元刊吕氏春秋校订》，第345页。
④　何宁：《淮南子集释》，第848页。

生轻天下"的思想①，这一思想对于人自身之存在而言"是非常有意义和有价值的，值得肯定"②。

"尊生""重生"的反面是"伤生""害生""残生"和"弃生"。庄子提倡重生和尊生的思想，同时也极力反对世人那些伤生害生③、残生损性④、危身弃生⑤的行为。《庄子·让王》云："夫天下至重也，而不以害其生，又况他物乎!"⑥ 成玄英疏："夫位登九五，威跨万乘，人伦尊重，莫甚于此，尚不以斯荣贵损害生涯，况乎他外事物，何能介意也!"⑦ 这句话是说，天子之位是世间最为贵重之物，但是不能为了得到它而伤害了人的生命，更何况其他轻贱之物呢?

第三，达生之性情，即"达生之性"与"达生之情"。这一思想主要体现在《庄子·达生》《庄子·列御寇》⑧ 等篇章中，如《庄子·达生》云：

> 达生之情者，不务生之所无以为；达命之情者，不务知之所无奈何⑨。

---

① 丁四新：《先秦哲学探索》，第 137 页。
② 同上。
③ 《庄子·让王》："若王子搜者，可谓不以国伤生矣。"《庄子·让王》："君固愁身伤生以忧戚不得也。"[参见（清）郭庆藩撰，王孝鱼点校：《庄子集释》，第968、970 页]
④ 《庄子·骈拇》："若其残生损性，则盗跖亦伯夷已，又恶取君子小人于其间哉!"[参见（清）郭庆藩撰，王孝鱼点校：《庄子集释》，第332 页]
⑤ 《庄子·让王》："今世俗之君子，多危身弃生以殉物，岂不悲哉!"[参见（清）郭庆藩撰，王孝鱼点校：《庄子集释》，第972 页]
⑥ （清）郭庆藩撰，王孝鱼点校：《庄子集释》，第965 页。
⑦ 同上，第965 页。
⑧ 《庄子·列御寇》："达生之性者傀，达于知者肖，达大命者随，达小命者遭。"[参见（清）郭庆藩撰，王孝鱼点校：《庄子集释》，第1062 页]
⑨ （清）郭庆藩撰，王孝鱼点校：《庄子集释》，第633 页。

"达生"是庄子哲学中一个非常重要的概念。何谓"达生"？陆德明《释文》曰："达，畅也，通也。"① 这就是说，通达生命之真情实况的人，要以畅通人之性命为本，而不要被分外之物和修短贫贱之命而困扰，伤害了自己的精神和心灵。

因此，庄子上述"重生"思想对《吕氏春秋》产生了深远影响，成为《吕氏春秋》"重生论"的另一大重要思想来源。

三　《列子》的"重生"思想②

《列子》的"重生"思想对《吕氏春秋》也产生了重要影响，成为《吕氏春秋》"重生论"的第三大思想来源。《列子》的"重生"思想主要体现在《列子·说符》和《列子·杨朱》中。如：《列子·说符》云：

> 昔人言有知不死之道者，燕君使人受之，不捷，而言者死。燕君甚怒，其使者将加诛焉。幸臣谏曰："人所忧者莫急乎死，己所重者莫过乎生。彼自丧其生，安能令君不死也？"乃不诛③。

上面这则寓言是说，燕王听说有人声称有长生不死之道术，就派使者去学习，结果还没有学成功，那人便死了。燕王很生

---

① （清）郭庆藩撰，王孝鱼点校：《庄子集释》，第 633 页。

② 此处之所以称"《列子》的重生思想"而不说"列子的重生思想"，是因为《列子》一书的思想比较复杂。它不像《老子》《庄子》那样，反映的基本上是老子、庄子本人或其后学的思想。《列子》反映的不全是列子本人的思想，还有他人、别派的思想。例如《列子·杨朱》就主要表达的是杨朱及其学派的思想，或者说是列子借杨朱之口表达的是经过自己重新诠释之后的杨朱思想。

③ 杨伯峻：《列子集释》，第 282—283 页。

气，就要处死使者。燕王身边的宠臣就劝解说："人最担忧的事没有比死亡更急迫的了，自己所看重的没有比生命更重要的。那个人自己都丢了命，又怎么能让君王长生不死呢?"① 这样，燕国使者才被赦免。这则寓言一方面说明长生之术之不可能，另一方面又表明任何人都"重生"，都重视自己的生命超过其他任何事物。

《列子》的"重生"思想不仅体现在《列子·说符》中"燕王欲学长生术"的寓言中，还体现《列子·杨朱》中杨朱及其弟子与墨子弟子禽滑釐的辩论中。《列子·杨朱》云：

> 禽子问杨朱曰："去子体之一毛以济一世，汝为之乎?"杨子曰："世固非一毛之所济。"禽子曰："假济，为之乎?"杨子弗应。禽子出语孟孙阳。孟孙阳曰："子不达夫子之心，吾请言之。有侵若肌肤获万金者，若为之乎?"曰："为之。"孟孙阳曰："有断若一节得一国，子为之乎?"禽子默然有间。孟孙阳曰："一毛微于肌肤，肌肤微于一节，省矣。然则积一毛以成肌肤，积肌肤以成一节。一毛固一体万分中之一物，奈何轻之乎?"禽子曰："吾不能所以答子。然则以子之言问老聃关尹，则子言当矣；以吾言问大禹墨翟，则吾言当矣。"孟孙阳因顾与其徒说他事②。

禽子，姓禽，名滑釐，又作骨釐，战国初魏国人，"初受业于子夏，后学于墨子。尽传其学，与墨子并称于世，尤精于攻防

---

① 叶蓓卿评注：《列子》，第 246 页。
② 杨伯峻：《列子集释》，第 242—243 页。

城池之术。"① 孟孙阳为杨朱的弟子，姓氏不详，约生活在战国初期，主要事迹见于《列子》中。《列子·杨朱》记载的这场杨墨之辩，以杨学胜利、墨学失败而告终。具体的辩论过程是这样的：禽滑釐首先发难，向杨朱抛出了自己的问题："假如舍去先生身体的一根毫毛来拯救天下，您这样做吗？"杨朱回答说："天下并不是一根毫毛所能拯救的。"禽子说："假设能拯救，您这样做吗？"杨朱没有回应。

　　禽滑釐从杨朱处所出来后遇到了杨朱的学生孟孙阳，就把刚才与杨朱辩论的话告诉了孟孙阳。孟孙阳说："你不明白老师的意思，我来讲给你听。假如伤害你的肌肤可以获得万金，你这样做吗？"禽滑釐说："我做。"孟孙阳又说："假如割断你的肢体，可以得到天下，你这样做吗？"禽滑釐沉默不语。孟孙阳认为，人之身体是由毛发、肌肤、肢体等构成的有机整体，人身体之"一毛"虽然比肌肤和肢体微小，但是，它却是构成人体之必不可少的部分。人体如果失去了"一毛"，就有可能损害肌肤；如果肌肤受到了伤害，就有可能损害肢体；如果肢体受到了伤害，就有可能危及人的生命。因此，我们应该重视人体之"一毛"，而不应该轻视它，这即是杨子之义——"重生重己"。禽滑釐辩不过孟孙阳，留下一句"我回答不了你的问题。然而以你所讲的话问老聃、关尹，则你的话有道理；以我讲的话问大禹、墨翟，则我的话有道理"，怏怏而去。这场辩论充分反映出了《列子》中的"重生"思想，这一思想不仅对孟子产生了影响，导致孟子不得不极力"距杨墨""辟杨墨"，展开儒、杨、墨三派

---

① 张岱年主编：《中国哲学大辞典》，第480页。

之间的大辩论，而且也影响到了《吕氏春秋》①。从这场辩论中我们可以看出，在对待人的身体和生命的问题上，杨学与墨学是截然对立的。杨朱学派"贵己""重生"的思想是与道家老聃、关尹之学一脉相承的，而与墨家学派大禹、墨翟"不爱己""兼爱人"的思想相对立②。

由上可知，墨子弟子禽滑釐不明白杨朱的思想，孟子对杨朱思想的理解也存在片面性。那么，杨朱"贵己重生"思想的内涵是什么？在《列子·杨朱》中，杨朱对自己的思想进行了全面地概括。他说：

> 伯成子高不以一毫利物，舍国而隐耕。大禹不以一身自利，一体偏枯。古之人损一毫利天下不与也，悉天下奉一身不取也。人人不损一毫，人人不利天下，天下治矣③。

由上面这段话可以看出，杨朱的"贵己重生"思想主要包括两个方面的内容：一方面是"损一毫利天下不与也"，不愿意"损伤一根毫毛来施惠于天下等外物"④，即"取为我，拔一毛而利天下，不为也"⑤（《孟子·尽心上》）；另一方面是"悉天下奉一身不取也"，即使是拿整个天下来换取我自己的生命，我也不愿意换。这说明杨朱不愿意"损一毫利天下""拔一毛而利天下"的理论基础是其"贵生论"和"重生论"，而不是自私论或

---

① 《吕氏春秋》中"本生""贵生""重生"等思想极有可能出自杨朱学派，这些篇章的作者可能就是杨朱或孟孙阳的后学。

② 《孟子·尽心上》："杨子取为我，拔一毛而利天下，不为也。墨子兼爱，摩顶放踵利天下，为之。"由此可知，杨朱的主张与墨家的思想是相对立的。

③ 杨伯峻：《列子集释》，第242—243页。

④ 叶蓓卿评注：《列子》，第203页。

⑤ （清）焦循撰，沈文倬点校：《孟子正义》，第985页。

"无君论"。他倡导的是一种君主无为无事、百姓自为自利的理想社会，就如同老子所提倡的"小国寡民"① 社会一样。在这样自给自足、民风淳朴的国家和社会里，岂不是人人自耕自织、自为自利，岂不是各安其命、不相往来？这其实反映了老子、杨朱等先秦道家代表人物对未来理想社会的设想，其立足点是中国远古时代自给自足、没有社会分工与社会交往的自然经济。孟子批判杨朱，其实犯了以偏概全的错误，只抓住其思想的前一方面，而忽视了其思想的后一方面。

第二节　重生之义

《吕氏春秋》继承了老子、庄子、杨朱、列子等先秦道家的"重生"思想②，并进行了综合创新，形成了独具特色的"重生论"。这一理论主要包括三大方面的内容：一、重生的基本含义是在对待生命与外物的关系上，做到重视生命，轻视外物；二、重生的目的在于"全其天"，即保全天所赋予人的生命与天性；

---

① 《老子》第八十章："小国寡民，使有什伯之器而不用，使民重死而不远徙。虽有舟舆，无所乘之；虽有甲兵，无所陈之；使人复结绳而用之。甘其食，美其服，安其居，乐其俗。邻国相望，鸡犬之声相闻，民至老死不相往来。"［参见（魏）王弼注，楼宇烈校释：《老子道德经注校释》，第190页］陶建国《两汉魏晋之道家思想》引劳干观点说："此书（即《吕氏春秋》）是将老子的小国寡民主张，庄子的遁世绝俗主张，衍变成了使得一个大一统的具有文化的帝国，可以做到无为而治。"（参见陶建国：《两汉魏晋之道家思想》，第236页）

② "重生"是先秦道家所积极倡导的生命哲学思想，它认为："一般性之个体生命本身的生全死伤、生存质量及身心之逍遥与否，成为哲学思考的主要对象和问题。老子发其端，杨朱、庄子扛其鼎，《吕览》《淮南》传扬于后。"（参见丁四新：《先秦哲学探索》，第139页）

三、重生的原因在于我的生命对于我来说具有非常大的有利之处，即"吾生之利我亦大"。

一　"重生轻物"

《吕氏春秋》的"重生论"是其"贵生论"的逻辑展开和进一步发展，它是在继承老子、庄子、列子、杨朱等先秦道家"重生"思想的基础上而综合创新出的理论。如果说"贵生论"是从生命价值的角度研究和谈论生命，那么"重生论"就是从生命意义的角度来看待生命，不仅认识到了生命存在的重要意义，而且在行为上尊重和重视生命，是知行合一的"重生"。

重生之基本含义是"重生轻物"，在正确认识生命本质和价值的基础上正确处理生命与外物的关系①，做到重视生命，轻视外物，从而达到保全人之天性的目的。《吕氏春秋》中的"重生"思想主要体现在《本生》《贵生》《审为》等篇章中，主张我们要正确认识生命的价值和意义，正确处理生命与外物的关

---

① 关于人之生命与外物的关系，《吕氏春秋》认为存在四种关系：一、本末关系，即生命是本，外物是末，这是"本生论"所讨论的内容；二、贵贱关系，即生命贵、价值大，外物贱、价值小，这是"贵生论"所讨论的内容；三、轻重关系，即生命为重，外物为轻，这是"重生论"所讨论的内容；四、内外关系，即生命为内，外物为外，养生修为为治内之术，治国平天下为治外之术，这是"养生论"所讨论的内容。这四种关系可以反映出先秦道家看待生命与外物关系的所有基本观点，如《庄子·天下》中的"内圣外王之道"是讲生命（养生修身）与外物（治国平天下）的内外关系，《列子·杨朱》所讲的"夫善治外者，物未必治，而身交苦；善治内者，物未必乱，而性交逸。以若之治外，其法可暂行于一国，未合于人心；以我之治内，可推之于天下，君臣之道息矣"，这也是从内外关系看待生命与外物的关系。

系，分清楚哪些是"所为"即目的，哪些是"所以为"即手段①。在《吕氏春秋·审为》作者看来，人的身体和生命是目的，天下等外物则是手段，只有分清楚目的和手段，才能把握好生命与外物的轻重关系。为了说明这一道理，《吕氏春秋·审为》先后举了太王亶父迁都、子华子劝昭釐侯、詹何教导中山公子牟三个事例来进行论证。《吕氏春秋·审为》云：

> 太王亶父居邠，狄人攻之。事以皮帛而不受，事以珠玉而不肯，狄人之所求者，地也。太王亶父曰："与人之兄居而杀其弟，与人之父处而杀其子，吾不忍为也。皆勉处矣，为吾臣与狄人臣，奚以异？且吾闻之，不以所以养害所养。"杖策而去，民相连而从之，遂成国于岐山之下。太王亶父可谓能尊生矣。能尊生，虽贵富不以养伤身，虽贫贱不以利累形。今受其先人之爵禄则必重失之，生之所自来者久矣而轻失之，岂不惑哉？②

周文王的祖父"太王亶父"原来居住在邠（今陕西旬邑、彬县一带），经常遭到狄人的攻击和骚扰。太王亶父为了求得和平，愿意献出毛皮、布帛、珍珠、宝玉，但是狄人仍然不接受，因为他们想要得到周的土地。太王亶父认为，君主"不该为了用以养育百姓的土地而去危害所养育的百姓"③。所以，他拄着拐杖离开了邠地，其臣民纷纷追随他来到岐山之下，又建立了新的国家。

---

① 《吕氏春秋·审为》："身者所为也，天下者所以为也，审所以为而轻重得矣。"［参见（战国）吕不韦撰，（东汉）高诱注，俞林波校订：《元刊吕氏春秋校订》，第344页］

② （战国）吕不韦撰，（东汉）高诱注，俞林波校订：《元刊吕氏春秋校订》，第345页。

③ 朱永嘉、萧木注释，黄志民校阅：《新译吕氏春秋》，第913页。

　　《吕氏春秋·审为》的作者对于太王亶父"去豳迁岐"的行为给予了高度评价，认为太王亶父是真正尊重和重视生命的杰出楷模。现在的那些俗主和糊涂之人却与此相反，他们重视从先人那里继承来的爵禄，但是却轻视生命。殊不知"生之所自来者久矣"，生命的由来可比而爵位利禄要长久多了，现在反而轻视它，这真是糊涂啊！《吕氏春秋·审为》所讲的太王亶父去豳迁岐的故事表明，虽然土地是民生之本，对于君王和国家具有非常重要的意义；但是，基于重生的观念，为了保全人民之生命免遭狄人屠戮，太王亶父不惜放弃土地，"甚至连作为君主的名利都一并放弃"，这充分体现出《吕氏春秋·审为》的作者具备"重生主义的倾向"。这种高度重视个体之生命与身体而轻视"富贵""天下"的重生主义或"重生论"思想极有可能来自杨朱学派。因为杨朱倡导基于"贵生"的"贵己""为我"思想，认为在所有的价值中，个体生命的价值最大，所以他倡导"珍贵生命而轻视外物"。其后学子华子、詹何等人则进一步把"贵生"思想发展为"重生""重己"的思想。

　　《吕氏春秋·审为》接着举了子华子劝韩昭釐侯的事例来说明"重生轻物"的道理。《吕氏春秋·审为》云：

　　　　韩、魏相与争侵地。子华子见昭釐侯，昭釐侯有忧色。子华子曰："今使天下书铭于君之前，书之曰：'左手攫之则右手废，右手攫之则左手废，然而攫之必有天下。'君将攫之乎？亡其不与？"昭釐侯曰："寡人不攫也。"子华子曰："甚善。自是观之，两臂重于天下也，身又重于两臂。韩之轻于天下远，今之所争者其轻于韩又远，君固愁身伤生以忧之戚不得也。"昭釐侯曰："善。教寡人者众矣，未尝得闻此言也。"①

高诱注："子华子，体道人也。昭釐，复谥也，韩武子五世之孙哀侯之子也。"② 子华子是属于杨朱学派的道家学者，战国时期魏国人，提倡"尊生""全生""贵生"，重视"养生"，主张"六欲皆得其宜"。上面这段话全面反映了子华子的"重生""全生"思想。战国时，诸侯争霸，征伐不断，韩国与魏国相互争夺土地。子华子去拜见当时韩国君主昭釐侯时，见他面露忧色，就说："如果现在天下人在您面前写下一道誓言，是这样写的：'左手抓到它就砍掉右手，右手抓到它就砍掉左手，但是只要抓到就一定占有天下。'您是抓呢，还是不抓?"③ 韩昭釐侯回答说："寡人不抓。"子华子高度赞扬了韩昭釐侯的选择，认为"人的整个身体比两臂重要，韩国比天下次要，现在韩国与魏国争夺的土地又比韩国次要得多了。为了争夺那么一点侵占得来的土地而整日忧愁伤身，是不值得的"④。韩昭釐侯最后也非常认同子华子的思想主张。

对于子华子劝解韩昭釐侯重生轻地的思想，《审为》篇的作者给予了高度评价："子华子可谓知轻重矣。知轻重，故论不过。"⑤ 这里的"重"是指人之身体和生命，"轻"则是指韩魏相互争夺之土地，以及国家、天下等外物。子华子在本章对

① （战国）吕不韦撰，（东汉）高诱注，俞林波校订：《元刊吕氏春秋校订》，第345—346页。
② 同上，第345页。
③ 朱永嘉、萧木注释，黄志民校阅：《新译吕氏春秋》，第914页。
④ 同上。
⑤ （战国）吕不韦撰，（东汉）高诱注，俞林波校订：《元刊吕氏春秋校订》，第346页。

"重生"的论述，与《庄子·让王》论述的基本相同①，与《列子·杨朱》中杨朱弟子孟孙阳对杨朱"贵己重生"思想论证的逻辑相类似（见下图），这也充分说明《吕氏春秋》中的"重生论""贵生论"是先秦道家一贯的思想，而以杨朱学派的论证最为精密、影响力最大②，所以，孟子才会极力去批判杨朱学说，而不是批判老子、列子、庄子等其他先秦道家的学说。

子华子"重生"思想逻辑关系图

杨朱"重生"思想逻辑关系图

《吕氏春秋·审为》的作者接着举出的第三个关于"重生"的例子是詹何教导中山公子牟。詹何，在《庄子·让王》中作"瞻子"，在《吕氏春秋》和《淮南子》中作"詹子"。他是战国时期著名的道家学派人物，提倡"重生"思想，并将老子的"长生久视"学说发展为一种尊生贵己、养性全生之论。魏国公子牟曾经向詹何请教问题，他说："我身在江海之上（即身隐），心却

①《庄子·让王》中对这段话的记载见本章第一节第二部分的引文。对比两书中文字，基本相同。所不同的主要在于个别字词：如《吕氏春秋·审为》中"詹子"，在《庄子·让王》中作"瞻子"；《吕氏春秋·审为》中"昭釐侯"在《庄子·让王》中作"昭僖侯"。丁四新认为："今天看来，《审为》当抄自《让王》篇。"（参见丁四新：《先秦哲学探索》，第135页）由此可知，《吕氏春秋·审为》的作者引用了《庄子·让王》中这段话，并行了综合创新，加入了自己的观点，即在段末结尾处加了一句"知轻重，故论不过"。

②冯友兰："《韩非子》所说'轻物重生之士'，亦指杨朱之徒言也。依韩非子所说，则杨朱之徒，虽拔其一毛而以天下与之，彼亦不为。此所谓'轻物重生'，所谓'不以物累形'也。"[参见冯友兰：《中国哲学史（上）》，第114页]

在魏国朝廷之下（心不隐），该怎么办呢？"詹何的答案是"重视生命"，因为在詹何看来，魏国公子牟之所以只能做到身隐而做不到心隐，是因为他重视荣利、富贵、名誉等身外之物超过了自己的生命；而要真正做到心隐，就要从内心深处真正放下对外物的贪欲；要放弃对物欲的贪得，就首先要从重视生命入手。魏牟说自己也明白重生的意义，但是自己却无法战胜情欲。詹何对此感到失望，他说："（你）若不胜于情欲，则宜从顺心神，亦不劳妄生嫌恶也。"① 反之，如果"情既不胜，强生抑挫，情欲已损，抑又乖心，故名重伤也。如此之人，自然夭折，故不得与寿考者为侪类也。"② 詹何的意思是说，一个人如果想要达到生命的长存和天性的保全，就要重视生命、形神兼养。如果一个人形体养好了，但是精神却被欲望牵累而困顿不堪，那么就无法达到养神的目的。这种情况下，为了避免对人的精神的双重伤害，就只好放纵自己的欲恶之心。但这也只是为了不让人的精神受到再一次伤害的权宜之计和不得已之举，它并非是全生、养生的最佳办法。

　　上面三个事例是《吕氏春秋·审为》作者举出的正面案例。此外，该篇作者还进一步批判了那些不懂得"重生"思想的人。《吕氏春秋·审为》云：

　　　　今有人于此，断首以易冠，杀身以易衣，世必惑之。是
　　何也？冠所以饰首也，衣所以饰身也，杀所饰，要所以饰，
　　则不知所为矣。世之走利有似于此，危身伤生、刎颈断头以

---

① （清）郭庆藩撰，王孝鱼点校：《庄子集释》，第 981 页。
② 同上，第 981 页。

徇利，则亦不知所为也①。

那些不懂得重生之义的人，分辨不清楚"所为"（目的）与"所以为"（手段），自然处理不好生命与外物的轻重关系。例如，人之身体、头颅是目的，衣服、帽子是手段，如果分不清楚这一点，就会犯"杀所饰（身首），要所以饰（衣冠）"的错误。同理，人之生命是目的，功名财利是手段，分不清楚这一点，就会犯"危身伤生、刈颈断头以徇利"的错误。这两种错误都是"不知所为"即分不清楚目的和手段造成的，犯这两种错误的人都是不明白重生之义的人，其结局必然是危害身体，伤及生命。

二　"全其天"

在《吕氏春秋》看来，"重生"的目的在于"全其天"。《吕氏春秋·本生》云："故圣人之制万物也，以全其天也。"②

"全其天"中的"天"是指什么呢？《吕氏春秋》一书中的"天"有四义："一、天空；二、自然界，万物的主宰；三、生命，人的天性；四、天气。"③《吕氏春秋·本生》中的"全其天""全天""天全""全性"均是指保全生命。《吕氏春秋》指出，圣人重视生命、制约万物的目的就在于"保全人之生命和天性"④。这是因为，如果圣人的生命和天性得到了保全，那么

---

① （战国）吕不韦撰，（东汉）高诱注，俞林波校订：《元刊吕氏春秋校订》，第344—345页。
② 同上，第11页。
③ 张双棣，殷国光，陈涛：《吕氏春秋词典》（修订本），第497页。
④ 朱永嘉、萧木注释，黄志民校阅：《新译吕氏春秋》，第14页。

"便会精神和谐，耳聪目明，嗅觉敏锐，口齿灵巧，全身三百六十个关节都畅通顺达"①。易言之，圣人通过重视生命并制约物欲，使自己的身心都得到了恰当的养护，从而达到了天性和生命皆全的境界。无论任何人，一旦达到了这一境界，他就会"不用言语亦能赢得信赖，无须谋划便会百事得当，不经思虑就可洞察一切。他的精气贯通天地，他的神思含蕴宇宙。他对于外界的万事万物，既无不承受，又无不包容，就像天地上无不载、下无不覆那样"②。《吕氏春秋·本生》云：

> 天全，则神和矣，目明矣，耳聪矣，鼻臭矣，口敏矣，三百六十节皆通利矣。若此人者，不言而信，不谋而当，不虑而得，精通乎天地，神覆乎宇宙。其于物无不受也，无不裹也，若天地然。上为天子而不骄，下为匹夫而不惛，此之谓全德之人③。

《吕氏春秋》认为，任何人一旦达到了上述精神贯通宇宙、德行厚如天地的境界，就会成为"全德之人"。"全德"不仅是天子、圣人追求的理想境界，也是普通百姓通过努力可以实现的目标。

三　"生之利亦大"

《吕氏春秋》大力倡导"重生"，是因为生命对于人这一主体来说具有非常大的有利之处。《吕氏春秋·重己》云：

---

① 朱永嘉、萧木注释，黄志民校阅：《新译吕氏春秋》，第14页。
② 同上。
③ （战国）吕不韦撰，（东汉）高诱注，俞林波校订：《元刊吕氏春秋校订》，第11页。

今吾生之为我有，而利我亦大矣①。

高诱注："吾亦我有，有我身也，天下之利有我，如我爱苍璧与小玑，有之利故也，故曰'利我亦大矣'。"② 这句话是说，我的生命能够给我带来最大的利益。《吕氏春秋》从三个方面来分析生命对于人这一主体的有利之处。《吕氏春秋·重己》云：

论其贵贱，爵为天子，不足以比焉；论其轻重，富有天下，不可以易之；论其安危，一曙失之，终身不复得。此三者，有道者之所慎也③。

上面的话是说：第一，从生命的"贵贱"来看，生命为贵，王位为贱，所以王位不能与人的生命相提并论④。第二，从生命的"轻重"即意义来看，生命的作用和意义最大，所以即使是富有天下的资财，也不能和我之生命进行交换⑤。第三，从生命的"安危"即其关键性和不可逆性来看，生命一旦失去，就永

---

　①　（战国）吕不韦撰，（东汉）高诱注，俞林波校订：《元刊吕氏春秋校订》，第 13 页。

　②　同上。

　③　同上。

　④　"贵贱"亦是指价值，生命为贵，即生命的价值最大。《吕氏春秋》认为，天子那样的尊贵爵位与生命比较起来，价值都比不上生命，所以，天子之爵位为贱。

　⑤　《吕氏春秋·重己》这里表达的思想与《列子·杨朱》中杨朱"贵己重身"思想的逻辑相同。《列子·杨朱》："伯成子高不以一毫利物，舍国而隐耕。大禹不以一身自利，一体偏枯。古之人损一毫利天下不与也，悉天下奉一身不取也。人人不损一毫，人人不利天下，天下治矣。"由于"吾生""己身"对于生命主体"吾"来说，价值最大、意义最大、安危性最大，所以，"吾"不愿意拿自己的生命和身体与天子之尊贵爵位、富有天下之财富等外物进行交换。这表明：一方面，我不愿意盲目地伤害自己的身体（包括拔一毛、断一臂、丧吾身）来济世；另一方面，即使拿整个天下来交换我的生命，我也不愿意做。因为身体是吾之本，生命是吾之根，治理国家天下对于吾来说则是绪余和枝末。"本伤于下而末槁于上"，生命一旦丧失，就不可复得，更谈不上济世救民，治国治天下了。

远不会重新获得。基于上述三点理由，《吕氏春秋·重己》的作者强调，把握了生命之真道的人对待生命就非常慎重。如果不慎重，就会伤害生命，就是不通达生命之情的愚蠢行为①。

第三节　重生之方

重生之方是指重生的方法和手段。《吕氏春秋》认为，重生之方主要包括"以物养性"和"节乎性"两大方面。

一　"以物养性"而非"以性养物"

《吕氏春秋》认为，人要维持和保全生命，就必须依赖自然环境和外在事物。"物与性，原有轻重之别，要审定其轻重缓急，不要以物欲而戕害其身心。"②重生就要首先分清楚生命与外物之间的关系。《吕氏春秋》认为，生命是目的，外物是手段。因此，掌握重生方法和手段的人，就要做到"以物养性"，而非"以性养物"。《吕氏春秋·本生》云：

---

① 《吕氏春秋·重己》："有慎之而反害之者，不达乎性命之情也。不达乎性命之情，慎之何益？……夫弗知慎者，是死生存亡可不可未始有别也。……此之谓太惑。若此人者，天之所祸也。以此治身，必死必殃；以此治国，必残必亡。夫死殃残亡非自至也，惑召之也。寿长至常亦然。故有道者不察所召，而察其召之者，则其至不可禁矣。此论不可不熟。"［参见（战国）吕不韦撰，（东汉）高诱注，俞林波校订：《元刊吕氏春秋校订》，第13—14页］
② 陶建国：《两汉魏晋之道家思想》，第241页。

　　　　夫水之性清，土者抇之，故不得清；人之性寿①，物者
　　抇之，故不得寿。物也者，所以养性也，非所以性养也②。

　　"性"③ 是《吕氏春秋》中一个非常重要的概念，是理解
《吕氏春秋》独特的人性论思想的关键所在。徐复观认为："性
的原义应是指人生而即有之欲望、能力等而言，有如今日所说之
本能。"④ 张立文指出：《吕氏春秋》"把人性道德本体与天命宇
宙本体统一起来，认为人性的来源和根据是自然之天……人的情
感欲望活动，也由自然之天而生"⑤。张双棣等认为："性在《吕
氏春秋》中主要有三种含义：一、人或事物的本性，天性；二、
性情；三、生命，性命。"⑥

　　《吕氏春秋》认为，现实世界中的许多糊涂之人不懂得外物
与生命的关系原理⑦，经常通过损耗自己的生命来追求物欲，结
果必然是生伤命隕，无论做什么都会失败⑧。

----

　　① "性"是指天所赋予人的、标志着人之所以为人的本质属性，既包括人的自
然属性，也包括人的社会道德属性。"人之性寿"之"性"是指人的本性。
　　② （战国）吕不韦撰，（东汉）高诱注，俞林波校订：《元刊吕氏春秋校订》，
第 10 页。
　　③ 许慎《说文》释为："性，人之阳气，性善者也，从心，生声。"
　　④ 徐复观：《中国人性论史·先秦篇》，第 6 页。
　　⑤ 张立文："性在中国哲学中具有多重含义……就人性而言，是指区别于物性
而为人所特有的、也是一切人所普遍具有的共同属性的总和。它包括人的自然属性
和社会属性。……人的本质属性是之所以为人而区别于其他动物的最根本的特性。"
[参见张立文：《中国哲学范畴发展史（人道篇）》，第 475 页]
　　⑥ 张双棣，殷国光，陈涛：《吕氏春秋词典》（修订本），第 396 页。
　　⑦ 这种关系原理是指"物也者，所以养性也，非所以性养也"，即"人的生命本
来是长寿的，外物使它迷乱，所以不能长寿。外物是用来养生的，并不是来接受生命
养护的。"（参见朱永嘉、萧木注释，黄志民校阅：《新译吕氏春秋》，第 12 页）
　　⑧ 《吕氏春秋·本生》："今世之人，惑者多以性养物，则不知轻重也。不知轻
重，则重者为轻，轻者为重矣。若此，则每动无不败。以此为君悖，以此为臣乱，
以此为子狂。三者国有一焉，无幸必亡。"（参见朱永嘉、萧木注释，黄志民校阅：
《新译吕氏春秋》，第 12 页）

那么，人应该如何"养性"呢？《吕氏春秋》认为，"养性"的具体条目主要包括五点内容。《吕氏春秋·重己》云：

> 昔先圣王之为苑囿园池也，足以观望劳形而已矣。其为宫室台榭也，足以辟燥湿而已矣。其为舆马衣裘也，足以逸身暖骸而已矣。其为饮食酏醴也，足以适味充虚而已矣。其为声色音乐也，足以安性自娱而已矣①。

上面这段话是说，古代的那些圣王"造作苑囿园池，只要足以游览观望，活动形体就可以了；他们修建宫室台榭，只要足以遮太阳、避雨露就可以了；他们使用车马和穿着衣裳，只要能安体暖身就可以了；他们享用饭食酒菜，只要适合口味、填饱饥肠就可以了；他们观赏歌舞音乐，只要能使性情安适自娱就已满足了。"以上这五条措施，是圣人利用外物来养性的具体方法。反之，如果盲目过度地追求高台大室、锦衣玉食、靡靡之音②，则会给圣王的身心带来祸患。

二　"节乎性"

《吕氏春秋》认为，"重生"的方法、途径还在于"节乎

---

① （战国）吕不韦撰，（东汉）高诱注，俞林波校订：《元刊吕氏春秋校订》，第 15 页。

② 《吕氏春秋》认为，这些事物对于人的性命来说就是"招蹶之机""烂肠之食"和"伐性之斧"。这就如《老子》第十二章所讲："五色令人目盲，五音令人耳聋，五味令人口爽，驰骋田猎令人心发狂，难得之货令人行妨。是以圣人为腹不为目，故去彼取此"。［参见（魏）王弼注，楼宇烈校释：《老子道德经注校释》，第 27—28 页］

性"①，即要节制人之欲望，使其适度。《吕氏春秋·重己》云：

> 室大则多阴，台高则多阳，多阴则蹶，多阳则痿，此阴
> 阳不适之患也。……五者，圣王之所以养性也，非好俭而恶
> 费也，节乎性也②。

何谓"节乎性"？"节"是《吕氏春秋》中一个非常重要的
概念。"作为动词，它是指节制，如'适耳目，节嗜欲，释智
谋，去巧故'（《论人》）；作为名词，它则是指节制的能力，节
度，如'天生人而使有贪有欲。欲有情，情有节。'　（《情
欲》）"③ 上面这段话中的"节"，高诱释为"和"，他说："节犹
和也。和适其情性而已，不过制也。"④ 所以，"节乎性"也就是
节制人之性情，使之调和、适度的意思。

《吕氏春秋》"节乎性"中的"性"是指人的自然属性，如生
命、生理、欲望、知觉等。"节性"概念并非《吕氏春秋》独创，
在《尚书·周书·召诰》中就已经出现了这一术语，如："王先服
殷御事，比介于我有周御事，节性惟日其迈。"⑤ 傅斯年认为：
"《召诰》所谓'节性'，按之《吕览》，本是'节生'……独立

---

① "节"是《吕氏春秋》中一个非常重要的概念，既指节制、适度，如本文中
的含义，又指节俭、节省，如《吕氏春秋》之《节丧》篇，就是此义。
② （战国）吕不韦撰，（东汉）高诱注，俞林波校订：《元刊吕氏春秋校订》，
第14—15页。
③ 张双棣，殷国光，陈涛：《吕氏春秋词典》（修订本），第320—321页。
④ 许维遹：《吕氏春秋集释》，第24页。
⑤ 孔安国传："和比殷、周之臣，时节其性，令不失中，则道化惟日其行。"孔
颖达正义："人各有性，嗜好不同，各恣所欲，必或反道，故以礼义时节其性命，示之
限分，令不失中，皆得中道。"［参见（汉）孔安国传，（唐）孔颖达正义：《尚书正
义》，第584—585页］

之性字为先秦遗文所无，先秦遗文中皆用生字为之。"① 徐复观
不同意此观点，他说："《吕览》一书，有'本生''长生''贵
生''全生''养生'等名词，绝无'节生'的名词。"② 从《吕
氏春秋》对"节性""节欲"等概念使用看，二者是等同的，所
以，正如徐复观所言《吕氏春秋》是从人天生的生理、欲望、
本能、生而即有的作用等意义上来定义"性"，"节生"这种
"节制生命"的含义与《吕氏春秋》的思想不合，而且生命也无
法节制，只能顺应（即顺生）或者选择放弃（如自杀）。

第四节　重生之意

《吕氏春秋》"重生论"的意义主要包括两点：一、重生顺
生，才能长生久视；二、重生重己，方可治国平天下。

一　重生才能长生久视

在《吕氏春秋》看来，人只有顺应自己的性命之情，因循
自己的生命规律，才能够长生久视，尽其天年。反之，如果违背
自己的生命规律，忤逆自己的性命之情，则会损生、害生。"如
果让古代的大力士乌获用力牵引牛的尾巴，即使牛尾拉断，气力

---

① 欧阳哲生编：《傅斯年文集》（第二卷），北京：中华书局，2017 年，第
538—542 页。
② 徐复观：《中国人性论史·先秦篇》，第 7 页。

用尽，牛还是不动，这是违反牛的习性的缘故。"① 相反，让一个五尺高的童子牵着牛鼻环，让牛往哪里走牛就往哪里走，这是顺应牛之性的结果。世上的那些君主、显贵、贤人、不肖之人没有哪个不想长生久视的，但是他们却每天都在违背生命之规律，这样的重生又有何益处呢？《吕氏春秋·重己》云：

> 使乌获疾引牛尾，尾绝力勯，而牛不可行，逆也；使五尺竖子引其棬，而牛恣所以之，顺也。……凡生之长也，顺之也；使生不顺者，欲也。故圣人必先适欲②。

《吕氏春秋》所讲的"重生要顺生"思想，可能来自杨朱。《列子》记载了杨朱见梁王的典故，其寓意与此相同。《列子·杨朱》云：

> 杨朱见梁王③，言治天下如运诸掌。梁王曰："先生有一妻一妾而不能治，三亩之园而不能芸；而言治天下如运诸掌，何也？"对曰："君见其牧羊者乎？百羊而群，使五尺童子荷箠而随之，欲东而东，欲西而西。使尧牵一羊，舜荷箠而随之，则不能前矣。……此之谓矣。"④

杨朱见梁惠王，说治理天下就像在手掌翻东西那样简单。梁

---

① 朱永嘉、萧木注释，黄志民校阅：《新译吕氏春秋》，第19页。

② （战国）吕不韦撰，（东汉）高诱注，俞林波校订：《元刊吕氏春秋校订》，第14页。

③ 王重民说："《类聚》九十四引作'梁惠王'，下文'梁王曰'无'梁'字。"王叔岷说："《文选》东方曼倩《答客难》注、《事文类聚·后集》三九、《韵府群玉》六、《天中记》五四引'梁'下亦并有'惠'字。"（参见杨伯峻：《列子集释》，第245页）所以，这里的"梁王"应该是梁惠王，即战国初期魏国国君，这与杨朱是魏国人的身份相符合。

④ 杨伯峻：《列子集释》，第245—246页。

惠王反问道："先生您有一妻一妾尚治理不好，有三亩之园尚耕耘不好，又有什么资格和我谈论治天下如运诸掌呢？"在杨朱看来，治理国家就如同童子牧羊一样，要顺应羊之习性。反之，假使让尧帝牵着一头羊，再让舜帝拿着鞭子跟在后面，这就是逆性，羊就没有办法前行。所以杨朱回答说："我听别人说：'能吞下舟的大鱼不能在小河里游，在天高飞的鸿鹄不在污浊的池塘边停留。为什么？因为他们的志向极其高远。黄钟大吕不能为快节奏的舞蹈伴奏，这是为何？因为它们的音调舒缓。'将要治理重大事务的人不治理小的细节，成就伟大功业的人不成就小功绩，就是这个道理。"

杨朱"治天下如运诸掌"的理论与老子"治大国若烹小鲜"[①] 的道理相契合，就像"奥卡姆剃刀"一样遵循化繁为简的原则，即治理天下或大国，要无为而治，君王不必事必躬亲，政令不必烦苛，而要"处无为之事，行不言之教"（《老子》第二章），最终达到"为无为，则无不治"[②] 和 "无为而无不为"[③] 的效果。另外，杨朱在这里也表明了自己有"治大国、成大功"的远大志向。

杨朱在说明"治天下如运诸掌"的道理时所举的牧羊的事

---

① 《老子》第六十章："治大国若烹小鲜。以道莅天下，其鬼不神。非其鬼不神，其神不伤人；非其神不伤人，圣人亦不伤人。夫两不相伤，故德交归焉。"［参见（魏）王弼注，楼宇烈校释：《老子道德经注校释》，第157—158页］

② 《老子》第三章："不尚贤，使民不争；不贵难得之货，使民不为盗；不见可欲，使民心不乱。是以圣人之治，虚其心，实其腹；弱其志，强其骨。常使民无知无欲，使夫智者不敢为也。为无为，则无不治。"［参见（魏）王弼注，楼宇烈校释：《老子道德经注校释》，第8页］

③ 《老子》第三十七章："道常无为而无不为，侯王若能守之，万物将自化。化而欲作，吾将镇之以无名之朴。无名之朴，夫亦将无欲。不欲以静，天下将自定。"［参见（魏）王弼注，楼宇烈校释：《老子道德经注校释》，第90—91页］

例，旨在说明无论是牧羊还是养生修身，抑或是治国平天下，其实道理都很简单，即都要遵循和顺应天地万物的规律，而不能违背人性和物性。《列子·杨朱》通过"五尺童子牧羊"的故事说理治理天下要"辅万物之自然而不敢为"①，即遵循事物的规律，顺应天地万物之性，化繁为简，无为而治。《吕氏春秋·重己》通过"五尺竖子牵牛"的故事说明重生养生之道在于顺应生命之规律，而不能日逆其生，过度放纵人之欲望。二者所举事例相似，其事例蕴含的哲理相同，这充分表明《吕氏春秋》"重生顺生"的思想来自老子、杨朱等先秦道家。

二　重生方可治国取天下

在《吕氏春秋》看来，重生、重己是本，治国、治天下是末。圣人如果修养好了自己的身体和生命，就会天下大治、国泰民安；如果损害了身体、丢掉了性命，就失去了治国平天下的根基。这一思想主要体现在《吕氏春秋·先己》中。该篇旨在阐明"君主要治理好天下国家，必须首先修治自身"②的道理。《吕氏春秋·先己》云：

> 汤问于伊尹曰："欲取天下若何？"伊尹对曰："欲取天

---

① 《老子》第六十四章："其安易持，其未兆易谋，其脆易泮，其微易散。为之于未有，治之于未乱。合抱之木，生于毫末；九层之台，起于累土；千里之行，始于足下。为者败之，执者失之。是以圣人无为，故无败；无执，故无失。民之从事，常于几成而败之。慎终如始，则无败事。是以圣人欲不欲，不贵难得之货。学不学，复众人之所过。以辅万物之自然，而不敢为。"［参见（魏）王弼注，楼宇烈校释：《老子道德经注校释》，第165—166页］

② 刘生良评注：《吕氏春秋》，第58页。

下，天下不可取。可取，身将先取。"①

在《吕氏春秋·先己》开篇，汤向伊尹请教取天下之道。伊尹回答说："通常来说，天下是不可以取的。假如有一种可取的方法存在的话，那就是先得到和保全自身。"《吕氏春秋》认为，伊尹这句话是说，重己重身、珍惜生命是做好天下一切事务的根本。而能做到这一点的人，就能够吐故纳新，血脉相通，精气日新，邪气尽去，尽其天年，这叫作"真人"。《吕氏春秋·先己》云：

> 凡事之本，必先治身，啬其大宝。用其新，弃其陈，腠理遂通。精气日新，邪气尽去，及其天年。此之谓真人②。

古代有许多圣王都是做到了这一点，所以他们才能"成其身而天下成，治其身而天下治"。那么，君主的修身治国之道是指什么呢？《吕氏春秋》认为，君主无为而治的修治之道主要包括无为之道③、无为之义、无为之君三个方面的内容④。《吕氏春秋·先己》云：

> 无为之道曰胜天，义曰利身，君曰勿身。勿身督听，利身平静，胜天顺性。顺性则聪明寿长，平静则业进乐乡，督

---

① （战国）吕不韦撰，（东汉）高诱注，俞林波校订：《元刊吕氏春秋校订》，第40页。

② 同上，第40—41页。

③ 陶建国："（《吕氏春秋》）政治上之目标，则在于无为而治之理想。"（参见陶建国：《两汉魏晋之道家思想》，第246页）

④ 刘生良认为无为之道主要包括三方面内容：一、无为之道，是"胜天"，即因循自然、效法天道；二、无为之义，是"利身"，即修养自身；三、无为之君，是"勿身"，即凡事不事必躬亲、亲自去做。（参见刘生良评注：《吕氏春秋》，第61页）

听则奸塞不皇①。

反之，君主如果失去了无为之道，边境就会被外敌侵犯；如果内在德行有所欠缺，外在的名声就会堕落。这就像百仞高的松树，下面的根受伤了，上面的枝条就会枯死；商、周的末代君主，胸中谋略失当，外在的政令自然就会失效②。

《吕氏春秋》还指出：五帝"先道而后德"，所以德行最完满；三王"先教而后杀"，所以事功最伟大；五伯"先事而后兵"，所以兵力最强大。当今时代盛行巧谋和诈术，各国攻战不休，所以，亡国辱主越来越多，那是因为他们不懂得"重生重己，方可治国取天下"的意义，不明白"凡事之本，必先治身"的道理，采取的都是舍本逐末的方法，自然也就无法治理好国家，更不可能治理好天下。

第五节　"重生"与"重己"

《吕氏春秋》有《重己》篇，旨在来说明重生与重己的关

---

① （战国）吕不韦撰，（东汉）高诱注，俞林波校订：《元刊吕氏春秋校订》，第41页。

② 《吕氏春秋·先己》："故上失其道，则边侵于敌；内失其行，名声堕于外。是故百仞之松，本伤于下而末槁于上。商周之国，谋失于胸，令困于彼。故心得而听得，听得而事得，事得而功名得。五帝先道而后德，故德莫盛焉。三王先教而后杀，故事莫功焉。五伯先事而后兵，故兵莫强焉。当今之世，巧谋并行，诈术递用，攻战不休，亡国辱主愈众，所事者末也。"［参见（战国）吕不韦撰，（东汉）高诱注，俞林波校订：《元刊吕氏春秋校订》，第41—42页］

系，重己就是重视自己的生命。① 《吕氏春秋》中的"重己"思想主要包括以下两大方面的内容：一、重己之由："吾生之为我有，而利我亦大矣"，即我的生命为我所有，并且能给我带来极大的利益；二、重己之旨："达乎性命之情"，即知道慎重地对待自己的生命，主旨是要通达性命之真情。

一　"吾生之为我有，而利我亦大矣"

《吕氏春秋》认为，任何人都珍爱对于自己有利的东西，而不爱与自己无关的东西。例如，我的手指是我所拥有并对我有利，所以，每一个人都会爱己之指，而不爱巧匠"倕"之指；我自己拥有的不完美的玉石和小珠对我有利，所以，每一个人都会珍爱自己的"苍璧小玑"，而不爱昆山之玉、江汉之珠这样贵重的宝物。同理，我的生命为我所有，而且能够给我带来极大的利益，所以，每一个人都应该珍爱自己的生命，而不应该去爱爵位、财富、名利等身外之物。《吕氏春秋·重己》云：

> 倕至巧也，人不爱倕之指而爱己之指，有之利故也。人不爱昆山之玉、江汉之珠，而爱己之一苍璧、小玑，有之利故也②。

那么，我的生命能够给我带来哪些极大的利益呢？《吕氏春

---

① "重己"即珍重、重视自己的生命。在《吕氏春秋》看来，"天下虽大，外物也；一毛虽小，亦己之形、己之生之一部分；故前者可轻，而后者可重也。"［参见冯友兰：《中国哲学史（上）》，第114页］

② （战国）吕不韦撰，（东汉）高诱注，俞林波校订：《元刊吕氏春秋校订》，第12—13页。

秋》认为主要有三点原因。

第一，从生命之贵贱即其价值来看，我的生命价值最大，即使是天子的爵位都不能同它相比。所以，人才要珍贵自己之生命，这是《吕氏春秋》所讲的"贵己"的内涵①。

第二，由于我的生命最为重要，所以，人要格外重视自己之生命，这是《吕氏春秋》所讲的"重己"的内涵②。

第三，从生命之安危即其关键性来看，我的生命不可再生，一旦失去就终身不可复得③。

基于以上三点原因，《吕氏春秋》主张，每一个人都应该高度重视和珍爱自己的生命④。

二 "达乎性命之情"

"重己"的主旨在于"达乎性命之情"⑤，即要通达性命之

---

①　《吕氏春秋·重己》："论其贵贱，爵为天子，不足以比焉。"［参见（战国）吕不韦撰，（东汉）高诱注，俞林波校订：《元刊吕氏春秋校订》，第13页］

②　《吕氏春秋·重己》："论其轻重，富有天下，不可以易之。"［参见（战国）吕不韦撰，（东汉）高诱注，俞林波校订：《元刊吕氏春秋校订》，第13页］

③　《吕氏春秋·重己》："论其安危，一曙失之，终身不复得。"（同上）

④　这里体现的是杨朱的"重己"思想，"杨朱大概是首位按照生命哲学的思路对个体生命做出深入的思考并提出'重生'观念的哲学家"，他认为"个体生命的一般价值超越于利害之上，所以，他高度重视作为感性存在和生命载体的'我'。"（参见丁四新：《先秦哲学探索》，第140页）

⑤　"性命之情"是《吕氏春秋》中一个非常重要的概念，除了本篇言及"性命之情"外，在《谨听》《观世》《勿躬》《知度》《有度》等篇中均言及这一概念，如：《吕氏春秋·谨听》："今夫惑者，非知反性命之情。"《吕氏春秋·观世》："先见其化而已动，远乎性命之情也。"《吕氏春秋·勿躬》："故善为君者，矜服性命之情，而百官已治矣，黔首已亲矣，名号已章矣。"《吕氏春秋·知度》："君服性命之情，去爱恶之心，用虚无为本，以听有用之言，谓之朝。"《吕氏春秋·有度》："唯通乎性命之情，而仁义之术自行矣。"

真情。《吕氏春秋》认为，既然世人都懂得"重生"的道理，都慎重地对待自己的生命；那么，为什么有的人慎重对待自己的生命却反而伤害了它呢？这是因为他们不通晓生命之实情与真谛的缘故①。不通晓生命之实情真谛的人虽然谨慎地对待生命，但是他们的行为和不知道慎重对待生命的人又有何区别呢？不懂得重视己生的人，分辨不清楚死与生、存与亡、可与不可的界限。他们认为的"是"，实际上未必为"是"；他们认为的"非"，实际上也未必是"非"。这就是一个很大的迷惑。这样的人，就是上天降下灾祸的对象。用他们的方法来治身养生，身体必定遭殃、生命必定死亡；用他们的方式来治国，国家也必定残破甚至灭亡。"死亡、遭殃、残破、灭亡，不是自己找上门的，而是其糊涂招致的。"② 这也就是《尚书·商书·太甲中》讲的"天作孽，犹可违。自作孽，不可逭。"人之长寿也常常如此。所以，有道的人不去详察招致的结果，而是去明察招致结果的原因，那么所招致的结果也就很明白了，这样的道理不可不熟知。《吕氏春秋·重己》云：

> 是师者之爱子也，不免乎枕之以糠；是聋者之养婴儿也，方雷而窥之于堂。有殊弗知慎者。夫弗知慎者，是死生存亡可不可未始有别也。……此之谓太惑。若此人者，天之所祸也。以此治身，必死必殃；以此治国，必残必亡。夫死殃残亡非自至也，惑召之也。寿长至常亦然。故有道者不察

---

① 《吕氏春秋·重己》："有慎之而反害之者，不达乎性命之情也。不达乎性命之情，慎之何益？"［参见（战国）吕不韦撰，（东汉）高诱注，俞林波校订：《元刊吕氏春秋校订》，第 13 页］

② 刘生良评注：《吕氏春秋》，第 15 页。

所召，而察其召之者，则其至不可禁矣①。

《吕氏春秋》"达乎性命之情"的学说明显受到了庄子"性命之情"思想的影响。《老子》中单言"性""命""情"，却没有"性命""性情""性命之情"的复合词。《庄子》中既有"性命"概念，又有"性命之情"概念。其中，"性命"作为一个复合词概念出现于《庄子·在宥》《庄子·缮性》《庄子·知北游》等篇章中②，其含义是指"真性本命"③。"性命之情"也是《庄子》中一个非常重要的概念和经常使用的术语，分别见于《庄子》外篇之《骈拇》《在宥》《天运》《缮性》和杂篇之《徐无鬼》等篇章中④，主要是指"性命的真情"⑤。

《吕氏春秋》继承了庄子"性命之情"的思想，提出了"通

---

① （战国）吕不韦撰，（东汉）高诱注，俞林波校订：《元刊吕氏春秋校订》，第13—14页。

② 《庄子》中关于"性命"的表述有："古之所谓得志者，非轩冕之谓也，谓其无以益其乐而已矣。今之所谓得志者，轩冕之谓也。轩冕在身，非性命也，物之傥来，寄者也。"（《庄子·缮性》）又如："大德不同，而性命烂漫矣；天下好知，而百姓求竭矣。"（《庄子·在宥》）又如："性命非汝也，是天地之委顺也。"（《庄子·知北游》）[参见（清）郭庆藩撰，王孝鱼点校：《庄子集释》，第560—561页，第386页，第741页]

③ 陈鼓应：《庄子今注今译》，第419页。

④ 《庄子》中关于"性命之情"的表述有："彼正正者，不失其性命之情。……不仁之人，决性命之情而饕贵富。……吾所谓臧者，非所谓仁义之谓也，任其性命之情而已矣。"（《庄子·骈拇》）又如："自三代以下者，匈匈焉终以赏罚为事，彼何暇安其性命之情哉！……天下将安其性命之情，之八者，存可也，亡可也；……故君子不得已而临莅天下，莫若无为。无为也而后安其性命之情。"（《庄子·在宥》）又如："君将盈耆欲，长好恶，则性命之情病矣。"（《庄子·徐无鬼》）[参见（清）郭庆藩撰，王孝鱼点校：《庄子集释》，第325—336页，第378—382页，第819页]

⑤ 陈鼓应：《庄子今注今译》，第286页。

乎性命之情"①"矜服性命之情"② 等学说。"性命之情"在《吕氏春秋》中的含义是什么呢？张双棣等认为"性"有三义，分别为："一、人或事物的本性，天性；二、性情；三、生命，性命。……'性命'是指人的生命，如'治道之要，存乎知性命'（《知度》），'唯通乎性命之情，而仁义之术自行矣'（《有度》）。"③"情"有三义，分别是："一、感情，心理，欲望；二、真实情况，真谛；三、真实的，真诚的。"④ 所以，性命之情亦即生命之实情、真谛。《吕氏春秋》认为，圣人、君王要通达、矜服性命之情，即通晓和服从生命之真谛实情，就要去除个人的爱恶之心，节制一己之私欲，这样才能"精神安乎形，而年寿得长焉"。

反之，如果不通晓"性命之情"，而徒以外在的仁义之术教导天下，那么，即使如孔、墨弟子那样的教导者都不能行其仁义之术，更何况那些被教导的匹夫、平民和俗主呢？这是因为他们没有把握住"性命之情"与"仁义之术"的内外关系。"性命之情"是人之内在的真情实感，"仁义之术"是外在的道德规范，

---

①　《吕氏春秋·有度》："季子曰：'诸能治天下者，固必通乎性命之情者，当无私矣。……圣人之不为私也，非爱费也，节乎己也。节己，虽贪污之心犹若止，又况乎圣人？'……唯通乎性命之情而仁义之术自行矣。"［参见（战国）吕不韦撰，（东汉）高诱注，俞林波校订：《元刊吕氏春秋校订》，第394—395页］

②　《吕氏春秋·勿躬》："故善为君者，矜服性命之情而百官已治矣，黔首已亲矣，名号已章矣。"《吕氏春秋·知度》："君服性命之情，去爱恶之心，用虚无为本，以听有用之言，谓之朝。凡朝也者，相与召理义也，相与植法则也。上服性命之情，则理义之士至矣，法则之用植矣，枉僻邪挠之人退矣，贪得伪诈之曹远矣。故治天下之要存乎除奸，除奸之要存乎治官，治官之要存乎治道，治道之要存乎知性命。"［参见（战国）吕不韦撰，（东汉）高诱注，俞林波校订：《元刊吕氏春秋校订》，第260页，第262页］

③　张双棣、殷国光、陈涛：《吕氏春秋词典》（修订本），第137页。

④　同上，第395页。

只有通达和顺从了内在的"性命之情",才能使外在的"仁义之术"有所通行①。

小 结

"重生论"是"本生论""贵生论"的进一步发展,是从人生论、人生意义的角度研究和看待"生",是人对待生命秉持的基本人生态度,是在正确认识生命的本体与本质、价值与意义的基础上尊重和重视生命,轻视功名、利禄、国家、天下等外在之物。《吕氏春秋》中包含着丰富的"重生"思想,这一思想不仅重点体现在《吕氏春秋·十二纪》"前三纪"之中,而且体现在"八览""六论"的某些篇章之中。

《吕氏春秋》中的"重生"是与"轻生"相对而言,既指生命贵重、重要,又指尊重和重视生命。这是人对待生命的一种基本态度。

《吕氏春秋》"重生论"有着深厚的思想来源:一是来源于老子"贵大患若身"和"重为轻根,静为躁君"的"重身"思想;二是来源于庄子"尊生重生""达生之性""达生之情"的"重生"思想;三是来源于《列子·杨朱》"贵己重生"的思想。

《吕氏春秋》"重生论"主要包括三大方面的内容:一、重

---

① 《吕氏春秋·有度》:"孔、墨之弟子徒属充满天下,皆以仁义之术教导于天下,然而无所行,教者术犹不能行,又况乎所教?是何也?仁义之术外也。夫以外胜内,匹夫徒步不能行,又况乎人主?唯通乎性命之情而仁义之术自行矣。"[参见(战国)吕不韦撰,(东汉)高诱注,俞林波校订:《元刊吕氏春秋校订》,第395页]

生的基本含义是在对待生命与外物的关系上，做到重视生命，轻视外物；二、重生的目的在于"全其天"，即保全天所赋予人的生命与天性；三、重生的原因在于生命对于每一个人来说都具有非常大的价值和非常重要的意义。

《吕氏春秋》认为，重生之术主要包括"以物养性"和"节乎性"两大方面。"以物养性"是指人的生存和发展要以"外物"为必要条件，但对物的过分追逐反过来又会破坏人的自然生命。所以，生命是目的，外物是手段，人要做到"以物养性"，而非"以性养物"。"节乎性"是"重生"另一种方法和途径，它是指节制人之性情，使之调和适度。

《吕氏春秋》"重生论"的意义主要包括两点：第一，"重生顺生，才能长生久视"，即认为只有重视人的生命，因循人的生命规律，顺应人的性命之情，人才能够长生久视，尽其天年。反之，如果违背人的生命规律，忤逆人的性命之情，则会损生，害生；第二，"重生重己，方可治国平天下"，即认为"重生""重己"是本，"治身""治国"是末。圣人如果修养好了自己的身体和生命，就会天下大治、国泰民安；如果损害了自己的身体、丢掉了性命，就失去了治国平天下的根基。

在《吕氏春秋》看来，"重己"就是重视自己的生命，它主要包括两大方面的内容：一、重己之由："吾生之为我有，而利我亦大矣"，即我的生命为我所有，并且能给我带来极大的利益；二、重己之旨："达乎性命之情"，即知道慎重地对待自己的生命，主旨是要通达性命之真情。

第六章　养生论：养生莫若知本

　　"养生论"是"本生论""贵生论""重生论"发展的逻辑归宿，是从方法论的角度研究"生"，把"本生论""贵生论""重生论"落实到"术"和方法的层面，探讨保养生命的具体理论和操作方法。

　　何谓"养生"？"养"字在金文中写作𦎫或者𦎫。许慎《说文解字》对"养"的解释为："供养也。从食，羊声。"① 张双棣等著《吕氏春秋词典》认为，《吕氏春秋》中的"养"有以下三层含义："一、养活、奉养、饲养，如《顺民》：'内视群臣，下养百姓'；二、调养、修养，如《本生》：'物也者，所以养性也'；三、养生之物，如《审为》：'能尊生，虽富贵不以养伤身'。"② 所以，《吕氏春秋》中的"养生"是指调养、养护生命，"养生论"是指保养生命的具体理论和操作方法。《吕氏春秋》"养生论"有着丰富的思想渊源。

---

① （汉）许慎著，班吉庆、王剑、王华宝点校：《说文解字校订本》，第144页。
② 张双棣、殷国光、陈涛：《吕氏春秋词典》（修订本），第420—421页。

第一节　养生之基

《吕氏春秋》"养生论"有深厚的理论基础，具体而言它主要来自先秦道家代表老子、庄子、杨朱、黄老道家等"摄生""养生"思想，并在此基础上进行了综合创新。

一　老子"善摄生"的思想

老子"善摄生"的思想是《吕氏春秋》"养生论"的第一大思想来源。老子的"善摄生"思想主要包括三点：一、"摄生修身"；二、"寡欲知足"；三、"长生久视"。

第一，"摄生修身"的思想。《老子》第五十章提出了著名的"善摄生"的思想。

> 盖闻善摄生者，陆行不遇兕虎，入军不被甲兵，兕无所投其角，虎无所措其爪，兵无所容其刃。夫何故？以其无死地①。

何为"善摄生"？"摄生"之"摄"，《说文》释为"引持也。从手，聂声"②。

河上公注："摄，养也。"③ 陈鼓应解释说："摄，调摄，养护。"④ 李零认为："'摄生'，帛书本作'执生'，二者是通假关系。养生，古人也叫摄生、护生和卫生。它们的不同之处是，养

---

① （魏）王弼注，楼宇烈校释：《老子道德经注校释》，第134页。
② （汉）许慎著，班吉庆、王剑、王华宝点校：《说文解字校订本》，第350页。
③ 王卡：《老子道德经河上公章句》，第192页。
④ 陈鼓应：《老子今注今译》，第258页。

生主于养，摄生、护生、卫生主于护卫。"① 王弼把"善摄生"释为"无以生为生，故无死地也"②。所以，"摄生"是指养生，"善摄生"是指善于养生。老子认为："善于养护生命的人"懂得"避害"（如远离野兽、战争、灾祸等），从而获得神明的庇护而不会进入死亡之地③。

老子不仅提倡"善摄生"的思想，而且提倡"修之于身"的思想。《老子》第五十四章云：

> 修之于身，其德乃真；修之于家，其德乃余；修之于乡，其德乃长；修之于国，其德乃丰；修之于天下，其德乃普。故以身观身，以家观家，以乡观乡，以国观国，以天下观天下。吾何以知天下之然哉？以此④。

上面这段话反映出老子提倡"修之于身"⑤ 与"以身观身"的思想。王弼认为，"修之于身"是"以身及人"的意思，并认为"修之身则真"，即修身可以达到朴真的境界⑥。在老子看来，修身是治家、治乡、治国、治天下的基础。世人只有通过修道养德来获得道德的本性并把它贯彻于治理家庭、乡里、国家、天下的过程中，才能真正达到生命根基稳固、家庭和谐敦睦、国家长治久安的目的。

老子提倡"善摄生"和"修之于身"，反对"厚生"和

① 李零：《人往低处走：〈老子〉天下第一》，第160页。
② （魏）王弼注，楼宇烈校释：《老子道德经注校释》，第135页。
③ 陈鼓应：《老子注译及评介》，第241页。
④ （魏）王弼注，楼宇烈校释：《老子道德经注校释》，第143—144页。
⑤ 河上公把"修之于身"解释为："修道于身，爱气养神，益寿延年。其德如是，乃为真人。"（参见王卡：《老子道德经河上公章句》，第207页）
⑥ （魏）王弼注，楼宇烈校释：《老子道德经注校释》，第143页。

"益生"。这是因为前者遵循和顺应了人的生命规律，后者则违背了人的生命规律；前者会导致人的生命长久，后者则会导致人的"不道早已"。因此，在老子看来，人的生命不是通过人为的手段就可以随意延长的。人要顺应自然、遵循生命规律来养生，而不要"益生"和"厚生"，更不要"心使气"和逞强，这样只会违背生命的规律而导致早亡。

第二，"知足寡欲"的思想，如《老子》第三十三章云：

> 知足者富，强行者有志，不失其所者久，死而不亡者寿①。

王弼注："知足者，自不失，故富也。"② 河上公注："人能知足，则长保福禄，故为富也。"③ 老子认为，人的欲望是无穷无尽的。一个人如果懂得知足才是富有的道理，追求内心的自足，那么，他的一生就是充满获得感和幸福感的一生。反之，一个人如果不懂得知足，而是在不断地追名逐利，那么，他终究不会获得幸福，甚至会遭到灾祸④。

老子认为，养生在知足的同时，还要做到少私寡欲。《老子》第十九章云：

---

① （魏）王弼注，楼宇烈校释：《老子道德经注校释》，第84页。
② 同上。
③ 王卡：《老子道德经河上公章句》，第134页。
④ 《老子》第四十六章："祸莫大于不知足，咎莫大于欲得，故知足之足，常足矣。"王弼认为："知足"是指"无欲而足"，"无求于外"，其反面则是"贪欲无厌，不修其内，各求于外"。［参见（魏）王弼注，楼宇烈校释：《老子道德经注校释》，第125页］河上公认为："祸莫大于不知足"是指"富贵不能自禁止也"。（参见王卡：《老子道德经河上公章句》，第182页）在老子看来，人君欲望过多，就会贪图名利财货而伤身害生，就会为了争夺财货土地而发动战争，最终则会给国家和人民带来深重的灾难，有的甚至自己也会遭殃。所以，他才极力提倡人君的清静无为，知足寡欲，这样才会国家和平，人民安康。

> 见素抱朴，少私寡欲①。

何谓"少私寡欲"？河上公注："少私者，正无私也。寡欲者，当知足也。"② "少"与"寡"义相同，都是减少的意思，"寡欲"也就是少欲，即减少私欲。老子提倡见素抱朴、返璞归真的生活方式，追求"为腹不为目"的生活方式③，提倡在欲望面前人应该懂得"知足"的道理。

第三，"长生久视"的思想。它是老子生命哲学的终极目的所在，也是道家、道教孜孜以求的人生理想④。《老子》第五十九章云：

> 治人事天莫若啬。夫唯啬，是谓早服。……是谓深根固柢⑤，长生久视之道⑥。

陈鼓应认为："'长生'是长久维持，长久生存；'久视'就是久立的意思。"⑦ 李零认为："'长生久视'指活得很长，在位时间很长。"⑧ 由此可知，老子讲的"长生久视"不仅指生命长

---

① （魏）王弼注，楼宇烈校释：《老子道德经注校释》，第45页。
② 王卡：《老子道德经河上公章句》，第77页。
③ 《老子》第十二章："五色令人目盲，五音令人耳聋，五味令人口爽，驰骋畋猎令人心发狂，难得之货令人行妨。是以圣人为腹不为目，故去彼取此。"
④ 道家的"长生"不同于道教的"长生"，道家的"长生"在于通过贵身、修身、摄生、养生来达到身体长寿、精神自由的目的；道教的"长生"则是指通过外丹、内丹等各种修炼方法和养生之道达到肉身不死、长生成仙的目的。前者是哲学，后者是宗教。
⑤ 河上公注："深根固蒂者，乃长生久视之道"，而"深根固蒂"则是指"人能以气为根，以精为蒂……言当深藏其气，固守其精，无使漏泄。"（参见王卡：《老子道德经河上公章句》，第231—232页）
⑥ （魏）王弼注，楼宇烈校释：《老子道德经注校释》，第155—156页。
⑦ 陈鼓应：《老子今注今译》，第289页。
⑧ 李零：《人往低处走：〈老子〉天下第一》，第186页。

久，亦指国运长存。人君如果懂得了爱惜精力、保养生命的道理，就会通过早做准备而不断地积累德，最终达到生命长久、国运长存的目的。因此，上面这段话体现了老子治身与治国相统一的思想，而这一思想又成为黄老道家的主要思想特征①。

二　庄子"养生""达生"的思想

庄子的"养生""达生"思想对《吕氏春秋》的"养生论"亦产生了深远的影响。

第一，庄子的"养生"思想。在《庄子·养生主》《庄子·达生》《庄子·让王》等篇章中包含着丰富的"养生"思想。例如《庄子·养生主》云：

> 庖丁为文惠君解牛……文惠君曰："嘻，善哉！技盖至此乎？"庖丁释刀对曰："臣之所好者道也，进乎技矣。……方今之时，臣以神遇而不以目视，官知止而神欲行。依乎天理，批大郤，导大窾，因其固然。技经肯綮之未尝，而况大軱乎！……彼节者有间，而刀刃者无厚；以无厚入有间，恢恢乎其于游刃必有余地矣……"文惠君曰："善哉！吾闻庖丁之言，得养生焉。"②

---

① 老子哲学是源，战国秦汉道家是流。老子不仅开创出了重视个体生命的杨朱学派、追求精神自由的庄子学派，而且开创出治国与修身相统一的黄老道家。《管子》四篇、《吕氏春秋》《淮南子》中就有着丰富的黄老道家"身国同治"的思想。

② （清）郭庆藩撰，王孝鱼点校：《庄子集释》，第125—132页。

何谓"养生主"？陆德明《释文》："养生以此为主也。"①
庄子在《养生主》②中主要通过庖丁为文惠君解牛的故事来阐述
其养生思想。这里的"生之主"即生命之主，是指人的精神。
所以，"养生之主"也就是养护人的精神的方法。这一方法总体
来说是"顺任自然"③，具体来讲则要做到"依乎天理""因其
固然"和"以无厚入有间"这三点④。

《达生》篇进一步阐述了庄子"善养生者，若牧羊然，视其
后者而鞭之"⑤的养生思想。《庄子·达生》云：

> 田开之见周威公……开之曰："闻之夫子曰：'善养生
> 者，若牧羊然，视其后者而鞭之。'"威公曰："何谓也?"
> 田开之曰："鲁有单豹者，岩居而水饮，不与民共利，行年
> 七十而犹有婴儿之色；不幸遇饿虎，饿虎杀而食之。有张毅
> 者，高门县薄，无不走也，行年四十而有内热之病以死。豹
> 养其内而虎食其外，毅养其外而病攻其内，此二子者，皆不
> 鞭其后者也。"⑥

上面这段话主要表达了庄子"养生若牧羊"的道理。我们

---

① （清）郭庆藩撰，王孝鱼点校：《庄子集释》，第123页。
② 郭象注："夫生以养存，则养生者理之极也。若乃养过其极，以养伤生，非
养生之主也。"［参见（清）郭庆藩撰，王孝鱼点校：《庄子集释》，第123页］
③ 陈鼓应：《庄子今注今译》，第99页。
④ 具体而言，"依乎天理"是指"养生之妙道，依自然之涯分，必不贪生以夭
折也"。"因其固然"是指"因其眼见耳闻，必不妄加分别也"。"以无厚入有间"是
指"养生之士，体道之人，运至忘之妙智，游虚空之物境，是以安排造适，闲暇有
余，境智相冥，不一不异"。［参见（清）郭庆藩撰，王孝鱼点校：《庄子集释》，第
128—131页］
⑤ （清）郭庆藩撰，王孝鱼点校：《庄子集释》，第647页。
⑥ 同上，第646—648页。

应该如何理解这一养生原理呢？郭象注："夫守一方之事至于过理者，不及于会通之适也。鞭其后者，去其不及也。"① 成玄英疏："养生譬之牧羊，鞭其后者，令其折中。"② 陆德明《释文》引崔譔注："视其羸瘦在后者，匿著牢中养之也。"③ 郭庆藩引郭嵩焘观点说："鞭其后，则前者于于然行矣。注视其后而前者不劳也，谨持其终者也。"④ 陈鼓应释为："看见落后的就鞭策它，即弥补自己的不足"⑤。

为了进一步说明这一养生原理，庄子举了单豹和张毅养生的故事来进行论证。他说：单豹注重内养却被老虎吃掉了，张毅注重外修却得内热而死，这两人都是不懂得"鞭其后者"⑥ 的道理。关于单豹养生和张毅养生失败的原因，成玄英认为："单豹寡欲清虚，养其内德而虎食其外。张毅交游世贵，养其形骸而病攻其内以死。此二子各滞一边，未为折中，故并不鞭其后也。"⑦ 陈鼓应解释说："单豹调养内心却被老虎吃了他的形体，张毅供养形体却遭病侵袭他的内部，这两个人，都是不能弥补自己的不足"⑧。

关于上面几种解释，都有其合理的成分；但是，也有不妥之

---

① （清）郭庆藩撰，王孝鱼点校：《庄子集释》，第 648 页。
② 同上，第 647 页。
③ 同上。
④ 同上。
⑤ 陈鼓应：《庄子今注今译》，第 488—489 页。
⑥ （清）郭庆藩撰，王孝鱼点校：《庄子集释》，第 648 页。
⑦ 同上。
⑧ 陈鼓应：《庄子今注今译》，第 489 页。

处。问题的关键是历代注释者都没有解释清楚"鞭其后者"①，把它曲解成了"鞭单豹、张毅养生之后"，即改变了他们在养生方面的不足，在养形与养心两方面做到折中、调和、会通。如果联系《吕氏春秋·重己》中"五尺竖子牵牛"的事例和《列子·杨朱》中"五尺童子牧羊"的故事，就可以明白《庄子·达生》这里所讲的"善养生者，若牧羊然，视其后者而鞭之"是指"养生要顺生、顺性"的道理②。

在《列子·杨朱》中，杨朱见梁惠王阐述"治天下如运诸掌"的道理时举了"五尺童子牧羊"的故事，他说："大王您见过牧羊人吗？一百多只羊的羊群，一个五尺高的童子拿着鞭子跟

---

① 历来注解《庄子·达生》的学者之所以没有解释清楚"鞭其后者"，是因为他们不明白牧羊或牧牛的原理。这里的"其"是指羊群，"鞭其后者"是指牧羊人拿着鞭子在羊群后面赶羊。如果有过牧羊经历的人都知道，一个羊群无论大小都有一只或数只领头羊。如果羊群在山坡上吃草，有一个牧羊人就可以管理整个羊群。如果羊群在路上行走，就需要领头羊在前面走，其他羊跟在后面，牧羊人在羊群最后拿着鞭子驱赶最后的羊。这样，领头羊就需要认识路，否则，就会发生领头羊先跳河或跳崖，其他羊都跟着跳的惨剧。所以，如果赶一大群羊在路上行走最好有两个牧羊人，一个牧羊人在羊群前面带领头羊，另一个牧羊人跟在羊群的后面，用鞭子驱赶走在最后的羊。牧羊人"鞭其后"的做法是符合羊之性的——羊性格温顺，拿鞭子可以赶走；羊群里的羊都会跟着领头羊走。这是羊多年形成的习性。牧牛与牧羊就不同了，牛身材高大，力气也大，性格倔强。如果赶牛在路上行走，拿鞭子在牛后赶，通常赶不动。因为牛总是遇到草就要低头吃草，不愿赶路，这种情况下牧牛人几乎无法从后面赶走它。聪明的古人很早就发现了牛的这些特性，所以发明了牛鼻环（即《列子·杨朱》中"五尺竖子引其棬"之"棬"），给牛套在鼻子上，用绳子牵着牛鼻子走，牧牛人想往哪个方向走，牛就跟着他往那个方向走，这就叫"牵牛要牵牛鼻子"。这种牧牛法同样是符合和顺应牛之性的。庄子、杨朱、《吕氏春秋·重己》的作者均明白"善养生者，若牧羊然，视其后者而鞭之"是指"养生"如同牧羊和牧牛要顺应羊、牛之性一样，也是要顺应人之性、遵循人之生命规律，而不能"逆其生"。

② 陶建国："老庄之修养论，皆主张……因任自然之养生说。《吕氏春秋》之修养论，亦同此旨。……庄子以此顺应自然之人，为至人、神人、真人。《吕氏春秋》亦同此说。"（参见陶建国：《两汉魏晋之道家思想》，第239页）

随在羊群后面，让它们往东走就往东走，让它们往西走就往西走。假使让尧帝牵着一头羊，再让舜帝拿着鞭子跟在后面，羊就没有办法前行了。"杨朱这里旨在说明牧羊要遵循羊之性，治理天下要"辅万物之自然而不敢为"，要遵循事物的规律，顺应天地万物之性，化繁为简，无为而治。

《吕氏春秋·重己》所举的"五尺竖子牵牛"的故事，吸收了《庄子·达生》所讲的"善养生者，若牧羊然，视其后者而鞭之"的思想，融合了《列子·杨朱》中"五尺童子牧羊"的故事并进行了综合创新，指出：让"乌获"这样的大力士用力拉住牛尾，牛却不动。而让一个五尺高的童子牵着牛鼻环，让牛往哪里走它就往哪里走，这是顺应牛之性的结果。所以，养生要顺应人之性，因循人之生命规律，这样，人才能够长生久视，尽其天年。反之，如果违逆人之性，违背人之生命规律，就会损生、害生①。

第二，庄子的"达生"思想对《吕氏春秋》"养生论"产生了深远的影响。在《庄子·达生》《庄子·列御寇》中包含着丰富的"达生"思想。例如《庄子·达生》云：

> 达生之情者，不务生之所无以为；达命之情者，不务知之所无奈何。……世之人以为养形足以存生；而养形果不足以存生，则世奚足为哉！②

何谓"达生"？陆德明《经典释文》解释说："达，畅也，

---

①　《庄子·达生》中"单豹养其内而虎食其外，张毅养其外而病攻其内"的事例说明他们二人不懂得"鞭其后者"，即不懂得养生要顺生、顺性的道理，所以，养生不得其方，结局必是身亡。

②　（清）郭庆藩撰，王孝鱼点校：《庄子集释》，第633页。

通也。"① 张岱年认为："达生，指通晓人生之道。"② 陈鼓应认
为："达生" 也就是畅达生命，强调的是 "人的精神作用"③。
关于这句话的内涵，成玄英解释为："达（生）于性命之士，性
灵明照，终不贪于分外，为己事务也，一生命之所钟者，皆智虑
之所无奈之何也。"④ 意思是说："通达生命实情的，不追求生命
所不必要的东西；通达命运实况的，不追求命运所无可奈何的
事故。"⑤

那么，如何才能畅达生命之情呢？庄子认为，世人都认为
"养形足以存生"，都认为通过保养形体就可以达到保养生命的
目的。而事实上，"养形" 却不足以 "存生"。那又该怎么办呢？
在庄子看来，人只有通过 "弃世" "弃事" "遗生" 即摒弃世间
的俗事杂务、遗忘生命中的分外之事来达到形体健全、精神充足
的境界⑥。

第二节　何以养生

《吕氏春秋》中 "何以养生" 这一部分主要包括四大方面的

---

① （清）郭庆藩撰，王孝鱼点校：《庄子集释》，第 633 页。
② 张岱年：《中国哲学大辞典》，第 131 页。
③ 陈鼓应：《庄子今注今译》，第 475 页。
④ （清）郭庆藩撰，王孝鱼点校：《庄子集释》，第 633 页。
⑤ 陈鼓应：《庄子今注今译》，第 478 页。
⑥ 《庄子·达生》："夫欲免为形者，莫如弃世。弃世则无累，无累则正平，正
平则与彼更生，更生则几矣。事奚足弃而生奚足遗？弃事则形不劳，遗生则精不亏。
夫形全精复，与天为一。天地者，万物之父母也，合则成体，散则成始。形精不亏，
是谓能移；精而又精，反以相天。"［参见（清）郭庆藩撰，王孝鱼点校：《庄子集
释》，第 635 页］

内容：第一，养生莫若知本，即养生的前提条件是要知道生命的本质和规律，并在此基础上调摄、养护生命；第二，"长生"与"尽数"，即养生的目的是长生久视，尽其天年；第三，毕数之务在"去害"与"运动"，即养生的方法主要有两种：一是去除危害生命的各类事物，二是通过形体运动使精气流动起来；第四，养生还要做到"不以养伤身"和"不以利累形"。

一　养生莫若知本

《吕氏春秋》认为，养生的前提条件是要知道生命的本质和规律，并在此基础上调摄、养护自己的生命。《吕氏春秋·尽数》云：

> 故凡养生莫若知本，知本则疾无由至矣①。

这里的"本"是指生之本，即生命的本质和规律。"知本"就是要知晓生命的本质和规律。《吕氏春秋》认为，知道生命之本质和规律，是圣人养生之要务。圣人一旦知晓和把握了生命之本，"就不会伤害生者，这就是所谓的养生"②。

那么，"生命之本"何为？高诱注："《传》曰：'人受天地之中以生，所谓命也。'《孟子》曰：'人性无不善，本其善性，闭塞利欲，疾无由至矣。'"③ 陈奇猷说："本者，谓精神安乎形也。……'精神安乎形而年寿得长'，故精神安乎形是长寿之

---

① （战国）吕不韦撰，（东汉）高诱注，俞林波校订：《元刊吕氏春秋校订》，第 39 页。

② 刘生良评注：《吕氏春秋》，第 228 页。

③ 许维遹：《吕氏春秋集释》，第 66 页。

本。上文言'去害'，下文所言'精气''饮食'皆是精神安乎形之道。孟子性善说与此毫不相干。"① 刘生良认为："'知本'就是要知道生命的本源，懂得'精气'为万物之本，从而涵养精气以养生。"② 如果基于文本解读，"养生莫若知本"之"本"应该是指生命之本，包括生命之本原、本质及其规律。《吕氏春秋》认为，人的生命由三部分组成，即形（形体或肉体）、神（精神）、精（精气）。这三部分都不受外物的伤害且相互之间达到和谐的状态，人就不会得病，就可以长久地保持身心的健康，达到长生久视、尽其天年的养生目的。

《吕氏春秋》进一步分析了精气的保存与运动对于养生的作用。《吕氏春秋·尽数》云：

> 精气之集也，必有入也。……精气之来也，因轻而扬之，因走而行之，因美而良之，因长而养之，因智而明之。流水不腐，户枢不蝼，动也。形气亦然。形不动则精不流，精不流则气郁。郁处头则为肿为风，处耳则为挶为聋，处目则为𥆧为盲，处鼻则为鼽为窒，处腹则为张为疛，处足则为痿为蹶③。

《吕氏春秋》认为，"精气"是构成宇宙万物的"质料"和基本元素，也是构成人的生命的本原。精气在人体内的循环和运动，就会给人体带来健康。反之，如果精气郁积在头、耳、眼、鼻、腹等不同的部位，就会造成风疾、耳聋、眼瞎、鼻塞、腹胀

---

① 陈奇猷：《吕氏春秋新校释》，第 140 页。
② 刘生良评注：《吕氏春秋》，第 57 页。
③ （战国）吕不韦撰，（东汉）高诱注，俞林波校订：《元刊吕氏春秋校订》，第 39 页。

等各种疾病，从而危及人的生命健康。《吕氏春秋》的这种"精气养生论"，"与战国时代的医学有关，与当时的道家养生之道也相一致"①，是对庄子和黄老道家的"精气说"的进一步发展②。

《吕氏春秋》还认为，对"情"也就是"情欲"的有效控制也是关系养生之本的重要因素。《吕氏春秋·情欲》云：

> 俗主亏情，故每动为亡败。耳不可赡，目不可厌，口不可满，身尽府种，筋骨沉滞，血脉壅塞，九窍寥寥，曲失其宜，虽有彭祖，犹不能为也。其于物也，不可得之为欲，不可足之为求，大失生本③。

世俗的君主为什么会丧失生命之根本呢？那是因为他们"亏情"，即对"情欲"的控制不恰当。由于他们"对于外物，不可得到的总想得到，不可满足的贪求满足"④，所以导致其耳、目、口三官之欲得不到满足，"全身浮肿，筋骨不舒，血脉阻塞，九窍空虚，全部丧失了正常机能"⑤，各种疾病也群起发作，内忧外患接踵而来。

与此相反，古代的得道之人却能够远离各种疾病、免除内忧

---

① 周桂钿：《秦汉思想史（上）》，第35页。

② 《庄子·知北游》："人之生，气之聚也。聚则为生，散则为死。"［参见（清）郭庆藩撰，王孝鱼点校：《庄子集释》，第735页］《管子·内业》："凡物之精，此则为生，下生五谷，上为列星。流于天地之间，谓之鬼神；藏于胸中，谓之圣人。"（参见陈鼓应：《管子四篇诠释》，第80页）这些精气论思想，都为《吕氏春秋》的"精气养生论"提供了理论基础。

③ （战国）吕不韦撰，（东汉）高诱注，俞林波校订：《元刊吕氏春秋校订》，第27页。

④ 刘生良评注：《吕氏春秋》，第37页。

⑤ 同上。

世之人主贵人，无贤不肖，莫不欲长生久视，而日逆其
生，欲之何益？凡生之长也，顺之也；使生不顺者，欲也。
故圣人必先适欲①。

《吕氏春秋》认为，养生之目的在于使人长生久视，但是它
却并不是说使短的生命变长，而是说"毕其数"，即使人能够尽
其天年。《吕氏春秋·尽数》云：

圣人察阴阳之宜……而年寿得长焉。长也者，非短而续
之也，毕其数也②。

"毕"，《吕氏春秋词典》释为"全部，完毕、结束，尽、竭
尽"③。"毕数"也就是"尽数"。《吕氏春秋》有《尽数》篇。
陈奇猷说："尽数者，尽其天年也。篇中言欲尽天年则当重养
生，养生之道，必使饮食得宜，精气流动。饮食得宜而精气流
动，则疾病可除而天年可得。"④ 牟钟鉴认为："'数'指客观必
然性，'毕其数'指穷尽生命机体在正常情况下所能够延续的期
限。……养生可以使人有百岁之寿。"⑤ 刘生良认为："'尽数'
即尽其寿数，终其天年。"⑥ 所以，"毕数""尽数"均是指使人
之生命能够尽其天年和寿数，使人的生命期限能够达到自然的限
度，而不是在通往生命终点的路上"中道夭亡"。前者是"生命

---

① （战国）吕不韦撰，（东汉）高诱注，俞林波校订：《元刊吕氏春秋校订》，
第14页。
② 同上，第39页。
③ 张双棣、殷国光、陈涛：《吕氏春秋词典》（修订本），第312页。
④ 陈奇猷：《吕氏春秋新校释》，第41页。
⑤ 牟钟鉴：《〈吕氏春秋〉与〈淮南子〉思想研究》，第85页。
⑥ 刘生良评注：《吕氏春秋》，第53页。

的正道"，后者则是"生命的歧途"①。

《吕氏春秋》认为，世上所有的人无论是贵、贱、贤、不肖，没有不愿意长生久视的②，然而，他们却经常违反生命之本质和规律，这样的欲求又有什么益处呢？现实生活中的人凡是生命能够长久的，是因为他们顺生。而使生命不能够顺应的，是因为人有情欲。所以，圣人就要节制情欲。

《吕氏春秋》还认为，人所生存的外部环境"既可以为人类带来有利的生存条件，同样也可以变成一种灾祸"③，关键在于人们怎么利用这些自然环境与条件来为人的生存、养生服务。所以，在顺应自然的前提下，选择适宜人类居住和生活的外部环境和自然条件，对人的养生来说就具有非常重要的意义④。

由上可知，《吕氏春秋》中的"长生"学说继承了老子、庄子所讲的"长生久视"之道，同时，又有自己的理论特色，它主张通过养生让一个人的生命能够按照自己本来的寿数发展到极限，而不会遭到各种外在的伤害而半途夭折。

三　"运动饮食"与"养有五道"

《吕氏春秋》认为，养生的具体方法很多，主要可以概括为

---

①　陆建华：《存在与超越：老子生命论》，《哲学研究》2006 年第 8 期。

②　高诱把"长生久视"之"视"释为"活"。（参见许维遹：《吕氏春秋集释》，第 22 页）陈奇猷说："'长生久视'乃古人恒言，又见《荀子·荣辱》《韩非子·解老》。生则有视，死则无视，故高（诱）谓视为活也。"（参见陈奇猷：《吕氏春秋新校释》，第 41 页）

③　张银树：《评析〈吕氏春秋〉的全生之道》，第 158 页。

④　《吕氏春秋·尽数》："天生阴阳寒暑燥湿，四时之化，万物之变，莫不为利，莫不为害。"

"运动饮食"与"养有五道"这两大类。

第一类养生方法是"运动饮食",即提倡"运动养生、饮食养生",反对"占卜祷告以求长生"①。《吕氏春秋》主张"生命在于运动"的养生方法,并对这一方法进行了理论阐释。《吕氏春秋》云:

> 流水不腐,户枢不蝼,动也。形气亦然。形不动则精不流,精不流则气郁。(《吕氏春秋·尽数》)②

> 昔陶唐氏之始,阴多滞伏而湛积……民气郁阏而滞著,筋骨瑟缩不达,故作为舞以宣导之。(《吕氏春秋·古乐》)③

"精"是指"道之具体而微,老子曰:'窈兮冥兮,其中有精,其精甚真。'万物依精而形成。《庄子·知北游》:'形本生于精,而万物以形相生。'因此要固守其精。"④《吕氏春秋》继承了老庄的这一思想,认为"精气乃是凝聚万物之内在力量"⑤,亦是"人体的精华,生命力的基础"⑥。精气在人体内不停地运动和不断地循环,就会给人体带来健康。反之,如果精气郁积在头、耳、眼、鼻、腹等不同的部位,就会造成各种疾病,危及人的生命健康。所以,人"要想去病健身,必须开塞通窍,使精气血脉畅流不息"⑦。《吕氏春秋·达郁》云:

---

① 刘生良评注:《吕氏春秋》,第54页。
② (战国) 吕不韦撰,(东汉) 高诱注,俞林波校订:《元刊吕氏春秋校订》,第39页。
③ 同上,第70页。
④ 陶建国:《两汉魏晋之道家思想》,第242页。
⑤ 同上。
⑥ 牟钟鉴:《〈吕氏春秋〉与〈淮南子〉思想研究》,第88页。
⑦ 同上,第89页。

　　凡人三百六十节，九窍五藏六府。肌肤欲其比也，血脉欲其通也，筋骨欲其固也，心志欲其和也，精气欲其行也。若此，则病无所居而恶无由生矣。病之留、恶之生也，精气郁也①。

　　《吕氏春秋》还进一步分析了精气的运动与更新给人体养生带来的具体效果②。在它看来，人通过使体内的精气不断地更新、使体内的邪气不断地排出的吐故纳新、用新去陈之法③，就会使血脉畅通、筋骨坚固、心志平和，就会达到身体健康、生命常新、及其天年的养生效果。

　　《吕氏春秋》这种"在去病健身之道中使用气血的概念，强调健康依赖运动，主张用化郁通塞的方法治病驱邪"④ 的"精气

---

　　① （战国）吕不韦撰，（东汉）高诱注，俞林波校订：《元刊吕氏春秋校订》，第326—327页。

　　② 《吕氏春秋·先己》："用其新，弃其陈，腠理遂通。精气日新，邪气尽去，及其天年。"［参见（战国）吕不韦撰，（东汉）高诱注，俞林波校订：《元刊吕氏春秋校订》，第40—41页］

　　③ 张银树："《吕氏春秋》认为'用新去陈'也是让精气能够新陈代谢的好作法；什么是'用新去陈'呢？用现代的话来说，那就是腹式或胸腹式呼吸，俗话称之为丹田呼吸或深呼吸。我们都知道，深呼吸的目的是为了彻底呼出肺脏内的二氧化碳，并吸进更多的氧气，让血液中携带更多氧气以活络细胞。……用新弃陈的深呼吸如果能在大自然之中进行，当然是最为理想的，古代许多导引养形之人所以要深居林野之间，想必是有这般深刻的经验与认知，至于《吕氏春秋》……能够看清深呼吸与精气的密切联系，这如同多运动一样，都是合乎科学精神的生理保健观念。"（参见张银树：《评析〈吕氏春秋〉的全生之道》，《哲学与文化》2003年第9期）

　　④ 牟钟鉴：《〈吕氏春秋〉与〈淮南子〉思想研究》，第89页。

养生论"思想不仅对后世道教内丹学、气功健身法有重要影响①，而且"是古代医学理论中很有价值的成分，也是古代哲学对医学发展作出的有益贡献"②。

《吕氏春秋》还提倡"饮食养生"的方法③，并对这一方法进行了理论阐释。《吕氏春秋·尽数》云：

> 凡食无强厚味，无以烈味重酒，是以谓之疾首。食能以时，身必无灾。凡食之道，无饥无饱，是之谓五藏之葆。口必甘味，和精端容，将之以神气。百节虞欢，咸进受气。饮必小咽，端直无戾④。

上面的这段话表明《吕氏春秋》的作者已经认识到了饮食和食疗在养生中具有的重要作用。人要养生，就要做到饮食适

---

① "内丹"是道教提倡的修炼方法之一，它与"用炉火烧炼药物以制长生不死的仙丹"的"外丹"相对，是指"以人体某些部位为修炼的'炉鼎'，以体内的精气为'药物'，用'神'去烧炼，使精气神凝结成'圣胎'（即'内丹'）。"（参见金炳华：《哲学大辞典：分类修订本》，第1203页）内丹学说"吸收中国古代气功、医学及中国古代哲学思想，综合提炼而成，系道教中最高理论。……其修炼主要有炼精化气、炼气化神、炼神还虚等阶段"。（参见张岱年：《中国哲学大辞典》，第323页）内丹功法是"以其独特的方法促进气血流通，化瘀解滞，解除人体精神系统、气血循环系统、内分泌系统等等的瘀滞，使之达到自控制、自修复、自组织的最佳生存状态，必然会有增进健康，延长寿命的效果"。[参见胡孚琛、吕锡琛：《道学通论：道家·道教·丹道》（增订版），第552页] "气功"，又称为"气功疗法"，是一种"修炼人体精、气、神的健身术"，"从人体形、气、神三重结构的中间层次入手，以'气'为中介健身养性"的健身养生方法。由于气功是"炼后天精气神的安乐法门"，所以，它"仅处于内丹学的筑基阶段"。[参见胡孚琛、吕锡琛：《道学通论：道家·道教·丹道》（增订版），第549页]
② 牟钟鉴：《〈吕氏春秋〉与〈淮南子〉思想研究》，第89页。
③ 《吕氏春秋》中的"饮食养生"方法可能来自黄老道家，如《管子·内业》说："凡食之道，大充，伤而形不臧；大摄，骨枯而血沍。充摄之间，此谓和成，精之所舍而知之所生。"（参见陈鼓应：《管子四篇诠释》，第126页）
④ （战国）吕不韦撰，（东汉）高诱注，俞林波校订：《元刊吕氏春秋校订》，第40页。

宜、有度与合理，拒绝食用那些味道浓厚、性质浓烈的食物，如烈味重酒、肥肉厚酒等"烂肠之食"。这是因为"食物的调味如果过度浓烈厚重，这不仅是麻痹舌头的味觉功能，而且也是慢性伤害身体"①，损害人的口腔、食道、肠胃等器官，可能造成这些器官的病变，甚至诱发各种癌症，使人的生命遭到极大的损害。同时，人的"饮食要定时定量"②，做到按时进食、愉快饮食、小口吞咽，保持既不饥饿又不过饱的状态，使人的"五脏得到调和安适"，使身体"每个部分都受到食物精气的滋养"③。这样，人才能长生和尽数。

《吕氏春秋》提倡的第二类养生方法是"养有五道"。《吕氏春秋·孝行》云：

> 养有五道：修宫室，安床第，节饮食，养体之道也；树五色，施五采，列文章，养目之道也；正六律，和五声，杂八音，养耳之道也；熟五谷，烹六畜，和煎调，养口之道也；和颜色，说言语，敬进退，养志之道也。此五者代进而厚用之，可谓善养矣④。

《吕氏春秋·孝行》篇的作者从"身为父母所生，必须保全"的前提出发，进而推论出五条"养身"或"养生"之道，即养体之道、养目之道，养耳之道、养口之道、养志之道。"养体之道"是指保养人之身体的方法，包括居住和饮食等内容；

---

① 张银树：《评析〈吕氏春秋〉的全生之道》，《哲学与文化》2003 年第 9 期。
② 牟钟鉴：《〈吕氏春秋〉与〈淮南子〉思想研究》，第 88 页。
③ 朱永嘉、萧木注释，黄志民校阅：《新译吕氏春秋》，第 81 页。
④ （战国）吕不韦撰，（东汉）高诱注，俞林波校订：《元刊吕氏春秋校订》，第 180 页。

"养目之道"是指保养人的眼睛的方法，包括设置五色五彩、排列各类花纹等内容；"养耳之道"是指保养人的耳朵的方法，包括调正六律、和谐五声、合奏八音等内容；"养口之道"是指保养人的口舌的方法，主要包括烹制五谷六畜、调和五味等内容；"养志之道"是指保养人的心志的方法，主要包括和颜悦色、言语温和、举止恭敬等内容。以上这五条养生的具体方法，涉及人的"起居、饮食、文章、韵律、烹调、言行举止、礼仪规范、道德修养等诸多方面"①。《吕氏春秋》认为，如果我们能够循序渐进地做好以上五条养生之道，就可以说是善于养生了。

此外，《吕氏春秋》还强调养生包括养形和养神两个方面。"运动饮食"和"养有五道"主要是从养形的方面讲，而养神则要使人的精神"保持平静、安详，避免过分的刺激"②，这是因为人的心理与生理、精神与形体是相互联系、相互影响的。同时，人的"居住环境要冷暖、干湿适宜"③，防止不适宜的温度、湿度等给人的身体健康带来的各种伤害。做到了以上几点，就会使人的生命达到和保持一种平正、中和的状态，就会使人长寿而尽其天年。

四　"不以养伤身"与"不以利累形"

《吕氏春秋》认为，养生还要做到不能因为过度养护而损害

---

①　姜守诚：《〈吕氏春秋〉的养生观探析》，《锦州医学院学报（社会科学版）》2003 年第 1 期。

②　牟钟鉴：《〈吕氏春秋〉与〈淮南子〉思想研究》，第 88 页。

③　同上。

了身体，不能因为追逐利益而牵累了身形。《吕氏春秋·审为》云：

> 能尊生，虽贵富不以养伤身，虽贫贱不以利累形①。

"不以养伤身"是指"不会以过度的供养来损害身心"，就是《老子》所讲的"求生之厚"和"益生"②。"不以利累形"是指"不会因拼命追求财利而拖累身体"，也就是《淮南子·氾论训》所讲的"全性保真，不以物累形"③。这是因为，在《吕氏春秋·审为》篇的作者看来，人之生命是目的，天下、财利等外物是手段。目的是本，手段是末；目的重于手段，生命重于一切身外之物。人为了达到目的，可以舍弃手段，就像太王亶父为了保全百姓之生命，不惜抛弃世代居住的土地"邠"而逃到岐山之下，重新建立国家。

在《吕氏春秋》看来，太王亶父真正做到了尊重生命。世

---

① （战国）吕不韦撰，（东汉）高诱注，俞林波校订：《元刊吕氏春秋校订》，第345页。

② 《老子》第七十五章："民之饥，以其上食税之多，是以饥。……民之轻死，以其上求生之厚，是以轻死。"《老子》第五十五章："知和曰常……益生曰祥。……不道早已。"由此观之，老子反对"求生之厚"和"益生"。"求生之厚"就是"求生活之事太厚，贪利以自危。"（《河上公章句》语），就是奉养自己的生命太过奢厚，为了长生不死而服药滋补以至求仙问道。"益生"就是"人为拔高生，如揠苗助长，欲益反损。"（参见李零：《人往低处走：〈老子〉天下第一》，第175页）所以，在老子看来，人的生命不是通过人为的手段就可以随意延长的。人要顺应自然、遵循生命规律来养生，而不要"益生"和"厚生"。

③ 《淮南子·氾论训》："全性保真，不以物累形，杨子之所立也，而孟子非之。趋舍人异，各有晓心。故是非有处，得其处则无非，失其处则无是。"由此可知，《吕氏春秋·审为》所讲的"不以利累形"和《淮南子·氾论训》所讲的"不以物累形"都是指：人的生命是目的，外物和财利是手段，生命重于物利，所以，人要贵生轻利，重生轻物，全性保真。这也说明《吕氏春秋·审为》所反映的是杨朱学派"贵生""重生""尊生"的思想。

人如果能够像太王亶父那样真正懂得"尊生""重生"的道理，就会无论是富贵、通达之时，还是贫贱、穷困之际都能够以生命为本，以生命为重。做到了这两点，才是真正通晓养生之义，才不会做"杀所饰要所以饰"和"危身伤生，刈颈断头以徇利"的愚蠢之事，才不会干重视"先人之爵禄"而轻视"所自来者久矣之生命"的糊涂之事。

第三节　养生之意

养生之意是指《吕氏春秋》"养生论"蕴含的价值和意义。概而言之，这一意义主要包括两个方面：一是通过修身、节性、止欲的养生实践，圣人可以达到保全其生命即"全生"的目的。二是养生的作用还在于使人能够终其寿命，全其天性。

一　圣人修节以止欲，养生以全生

《吕氏春秋》认为，圣人修养身心、节适情欲的意义是为了能够达到全生的境界。这一境界是《吕氏春秋》"养生论"追求的最高、最完满的生命境界。《吕氏春秋·情欲》云：

> 圣人修节以止欲，故不过行其情也。……圣人之所以异者，得其情也。由贵生动则得其情矣，不由贵生动则失其情

矣。此二者，死生存亡之本也①。

高诱注：“节，适也。‘止’，一作‘制’。不过其适。圣人得其不过节之情……圣人得其情，乱人失其情。得情生存，失情死亡，故曰生死存亡之本。”② 这段话是说，圣人养生的意义在于使自己的欲望达到适合的境地，这样就可以长寿和长生；糊涂之人放弃了这一原则，悖逆了人之生命之情，结果导致其欲望的无度膨胀，各种疾病也群起发作，丧失了长寿的可能，甚至失去了生命的根本而走向死亡。因此，《吕氏春秋》主张，养生的意义在于使人能够把握生命之真情实质，达到生命长寿、天性保全的境界。《吕氏春秋·适音》云：

> 四欲之得也，在于胜理。胜理以治身则生全，以生全则寿长矣③。

上面这段话中的“胜理”是指“顺应事理，即顺应事物的发展规律”④。这也就是说，养生要顺应和遵循生命的规律来进行具体的实践，而不能违背生命规律和人之性命之情。

在《吕氏春秋》看来，人之性命之情就表现为四种“欲”“恶”⑤。易言之，人人都有求生欲、安全欲、荣耀欲、快乐欲，

---

① （战国）吕不韦撰，（东汉）高诱注，俞林波校订：《元刊吕氏春秋校订》，第27页。
② 同上。
③ 同上，第68页。
④ 朱永嘉、萧木注释，黄志民校阅：《新译吕氏春秋》，第157页。
⑤ 《吕氏春秋·适音》：“人之情欲寿而恶夭，欲安而恶危，欲荣而恶辱，欲逸而恶劳。四欲得，四恶除，则心适矣。”这就是说，人人都有四种欲求和四种厌恶，即“都是要求长寿而厌恶短命，要求安全而厌恶危险，要求荣耀而厌恶耻辱，要求安逸而厌恶劳累”。

这四种欲求满足了人的生理和心理两方面的欲望，是决定人生存发展的内在动能，是激励人热爱生命、奋发有为的正能量。而人人也有四种厌恶和害怕的东西，就是死亡、危险、耻辱和劳累，这四种事物对于人的养生、全生是不利的，它们给人的身心带来了巨大的伤害，所以，人人对它们都避而远之，人人都希望能够摆脱这四种事物对自己生命的威胁。而一个人能够真正满足上述四种欲望，去除上面四种厌恶的东西，"心情就会处于十分适宜的境界，生命的本性就得到了保全，那就能享有长寿了"①。

二　"终其寿，全其天"

《吕氏春秋》认为，圣人养生的作用还在于终其天年，保全天性，从而为治国、治天下打下良好的根基。《吕氏春秋·大乐》云：

> 先圣择两法一，是以知万物之情。故……能以一治其身者，免于灾，终其寿，全其天；能以一治其国者，奸邪去，贤者至，成大化；能以一治天下者，寒暑适，风雨时，为圣人②。

高诱注："择，弃也。法，用也。天，身。"③ 这段话是说，"古代圣王弃两用一，因此能够懂得万物的本性。如能以一来修养自身，就会消灾免难，尽享天年，保全天性。如能以一来治理

---

① 朱永嘉、萧木注释，黄志民校阅：《新译吕氏春秋》，第158页。
② （战国）吕不韦撰，（东汉）高诱注，俞林波校订：《元刊吕氏春秋校订》，第65—66页。
③ 同上，第65页。

国家，奸邪小人就会远离而去，贤明之士就会不召自来，国家就会出现教行化成的大治局面。如能以一来治理天下，就会寒暑适宜，风调雨顺，这样君主就能成为被后世传颂的圣人。"① 所以，圣人知"一"即知"道"，就能够明照万物，身国兼治，天下皆安。

综上，《吕氏春秋》提倡"养生"和"节欲"，不仅是为了圣人能够"全生""全天"，而且是为了圣人治国、治天下打下坚实的基础②。《吕氏春秋》的这种养生思想，对于后世道教、魏晋玄学等都产生了重要的影响，"后世道士之修炼及养生哲学，魏晋人士之普遍重视养生理论，莫不承继此类思想而来"③。

第四节　"养生"与"适欲"

"适欲"是《吕氏春秋》"养生论"另一项重要内容，它的内涵非常丰富，主要包括以下几个方面。

一　"圣人必先适欲"

《吕氏春秋》认为，圣人"养生"的一个重要的方法、途径

---

① 朱永嘉、萧木注释，黄志民校阅：《新译吕氏春秋》，第150页。
② 刘泽华认为《吕氏春秋》之《本生》《贵生》《情欲》等篇，"从养生、治国两个方面论述了节欲的必要。人们，特别是君主的欲望是无穷的，然而生理需要是有一定规律和限度的。大吃大喝、穷奢极欲反而伤生。……过分奢靡除伤生之外，还会伤民祸国。所以作者反复劝诫君主要节欲、节用"。（参见刘泽华：《中国政治思想通史·先秦卷》，第506—507页）
③ 陶建国：《两汉魏晋之道家思想》，第243页。

就在于"适欲",即要节制人之欲望,并使其适度。《吕氏春秋·重己》云:

> 凡生之长也,顺之也;使生不顺者,欲也。故圣人必先
> 适欲①。

"适欲"是《吕氏春秋》养生思想中一个非常重要的概念。何谓"适欲"?"适"在《吕氏春秋》一书中凡57见,其中包含"适"的篇名就有两篇,分别为《适音》和《适威》。"适",《说文》释为:"之也。从辵,啻生。适,宋鲁语。"②《吕氏春秋词典》释为:"一、往,到……去,如《贵因》:'适越者坐而至';二、适合,适宜,如《大乐》:'声出于和,和出于适。和适先王定乐';三、恰好,如《本生》:'贵富而不知道,适足以为患'。"③高诱注:"适犹节也。欲,情欲也。"④陈奇猷说:"适犹今语'合适',不过分。……高(诱)于此训适为节,后文(即'圣王之所以养性也……节乎性也')训节为和适,则高(诱)亦以节为合适之意。"⑤所以,"适欲"就是节情欲,使人的情欲达到合适、适宜的境地,而不是过度或者不及⑥。

---

① (战国)吕不韦撰,(东汉)高诱注,俞林波校订:《元刊吕氏春秋校订》,第14页。
② (汉)许慎著,班吉庆、王剑、王华宝点校:《说文解字校订本》,第47页。
③ 张双棣、殷国光、陈涛:《吕氏春秋词典》(修订本),第242—243页。
④ (战国)吕不韦撰,(东汉)高诱注,俞林波校订:《元刊吕氏春秋校订》,第14页。
⑤ 陈奇猷:《吕氏春秋新校释》,第42页。
⑥ 《吕氏春秋》中的"适欲"思想与黄老道家之代表作《管子》四篇有一定的联系。《管子·内业》说:"食莫若无饱,思莫若勿致,节适之齐,彼将自至。"意思是说,"人们都知道饮食不能过饱的道理,其实思虑也同样不能过度。节制思虑达到最恰当的程度,人自然就会长寿"。(参见陈鼓应:《管子四篇诠释》,第120页)

《吕氏春秋》主张，一个人如果要使自己的生命得到顺利的发展，正确的做法就是"顺其自然地加以培养，使之达到最大程度的发展状态"①。然而，现实中许多人的生命往往得不到顺利发展，那是因为他们会受到各种欲望的干扰。《吕氏春秋》认为，人的欲望是"人性中所固有的，它表现出来就是耳欲声、目欲色、鼻欲香、口欲滋味等感官享受"②。《吕氏春秋》不像先前的道家前辈老子、庄子对人的欲望持"寡欲""无欲"的态度，而提倡"节欲"即"只是要求对欲望有所制约"，并认为在节止欲望这一点上，"圣人"能够做到"修节以止欲，故不过行其情"，也就是能够"通过心灵的主观能动作用自觉调节自身的行为来达到顺生的目的"③。

"适欲"的反面是欲望的过度。在《吕氏春秋》看来，人在衣食住行、声色音乐等方面的过度，都会导致"阴阳不适之患"。《吕氏春秋·重己》云：

> 室大则多阴，台高则多阳，多阴则蹶，多阳则痿，此阴阳不适之患也④。

上面这段话反映出《吕氏春秋》是"从阴阳气理来阐述过度侈靡对身体的危害"⑤，宫室太大就会阴气多，台榭太高就会阳气多；阴气多，人就会生蹶疾；阳气多，人就会得痿病。这就是阴阳不合适带来的祸患。所以，古代的那些圣王不住过大的宫

---

① 张立文主编，周桂钿、李祥俊著：《中国学术通史》（秦汉卷），第21页。
② 同上，第21页。
③ 同上，第21—22页。
④ （战国）吕不韦撰，（东汉）高诱注，俞林波校订：《元刊吕氏春秋校订》，第14页。
⑤ 周桂钿：《秦汉思想史（上）》，第33页。

室，不建过高的台榭，不吃太多的美味，不穿太厚的衣服。这是因为衣服太厚就会脉理不通，脉理不通就会气不畅达；饮食过度就会胃肠发胀，胃肠发张就会胸腹闷胀，胸腹闷胀就会气不畅达。这样，长生怎么可能达到呢？

二　"声出于和，和出于适"

《吕氏春秋》又通过音乐之"和""适"来进一步说明中和、适度对于养生的重要意义。《吕氏春秋·大乐》云：

> 音乐之所由来者远矣。生于度量，本于太一。……万物所出，造于太一，化于阴阳。萌芽始震，凝濑以形。形体有处，莫不有声。声出于和，和出于适[①]。

上面这段话虽然主要是在谈论音乐的起源问题，指出合于道之"大乐"[②]与"天道、阴阳、社会、万物及人性的关系"[③]，但是其中却包含着养生治身要讲究"和""适"的哲理。《吕氏春秋》认为，"太一"即"道"产生了阴阳、天地、日月星辰之天象，春夏秋冬之四季以及宇宙万物。"万物的形体，都占有一定的空间，都会发出声音。不同的声调可以互相应和，应和而形成节奏，这就成了音乐。"[④]所以说，音乐是"天地和谐，阴阳

---

①　（战国）吕不韦撰，（东汉）高诱注，俞林波校订：《元刊吕氏春秋校订》，第64页。

②　陈奇猷说："大乐者，别于侈乐而言。篇中有云'大乐，君臣父子长少之所欢欣而说也。欢欣生于平，平生于道'，是所谓大乐者，乃合于道之乐也。"（参见陈奇猷：《吕氏春秋新校释》，第260页）

③　刘生良评注：《吕氏春秋》，第100页。

④　朱永嘉、萧木注释，黄志民校阅：《新译吕氏春秋》，第147页。

协调的产物"①，代表着和谐和适度。

《吕氏春秋》还认为，人如同音乐一样也是天的产物。天"最初创造了人，并使人有欲望，人就不得不去追求欲望的满足"②，然而，人的欲望如果不进行合理的控制，就会膨胀无度，对人的生命造成伤害。那么，人应该如何合理控制和有效管理自己的情欲呢？《吕氏春秋》认为，人应该效法"道"，按照"道"所具有的特性来管理情欲。因为"道"的特性是公正、平和，所以人也应该使自己的情欲保持公正、平和而非邪僻、不正的状态③。

三 "和心"与"行适"

《吕氏春秋》认为，人是由身、心两部分构成的，人之"心适"和"行适"对于养生来说亦非常重要。《吕氏春秋・适音》云：

> 故乐之务在于和心，和心在于行适。夫乐有适，心亦有适④。

高诱注："适，中适也。"⑤《吕氏春秋・适音》又名"和

---

① 朱永嘉、萧木注释，黄志民校阅：《新译吕氏春秋》，第149页。
② 同上。
③ 《吕氏春秋・大乐》："天下太平，万物安宁。皆化其上，乐乃可成。成乐有具，必节嗜欲。嗜欲不辟，乐乃可务。务乐有术，必由平出。平出于公，公出于道。故惟得道之人，其可与言乐乎！"
④ （战国）吕不韦撰，（东汉）高诱注，俞林波校订：《元刊吕氏春秋校订》，第67—68页。
⑤ 同上，第67页。

累身形。

《吕氏春秋》"养生论"的意义有二：一是"圣人修节以止欲，养生以全生"，强调圣人修养身心、节适情欲是为了能够达到全生的境界，这一境界是《吕氏春秋》追求的最高、最完满的生命境界。二是"终其寿，全其天"，认为养生的作用在于终其天年，保全天性，从而为治国、治天下打下良好的根基。

"适欲"理论是《吕氏春秋》"养生论"非常有特色的内容，其内涵主要包括以下三点：第一，"圣人必先适欲"，即圣人养生的一个重要的方法、途径是"适欲"，即节制人之欲望，使其适宜、中和；第二，"声出于和，和出于适"，强调养生如同音乐一样，达到平和、适宜是非常重要的。人应该按照"道"所具有的特性来管理和节制情欲，使自己的情欲保持公正、平和而非邪僻不正的状态；第三，"和心"与"行适"。人是由身心两部分构成的，人之"心适"和"行适"对于养生亦非常重要。"和心"就要"心适"，就要调适人之内心。要做到"心适"就要"四欲得，四恶除"，其关键则在于"胜理"，即能够正确处理人与物之间的关系，做到"以物养性"而非"以性养物"。

第七章　结　语

　　《吕氏春秋》"以生为本"思想主题集中、条理明晰、逻辑性强、自成体系，构成一个包括"本生论""贵生论""重生论""养生论"这一"四生论"逻辑结构的思想理论体系。这一思想理论体系所表达出来的"以生为本"思想，重点关注人的生命尤其是作为社会组成单元的个体生命以及作为普遍性概念"人人"之载体的"我"之生命。这一生命哲学思想既与老子、庄子等先秦道家有关联，又具有很大的差异性。

　　人们过去研究先秦道家，最为关注老庄尤其是其心性论思想。近些年来，随着长沙马王堆帛书等简帛文献的出土，学者们对黄老道家思想也进行了大量的研究。然而，通过对《吕氏春秋》"以生为本"思想的研究，我们可以发现，先秦道家不仅包括老庄道家和黄老道家两大派，而是应该分为三大派：一是偏重心性层面的道家，如老子、庄子，我们称之为心性道家；二是偏重政治层面的道家，主要为稷下黄老道家，我们称之为政治道家；三是偏重"以生为本"思想的道家，我们称之为生命道家。

　　那么，历史上持"以生为本"思想的生命道家主要包括哪些人呢？《吕氏春秋》给出了答案，他们是杨朱、列子、子华子、詹何、魏牟等。这些道家人物有一个共同点，就是主张以生命为本，并在此基础上把"本生""贵生""重生""养生"等思想统一起来，建立一套系统的保全和养护人之生命的哲学理论体系。

生命道家以杨朱为核心。"杨朱大概是首位按照生命哲学的思路对个体生命做出深入的思考并提出'重生'观念的思想家。"[①] 他继承了老子的"贵身""重身"思想，从生命哲学的角度对人的个体生命存在及其价值进行了研究，提出了"贵生贵己""重生重己"等哲学思想。杨朱后学子华子、詹何、魏牟等人进一步发展了杨朱的这些思想，提出了"全生为上""重生轻物""乐生逸身"等思想。

杨朱学派倡导"以生为本"思想，有其特定的历史背景。春秋战国时期，诸子并起，百家争鸣，不同的思想学派之间为了争是非而展开了激烈的辩论[②]。其中，墨家非议和批判儒家，道家学派中的杨朱批判墨家，儒家思孟学派中的孟子又"距""辟"杨朱，墨家后学也开始反击杨朱学派。这些争论反映出儒、墨、道等各家对于解决"礼崩乐坏"的问题所秉持的不同立场，以及思考问题的不同出发点。虽然儒、道、墨三家对于人的个体生命本身都有所思考，但是其提倡的理论学说和思想主张

---

① 丁四新：《先秦哲学探索》，第 140 页。

② 《淮南子·氾论训》："夫弦歌鼓舞以为乐，盘旋揖让以修礼，厚葬久丧以送死，孔子之所立也，而墨子非之。兼爱、尚贤，右鬼、非命，墨子之所立也，而杨子非之。全性保真，不以物累形，杨子之所立也，而孟子非之。趋舍人异，各有晓心。故是非有处，得其处则无非，失其处则无是。"（参见何宁：《淮南子集释》，第 939—940 页）

却大相径庭：儒家主张仁爱，提倡仁义之道；墨家提倡兼爱、非攻等十大思想主张；杨朱学派以生命为根本，提倡"以生为本"和"贵己贵生"等思想。我们可以用一首诗来概括儒、墨、杨三家之间的争论，即在杨朱学派看来，"仁义诚可贵，兼爱价更高，若为生命故，二者皆可抛。"同时，他们之间的争论既繁荣了先秦学术思想，又导致了"道术为天下裂"①，人们在一定程度上失去了判断是非的标准和参照。

孟子站在儒墨、儒杨斗争的立场上，对墨翟、杨朱之道大加批判，并宣称自己的任务就是"距杨墨，放淫辞"②，熄灭"杨、墨之道"③，昌明"孔子之道"④。然而，孟子对墨翟思想的概括显然是片面的⑤，对杨朱的批判亦有失公允。如果《墨子》佚失，我们仅仅根据孟子的概括，就难以把握墨翟思想的全貌。对于杨朱亦然。杨朱无著作传承于今，或者是因为杨朱"述而不

①《庄子·天下》："犹百家众技也，皆有所长，时有所用。虽然，不该不遍，一曲之士也。判天地之美，析万物之理，察古人之全，寡能备于天地之美，称神明之容。是故内圣外王之道，暗而不明，郁而不发，天下之人，各为其所欲焉以自为方。悲夫，百家往而不反，必不合矣！后世之学者，不幸不见天地之纯，古人之大体，道术将为天下裂。"（参见刘文典撰，赵锋、诸伟奇点校：《庄子补正》，北京：中华书局，2015年，第868—869页）

②（清）焦循撰，沈文倬点校：《孟子正义》，第493页。

③ 同上，第492页。

④ 同上。

⑤ 班固在《汉书·艺文志》中说："墨家者流，盖出于清庙之守。茅屋采椽，是以贵俭；养三老五更，是以兼爱；选士大射，是以上贤；宗祀严父，是以右鬼；顺四时而行，是以非命；以孝视天下，是以上同；此其所长也。"［参见（汉）班固撰：《汉书》，第336页］由此可知，墨家的主要思想主张包括尚贤、尚同、兼爱、非攻、节用、节葬、天志、明鬼、非乐、非命。但是，孟子仅仅把墨翟的思想概括为"兼爱"。

作",没有留下任何著作,或者是其著作在汉代之后就已经佚失了①。我们今天要想了解与儒、墨并称"显学"的杨朱学派的思想,只能从《孟子》《庄子》《韩非子》《淮南子》等先秦、秦汉典籍中拾撷只言片语来大致勾勒杨朱及其学派思想的轮廓。幸好还有《吕氏春秋》的存在!

经过研究发现,《吕氏春秋》中保留了大量的杨朱及其后学的"本生""贵生""重生""养生""全生"等思想,这些思想虽然分布在不同的篇章之中,但是其主题却很集中,都是对人的生命、性命和身体的重视。《吕氏春秋》认为,人的生命和身体不仅是圣人修身养性之本,而且是其治国理政之基。

通过对《吕氏春秋》"以生为本"思想的深入研究,我们可以发现它是一个包括"本生论""贵生论""重生论""养生论"的内在逻辑结构的独特理论体系。其中,"本生论"是从本体论、本根论的意义上讲"生","贵生论"是从价值论的意义上讲"生","重生论"是从人生论的意义上阐述人对待生命的基本态度,"养生论"是从方法即术的层面谈论保全和养护生命的具体方法。

《吕氏春秋》"以生为本"思想,与老子、庄子、黄老道家等先秦道家都有密切的联系,但是又具有自己鲜明的特色。它主张以人的生命为本,把个体感性生命的存在看作是人生的最高价

---

① 郭沫若说:"老聃、杨朱都没有著书,春秋时本来是还没有著书的风气的,就是孔丘、墨翟又何曾有自己著的书!但如孔丘、墨翟都有微言大义传于其后学,老聃、杨朱当然也有传授的。只是老聃、杨朱本来是一种退攖的避世主义者,自己力求与现实脱离,故尔他们的学说不甚为世所重,没有像孔丘、墨翟那样,当世即显明于时,弟子徒属满天下,四处宣传,拜谒王公大人以求行道。"(参见郭沫若:《十批判书》,第 124 页)

值。在认识生命本质的基础上，它强调对人的生命、本性的重视，强调在圣人处理治身与治国、内圣与外王的关系时，要把保全人的生命和本性作为根本，强调圣人养生、全生的意义在于通过"节性""适欲""制官""去害"等途径知晓生命之本、通达性命之情，从而把握人之生命本真，健康、自由、快乐地生存于世间。同时，它还主张个人通过对全性之道、重生之义的把握和对贵生之术、养生之方的实践来达到长生尽数、天全神和、精通天地、神覆宇宙的生命境界。达到这一生命境界的人，就是"圣人""真人"和"全德之人"。《吕氏春秋》认为，只有这样的理想人物才可以实现"身为而家为，家为而国为，国为而天下为"的修身治国目标。

综上，对《吕氏春秋》"以生为本"思想的研究，不仅可以丰富我们对先秦道家生命哲学思想的理解，而且可以廓清先秦道家的思想全貌。这对于中国哲学史、中国思想史、道家道教哲学研究都具有非常重要的意义。

附表：《吕氏春秋》各篇思想归属表[*]

序号	先秦诸子派别	《吕氏春秋》篇名	篇数
1	道家思想	《本生》《重己》《贵公》《去私》《贵生》《情欲》《功名》《尽数》《先己》《论人》《圜道》《大乐》《侈乐》《序意》《异宝》《去尤》《听言》《谨听》①《务本》《谕大》②《本味》③《必己》《下贤》《报更》《顺说》④《贵因》⑤《去宥》《君守》《任数》《勿躬》《知度》《执一》《审应》⑥《重言》《精谕》《离谓》《淫辞》《不屈》《应言》《具备》《离俗》⑦《举难》《恃君》⑧《长利》《知分》《达郁》⑨《审为》⑩《赞能》⑪《贵当》⑫《有度》⑬《分职》⑭《处方》⑮《慎小》⑯《务大》⑰	54

＊ 本书对《吕氏春秋》各篇主导思想及其学派归属的研究，是以陈奇猷《吕氏春秋新校释》对各篇主导思想的定位为基础，并参照其他人的研究成果。由于陈先生认为《吕氏春秋》全书的主导思想是阴阳家的思想，所以在对《吕氏春秋》各篇主导思想的具体判断上，他会把许多儒、道、墨、法、名、兵等家与阴阳家思想兼容的篇章都划入了阴阳家。笔者不同意这种笼统的划分方式，而持具体篇章具体分析的方法。笔者对于不同意陈先生观点的相关篇章进行了重新研究和分析，重新对其进行了思想定位。对于同意陈先生思想定位的篇章，本书作者就直接把其列入本表，不再单独予以分析。

续表

序号	先秦诸子派别	《吕氏春秋》篇名	篇数
2	儒家思想	《劝学》《尊师》《诬徒》《用众》《适音》《古乐》《音律》《音初》《制乐》《明理》《异用》《忠廉》《当务》《士节》《介立》《诚廉》《不侵》《孝行》《义赏》⑱《慎大》《高义》《慎行》⑲《无义》《贵直》《直谏》《过理》⑳《不苟》《士容》	28
3	墨家思想	《当染》《节丧》《安死》《爱类》㉑	4
4	阴阳家思想	《孟春》《仲春》《季春》《孟夏》《仲夏》《季夏》《孟秋》《仲秋》《季秋》《孟冬》《仲冬》《季冬》《至忠》《有始》《应同》㉒《首时》《长攻》《慎人》《遇合》《不广》《先识》《观世》《知接》《悔过》《察微》㉓《召类》㉔《行论》㉕《骄恣》㉖《开春》《察贤》《期贤》㉗《求人》《察传》《知化》㉘《壅塞》㉙《原乱》《自知》《当赏》《博志》《似顺》	40
5	法家思想	《权勋》《察今》《乐成》《慎势》《任数》《用民》《疑似》㉚《壹行》㉛	8
6	名家思想	《正名》《审分》㉜	2
7	农家思想	《上农》《任地》《辩土》《审时》	4
8	兵家思想	《荡兵》《振乱》《禁塞》《怀宠》《论威》《简选》《决胜》《爱士》《顺民》《知士》《审己》《精通》《上德》㉝《用民》《适威》《为欲》《贵信》《贵卒》	18
9	数术	《观表》㉞	1
10	方技	《别类》	1

注释:

①陈奇猷认为,《去尤》《听言》《谨听》体现的是料子、宋钘、尹文学派的思想。(参见陈奇猷:《吕氏春秋新校释》,第 695 页)

②陈奇猷认为,《务本》《谕大》体现的是季子学派的思想。他还认为,《吕氏春秋》中《务本》《谕大》《有度》中的"季子与(《庄子·则阳》中)季真必是一人。季子者,姓季名真也。季真之学重在'莫为''虚''不为私'。"(参见陈奇猷:《吕氏春秋新校释》,第 733 页,第 1662 页)季真"是战国时齐国人,稷下学宫的重要人物,以无为为道,提出'莫为'说,认为万物的生成和变化都是自发的……其观点接近于道家的无为思想。"(参见张岱年主编:《中国哲学大辞典》,第 488 页)所以,笔者认为,季子学派的主导思想是道家。

③陈奇猷认为,《本味》体现的伊尹学派的思想。(参见陈奇猷:《吕氏春秋新校释》,第 747 页)班固的《汉书·艺文志》把伊尹归入道家,所以本篇的主导思想是道家。

④陈奇猷认为,《顺说》倡导偃兵,体现的是宋钘、尹文、公孙龙、惠施等人的思想。他还认为,虽然《汉书·艺文志》列《尹文》《公孙龙》《惠子》为名家,但是这三人倡导偃兵,其政治思想归宗墨子的"非攻",所以,主张偃兵的宋钘、尹文应为墨家别派。(参见陈奇猷:《吕氏春秋新校释》,第 915 页)笔者认为,此篇主要体现齐国稷下黄老道家"因顺"的哲学思想,即提倡因势利导地劝说君主,而"偃兵说"只是其中田赞楚王的一个例子,不是全篇的核心思想。

⑤陈奇猷认为,《贵因》体现的是阴阳家的思想。(参见陈奇猷:《吕氏春秋新校释》,第 788 页)笔者认为,本篇主要体现的是齐国稷下黄老道家"贵因"的哲学思想。齐国稷下道家属于黄老道家,其思想特征被司马谈概括为"以虚无为本,以因循为用",具体而言则是"道家无为,又曰无不为,其实易行,其辞难知。其术以虚无为本,以因循为用,无成势,无常形,故能究万物之情,不为物先,不为物后,故能为万物生。有法无法,因时为业,有度无度,因物与合,故曰圣人不朽,时变是守。虚者道之常也,因者君之纲也,群臣并至,使各自明也。"(《论六家要旨》)黄老道家代表作"《管子》四篇"中就有丰富的"因"的思想,如:"因也者,舍己而以物为法者也。……变化则为生,为生则乱矣。故道贵因。因者,因其能者,言所用也。"(《管子·心术上》)《吕氏春秋·贵因》中的"贵因"思想,是稷下黄老道家"以虚无为本,以因循为用"思想的继承和发挥。这里的"因"主要有遵循、疏导、顺应、凭借等含义,是指"人作为有意识的主体,可以认识客观规律,并遵循客观规律以达成自己的目的。"(参见张立文、罗安宪主编:《中国哲学史教程》,第 146 页)《吕氏春秋》还进一步将"因"的理论运用于政治,提出了"因者君术,为者臣道"的思想。《吕氏春秋·任数》:"古之王者,其所为少,其所因多。因者,君术也;为者,臣道也。"《吕氏春秋·知度》:"有道之主,因而不为,责而不诏,去想去意,静虚以待,不伐之言,不夺之事,督名审实,官使自司。"《吕氏春秋》亦将"因"的理论运用于军事,提出了"兵贵因"的思想。《吕氏春秋·决胜》:

"凡兵，贵其因也。因也者，因敌之险以为己固，因敌之谋以为己事。能审因而加胜，则不可穷矣。"

⑥陈奇猷认为，《审应览》所包括的八篇文章即《审应》《重言》《精谕》《离谓》《淫辞》《不屈》《应言》《具备》"当出于料子、宋钘、尹文等一派之手"，并认为这一派"接万物以别宥为始，又取法家、墨家之说"。（参见陈奇猷：《吕氏春秋新校释》，第1154页）笔者认为，这八篇"主要告诫君主应该审慎其言语应对，反对（惠施、公孙龙、邓析等名家之）淫辞辩说"（参见刘生良评注：《吕氏春秋》，第526页），提倡詹何、田子方、老子这些圣人"听于无声，视于无形"（《重言》），"相谕不待言""至言去言"（《精谕》）等思想，显然是以道家思想为主导。先秦各家，名家、墨家、道家之杨朱学派、儒家之孟子学派皆好辩，而道家之老子则提倡"无言"，庄子也经常批判杨朱、墨子、惠施、公孙龙等耽于辩论之风气，如《庄子·徐无鬼》："庄子曰：'然则儒墨杨秉四，与夫子（惠施）为五，果孰是邪。……且若是者邪？'惠子曰：'今乎儒墨杨秉，且方与我以辩，相拂以辞，相镇以声，而未始吾非也，则奚若矣。'"《庄子·胠箧》："削曾、史之行，钳杨、墨之口，攘弃仁义，而天下之德始玄同矣。"孟子认为自己的好辩是不得已之举，他在《孟子·滕文公下》中说："圣王不作，诸侯放恣，处士横议，杨朱、墨翟之言盈天下。……吾为此惧，闲先圣之道，距杨、墨，放淫辞……我亦欲正人心，息邪说，距诐行，放淫辞，以承三圣者；岂好辩哉？予不得已也。"韩非子也反对杨朱和墨翟这样的察士即好辩之士，如《韩非子·八说》："察士然后能知之，不可以为令，夫民不尽察。……杨朱、墨翟，天下之所察也，干世乱而卒不决，虽察而不可以为官职之令。……今世主察无用之辩，尊远功之行，索国之富强，不可得也。"综上，《吕氏春秋·审应览》这八篇文章主要是针对善变之名家而作，其作者是道家的可能性最大，即便如陈奇猷所言是宋尹学派所作，也是其中倾向于道家而非倾向于墨家、名家一派所作。当然，也不排除是当时的法家或儒家所作。

⑦陈奇猷认为，《离俗》与《举难》为漆雕、孟施舍、北宫黝学派之言，这一派学说之要义为"廉"和"勇与不辱"。（参见陈奇猷：《吕氏春秋新校释》，第1245页，第1320页）笔者认为，本篇"宣扬君子以理义为本、超世离俗的高尚节操"，且文中所举"舜又让其友北人无择""汤将伐桀，与卞随谋"，"汤又让于务光"三节文字均采自《庄子·让王》，反映出本篇以道家为主、"兼收儒、道二家思想"的特征。（参见刘生良评注：《吕氏春秋》，第577页）

⑧陈奇猷认为，《恃君览》之《恃君》《长利》《知分》三篇体现的是道家伊尹学派家的思想。（参见陈奇猷：《吕氏春秋新校释》，第1332页，第1346页，第1356页）

⑨陈奇猷认为，《达郁》与《尽数》"旨趣相同，盖亦方技家之言也"。（参见陈奇猷：《吕氏春秋新校释》，第1384页）笔者认为，此二篇主旨相近，其主导思想则是齐国稷下黄老道家的"精气"说，《尽数》重在论述"精气运行而不郁积"对于人养生的重要作用，《达郁》重在论说"使国家郁塞通达"的"为君治国之道"，体现出黄老道家养生与治国相统一的思想特征。

⑩陈奇猷认为，"本篇言重生轻物，与《贵生》同一旨趣，盖亦是子华子学派之言也。"（参见陈奇猷：《吕氏春秋新校释》，第1465页）而子华子学派属于先秦道家杨朱一系。

⑪陈奇猷认为，本篇与《论人》《举难》这三篇之间"意义一贯"，均为"道家伊尹学派之言"。（参见陈奇猷：《吕氏春秋新校释》，第1602页）

⑫陈奇猷认为，《贵当》篇"亦阴阳家之言。"（参见陈奇猷：《吕氏春秋新校释》，第1465页）笔者认为，此观点值得商榷，因为《贵当》篇"主要论述行事贵在得当"，认为君主"治国之本在于治身，治身之本在于顺应自然之性。"（参见刘生良评注：《吕氏春秋》，第771页）这种"以身为本""顺生顺性"的思想为道家杨朱一系所提倡，与阴阳家思想无关。

⑬陈奇猷认为，《有度》篇"为季子学派之言"。（参见陈奇猷：《吕氏春秋新校释》，第1660页）笔者在《谕大》脚注所论，季子学派属于道家。

⑭陈奇猷认为，《分职》篇为"法家之言也"，因为"分职任官为法家家法"。（参见陈奇猷：《吕氏春秋新校释》，第1668页）笔者认为，本篇的核心思想是"君道无为，臣道有为"，属于黄老道家思想，不属于法家思想。

⑮陈奇猷认为，《处方》篇是对《圜道》"君处圜，臣处方，方圜不易，其国乃昌"的展开，《有度》《分职》言君道，本篇言臣道，并说"本篇皆发挥定分之说，亦法家之言"。（参见陈奇猷：《吕氏春秋新校释》，第1679页）笔者认为，本篇的核心思想是"君道无为，臣道有为"的进一步展开，属于黄老道家思想，不属于法家思想。

⑯陈奇猷认为，《慎小》篇乃"法家数派之言也。季子学派亦采用法术，则此篇亦出于季子学派"。（陈奇猷：《吕氏春秋新校释》，第1690页）笔者认为，陈先生在论述法家数派"最为重视审于小事以为治"时引用的是《韩非子·喻老》对《老子》第六十九章"图难于其易，为大于其细。天下难事，必作于易；天下大事，必作于细"的相关论述，而且如前所述季子的主导思想是道家"无为"说，所以，本篇应该属于道家，而非法家。

⑰陈奇猷认为，《务大》篇"第一节与《务本》同，第二节以下多同于《谕大》，可谓《务本》与《谕大》之合编矣。……《务本》《谕大》皆季子学派之言，则此篇亦当同"。（参见陈奇猷：《吕氏春秋新校释》，第1715页）如笔者在《有度》注释所论，季子学派属于道家。

⑱陈奇猷认为，《义赏》篇体现的是阴阳家的思想。（参见陈奇猷：《吕氏春秋新校释》，第788页）笔者认为，本篇体现的是儒家"以义为上"的思想。

⑲陈奇猷认为，《慎行》篇与《士节》篇"当理不避其难，遗生行义"之旨相蒙，系漆雕、北宫、孟舍流派之作。（参见陈奇猷：《吕氏春秋新校释》第1493页）《韩非子·显学》："世之显学，儒、墨也。儒之所至，孔丘也。……自孔子之死也，有子张之儒，有子思之儒，有颜氏之儒，有孟氏之儒，有漆雕氏之儒，有仲良氏之儒，有孙氏之儒，有乐正氏之儒。"《孟子·公孙丑上》："北宫黝之养勇也：不肤桡，不目逃，思以一豪挫于人，若挞之于市朝，不受于褐宽博，亦不受于万乘之君，

视刺万乘之君，若刺褐夫；无严诸侯，恶声至，必反之。孟施舍之所养勇也，曰：'视不胜犹胜也；量敌而后进，虑胜而后会，是畏三军者也。舍岂能为必胜哉？能无惧而已矣。'孟施舍似曾子，北宫黝似子夏。夫二子之勇，未知其孰贤，然而孟施舍守约也。……孟施舍之守气，又不如曾子之守约也。"所以，漆雕、北宫、孟舍流派属于儒家。

⑳陈奇猷认为，《过理》篇"盖乐家之作也。前有《明理》论明于理则乐，此篇（《过理》）言过于理则不乐，正反相承。……《适音》以为治国全生在于胜理，而本篇言亡国丧生则因过理，正反为义。……乐家与阴阳说有密切联系，此篇中多阴阳说。"（参见陈奇猷：《吕氏春秋新校释》，第1245页，1570页）笔者认为，本篇应该同《适音》《明理》等篇一样，属于儒家，因为儒家提倡对"六经"（《诗》《书》《礼》《乐》《易》《春秋》）的研究和阐发，自然有其独特的"乐论"，与乐家、阴阳家不类。

㉑陈奇猷认为，《爱类》篇提倡"仁乎其类"和"忧人之利"的思想，"宣明去争利民"，而"去争为惠施之说，则此篇盖惠施流派之言"。他还认为，"惠施、公孙龙之学实源于墨子"，所以，本篇不仅"称道墨子、夏禹"，而且"直赞扬惠施"。（参见陈奇猷：《吕氏春秋新校释》，第1474页）按照《汉书·艺文志》的学派划分，惠施、公孙龙都属于名家，然而，此篇却是墨家"兼相爱，交相利""非攻"思想的生动体现，反映了惠施、公孙龙等"外名内墨"的思想倾向。

㉒陈奇猷认为，《应同》篇体现的是兵阴阳家的思想。（参见陈奇猷：《吕氏春秋新校释》，第278页）笔者认为，兵阴阳家是阴阳家之别派，所以本篇应属于阴阳家而非兵家。

㉓陈奇猷认为，《先识》《观世》《知接》《悔过》《察微》体现的均是阴阳家的思想。（参见陈奇猷：《吕氏春秋新校释》，第957页）笔者认为，这几篇讲的是君主知贤、任贤、重贤、用贤的重要性，这种"尚贤"的思想，墨家、儒家均有之，墨家尤其看重，《墨子》有《尚贤》上、中、下三篇。所以，这几章的思想是融合儒、墨、阴阳几家思想的结果，体现了《吕氏春秋》兼采众家之长的特征。

㉔陈奇猷认为，《召类》篇与《应同》篇"旨趣全同，文字亦多同，皆兵阴阳家之言也"。（参见陈奇猷：《吕氏春秋新校释》，第1371页）笔者认为，兵阴阳家是阴阳家之别派，而非兵家。

㉕陈奇猷认为，《行论》与《首时》两篇"旨趣全同，亦阴阳家言也"。（参见陈奇猷：《吕氏春秋新校释》，第1400页）

㉖陈奇猷认为，《骄恣》篇与《贵当》篇均为"阴阳家之典籍"，并认为"阴阳家以戒骄恣为家法"。（参见陈奇猷：《吕氏春秋新校释》，第1415页）笔者认为，道家老子也有反对"自骄""矜夸"之思想，如："富贵而骄，自遗其咎"（《老子》第九章），"果而勿矜，果而勿伐，果而勿骄"（《老子》第三十章）。所以，此篇也可归入道家。

㉗陈奇猷认为，《开春》与《察贤》《期贤》三篇均为阴阳家之作，且三者之间

具有密切联系。一、《开春》与《察贤》之关系："《开春》以为人主贤德则圣贤来至。然圣贤虽至，而人主不能察，则与无贤无异，此篇（即《察贤》）承之，因阐述察贤之旨。"二、《察贤》与《期贤》之关系："前篇（《察贤》）言察贤人而用之，此篇（《期贤》）言期贤人而用之，义实一贯"。（参见陈奇猷：《吕氏春秋新校释》，第 1452 页）

㉘陈奇猷认为，《知化》篇"所论，与《知接》之旨全同，亦阴阳家者流之作也"。（参见陈奇猷：《吕氏春秋新校释》，第 1563 页）

㉙陈奇猷认为，《壅塞》篇"与《知化》义相关。知化者可以说，壅塞者不可以直言，是'知化'与'壅塞'义相反，故本篇亦阴阳家者流之作也。"（参见陈奇猷：《吕氏春秋新校释》，第 1580 页）

㉚陈奇猷认为，《疑似》篇"与《韩非子》中《说疑》《内储说上》《内储说下》等篇论点相同，则此篇为法家者流之作"。（参见陈奇猷：《吕氏春秋新校释》，第 1508 页）

㉛陈奇猷认为，《壹行》篇之旨与《商君书·壹言》《韩非子·用人》相同，"亦法家者流之作也"。（参见陈奇猷：《吕氏春秋新校释》，第 1515 页）

㉜陈奇猷认为，《审分览》所包括的八篇文章即《审分》《君守》《任数》《勿躬》《知度》《慎势》《不二》《执一》与《先识览·正名》均为尹文学派之著作，体现的均是法家思想。（参见陈奇猷：《吕氏春秋新校释》，第 1041 页）笔者认为，不可一概而论，具体来讲，《审分》属于尹文学派，而《汉书·艺文志》把《尹文子》归入名家，不属法家。《慎势》《不二》体现的是先秦法家慎到、韩非等人的思想。而《君守》讲的是"君主应执守清静无为的为君之道，无为而治……是道家'虚君'思想的体现"。（参见刘生良评注：《吕氏春秋》，第 487 页）《任数》讲的是君主的用臣之道，主导思想是"因者，君术也；为者，臣道也。"《勿躬》讲的是君主不要亲自去干臣子的事，而应该"养其神、修其德""矜夫性命之情"。《知度》讲君主的用臣之术还在于"治天下之要，存乎除奸；除奸之要，存乎治官；治官之要，存乎治道；治道之要，存乎知性命"，并且引道家子华子之言来证明这一观点。《执一》讲的是君主应该执守最根本的"道术"来"全国完身"，并且用道家詹何与楚王的对话说明"为国之本，在于为身"的道理。这几篇明显体现的是道家思想，而非法家思想。当然，法家脱胎于道家，其思想中也混有许多道家思想的痕迹，所以，慎到、田骈等人又被称为"道法家"。

㉝陈奇猷认为，《吕氏春秋·离俗览》中《上德》《用民》《适威》《为欲》《贵信》五篇与《吕氏春秋·孟秋纪》《仲秋纪》《季秋纪》中《荡兵》《振乱》《禁塞》《怀宠》《论威》《简选》《决胜》《爱士》《顺民》《知士》《审己》《精通》这十二篇体现均为"兵事重在行义"的兵家思想。（参见陈奇猷：《吕氏春秋新校释》，第 1267 页）

㉞陈奇猷认为，《观表》篇为"《汉书·艺文志》所叙数术六种之形法家之言也。"（参见陈奇猷：《吕氏春秋新校释》，第 1423 页）

参考文献

一、古籍文献类

B

班固：《汉书》，北京：中华书局，2007 年。

C

陈鼓应：《管子四篇诠释》，北京：中华书局，2015 年。

陈鼓应：《黄帝四经今注今译：马王堆汉墓出土帛书》，北京：商务印书馆，2007 年。

陈鼓应：《老子注译及评价》，北京：中华书局，2015 年。

陈鼓应、赵建伟：《周易今注今译》，北京：商务印书馆，2005 年。

陈鼓应：《庄子今注今译》，北京：中华书局，2016 年。

陈奇猷：《吕氏春秋校释》，上海：学林出版社，1984 年。

陈奇猷：《吕氏春秋新校释》，上海：上海古籍出版社，2002 年。

G

顾实等著，张丰乾编：《〈庄子·天下篇〉注疏四种》（修订本），北京：华夏出版社，2016 年。

郭庆藩撰，王孝鱼点校：《庄子集释》，北京：中华书局，2016 年。

郭象注，成玄英疏，曹础基、黄兰发点校：《庄子注疏》，北京：中华书局，2011 年。

H

黄怀信：《老子汇校新解》，南京：凤凰出版社，2016 年。

黄元吉：《道德经讲义》，北京：九州出版社，2013 年。

何宁：《淮南子集释》，北京：中华书局，1998 年。

胡奇光、方环海：《尔雅译注》，上海：上海古籍出版社，2004 年。

黄士毅编，徐时仪、杨艳汇校：《朱子语类汇校》，上海：上海古籍出版社，2014 年。

J

姜涛：《管子新注》，济南：齐鲁书社，2009 年。

焦循撰，沈文倬点校：《孟子正义》，北京：中华书局，2017 年。

焦循著，刘建臻点校：《孟子正义》，扬州：广陵书社，2016 年。

K

孔颖达：《尚书正义》，上海：上海古籍出版社，2007 年。

孔颖达：《周易正义》，北京：中国致公出版社，2009 年。

L

黎翔凤撰，梁运华整理：《管子校注》，北京：中华书局，2004 年。

李道平：《周易集解纂疏》，北京：中央编译出版社，2011 年。

李零：《人往低处走：〈老子〉天下第一》，北京：生活·读书·新知三联书店，2008 年。

李零：《丧家狗：我读〈论语〉》，太原：山西人民出版社，2007 年。

李零：《死生有命　富贵在天：〈周易〉的自然哲学》，北京：生活·读书·新知三联书店，2013 年。

李民、王健：《尚书译注》，上海：上海古籍出版社，2012 年。

刘生良评注：《吕氏春秋》，北京：商务印书馆，2015 年。

刘文典撰，赵锋、诸伟奇点校：《庄子补正》，北京：中华书局，2015 年。

刘笑敢：《老子古今：五种对勘与析评引论》，北京：中国社会科学出版社，2006 年。

吕不韦撰，高诱注，俞林波校订：《元刊吕氏春秋校订》，南京：凤凰出版社，2016 年。

陆玖译注：《吕氏春秋》，北京：中华书局，2011 年。

S

尚秉和、张善文：《周易尚氏学》，北京：中华书局，2016 年。

司马迁撰，裴骃集解，司马贞索隐，张守节正义：《史记》，北京：中华书局，2013 年。

孙诒让撰，孙启治点校：《墨子间诂》，北京：中华书局，2001 年。

W

王弼注，楼宇烈校释：《老子道德经注校释》，北京：中华书局，2016 年。

王弼著，楼宇烈校释：《王弼集校释》，北京：中华书局，1980 年。

王卡：《老子道德经河上公章句》，北京：中华书局，1993 年。

王利器撰：《文子疏义》，北京：中华书局，2000 年。

王明撰：《抱朴子内篇校释》，北京：中华书局，2002 年。

王天海、王韧撰：《意林校释》，北京：中华书局，2014 年。

王先谦撰，沈啸寰、王星贤点校：《荀子集解》，北京：中华书局，2013 年。

王先慎撰，钟哲点校：《韩非子集解》，北京：中华书局，2013 年。

X

许维遹撰，梁运华整理：《吕氏春秋集释》，北京：中华书局，2017 年。

许慎著，班吉庆、王剑、王华宝点校：《说文解字校订本》，南京：凤凰出版社，2004 年。

Y

杨伯峻、徐提：《春秋左传词典》，北京：中华书局，1985 年。

杨伯峻编著：《春秋左传注》，北京：中华书局，2016 年。

杨伯峻：《列子集释》，北京：中华书局，2013 年。

叶蓓卿评注：《列子》，北京：商务印书馆，2015 年。

杨庆中：《周易解读》，北京：中国人民大学出版社，2010 年。

Z

张立文：《帛书周易注译》，郑州：中州古籍出版社，2008 年。

张双棣等译注：《吕氏春秋译注》，北京：北京大学出版社，2011 年。

张双棣等著：《吕氏春秋词典》，北京：商务印书馆，2009 年。

郑玄笺，孔颖达正义，朱杰人、李慧玲整理：《毛诗注疏》，上海：上海古籍出版社，2013 年。

郑玄注，贾公彦疏，彭林整理：《周礼注疏》，上海：上海古籍出版社，2010 年。

朱永嘉、萧木注释，黄志民校阅：《新译吕氏春秋》，台北：三民书局，2012 年。

朱熹撰：《四书章句集注》，北京：中华书局，1983 年。

朱熹撰，廖名春点校：《周易本义》，北京：中华书局，2009 年。

二、著作类

（一）英文著作

Hsü, Fu—kuan. *Liang, Han su—hsiang shih*. Hong Kong：Press of Chinese University of Hong Kong, 1975.

Lü, Buwei. *Lü's Commentaries of History*. Beijing：Foreign Languages Press, 2010.

（二）中文著作

B

布宁、余纪元：《西方哲学英汉对照辞典》，北京：人民出版社，2001 年。

C

蔡仁厚：《中国哲学史》（上），台北：台湾学生书局有限公司，

2009 年。

曹峰：《近年出土黄老思想文献研究》，北京：中国社会科学出版社，2015 年。

陈德和：《从老庄思想诠诂庄书外杂篇的生命哲学》，台北：文史哲出版社，1993 年。

陈鼓应：《道家的人文精神》，北京：中华书局，2012 年。

陈鼓应：《易传与道家思想》，北京：商务印书馆，2007 年。

陈丽桂：《汉代道家思想》，北京：中华书局，2015 年。

陈年福：《甲骨文词义论稿》，上海：上海古籍出版社，2007 年。

〔日〕池田知久著，王启发、曹峰译：《道家思想的新研究：以〈庄子〉为中心》，郑州：中州古籍出版社，2009 年。

崔大华：《庄学研究》，北京：人民出版社，1992 年。

D

丁四新：《先秦哲学探索》，北京：商务印书馆，2015 年。

F

方东美：《中国人生哲学》，北京：中华书局，2012 年。

方东美：《中国哲学精神及其发展》，北京：中华书局，2012 年。

方立天：《中国古代哲学：全 2 册》，北京：中国人民大学出版社，2012 年。

付粉鸽：《自然与自由——老庄生命哲学研究》，北京：人民出版社，2010 年。

冯友兰：《中国哲学史》，重庆：重庆出版社，2009 年。

G

高亨著，董治安编：《高亨著作集林》（第二卷），北京：清华大学出版社，2004 年。

顾实：《杨朱哲学》，长沙：岳麓书社，2010 年。

郭沫若：《十批判书》，北京：人民出版社，2012 年。

H

韩林合：《虚己以游世：〈庄子〉哲学研究》，北京：北京大学出版社，2006 年。

汉语大词典编纂处编：《康熙字典》（标点整理本），上海：上海古籍出版社，2007 年。

何九盈、王宁、董琨主编：《辞源》（第三版），北京：商务印书馆，2015 年。

洪家义：《吕不韦评传》，南京：南京大学出版社，2011 年。

侯外庐、纪彬、杜国庠：《中国思想史》（第一卷），北京：人民出版社，1957 年。

侯外庐主编：《中国思想史纲》，上海：上海书店出版社，2004 年。

胡孚琛、吕锡琛：《道学通论：道家·道教·丹道》（增订版），北京：社会科学文献出版社，2004 年。

胡适：《胡适文集》（第 4 册），北京：北京大学出版社，2013 年。

胡适：《中国哲学史大纲》，北京：中华书局，2013 年。

J

蒋伯潜：《蒋伯潜：诸子通考》，长春：吉林出版集团股份有限公司，2016 年。

金炳华：《哲学大辞典：分类修订本》，上海：上海辞书出版社，2007 年。

金景芳著，吕文郁、舒大刚主编：《金景芳全集》（第三册），上海：上海古籍出版社，2015 年。

L

李家骧：《吕氏春秋通论》，长沙：岳麓书社，1995 年。

李连科：《价值哲学引论》，北京：商务印书馆，1999 年。

李霞：《生死智慧——道家生命观研究》，北京：人民出版社，2004 年。

李泽厚：《历史本体论·己卯五说》（增订本），北京：生活·读书·

新知三联书店，2008年。

　　李振刚：《大生命视域下的庄子哲学》，北京：人民出版社，2013年。

　　刘玲娣、熊铁基：《秦汉道家与道教》，西安：三秦出版社，2012年。

　　刘笑敢：《庄子哲学及其演变》，北京：中国人民大学出版社，2010年。

　　刘元彦：《杂家帝王学——〈吕氏春秋〉》，北京：生活·读书·新知三联书店，1992年。

　　刘泽华：《中国政治思想通史·先秦卷》，北京：中国人民大学出版社，2014年。

　　罗安宪：《虚静与逍遥——道家心性论研究》，北京：人民出版社，2005年。

　　罗根泽：《古史辨》（四），上海：上海古籍出版社，1982年。

　　吕思勉：《先秦学术概论》，北京：中国人民大学出版社，2011年。

　　M

　　马达：《〈列子〉真伪考辨》，北京：北京出版社，2000年。

　　马克思主义哲学编写组：《马克思主义哲学》，北京：高等教育出版社，人民出版社，2010年。

　　蒙文通：《佛道散论》，北京：商务印书馆，2011年。

　　牟钟鉴：《〈吕氏春秋〉与〈淮南子〉思想研究》，北京：人民出版社，2013年。

　　Q

　　钱穆：《先秦诸子系年》，北京：九州出版社，2011年。

　　R

　　任继愈主编：《中国道教史：增订本》，北京：中国社会科学出版社，2001年。

　　任继愈主编：《中国哲学史》（二），北京：人民出版社，2010年。

　　S

　　宋志明等：《中国古代哲学研究》，北京：中国人民大学出版社，1998年。

孙以楷、陆建华、刘慕方：《道家与中国哲学（先秦卷）》，北京：人民出版社，2004 年。

T

汤一介：《汤一介集》，北京：中国人民大学出版社，2014 年。

陶建国：《两汉魏晋之道家思想》，台北：文津出版社，1990 年。

田凤台：《吕氏春秋探微》，台北：学生书局，1986 年。

童书业著，童教英校订：《春秋左传研究》（校订本），北京：中华书局，2006 年。

W

王博：《庄子哲学》（第 2 版），北京：北京大学出版社，2013 年。

王范之：《吕氏春秋研究》，呼和浩特：内蒙古大学出版社，1993 年。

王启才：《〈吕氏春秋〉研究》，北京：学苑出版社，2007 年。

王启才：《〈吕氏春秋〉学术档案》，武汉：武汉大学出版社，2015 年。

吴福相：《吕氏春秋八览研究》，台北：文史哲出版社，1984 年。

X

萧公权：《中国政治思想史》，北京：商务印书馆，2017 年。

萧萐父：《中国哲学史史料源流举要》，北京：文津出版社，2017 年。

徐复观：《两汉思想史》（二），北京：九州出版社，2013 年。

徐复观：《中国人性论史：先秦篇》，北京：九州出版社，2013 年。

许抗生：《道家思想与现代文明》，北京：中华书局，2015 年。

许抗生：《当代新道家》，北京：社会科学文献出版社，2013 年。

许亮、赵玥、刘炳良：《论语悦读》，北京：经济日报出版社，2022 年。

Y

亚里士多德：《政治学》，北京：商务印书馆，1985 年。

延娟芹：《秦汉时期〈吕氏春秋〉接受研究》，北京：中国社会科学出版社，2015 年。

杨国荣：《庄子的思想世界》，北京：生活·读书·新知三联书店，

2017年。

　　杨宽：《战国史》，上海：上海人民出版社，1955年。

　　杨宽：《战国史》，上海：上海人民出版社，2016年。

　　杨泽波：《孟子评传》，南京：南京大学出版社，2011年。

　　袁贵仁：《价值观的理论与实践》，北京：北京师范大学出版社，2006年。

Z

　　曾春海：《中国哲学概论》，长春：吉林出版集团有限责任公司，2009年。

　　张岱年：《中国古典哲学概念范畴要论》，北京：中华书局，2017年。

　　张岱年主编，吴乃恭著：《大儒列传：孟子》，长春：吉林文史出版社，1997年。

　　张岱年主编：《中国哲学大辞典》，上海：上海辞书出版社，2010年。

　　张立文：《中国哲学范畴发展史》（人道篇），北京：中国人民大学出版社，1995年。

　　张立文：《中国哲学思潮发展史》，北京：人民出版社，2014年。

　　张立文：《学术生命与生命学术：张立文学术自述》，北京：中国人民大学出版社，2016年。

　　张立文主编，陆玉林著：《中国学术通史》（先秦卷），北京：人民出版社，2004年。

　　张立文主编，周桂钿、李祥俊著：《中国学术通史》（秦汉卷），北京：人民出版社，2004年。

　　张立文、罗安宪主编：《中国哲学史教程》，北京：中国人民大学出版社，2021年。

　　张志伟主编：《西方哲学史》，北京：中国人民大学出版社，2002年。

　　中国社会科学院语言研究所词典编辑室编：《现代汉语词典》（第6版），北京：商务印书馆，2012年。

　　周桂钿：《秦汉思想史》，石家庄：河北人民出版社，2000年。

　　周桂钿：《秦汉思想史》，福州：福建教育出版社，2015年。

邹晓丽:《基础汉字形义释源:〈说文〉部首今读本义》(修订本),北京:中华书局,2007 年。

三、论文类

(一) 英文论文

Lau, D. C. *The Doctrine of Kuei Sheng in the Lü-shih ch'un-ch'iu.* Tai Pei: Bulletin of the Institute of Chinese Literature and Philosophy, 1992, 51—92.

Lau, D. C. *The "Lü-shih Ch'un-ch'iu" and Tsou Yen's Theory of the Five Rotatory Ascendant.* Tai Pei: Bulletin of the Institute of Chinese Literature and Philosophy, 1994, 85—119.

Cook, Scott. *The Lüshi chunqiu and the Resolution of Philosophical Dissonance.* Harvard Journal of Asiatic Studies, 2002, 307—345.

Louton, John. *Concepts of Comprehensiveness and Historical Change in the Lüshichunqiu.* Explorations in Early Chinese Cosmology, Journal of the American Academy of Religion Thematic Studies, 1984, 112—114.

(二) 中文论文

C

蔡仲德:《论〈吕氏春秋〉的音乐美学思想》,《星海音乐学院学报》1991 年 Z1 期。

曹峰:《〈老子〉的幸福观与"玄德"思想之间的关系》,《中原文化研究》2014 年第 4 期。

晁福林:《子华子考析》,《史学月刊》2002 年第 1 期。

晁福林:《读〈庄子·寓言〉札记》,《中国文化研究》2002 年春之卷。

陈鼓应:《从〈吕氏春秋〉看秦道家思想特点》,《中国哲学史》2001 年第 1 期。

陈鼓应:《杨朱轻物重生的思想——兼论〈杨朱篇〉非魏晋时伪托》,《江西社会科学》1990 年第 6 期。

陈宏敬：《〈吕氏春秋〉的自然哲学》，《中国哲学史》2001 年第 1 期。

陈宏敬：《〈吕氏春秋〉哲学思想研究》，中山大学 2001 年博士学位论文。

陈奇猷：《吕氏春秋成书的年代与书名的确立》，《复旦学报（社会科学版）》1979 年第 5 期。

陈荣捷：《战国道家》，《"中央研究院"历史语言研究所集刊》1972年 10 月。

［日］池田知久：《儒学的国教化与道家——围绕着诸思想的调和与统一》，《黑龙江社会科学》2014 年第 3 期。

崔存明：《试论〈吕氏春秋〉的君道思想》，《中国社会科学院研究生院学报》2005 年第 5 期。

D

邓联合：《"贵身"还是"无身"——〈老子〉第十三章辩议》，《哲学动态》2017 年第 3 期。

丁四新：《"贵生""重己"与"形神"——论〈吕氏春秋〉的生命哲学》，《文史哲》2020 年第 4 期。

丁原明：《论〈吕氏春秋〉及其历史作用》，《文史哲》1982 年第 4 期。

F

樊志民：《〈吕氏春秋〉与秦国农学哲理化趋势研究》，《中国农史》1996 年第 2 期。

方诗铭，刘修明：《论〈吕氏春秋〉——兼论杂家的出现》，《社会科学》1981 年第 1 期。

G

高华平：《由詹何看先秦道家思想的发展演变》，《哲学研究》2013 年第 9 期。

葛然：《杨朱及其思想学派研究》，东北师范大学 2008 年博士学位论文。

龚瑶:《先秦道家贵己重生思想研究》,湘潭大学 2012 年硕士学位论文。

管宗昌:《从〈列子·杨朱〉看杨朱的思想》,《呼伦贝尔学院学报》2007 年第 6 期。

H

韩慧:《〈吕氏春秋〉之治国思想评析》,《政法论丛》2005 年第 3 期。

洪家义:《论〈吕氏春秋〉的性质》,《南京大学学报》1999 年第 4 期。

胡岳潭:《〈吕氏春秋〉的君王论思想》,《海南大学学报》2006 年第 2 期。

J

姜守诚:《〈吕氏春秋〉的养生观探析》,《锦州医学院学报(社会科学版)》2003 年第 1 期。

焦国成:《杨朱学派"为我主义"辨析》,《中国人民大学学报》1989 年第 6 期。

金春峰:《论〈吕氏春秋〉的儒家思想倾向》,《哲学研究》1982 年第 12 期。

荆世群:《〈吕氏春秋〉养生理论述论》,《邵阳学院学报(社会科学版)》2010 年第 1 期。

K

孔令梅:《儒道融合视域下的〈吕氏春秋〉之道研究》,安徽大学 2010 年博士学位论文。

L

劳干:《秦的统一与其覆亡》,《"中央研究院"历史语言研究所集刊》1977 年 6 月。

李德顺:《关于价值与核心价值》,《学术研究》2007 年第 12 期。

陆建华:《存在与超越:老子生命论》,《哲学研究》2006 年第 8 期。

李季林:《庄子"无己"与杨朱"贵己"的比较》,《贵州社会科学》

1996 年第 1 期。

李家骧：《〈吕氏春秋〉成书年代新考》，《湘潭大学学报（哲学社会科学版）》1995 年第 2 期。

李家骧：《中外"〈吕氏春秋〉学"评考综要（上）》，《湘潭大学学报（哲学社会科学版）》1998 年第 6 期。

李家骧：《中外"〈吕氏春秋〉学"评考综要（下）》，《湘潭大学学报（哲学社会科学版）》1999 年第 1 期。

李裴，张丽霞：《试论〈太平经〉的"贵生乐活"思想及其现实意义》，《宗教学研究》2014 年第 3 期。

李祥俊：《〈吕氏春秋〉的大一统宇宙系统论》，《晋阳学刊》1998 年第 2 期。

李宗桂，陈宏敬：《〈吕氏春秋〉的政治哲学》，《福建论坛（人文社科版）》2001 年第 3 期。

刘怀荣：《论〈吕氏春秋〉的文学思想》，《山西师大学报（社会科学版）》1995 年第 3 期。

刘慕方：《〈吕氏春秋〉思想研究》，复旦大学 1997 年博士学位论文。

刘蔚：《简论马王堆医书〈十问〉"审夫阴阳"生命观及现世价值》，《湖南中医药大学学报》2014 年第 3 期。

柳倩月：《〈吕氏春秋〉音乐功能观的人类学阐释》，《湖南社会科学》2012 年第 1 期。

罗安宪：《〈周易〉的养生理论》，彭永捷主编：《张立文学派》，保定：河北大学出版社，2014 年。

罗安宪：《孔子"直"论之内涵及其人格意义》，《孔子研究》2005 年第 6 期。

罗祥相：《自爱不自贵——老子生命观思想辩正》，《人文杂志》2012 年第 5 期。

林荣：《〈吕氏春秋〉与百家合流》，吉林大学 2010 年博士学位论文。

M

苗润田：《〈吕氏春秋〉与稷下学》，《管子学刊》1991 年第 2 期。

苗润田：《孟子非以禽兽喻杨、墨》，《文史哲》2007 年第 3 期。

牟钟鉴：《〈吕氏春秋〉与〈淮南子〉的比较分析——兼论秦汉之际的学术思潮》，《文史哲》1984 年第 1 期。

P

庞慧：《〈吕氏春秋〉对社会秩序的理解和构建》，北京师范大学 2006 年博士学位论文。

彭万中：《〈吕氏春秋〉的养生思想探析》，《国医论坛》1991 年第 3 期。

R

任重：《〈吕氏春秋〉的历史超越精神》，《山东大学学报》1999 年第 2 期。

S

申镇植：《〈吕氏春秋〉思想研究》，北京大学 2005 年博士学位论文。

孙实明：《〈吕氏春秋〉的政治伦理思想》，《人文杂志》1992 年第 6 期。

孙以楷、刘慕方：《〈吕氏春秋〉——先秦诸子的集大成》，《学术界》1992 年第 6 期。

T

田照军：《〈吕氏春秋〉军事思想略论》，《军事历史研究》2011 年第 3 期。

W

王博：《论杨朱之学》，陈鼓应主编：《道家文化研究》（第十五辑），北京：三联书店，1999 年。

王启才：《〈吕氏春秋〉研究二十年》，《阜阳师范学院学报》2001 年第 2 期。

王伟：《〈吕氏春秋〉的体道和治道思想研究》，南开大学 2010 年博士学位论文。

　　王志林：《秦汉杂家道法思想述论——以〈吕氏春秋〉和〈淮南子〉为考察文本》，《法学杂志》2009 年第 2 期。

　　　X

　　向世陵：《中国哲学的"本体"概念与"本体论"》，《哲学研究》2010 年第 9 期。

　　熊铁基：《从〈吕氏春秋〉到〈淮南子〉——论秦汉之际的新道家》，《文史哲》1981 年第 2 期。

　　熊铁基：《再论"新道家"》，《哲学研究》2007 年第 1 期。

　　修建军：《〈吕氏春秋〉是一部以儒家思想为主体的"杂家"著作》，《中国哲学史动态》1989 年第 4 期。

　　修建军：《〈吕氏春秋〉与中国文化》，《孔子研究》2001 年第 4 期。

　　徐飞：《〈吕氏春秋〉援引〈庄子〉研究》，《四川文理学院学报》2008 年第 1 期。

　　许亮：《〈吕氏春秋〉中"和"的思想探析》，《国学学刊》2020 年第 1 期。

　　许亮：《孟子"杨朱为我说"辨证——基于〈吕氏春秋〉等文本的考察》，《中文学刊》2022 年第 6 期。

　　许亮：《〈道德经〉生命哲学思想及其时代价值》，《生命哲学研究》2022 年第 1 辑。

　　　Y

　　杨汉民：《〈吕氏春秋〉的政治哲学研究》，苏州大学 2012 年博士学位论文。

　　杨金海：《关于构建社会主义核心价值体系的几个理论问题》，《毛泽东邓小平理论研究》2007 年第 9 期。

　　杨天宇：《试论〈吕氏春秋〉的自然观和认识论》，《河南大学学报》1980 年第 6 期。

　　俞长保：《20 世纪〈吕氏春秋〉研究综述》，《徐州师范大学学报》

2002 年第 4 期。

俞林波：《〈吕氏春秋〉学术思想体系研究》，山东大学 2012 年博士学位论文。

余治平：《"生生"与"生态"的哲学追问》，张立文主编：《天人之辨：儒学与生态文明》，北京：人民出版社，2013 年。

Z

张岱年：《论老子的本体论》，《社会科学战线》1994 年第 1 期。

张岱年：《说"杨墨"》，《群言》1989 年第 9 期。

张继禹，李远国：《道教重人贵生的理念》，《中国道教》1998 年第 1 期。

张敏：《〈列子〉哲学思想研究》，武汉大学 2011 年博士学位论文。

张书丰：《〈吕氏春秋〉的修身理论及其意义》，《山东师大学报》1992 年第 1 期。

张银树：《评析〈吕氏春秋〉的全生之道》，《哲学与文化》2003 年第 9 期。

张一中：《〈吕氏春秋〉的教育思想》，《湖南师大社会科学学报》1987 年第 6 期。

赵年苏：《关于〈吕氏春秋〉的成书年代之我见》，《苏州大学学报（哲学社会科学版）》1987 年第 3 期。

周贞余：《〈吕氏春秋〉对〈管子〉四篇之继承与开展》，《宗教哲学》（季刊）第 65—66 期，2013 年 12 月。

后　记

　　本书是在本人博士论文的基础上修改完成的。孔子曰："三十而立，四十而不惑。"在三十又五的年纪，我撰写完博士论文《〈吕氏春秋〉"以生为本"思想研究》，完成四年的博士生涯。在刚过不惑之年生日之际，我收到了博士论文入选四川大学《儒道释博士论文丛书》的好消息。这一切虽然来得有点迟，但是毕竟"功夫不负有心人"，多年的付出终于迎来收获的喜悦。

　　回首自己过去的人生经历，我基本都在学校度过。硕士毕业后，一边工作一边复习。考上博士之后，一边工作一边读书。每次奔波于单位与学校之间，我都会情不自禁地感慨：一个人想同时做好两件事是多么的艰难！

　　进入博士论文撰写阶段，整整一年，日以继夜，笔耕不辍，没有一天休息。尤其是 2018 年的春节，天气异常寒冷。当我完成一天的写作任务，披星戴月地走在空无一人的建大校园内时，总是百感交集，曾子那句催人奋进的名言一次又一次地涌现在我的心头："士不可以不弘毅，任重而道远。仁以为己任，不亦重乎？死而后已，不亦远乎？"（《论语·泰伯》）

　　我的坚持和付出终于换来了这本博士论文。在博士论文即将出版之际，我最想说的就是感谢二字。

　　首先，感谢我的恩师、中国人民大学哲学院和孔子研究院副院长罗安宪教授十余年来的悉心指导。从我的本科毕业论文《老子"道论"与柏拉图"理念论"之比较》开始，罗老师就是我的指导老师。后来罗老师又相继指导了我的硕士论文《葛洪关于神仙存在与长生成仙可能之论证》和博士论文《〈吕氏春秋〉"以生为本"思想研究》。罗老师不仅教会了我做学问的方法，而且教给了我做人的道理，尤其是一个人在面对生活中各种挫折和逆境时的坚韧不拔，磨炼了我的心性，锻造了我的生命。毕业之后，由于我工作比较忙，一直没有时间好好修订自己的博士论文，也错过了数次出版博士论文的机会。所以，这次当我抱着忐忑的心情请罗老师为我即将出版的博士论文作序时，罗老师不仅欣然应允，而且极力称赞和鼓励我。

　　其次，感谢在人大读博期间所有的授课老师，尤其是哲学院中国哲学教研室的张立文先生、宋志明教授、彭永捷教授、林美茂教授、曹峰教授、温海明教授和其他帮助过我的各位教师。感谢在我的论文开题、评审和答辩阶段给予指导的李存山教授、张学智教授、张奇伟教授、韩星教授、向世陵教授等老师。诸位先生的亲炙和教诲，使我明白了研究中国哲学的方法。每次听到先生们的教诲，自己的学业就会精进几分。感谢师兄罗祥相博士、师妹宋霞博士、师弟廖浩博士等同门在论文撰写过程中给予我的启发和帮助。遗憾的是，我是在职博士，没有更多的机会参加教研室举办的各种讲座和读书会，没有机会出国深造，没有能够在博士阶段进一步开阔自己的学术视野尤其国际视野。

　　再次，感谢工作单位的诸位领导和同事的宽容理解和支持帮助。感谢北京建筑大学图书馆王锐英馆长、沈茜书记在我硕士毕业时把我带入书香世界。感谢党政办公室赵金瑞主任把我从图书馆调到党政办公室，使我有机会从事两年的秘书工作，锻炼了自己各方面的能力。感谢文法学院院长孙希磊教授、马克思主义学院院长肖建杰教授对我在职读博和撰写论文时期的大力支持。感谢文法学院副院长、我的师兄武炬副教授和张红冰副教授在摘要翻译、论文查重等方面给予的大力帮助。

　　最后，感谢我的家人在各方面给予我的支持、理解和帮助，使我能够专心进行学术研究，从无后顾之忧。

　　当然，博士论文的顺利出版，还要感谢四川大学《儒道释博士论文丛书》编委会的各位前辈对拙著的认可和对我这位"学术青椒"的提携，感谢四川大学周冶老师在论文入选和出版过程中的大力支持，感谢我的硕士研究生李怡帆、尹艳秋、周子怡帮忙核校引文。

　　回顾二十五年的学习生涯，我对学习与读书的感情由被动到主动，于学术方面只能说有一小点悟性和进步，希望在接下来的工作学习中，自己能够在师友的帮助下，再接再厉，争取获得更大的进步！

许　亮

初稿于 2018 年 5 月 10 日
修订于 2023 年 8 月 20 日

《儒道释博士论文丛书》已出书目

四川仁寿元皇派研究　　张军龙著

老子哲学关系范畴研究　王　婧著

图书在版编目（CIP）数据

《吕氏春秋》"以生为本"思想研究/许亮著 . —
成都：巴蜀书社，2024.2
（儒道释博士论文丛书）
ISBN 978-7-5531-2195-6

Ⅰ . ①吕… Ⅱ . ①许… Ⅲ . ①《吕氏春秋》－研究
Ⅳ . ①B229.25

中国国家版本馆 CIP 数据核字（2024）第 046402 号

《吕氏春秋》"以生为本"思想研究　　　　许亮　著
LÜSHICHUNQIU YISHENGWEIBEN SIXIANG YANJIU

责任编辑	陈　礼
责任印制	谷雨婷　　田东洋
出　　版	巴蜀书社
	成都市锦江区三色路 238 号新华之星 A 座 36 层
	邮政编码：610023
	总编室电话：(028) 86361843
网　　址	www.Bsbook.com
发　　行	巴蜀书社
	发行科电话：(028) 86361852
经　　销	新华书店
印　　刷	四川宏丰印务有限公司
	电话：(028) 85726655　13689082673
版　　次	2024 年 6 月第 1 版
印　　次	2024 年 6 月第 1 次印刷
成品尺寸	203mm×140mm
印　　张	12.125
字　　数	350 千字
书　　号	ISBN 978-7-5531-2195-6
定　　价	60.00 元

本书如有印装质量问题，请与印刷厂调换